保　　險　　學

湯　俊　湘　著

學歷：國立湖南大學及中央幹部學校研究部畢業
　　　美國俄亥俄州立大學研究院研究
經歷：國立政治大學、臺灣大學及中國文化大學
　　　經濟研究所兼任教授、高普考典試委員
現職：國立中興大學經濟系教授

三 民 書 局 印 行

國家圖書館出版品預行編目資料

保險學／湯俊湘著．--三修訂四版．--
臺北市：三民，民87
面；　公分
ISBN 957-14-0471-3（平裝）

1.保險

563.7/8436

網際網路位址　http://www.sanmin.com.tw

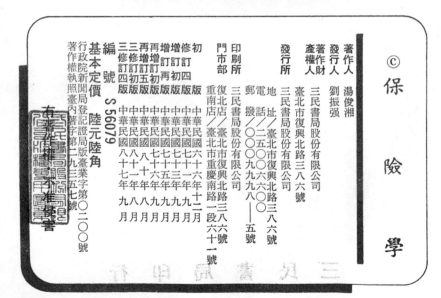

ⓒ 保 險 學

著　作　人　湯俊湘
發　行　人　劉振強
產　著作財　三民書局股份有限公司
權　人　產　臺北市復興北路三八六號
發　行　所　三民書局股份有限公司
地　址／臺北市復興北路三八六號
電　話／二五○○六六○○
郵　撥／○○○九九九八──五號
印　刷　所　三民書局股份有限公司
門　市　部　復北店／臺北市復興北路三八六號
重南店／臺北市重慶南路一段六十一號

初　版　中華民國六十六年十二月
修　訂　初　版　中華民國七十一年十六月
增　訂　初　版　中華民國七十三年九月
增　訂　再　版　中華民國七十六年八月
再　修　訂　版　中華民國七十七年八月
三　修　訂　初　版　中華民國八十一年九月
三　修　訂　四　版　中華民國八十七年九月

編　號　S 56079

基本定價　陸元陸角

行政院新聞局登記證局版臺業字第○二○○號

保 險 學

ISBN 957-14-0471-3（平裝）

三次增訂版序

　　本書自民國六十六年出版以來，至今已閱十五寒暑，其間曾隨保險業的發展及保險契約的變動，不時加以增訂。過去兩次大的增訂：一在民國七十三年，隨世界各國採用海上保險新條款，將海上保險一章重新改寫；二在民國七十六年，由於國內外保險事業的新發展，更作全面性的大幅度增補，增補內容，均在序言中有所說明。今年我國政府已將保險法作三十年來首度大幅度的修訂，其中尤着重於規範保險業資金的運用，以期適應國內金融市場的需要，並能兼顧投保人及社會大眾的利益。本書乃適時配合再作第三次的增訂。

　　在此次修訂的內容中，除依保險法修訂條款改寫本書有關文字外，並就保險事業的財務、再保險及政府對於保險事業的管理等章，作較多的修訂。

　　雖然如此，基本上本書仍為一本偏重保險理論與實務示範的教科書，不可能對保險業五花八門的保險單一一探討，讀者只要從本書中擷取基本知識，即不難如庖丁宰牛，迎刃而解了。

湯俊湘　謹識

民國八十一年八月

二次增訂版序

本書自民國六十六年出版以來，至今剛滿十年，承各大專學校廣泛用作保險學課程之教材，並為保險從業人員選為進修與參考書籍，衷心至感。民國七十三年，鑒於海上保險陸續採用新的條款，曾就此一部分全部修訂，並增加附錄部分，用以討論人壽保險的解約價值。近年以來，由於經濟環境變遷，為適應社會需要，保險業者曾不斷修改原有保單，或創辦新種保險。世界各國保險事業之快速發展，主要雖為各國國民經濟發達與國民所得增加之結果，但保險業者之日求精進與創新，亦為其重要原因。

此次本書二度修訂，即針對保險事業的最新發展，在下列幾方面加以增補：

第一、在保險事業發展趨勢方面，除依最新資料說明世界重要國家保險事業在其國民經濟中之地位外，並特就美國近年在人壽保險與責任保險兩方面之最近發展加以介述。由於一九七○年代以來的高度通貨膨脹，固定保額的長期壽險，已難適應社會大眾的需要，因之保險業者乃在保費、保額或現金價值方面增加其伸縮性，以使此種長期給付仍能維持其一定的購買力。至於汽車無過失責任保險，乃為繼工人補償保險之後另一重要的發展，亦為責任保險觀念的重大改變。因其涉及法律觀點與社會觀點的衝突，各方尚多爭論，但無疑地以保險方式加以調和，不

失為一有效的解決途徑。

　　第二、關於保險組織方面，雖無重要之變動，但均就其最近發展情況加以增補。對於美國合作保險的兩種重要組織，指陳其主要不同之處，以使讀者有一更為清晰的了解。

　　第三、關於保險費率方面，由於美國已採用了一九八〇年 CSO 生命表，並改變其計算費率所用之利率，故將有關人壽保險費率部分重加計算，以符實際。

　　第四、關於保險事業的財務方面，曾將投資與準備金兩部分加以修訂。其中有關人壽保險責任準備金之計算，曾改以我國近年採用之臺灣壽險業第二回經驗生命表為依據，以使讀者更有親切之感。

　　第五、在保險分論方面，增加住宅保險與輸出保險兩章，並將汽車保險一章完全重寫，人壽保險一章亦稍加增補。住宅保險以美國保單最為完備，最近並有相當程度的修改，為美國頗為暢銷的一種保險單。美國汽車保險單之內容近年亦有若干變動。過去之基本汽車保險單已改為企業汽車保險單，家庭汽車保險單則由個人汽車保險單所取代。此次趁修訂之便，亦將我國住宅綜合保險及汽車保險併加敘述，讀者當可從中比較中美兩國兩種保險之異同。至於輸出保險，一般歸屬於政策性保險範圍，本書原未論及，但以我國已成為出口大國，今後對外投資亦將漸趨增加，對於有關的輸出保險，實有併加敘述之必要，故特以我國現有此類保險單為例說明之。

　　我國保險事業雖已隨國民經濟發展而日趨成長，但與歐美及日本諸國比較，仍有瞠乎其後之感，甚至尚不及鄰邦大韓民國。如何普及保險觀念、健全招攬制度及開發新的保單，恐為今後我國保險事業能否健全發展的主要因素，作者特於此寄其厚望焉！

　本書如有任何錯誤或不周全之處，仍盼讀者不吝惠加指正，不勝感
幸。

湯　俊　湘 再識
民國七十六年九月

自　　序

　　十幾年前，我在美國研究保險理論與實務，深覺彼邦保險事業已成國民經濟中重要之一環，其制度與作法，頗多足供我國借鏡取法之處。回國後，一直在中興大學與政治大學講授保險課程；三民書局劉老闆振強兄數次約請作者寫一本保險學教科書，此亦為作者自己的心願，祇以連續多年擔任學校行政職務，未敢應允。兩年前，作者擺脫行政職務後，才開始全神貫注從事此一有系統的寫作，今幸脫稿付梓，總算了却一樁心願。

　　寫一部保險學教科書，並不簡單。主要原因在於我國保險事業尚在起步階段，本身經驗不足，資料太少，自不足以作為寫作的背景與憑藉。如參考外國資料，則又因各國法令與實務不盡相同，取捨或比較，諸多困難。惟作者認為今日海上保險仍以英國為典範，並以其具有國際性質較少變異外，其餘各類商業性保險，無不以美國制度較為完備且與時俱進。故寫作時，關於海險部分，以參考英國法規及保單為主；其他各類保險，則多參考美國資料，也可說是將美國現行保險制度，作一有系統的敍述與介紹。然而，由於我國火災保險歷史較久，亦最為重要，故在火災保險一章中，每將我國法規與保單之規定，併加敍述，頗有中美兩國火災保險契約比較研究之意味。

　　本書分為上下兩篇，上篇為保險總論，凡十三章，下篇為保險分論，凡十章，每章敍述一種保險。保險類別，自不以此十種為限，但以篇幅所限，乃將屬於政策性之保險事業，如各項社會保險、農業保險及

輸出保險等予以省略。本書目的，在對商業性之各類保險作較詳盡之
敍述，俾使讀者得一較為完整之觀念。至於帶有政策性之各種保險，必
須另有專著加以充分說明。

　　本書為求系統完整，故分上下兩篇依次分章敍述。但上篇保險總論
中之若干章節，亦可留待分論後再加講授，例如第七至第十三章均可如
此。至於分論中之各章，以火災保險、海上保險及人壽保險論述較詳，
如全部講授，費時必多，其餘各章可就教學時間與實際需要加以選擇。

　　本書寫作時之參考資料，幾全為英美兩國近年有關保險之專著，對
若干保險實務之處理，或與我國有所不同。但他山之石，可以攻錯，並
本「取法乎上」之義，以促進我國保險事業更趨完備與更求發展。祇以
涉獵過廣，加以作者學力有限，疏漏錯誤之處，在所難免，尚祈斯學宏
達及業界先進，惠予指正為幸！

湯　俊　湘　謹識

民國六十六年十月

保 險 學 目 錄

上篇　保險總論

第一章　風險與風險管理

第二章　保險的基本概念

第三章　保險的歷史與現況

下篇　保險分論

第十四章　火災保險

第十五章　海上保險

第十六章　內陸運輸保險

第二十一章　責任保險

第二十二章　多重選擇的住宅保險

第二十三章　輸出保險

第二十四章　健康保險

上篇 保 險 總 論

第一章 風險與風險管理

第一節 風險的意義

風險 (*Risk*) 一詞的意義，極不確定。有些人指爲保險的標的，有些人指爲損失的機會，而大多數的保險學敎科書，則將之解釋爲損失的不定性 (*uncertainty*)。然而，也有人認爲風險與不定性也有分別。例如美國佩弗爾 (*Irving Pfeffer*) 認爲風險是以客觀的或然率來測定的，而不定性則以主觀的相信度來加以測定 (註一)。本書採取威廉 (*C. Arthur Williams*) 及赫因 (*Richard M. Heins*) 二人的意見 (註二)，認爲: 風險乃是在一定情況下有關未來結果的客觀疑惑。一個人卽使知道各種可能的結局及其或然率，對究將發生那一種結局，仍不免有所疑惑，這就是風險。例如在一定情況下，可能的結局祗有沒有損失，損失一千元或損失一萬元三種，假定此人並已知道三種結局的或然率分別爲 0.8, 0.1 及 0.1，但他仍不知道此三種可能有的結局之中，究將發生何者。此種

註一 *Irving Pfeffer, Insurance and Economic Theory, 1956, p.179.*
註二 *C. Arthur Williams and Richard M. Heins, Risk Management and Insurance, 1964, p. 5.*

風險的大小，可就各種可能有的結果的差異來加以測定，此點留待以後再加說明。由此可知風險與損失機會 (*Chance of loss*) 並不相同。因為損失如若是確定發生的，則損失機會為一，而風險為零，反之，如若確定沒有損失，則損失機會為零，風險也為零。

至於不定性，可解釋為一定情況下有關未來結果的主觀疑惑。一個人不論其是否知道各種可能的結果及其或然率，他都會有此種主觀的疑惑發生，而其不定性的大小，則隨各人瞭解與估計風險的能力而定。如其估計是完全的，則不定性纔與風險一致（在一定情況下，任何人遭遇的風險都是一樣的）。例如在未來一段時期內，實際的結果可能變化很大，就此而言，我們可說有了很大的風險。然而，有些人可能低估了各種結果的差異性，因之他們的不定性就會小於風險；而另一些人可能高估了各種結果的差異性，因之他們的不定性就會大於風險。

第二節　風險的種類

經濟上的風險與不定性，能就各種不同的標準加以分類，茲將較為通用的敍述於次:

一、依潛在損失的種類，可分為:（一）財產上的風險 (*Property risks*)，是指家庭或企業對其自有、使用或保管的財產，發生毀損、滅失或貶值的風險。例如建築物有遭受火災、地震、爆炸等損失的風險，船舶有遭受沉沒、碰撞、擱淺等損失的風險均是。這些都是財產的實質損失 (*physical loss*)，通常屬於可保風險的範圍。至於財產價值的跌落，如其是由市場供求關係的變動所導致的，那就屬於經濟損失 (*economic loss*)，通常不在可保風險的範圍之內。（二）責任上的風險 (*Liability risks*)，是指對於他人所遭受的財產損失或身體傷害，在法律上負

有賠償責任的風險。例如汽車撞傷了行人，醫師診死了病人，如果駕車人與醫師具有過失，就須對受害人或其家屬加以賠償，此種賠償的不定性，就是「法律責任」上的風險。此外，尚有所謂「契約責任」，是指依據契約規定，當事人的一方在某種情況下應負的賠償責任而言。屬於可保風險的多爲法律責任，契約責任保險，祗是少數例外而已。(三)人身上的風險 (Personnel risks)，是指人們因生老病死等原因而遭致損失的風險。生老病死雖爲人生的必然現象，但在何時發生，並非確定，加之一旦發生了，也必然使其本人或家屬遭致若干金錢上的負擔，其可成爲可保的風險自極顯然。但隨之而來的，尚有所謂精神上的損失，通常則不在可保風險範圍之內。此外，現代社會亦常有失業的現象發生，喪失職業亦如喪失財產，能使當事人遭受金錢上的損失，但以其並無財產的實質損失，故亦列爲人身風險的範圍。

二、依損失發生的原因，可分爲：(一)自然風險 (Physical risks)，是指由於物理或實質危險 (Physical hazards)，如暴風、洪水或火災等所致財產毀損的風險。(二)社會風險 (Social risks)，是指由於個人行爲的離常，如竊盜、疏忽，或是由於不可預料的團體行動，如罷工、暴動、戰爭等而引起損失的風險。(三)經濟風險 (Economic risks)，是指在生產與銷售的過程之中，由於各項有關因素的變動或估計錯誤，導致產量減少或價格跌落的風險。事實上，上述三種風險也不是相互排斥的，例如員工的疏忽可以導致一場大火的發生，而在產銷方面的錯誤計劃 (疏忽)，也可加深一項商業蕭條的結果。

三、依損失的性質，可分爲：(一)純粹風險 (Pure risks)，是指祗有損失機會而無獲利機會的風險。例如汽車所有人面對的碰撞風險，當有碰撞發生時，他將遭致金錢上的損失，如無碰撞發生，他也無利可得。(二)投機風險 (Speculative risks)，是指旣有損失機會，也有獲利

機會的風險。例如擴充現有工廠的規模，就兼有損失機會與獲利機會。純粹風險總是不幸的，而投機風險則具有若干誘惑性，使得一些人為了獲得賺錢的機會而甘冒虧本的風險。

四、依產生損失的環境，可分為：（一）靜態風險 (*Static risks*)，是指自然力的不規則變動或人的錯誤與惡行導致損失的風險。這種風險是任何靜態社會所不可避免的。（二）動態風險 (*Dynamic risks*)，是指與社會變動有關的風險，尤其與慾望的改變及技術的改進有關。兩者的不同是：靜態損失通常既是個人也是社會的損失，而動態損失則不一定如此。靜態損失通常最多直接影響於少數人，而動態損失則有較為廣泛的影響。靜態損失在一段期間內呈現較多的規則性，而動態損失則否。靜態風險總是屬於純粹風險，而動態風險則純粹風險與投機風險都有。

五、有人也將風險分為：（一）基本風險 (*Fundamental risks*) 與特定風險 (*Particular risks*)，雖然兩者的界限並非十分清楚。他們認為基本風險也是團體風險，在起源與影響方面，都不祇與特定的人們有關，至少是個人所不能阻止的。至於特定風險，則在起源與影響方面，都祇與特定之人有關，也是較易為人們所控制的。例如與經濟制度內的動盪或摩擦有關的風險，與主要社會或政治變動有關的風險，與自然災變有關的風險，都是屬於基本風險。而由非職業性原因引起死傷的風險，由火、爆炸、竊盜、破壞等所引起之財產損失的風險，對他人財產損失與身體傷害所負法律責任的風險，都是屬於特定風險。特定風險往往也是純粹風險，而基本風險則包括純粹風險與投機風險在內。

第三節　風險的經濟成本

沒有任何風險或不定性的生活，非獨難於實現，也不見得是令人愉

快的。有了風險，常使人們變得更爲警覺，更富於想像和更有興趣。尼采 (*Friedrich Nietzsche*) 曾說過:「充滿勇氣與愉悅的心，隨時須有少許的危險。不然的話，這個世界就會變成不可忍受的」。然而，我們也不以當心損失爲一種享受，縱然損失也許永遠不會發生。遭受任何意外的損失，總是使人感到痛苦的，問題是在兩者之間如何保持適當的平衡。

關於風險或不定性的成本，依照衛萊 (*A.H. Willett*) 的意見 (註三)，是由兩方面所引起的，一是起於發生的意外損失，二是縱然沒有損失，也可由不定性本身所引起。茲分別敍述於左:

一、意外損失的成本　任何意外的損失，都可爲個人或社會帶來一種嚴重的後果。有些工商企業，由於一次大火而終於關閉，它們也可由於一次沒有保險的汽車責任案件而導致破產。地震、洪水與經濟蕭條帶給企業與家庭的不幸後果，也是盡人皆知的。一個家庭由於擔負生計的人的死亡、傷害或失業，也可使其家屬的生活陷於絕境。事實上，這些意外事件所予個別經濟單位以及社會的損失，還是有形的和直接的。至於風險本身的成本，因其是無形的和間接的，每易爲社會人士所忽略，但却是一種更爲嚴重的成本。

二、不定性本身的成本　此可從兩方面加以分析:

甲、減少人們可能獲得的總滿足。而此總滿足的減少，復由三種原因所造成: (一) 邊際效用遞減，(二) 高估了損失機會，(三) 恐懼與憂慮。

邊際效用遞減，乃爲經濟學上的重要法則，意謂人們從其財富獲得的滿足，並不隨着財富的增加而比例增加，而是每增加一單位財富，其

註三　*A. H. Willett, the Economic Theory of Risk and Insurance, 1951. p.24.*

所增加的滿足，有逐漸遞減的趨勢。為應用此一法則，我們假定某人現有財富75,000元，他如改變現有地位，將有一半機會使其財富增至十萬元，也有一半機會使其財富減至五萬元，然而，增加二萬五千元所增加的滿足，要比減少二萬五千元所損失的滿足為少，因之此人寧可保持現有情況而不願作任何冒險，以致喪失可能增加任何財富的機會。

其次，人們對於未來的損失機會，也常有高估或低估的傾向。過份樂觀而致低估了損失機會，會使人們去作不必要的冒險；但過份悲觀而致高估了損失機會，更會加強邊際效用遞減的作用，而使人們更加喪失增加財富的機會。

最後，人們對於風險的估計縱然是完全的，他們的邊際效用縱不隨着財富的增加而遞減，但是人們對於維持現有的經濟地位，總不免懷有恐懼與憂慮。而且這種憂慮可以大到抵消遞增的邊際效用與對或然率的樂觀估計，這樣就使人們從其財富獲得的總滿足，更加為之減少了。

乙、減少社會可能獲得的總生產。而此總生產的減少，復由兩種原因所造成：（一）現有資本的利用缺乏效率，（二）阻碍新資本的形成。

經濟學上有所謂報酬遞減定律，就使用資本而言，任一產業隨其資本使用量的增加，其所增加的生產力逐漸減少。因之每一產業使用資本的邊際生產力相等的時候，即是全部資本的分配達到最有利的境界。否則，從邊際生產力較低的產業轉移資本至邊際生產力較高的產業，將可增加全部資本的總產量。然而，風險或不定性常使此種均衡的達到受到阻碍，因為安全性高的產業吸收了過多的生產資源，而風險較大的產業，則投資過少甚至無人經營。即在同一產業內，不定性的存在，亦將影響資本在各個企業之間的分配；甚至在同一企業內，亦將影響生產方法的選擇，因為生產力大但風險也大的方法，每易為生產力小但風險也小的方法所取代。

　　風險或不定性也可阻碍資本的累積與形成。因爲謹愼的人常不願將資本固定於任何用途，長期投資不受重視，甚至影響人們的儲蓄意願，凡此均使新資本的形成爲之減少。

第四節　風險的認識

　　隨着近代經濟與社會的發展，人們遭遇意外不幸事件的機會越來越多。尤以一個規模龐大的企業，關係到衆多人的生命與財產，而其遭遇意外不幸事件的機會，又遠較家庭與小規模的企業爲多，因之風險管理 (*Risk management*) 已漸受一般大規模的企業所重視，甚至將之列爲六大管理部門之一，並設風險經理 (*Risk manager*) 主司風險認識，測定與處理等方面的工作。其中認識風險爲風險管理之起步，此一工作，看似簡單而實極複雜。有些風險，極易發現，不難加以處理，但也有一些風險較爲隱蔽或不常發生，致易爲人所忽略。尤以責任方面的風險，涉及法律上的專業知識，有時甚至不知有此種風險存在。然而，這些易於忽略或無知的風險，並非都是不重要的，一旦不幸事件發生，可能使當事人陷於困境。因之，如何認識與發現風險，以便預爲防範或處理，實爲風險管理之中心課題。通常有三種方法可對風險作有系統的認識:

　　一、保險調查法 (*The insurance survey approach*) 卽是依賴保險公司的專業人員，就當事人可能遭遇之各種風險，加以詳盡之調查與分析，然後作成調查報告，供當事人參考。美國保險公司或保險出版機構，通常已設計印製一種廣泛的分析表格，以供應用。例如企業所需的財產與責任保險調查，應包括所有建築物及其內部財物的詳細說明（每一項目的估價，建築物的特徵，周遭環境與保護設施等），各種可保損失的分析，改進損失預防設施的批評，列舉現有保險的項目，增加保險

項目及改變現有保險的建議等。採用此一方法，通常不需或祇需極少費用，而能獲得專家的指導，但其缺點則為，保險公司的調查人員多祇着重於可保風險的分析（有時候且為該一公司的可保風險），並依可買保單的種類而非損失的種類予以類別（例如依火災保險、運輸保險、工人補償保險、一般責任保險、竊盜保險與保證、人壽保險或汽車保險等，而當事人則寧願依照損失的種類予以分析，如財產損失、責任損失或人身損失等）。加之，調查分析工作費時費事，除非保險公司能有獲得當事人投保的希望，其調查人員是不願意盡力而為的。

　　二、保單檢查法（*The insurance policy-checklist approach*）是就保險公司現行出賣的保單纍列一表，然後逐一指出當事人所需要的保單，再與當事人已有的保險加以比較，卽可提供改進現有保護設施的建議。此一方法，祇能發現可以保險的風險，而不能發現其他的潛在風險。如以保險作為處理風險的唯一方式，自無不可，但是不能保險的其他風險，仍有其他可供處理的方式，亦有設法加以認識的必要。加之，美國承保各種風險的保單，多達五百個項目，風險經理人如不完全瞭解每一保單的意義，也難加以完全的過濾與選擇。此種檢查表，如能按照當事人的種類（如銀行、公寓、家庭），分別列舉其所需之保單，則在應用上當更為便利，但仍無法認識不能保險的風險，是其缺點。

　　三、風險列舉法（*The risk-enumeration approach*）此係根據企業的財務資料及作業過程加以分析，列舉每一資產及每項活動可能遭遇之風險。就其資料來源的不同，又可分為下列兩項方法：

　　1.財務報表分析法（*The financial statement method*）卽是根據企業的資產負債平衡表（*Balance sheet*）、損益計算書（*Income statement*）及其他補充資料，就其記載之每一項目加以分析。例如存貨（原料或成品）一項，在其堆存期間，可能遭受燬損和滅失的損失；如有上項損失

發生，又可連帶引起業務中斷的風險；如果對他人造成身體傷害或財產損失，也會引起法律上的責任賠償問題；當其變更存放地點時，更可發生運輸上的各種風險。這些風險的調查，須從該一企業取得所有權的時候開始，然後步步跟蹤，不論它在自己或他人手中，也不論其爲工廠內部的移動，抑爲工廠以外的運輸，直至完成製造、銷售及交貨爲止。同時由於存貨的價值時有變動，故須確定其最高與最低的價值，以使風險的處理能與實際情況相吻合。其他財產的調查，與此類似，從略。

2. 作業流程分析法 (*The flow-chart method*)　是將一個企業的全部作業，依其先後次序排列爲一張詳盡的流程圖。例如從獲得原料開始，直至成品銷售爲止，其間每一作業，包括運輸、儲藏、使用，以及各項輔助活動如研究、廣告等，均須逐步分析其可能遭遇的各種風險。如果一個企業擁有多個不同作業的工廠，則每一工廠均需有其不同的流程圖，或至少以一張流程圖適用於若干作業類似的工廠。

一般言之，較小的企業因爲自己的人手不夠，可以採用保險調查法或保單檢查法。而較大的企業如果設有風險管理部門，則可採用風險列舉法，以主動地發現各種可保的與不可保的風險。如將財務報表分析法與作業流程分析法結合應用，自更能增加風險分析的正確性。同時，卽使採用了保險調查法，最好仍由企業自身先作初步調查，然後與保險公司的調查結果加以比較，並可藉此增加風險管理人員的分析能力。

第五節　損失與風險的測定

一、從單一危險單位看損失與風險 (註四) 任何一個企業單位，均可就同型企業長時間的損失經驗，計算其自己的損失與風險。茲假定某一

註四　同註二書 *pp. 22-25.*

企業擁有價值一萬元的房屋一棟，各年或無火災，或至多發生火災一次。其每年結果及其或然率的分配如下表：

損失價值	或 然 率
$ 0	0.90
1000	0.05
2000	0.02
3000	0.01
4000	0.006
5000	0.004
6000	0.003
7000	0.002
8000	0.002
9000	0.002
10000	0.001

由上述資料，一個企業的管理人能够獲得三項有用的結果：

1.損失或然率　因爲沒有損失的或然率爲〇‧九，則損失的或然率必爲〇‧一。此亦可將有損失之各項或然率相加得之，卽 0.05+0.02+0.01+0.006+0.004+0.003+0.002+0.002+0.002+0.001=0.10.

2.預期損失（或長期平均損失）　卽將每一可能的結果與其或然率之乘積相加，得0.90(0)+0.05($1000)+0.02($2000)+……+0.002($9000)+0.001($10000)=$240.

3.風險或差異　此可用統計上的標準差求算得之。玆以一簡單的例子加以說明。設有下列三種可能的結果及其或然率：

價　　值	或 然 率
0	0.25
$ 1000	0.50
$ 2000	0.25

因其平均價值爲1000元$\left(=\dfrac{0+1000+2000}{3}\right)$，其標準差 (*standard va-riation*) 之計算如下：

$$\sqrt{0.25(0-\$1000)^2+0.5(\$1000-\$1000)^2+0.25(\$2000-\$1000)^2}$$
$$=\sqrt{\$500,000}=\$707.10675$$

如以上述方法求算前表損失之標準差，約爲 977 元。然而統計學家也用相對差異量數卽「差異係數」(*Coefficient of variation*) 來測定差異的重要性。其中又有兩種求算的方式：一是將標準差除以平均損失或預期損失，卽將標準差表示爲平均損失的百分率。例如前表之平均損失爲240 元，標準差爲 977 元，則其差異係數應爲 4.07。二是將標準差除以危險金額。例如上例危險金額爲10,000元，標準差爲 977 元，則其差異係數約爲 0.1（＝$\$977\div\$10000$）。這兩種相對差異量數，對測定經濟風險要比絕對差異量數的標準差爲好。例如當標準差爲20元時，對爲10元的平均損失或爲40元的危險價值，都是極端重要的，但若平均損失爲2000元或危險價值爲 10000 元時，則同樣的標準差，就變得不重要了。

　　二、從多數危險單位看損失與風險 (註五) 前述方法，對保險而言，並不重要。因爲保險是要集合多數的危險單位，統計其在一段時間內遭遇損失的機會與風險，玆就下列幾點加以說明：

　　1. 損失機會　是指一段時間內，在一定數目的危險單位 (*exposure units*) 中，可能受到損失的次數或程度，通常是以分數或百分率表示之。以火災損失爲例，根據過去多年的統計資料，得知在一段時間內（通常爲一年），平均一萬棟房屋中，有十棟發生火災損失，則損失機會爲千分之一，此可稱爲損失頻率 (*loss frequency*)。事實上，發生火災的房屋，

註五　參看 *Robert l. Mehr and Emerson Cammack, Principles of Insurance, 1972. p.p. 17-21*

其損失的程度大小不一，茲假定上述一萬棟房屋，每棟價值均爲一萬元，則總價值當爲 100,000,000 元。而在發生火災損失的十棟房屋中，全損者二棟，半損者四棟，損失四分之一者四棟，共計損失五萬元，因之，實際損失金額僅爲房屋總價值的千分之〇·五，或萬分之五，我們稱此爲損失確率 (loss severity)。如以人的死亡機會而言，如在年滿七十五歲的一千人中，僅有 935 人繼續活到76歲，換言之，卽有65人死亡，則其死亡機會爲千分之六五。由於人的死亡應是全部的和永久的，故損失頻率與損失確率完全一致。

2. 風險的測定　我們雖知某項財產發生火災的損失機會爲千分之一，但就一棟或少數房屋而言，其損失機會並不卽爲千分之一。如果祇有一棟房屋，則起火或不起火，幾無任何憑藉可以預測，縱使損失機會甚低，但必遭遇完全的不定性。再假設某人有一千家類似的連鎖商店，也許他能預測可有一棟遭受火災損失，但亦無法保證實際損失會與預期損失完全一致，如有兩棟起火了，則其失算率爲百分之一百。但若某人擁有十萬個店舖，他能預料可有一百棟發生火災損失，但實際損失可能多出或少出十棟，則其失算率僅爲百分之十。可見危險單位愈多，則實際損失愈接近於預期損失，亦卽風險度 (degree of risk) 愈小。所謂風險度，是指實際損失與預期損失的差數所佔預期損失的比率。兩者的差異愈低，則風險度愈小。根據數理學家的說法：當危險單位增加，則實際損失與預期損失的可能差異雖也同時增加，但僅與增加的危險單位的平方根成比例，亦卽差異的程度隨而減少。茲舉一例說明之。

假定汽車碰撞的機會爲百分之一，茲有一萬輛汽車，預期將有一百輛發生碰撞損失。然而實際損失並不剛好爲一百輛，可能多於或少於此數。假定過去經驗顯示，實際損失在80輛與 120 輛之間，亦卽實際損失與預期損失的差數爲20輛，則其風險度爲百分之二十。

　　茲再假定汽車增加一百倍而爲一百萬輛，依百分之一的損失機會，預料將有一萬輛發生損失。然而，實際損失則在 9,800輛與 10,200 輛之間，亦卽實際損失與預期損失的差數爲 200 輛。較汽車爲一萬輛時之差數 20 輛增加十倍，而與兩次汽車數目的平方根的增加倍數剛好相同（$\sqrt{10000}=100, \sqrt{1,000,000}=1000$），但汽車增加後的風險度則減爲百分之二了（因差數200輛只佔預期損失一萬輛的百分之二）。

　　3. 損失機會與風險　從上例中，我們可以看出損失機會與風險是截然不同的。在一萬輛汽車（甲羣）與一百萬輛汽車（乙羣）的兩羣危險單位中，雖其損失機會同爲百分之一，卽在某一段時間中，甲羣汽車每年平均可有一百輛汽車遭受損失，而乙羣汽車可有一萬輛遭受損失，但每年實際損失與預期損失(損失機會)的差異，甲羣汽車爲二十輛，乙羣汽車爲二百輛,雖其差異數已隨汽車的增加而擴大,但按下一公式求算,

$$風險度 = \frac{實際損失數 - 預期損失數}{預期損失數}$$

則甲羣汽車的風險度爲百分之二〇，而乙羣汽車的風險度爲百分之二。換言之，隨着汽車數目的增加，而使實際損失的變異性大爲縮小，亦卽預期損失的穩定性大爲增加，凡變異性愈小或穩定性愈大者，則其風險度愈小。至前述數理學家的說法，乃一統計學上的驗證結果，雖其精確度仍隨危險單位增加的數目而異,但風險度可隨危險單位的增加而減少，則爲大數法則（Law of Large Numbers）下的必然現象，容於第二章第三節再加說明。

第六節　風險管理的方法

　　自有人類以來，就無時無地沒有風險存在，但趨吉避凶，亦人之常

情。在近代科學昌明之前，爲迎合人們的此種心理，乃有星象家、預言家、相術家以及各種巫術道士之流出現。我國古代帝王出征，必占星象；婚喪喜慶，必擇吉時。時至今日，仍有此種迷信存在，但人們多已採取其他方法來處理風險：

一、避免風險 一個怕自己房屋被火燒掉的人，可以出賣他的房屋而逃避此種風險；一個怕坐飛機發生空難事件的人，可以一生不乘飛機而逃避此種風險。此種方法，在有限的範圍內，亦常爲人所採用，但不是每一風險都可如此處理，用之過當，亦將阻礙社會的進步，故非一種處理風險的良好方法。

二、承當風險 自己承當風險，有被動的與主動的兩種情況：(1) 被動地承當，或是由於不知有某種風險存在，例如不知有職業責任的風險，而未採取任何處理此種風險的方法是；或是雖知有某種風險存在，但延未採取任何行動以處理之。(2) 主動地承當，或是由於除自己承當外，沒有其他任何可以處理此種風險的方法；或是由於採用其他方法處理某種風險，不及自己承當風險來得有利。主動地承當某種風險時，有時可不作任何承當風險的準備，而單純地等待不幸事件的發生。有時則作未雨綢繆之計，於平時提撥與累積一筆意外損失準備基金，以便於損失發生時得以迅速抵補，一般稱此爲「自己保險」 (*self-insurance*)，但嚴格的自己保險，仍有其必備的條件。（見本章第三節）

三、防止風險 即是採取有效的手段，以消除或減輕導致不幸事件的因素。例如改善道路、燈光與交通管理，以防止車禍的發生；改良建築材料或僱用看守人員，以防止火災的發生是。防止風險，能防患於未然，應爲處理風險中最值得重視的方法，但不是每種風險都可事先預防；即使事先已加防阻，但不一定即能成功；或是防止所需之費用，大過可能發生的損失。如有這些情況，仍應同時採用其他處理風險之方法。

　　四、轉移風險　將風險轉移他人，可採取數種不同的方式：(1)出賣。即將導致風險之財產賣與他人，而由他人承當此項財產的風險。(2)分包 (*subcontract*)。此指一項工程而言，例如一個包商爲恐工程承包後有關水電部分之工資及材料漲價，乃將其中之水電工程轉包他人是。(3)海琴 (*hedging*)。此爲貿易中轉移風險之一種方法。例如某商於九月一日買進小麥一批計十萬元，預期於三個月後製成麵粉出賣，但如賣得十八萬元，則能收回成本並有合理利潤，但三個月以後的小麥價格頗難逆料，爲轉移價格漲跌的風險，乃於九月一日同時以同一價格出賣三月後交貨之同量小麥一批。設如三月後小麥跌至八萬元，則麵粉只能賣得十六萬元，而有兩萬元的損失，倘此時能以八萬元購進小麥一批，以交付九月一日出賣之期貨小麥，而獲有二萬元之利益，足以抵補出賣麵粉之損失。(4)契約。例如鐵路局爲某一企業敷設支線一條，但於契約中規定有關此一支線之任何車禍，均應由使用之企業負其法律上的責任是。(5)保險。被保人付出保費，而由保險人承當損失賠償的責任，亦爲風險轉嫁之一種方式。但保險尚具有其他作用，容後述之。

　　五、結合風險　是將具有相同性質的風險結合起來，由而減少風險的程度。例如若干小企業的合併經營或企業本身的擴大成長，只要增加了財產的擴散性，就可使其遭致火災損失的風險趨於減少。現代大規模企業的興起，固另有重要之原因，但因結合風險而減少風險，亦爲值得重視的附帶作用。至於保險，則具有雙重性質：從被保人而言，應爲風險之移轉；從保險人而言，則因結合了許多相同的風險，而使損失的預測更爲準確，亦即減少了發生某種損失的風險或不定性。在現代社會中，人們已逐漸以保險作爲處理風險之主要方式，因而促成保險事業的快速發展。

第二章　保險的基本概念

第一節　保險的意義與性質

一、保險的意義　我們可從兩種不同的角度或立場來闡釋保險的意義：

如從法律或個人的觀點，保險乃是一種契約行為，卽是被保人給與保險人一定的報償或對價（保費），而由保險人賠償被保人將來可能遭受的某種損失的一種契約關係。實質上，則是被保人支付一定的和小額的代價，藉以避免不定的但可能是大額的損失。

如從功能的或社會的觀點，則保險具有兩項重要的意義：一是結合許多相同的危險單位，而使未來可能發生的損失可以預測；二是這一可以預測的損失，則由參加結合的各個危險單位比例分擔。簡言之，保險具有兩項基本的作用：一是風險的減少，二是損失的分擔。無論採取那一種保險組織，民營的或公營的，營利的或互助的，上述基本作用都是一樣。關於前一作用，我們將在下一節加以進一步的說明，由於後一作用，可知保險原是人群的一種互助合作行為。早在現代保險事業發展之前，人類就已有了某些類似保險的互助制度，用以分擔受害人不能單獨承當的損失。今日的商營保險公司，也祇是一種互助制度中的中介而已，任何損失的賠償金額，都是來自全體被保人的共同擔負，保險公司不可能以其自己的資金，賠付被保人的損失。尤其在減少風險的作用之

下，保險公司能以數理方法，準確計算保險的成本，而使現代的保險事業，更增加其可行性和安全性。

二、保險與救濟　在未有現代保險之前，政府對於人民所遭遇的災難，每有救濟的義務，但災難的發生常是偶然的，政府的預算多不足以應付巨大的災難，致有杯水車薪無濟於事之感。今則政府對於若干災難的救濟，改用保險的方式以代替之，例如農作物災害保險、失業保險、洪水保險等均是。由於這些保險的成本，通常多由政府負擔一部分，其中自仍帶有若干救濟的性質，但保險與救濟在性質上應有下列根本不同之點：

1. 保險乃是一種契約行為，雙方各有一定的義務與權利。救濟則是一種單純的施捨，任何一方均無一定的契約所約束。

2. 保險的給付，有其一定的計算方法，且與被保人支付的對價保持一定的關係；而救濟金的給付，則完全出於施捨人的心願，且無一定的對價作基礎。

3. 即使保險人的給付，超過了被保人支付的對價，但其超過部分，仍非保險人的施捨。因為保險本身即是一種互助行為，保險人祗是集合眾多被保人的對價，賠付少數人的損失。反之，沒有損失而未享有保險給付的人，亦不能因其支付了對價而具有救濟他人的成份。

三、保險與儲蓄　從個人看，保險不是儲蓄，即使為純粹生存保險或終身死亡保險，亦祗具有部分儲蓄性質（此點容於有關章節中說明）。從社會看，保險與儲蓄成為一事的兩面，即以全體被保人的儲蓄，補償任何被保人的損失。但仍不能說，保險就是儲蓄，因為兩者有下列根本不同之點：

1. 從個人看，被保人繳付之保費，並不與其享受之給付完全相等，甚至祗繳保費，而無給付。即使為生存保險，亦以達到約定之生存年齡

為條件。但儲蓄的所得，則為每次儲蓄金額加上利息的總和，兩者永遠保持對等的關係。

2. 從社會看，保險與儲蓄雖為一事的兩面，但為為保險而作的儲蓄，必為將來可能發生的損失所消耗，其作用完全是消極的。而一般儲蓄的目的，則在應付未來增加的支出，其作用是積極的，預防損失祇是儲蓄的附帶作用。

3. 儲蓄多半都是個人獨立的行為，雖也有團體儲蓄（例如新加坡實施的公積金制度），究屬例外，因之此一儲蓄如何處分，個人有其至高無上的權力。而保險則為一種團體行為，為保險而作的儲蓄，個人不得任意加以處分。雖也有所謂「自己保險」，究屬例外。

四、保險與賭博　保險與賭博的遂行，均有賴於偶然因素的出現，而當事雙方所付代價與所得報酬，均非保持對等的關係。從此點言，兩者似均帶有相當的射倖成分 (*aleatory element*)。但保險決非賭博，其根本不同之點：

1. 保險的目的，祇在抵補被保人可能發生的損失，而非提供被保人獲取利益的機會。賭博的目的，則在使參加者以可能遭遇損失作代價，博取獲得更多利益的機會。

2. 保險的功用，是在減少已有的風險，而非創造風險。賭博的結果，則是創造了原本不存在的風險。

3. 保險是人群互助精神的發揚，利人利已，以達經濟生活之安定為目的。賭博則是出於人類貪婪奪取之劣性，利己損人或利人損己，而使參加者之經濟生活，增加其不安定的成分。

第二節　可保風險的必要條件

保險雖爲今日處理風險的一種最普遍而有效的方法，但不是每種風險都適於以保險方式加以處理。例如前述的投機風險、經濟風險或動態風險，就目前保險技術而言，均非保險的適當對象。理想的可保風險，通常應具備下列各項條件：

一、應有多數人遭遇相同的風險，但沒有多數人遭遇實際的損失
因有多數人遭遇相同的風險，他們才會感覺有參加保險的必要，由而透過下節所要討論的「大數法則」，得以預知未來損失的程度。以洪水保險爲例，通常由於祇有少數人有此風險，而使參加保險的人過少，無法準確地預測將來可能發生的損失，保險成本的計算勢將無所依據。而且，萬一發生水災損失，過少的人也無力分擔得起。唯有多數人遭遇相同的風險，他們才有參加保險的願望，而將衆多的危險單位結合起來，達成減少風險與分擔損失的雙重目的。

另一方面，保險的目的，是以多數人支給的小額保費，賠付少數人遭遇的大額損失，在一段時間內遭遇損失的人數如果過多，則任何保險機構都無法加以賠償。卽以終身人壽保險爲例，雖先認定每一被保人終須給予死亡給付，而在收取保費方面作了適當的考慮，但由於保費是在一較長的期間內分期收取的，如果短時間內發生較預期爲多的死亡，保險公司亦將發生保費收入不足給付的現象。然而，若干並不符合此一條件的風險，仍可加以適當的改進，使其獲得可以保險的機會。例如危險單位的集中，常是造成巨大損失的因素，因之在承保時可力求危險單位的分散，或用再保方式以減輕自身所負的責任。又如戰爭造成的火災損失，也是集中的和巨大的，可用戰爭條款排除於通常的火災保險之外。

然而，像失業一類風險，由於一次經濟不景氣可以同時造成許多人的失業，除由政府辦理保險外，別無他法。

二、損失的發生應是偶然的，但損失的本身應是確定的　就保險而言，可保的損失，本應是可以預測的，但那是從全部被保人而言。事實上，任何特定的損失，必須是偶然發生的，而不是被保人所故意造成的，最好也不是被保人所能控制的。像所謂折舊 (*depreciation*) 的損失，則是任何財產必有的現象，因之是不可以保險的。又如商店的竊盜保險，對於正常而可預料的扒竊，通常也列為除外不保事項，銀行的信用保險，對於正常而可預料的呆帳損失，亦是如此。人的死亡，雖為人生的必然現象，但於何時死亡，仍是不可預測的，因之仍為一種可保的風險。

另一方面，損失發生於何時，何地，損失多少，均應是可以確定的。否則，不獨保險公司缺乏過去的資料，以資計算損失和風險的大小，而且也難確定其所應負的賠償責任。例如死亡的損失是最易確定的，但疾病的損失則否。美國在1930年代經濟極端蕭條的時期，承保疾病保險的公司，都曾因應付大量增加的賠償要求而陷於困境。因為失業的被保人，此時可以假裝疾病而不能工作，以期獲得保險公司的喪失工作能力收入保險 (*disability income insurance*) 的給付。由於此一痛苦的經驗，目前保險公司承保此種損失的條件，已遠較以往為嚴格。至於傷害保險，因有客觀的形象可資證驗，故不易發生道德危險性。又如廣泛性的竊盜保險，因可包括不露行跡的偷竊在內，自不及强竊保險 (*burglary insurance*) 易於確定損失。因為後者須在房屋進入之處留有相當之破壞形跡，故不易為被保人謊報損失。

三、應有發生重大損失的可能性，但損失的機會則甚小　如果祗有遭受微小損失的可能，則人們根本就無參加保險的必要。即便參加保

險，其所付出的代價，亦必超過其所得的補償。例如雨傘或鋼筆，都是人們最易失落的隨帶物品，因其價值甚小，縱有失落，亦不足以構成損害，如要保險的話，則保險公司的處理費用，恐將超過物品的價值，自不可能有人參加保險了。反之，一項可能遭受的重大損失，非受害人所能負擔得起，自會利用保險方法以求保護。

另一方面，遭遇重大損失的機會不能過大，否則，過高的保險成本，將使保險事業失掉可行性。例如財產保險的損失機會如在百分之四十以上，則其保險成本將會超過被保人獲得的賠償金額。又如一個99歲的人購買1萬元的人壽保單，單就純保費（僅指死亡給付所需的成本）而言，將達9800元之鉅，加上保險公司的費用，其總保費將較保險金額爲多。汽車的損失機會非常之高，因之乃有自負額的設計，以使被保人自己負擔小額的撞車損失，而使汽車保險費降至一般駕車人所能負擔得起的程度。

四、損失機會應是可以計算的，且有相當的穩定性　前述失業的機會，就是難以預知的，或至少是不穩定的，因之除由政府辦理失業保險外，並非一般民營保險公司的承保對象。又如海上損失常受甚多的外界因素所支配，其損失機會缺乏可以計算的客觀資料，因之保險人的判斷，每爲決定承保與否及其承保條件的主要依據。

第三節　保險的數理基礎——大數法則

前曾言之，保險可以減少風險。說明此一現象的原理，在數學上稱爲「大數法則」(Law of large numbers)。有時又稱爲「平均法則」(Law of average)。實際上，它祇是「機率」(probability) 這一主題的一部分，而「機率」並非法則，而祇是數學的一個部門而已。

在17世紀時，歐洲的數學家就已建立了粗略死亡表，從其調查中發現：如就夠多的出生嬰兒加以統計，各地每年出生的男嬰與女嬰的比率，幾為一定的常數，波亞森 (*Simeor Denis Poisson*) 稱此為「大數法則」。此一法則的意義是：個別事象的發生，可能是不規則的，但若集合衆多的事象來觀察，則又具有相當的規則性。例如一個家庭出生的男孩與女孩，並無一定的比率，但就許多家庭出生的男孩與女孩加以統計，則可發覺近乎50對50的比率。也許這是一種「先驗之理」(*a priori definition*)。卽就其他事象而言，美國的全國安全委員會 (*National Safety Council*) 根據過去的統計，常可預測每年在 7 月 4 日國慶日前後死於車禍的人數。自然，一城的預測，自不及一州的預測來得正確，而一州的預測，又不及全國性的預測為正確。換言之，同一事件出現的次數愈多，其實際發生的結果，愈與過去無數次經驗導致的預期結果相接近。

大數法則乃是近代保險事業賴以建立的數理基礎，在這一基礎上，可以將個別危險單位遭遇損失的不定性，變成多數危險單位可以預知的損失，而使保費的計算較為準確。否則，保險事業的本身，亦將具有較大的風險，「自身難保，何以保人」。

然而，保險公司運用大數法則的效果並不完全：第一，任何一家保險公司承保的具有同一風險的危險單位，總是有限的，因之實際發生的損失，不可能與預期的損失完全一致。第二，大數法則，係以無數相同的風險作基礎，但在保險技術上，分類太粗，則其平均結果難以表示任何一類風險的眞實情況；分類太細，則每類網羅的危險單位太少，亦不足充分發揮大數法則的作用。第三，任何事物都在變動，以往損失的情況，甚難完全期之於未來。第四，道德危險與心理危險的出現，也對損失的預測多所干擾。（關於道德危險與心理危險，將在第八章第四節加

以討論）。

為使大數法則充分發揮作用，在保險技術上應注意下列三點。（此亦為「自己保險」所須具備之條件）：(1) 應有相當多的危險單位，而且這些危險單位的性質，也應是相當接近的。(2) 個別危險單位的價值，應是相當一致的。否則，損失機會的計算，將不是可靠的和穩定的。例如在承保火險的一萬棟房屋中，如果 9990 棟房屋的平均價值祇有一萬元，而其餘十棟房屋的價值各為一百萬，則後者損失一棟，等於前者損失一百棟，由而損失機會的計算，自不及每棟房屋均為一萬元時之穩定和可靠了。為求符合此一條件，保險公司通常都有自留額的規定，而將超過自留額以上的部分，轉讓與再保險公司，而使自己承當同一危險的價值保持相當的一致性。(3) 應力求危險單位的分散。即使符合上述第二項條件，但若危險單位過於集中，則一次災害可以造成巨大損失，而使實際損失遠大於預期損失。因之在承保時，應力求危險單位的分散，勿使集中於某一地區，如此纔能使每年的實際損失趨於穩定，保險事業的經營得以安全。為達成此一條件，再保險仍為一條重要的途徑。

第四節　危險與損失的關係—近因學說

一、近因學說的意義　保險的目的，在使被保人於其保險的標的發生損失後，能從保險人處獲得適當的補償。然而發生損失的原因很多，除非保險契約承保一切危險 (*all risks*)，被保人通常祇能就被保危險事故所致的損失獲得賠償。事實上，即使為一切危險契約，通常亦多附有「除外條款」，對若干列舉不保的危險事故，保險人亦不賠償其所致之損失。如進一步加以分析，問題還不如此簡單，因為一項損失的發生，往往牽涉兩項以上的危險事故，其中有的屬於「被保危險」 (*insured* perils)，有的屬於「非被保危險」(uninsured perils)，有的則為「除外危險」(excluded or excepted perils)。這些危險事故，或是同時發生，或是連續發生；而在連續發生的情況下，它們可以是有因果關係的，也可能是沒有因果關係的；即使它們是有因果關係的，但在發生的先後次序上，仍有着不同的情況。有時候，如要判斷它們之間的因果關係，也會遭到很大的困難。然則，在何種情況下應予賠償，這是保險實務上一大問題，為謀解決這一問題，乃有「近因學說」(Doctrine of proximate cause) 的產生。

　　何謂「近因」？依據美國梅爾(Robert I. Mehr)與坎麥克 (Emerson Cammack) 兩教授的意見:「損失的有效原因，叫做損失的近因」。「就保險而言，可以賠償的損失，必須是以被保的危險事故為其近因所發生的，或是在連繫近因與損失的因果連鎖(Chain of Causation)中，發生了被保的危險事故。近因不一定是在時間上或空間上與損失最為接近的原因，但在沒有中斷的因果連鎖中，它對損失的發生實際負有責任」(註一)。

　　近因並不就是一項結果的直接原因，而是一項結果的主要 (dominant) 或有效 (effective) 的原因，在原因與結果之間，經歷的時間可長可短，也可能引起一些連續發生的中間原因，祗要沒有任何其他新的力量打破或中斷此一因果連鎖關係，那麼，這一引發某種結果的原因，就可說是此一結果的近因。保險學上的近因學說，是指凡以被保危險事故為近因所致的損失，原則上均可獲得保險人的賠償。然而，仍有下述各種情況，須作進一步的分析 (註二)。

註一　Robert I. Mehr and Emerson Cammack, Principles of Insurance, 1972, P.180.

註二　參看 Elements of Iusurance, Published by the Chartered Insurance Institute, England. pp. 243-248

二、單一原因引起之損失 如果「被保危險」是引起損失的唯一原因，或是一連串原因的最後原因，那麼，祇要沒有「除外危險」牽涉在內，保險人須負賠償責任。

三、多種原因同時引起之損失 如果損失是由一種以上的危險事故共同引起的，則有三種不同的情況：

1 如無「除外危險」之規定，那麼祇要其中一種原因是「被保危險」，則不論其他原因為何，保險人須負賠償責任。

2 如果其中有一危險事故是「除外危險」，而其結果可與「被保危險」的結果劃分開來，則保險人對「被保危險」所致的損失，應負賠償責任。

3 如果「被保危險」與「除外危險」的結果無法劃分，則保險人完全不負賠償責任。

四、連續發生多種原因引起之損失—有因果連鎖性 如果損失係由有因果關係的原因所造成，則保險人的責任，須依下列三種情況而定：

1 在連續發生的各項原因中，如無「除外危險」在內，則由「被保危險」發生以後的一切損失，保險人須負賠償責任。

2 在連續發生的各項原因中，如有「除外危險」先於「被保危險」而發生，則被保危險乃是除外危險的結果，保險人對被保危險所致的損失，不負賠償責任。

3 在連續發生的各項原因中，如「除外危險」發生在「被保危險」之後，則除外危險僅為因果連鎖中之一環，其在除外危險發生前由被保危險所致之損失，可獲得保險人之賠償。

五、連續發生多種原因引起之損失—無因果連鎖性 在一連串接續發生的原因中，如有一新的獨立原因，則因果連鎖即告打破，保險人的責任，視下列二種情形而定：

1.如新的獨立原因爲「被保危險」，縱發生在「除外危險」之後，其由被保危險所致之損失，仍可獲得保險人之賠償。

2.如新的獨立原因爲「非被保危險」，縱發生在「被保危險」之後，其由非被保危險所致之損失，保險人不負賠償責任。

第五節　保險的社會價值

保險的價值或利益，是多方面的，分別言之，可有下列各項:

一、促成資源的合理分配　前在敍述風險的代價時，曾謂一項資源用於不同的產業，當其邊際報酬相等的時候，即是總收益最大的時候。由於每一產業的風險不同，如無保險，則資源的分配即難達到最有利的境界。有了保險後，任何產業的風險，都可以較少的代價轉移與保險公司承當，而可依照社會的需要，將有限的資源，作合理的配置，因使社會可以享受更多財富與勞務的生產。

二、促進企業的公平競爭　經營企業的風險，每爲阻碍自由競爭的因素，因爲各人對於風險估計的不同，高估風險者每視經營某一產業爲畏途，致使風險較大的產業每爲少數人所獨佔。而且，即在同一產業內，由於各人遭遇的風險不同，不能完全以經營效率作基礎，從事公平的競爭。有了保險後，當可消除許多不安的因素，而使企業的競爭更爲完全和公平。

三、有助於生產與社會的穩定　有了保險後，任何企業發生了保險的損失，都可及時獲得適當的補償，使其迅速恢復生產和營業。一個家庭發生了保險的事故，也可迅速獲得適當的賠付，不致使其生活陷於困境。由於企業與家庭獲得了安全的保障，而能達成社會與經濟安定的效果。

四、提供信用的基礎 如無保險，銀行與信用制度，恐不致有如今日之發達。沒有擔保的信用放款，固無論矣，卽使爲有財產抵押的放款，也可因抵押品遭遇損失而失其安全的保障。有了保險後，借款人憑其自己的人壽保險，可以獲得銀行的信用貸款；一般企業也因抵押品的保險，而更易獲得銀行資金的融通。信用與保險，實有互相幫助與促進的作用。

五、解決若干複雜的社會問題 在沒有保險之前，對於勞工的失業或意外傷亡，汽車意外事件的處理，以及老年、殘廢、疾病等社會問題，均難有妥善的照顧與解決。今則有了勞工失業保險、勞工補償保險、汽車責任保險，以及廣泛性的社會保險或國民保險，對此提供有效的解決辦法。當今世界各國無不致力推行社會安全制度，以保障大衆經濟生活之安全，實際上，乃爲保險制度進一步的推廣與應用。如無保險制度，將有無從着手之苦。

六、爲社會長期資本的主要來源 保險公司收取之保費，在實際賠付被保人的損失之前，無異爲一筆鉅額的社會儲蓄。尤以人壽保險公司提存之責任準備金，常投資於有價證券或作不動產抵押放款，形成長期資本最重要的來源，對促進國內產業的發展至多幫助。

第三章　保險的歷史與現況

第一節　保險的歷史

一、保險的濫觴　人類渴求生活安全的願望，可謂與生俱來，早在人類的古代歷史中，就可發覺若干類似保險的史實與痕跡，巴比倫早期商業的紀錄，即有類似保險契約的記載。約在五千年之前，幼發拉底河流域 (*Euphrates Valley*) 的巴比倫人 (*Babylonians*)，其商業發展就已達到須從較附近地區更遠的地方尋求產品市場及原料來源，因之必須利用旅行推銷人，遠赴國外從事貿易。生意人以貨物與金錢付託與推銷人，推銷人則以自己的財產與妻子兒女等作為信用保證，如在貿易中獲得利潤，則以一半分給生意人。起初倒也相安無事，各得其所。雖間有少數推銷人，放棄妻兒，逃亡國外，究屬例外。

然而，當時各地竊盜橫行，有時甚至認為刼掠他人財物較之貿易營生更為榮譽。許多誠實的推銷人在貨物或金錢被人竊奪之後，不得不忍痛放棄他們的妻兒。為改善此一情勢，生意人與推銷人終於達成協議，以前的制度仍予維持，但另行規定，萬一車隊被刼，而推銷人並無串謀或疏忽時，在他旅行回來並經宣誓說明真象後，就可免除他對生意人所負的債務。這種安排旋為全巴比倫區域所採用，在紀元前約2250年編纂之漢穆拉比法典 (*Code of Hammurabi*) 中，對此亦有規定之條款。以後此一習慣傳至腓尼基 (*Phoenicia*)，並適用於各種水運的貨物，再由

腓尼基傳遍於古代各地。

二、海上保險 希臘的船舶押借 (*bottomry*) 契約，卽從巴比侖人的觀念發展而來。一個希臘船主如要從外地運回一批貨物，通常須以其船舶作擔保，獲借他所需要的資金。在契約中規定，倘如船舶沒有安全返回港口，則出借人放棄其索還借款的權利。這種契約在當時海運國家極為普遍。有時候，並以貨物代替船舶作擔保，而稱之為貨物押借 (*responsentia*) 契約。這些契約索取之利息高達借款的百分之三十，其中除正常利息外，其餘則為補償出借人承保航程安全的代價。此一另加的部份叫做「溢價」(*premium*)，時至今日，為獲得保險契約而支付的保費，仍用此字代表。當時由於此類契約的危險性極大，養育孤兒的基金，規定不能用於此種貸款。為便利借貸雙方的交易，在雅典設有一個交易所，此一機構很可能是世界最早的保險交易所，它的功能與今日倫敦勞依茲 (*Lloyd's of London*) 頗相類似。它不僅便利船舶押借契約的簽訂，且為商人、船主及其他關係人提供各種有用的航運情報。

類似今日之海上保險，至少發生於14世紀。現代海上保險第一張保單，是在1347年於意大利熱那亞 (*Genoa*) 為一艘名叫 *Santa Clara* 的船隻所保險的。有關海上保險的規章逐漸形成，到15世紀時，已發展出一套有關海上保險的法典。1435年，*Barcelona* 地方的首長公佈了有關海上保險承保規則及損失賠償的手續。1468 年威尼斯 (*Venice*) 大議會製訂了一套經營保險業務的法典，與現代承保手續極為相似。早期的海上保險單，不是由公司而是由商人當作副業經營來出賣的, 倫巴底 (*Lombardy* 為意大利之一省) 的商人承做了此項業務的大部分。為英國船保險的保險單，就是用意大利文寫成的。這些保險商人利用代理人為他們經營業務。在英國，這些代理人聚居的主要地區，稱為"倫巴底街" (*Lombardy Street*)，就是因為大多數倫巴底的保險商人都有代理人在

那裏設有營業處所的緣故。

促進英國海上保險的因素，是在 1574 年伊利沙白女王　(*Queen Elizabeth*)　批准一項組設保險公會 (*Chamber of Insurance*) 出賣海上保險的法案。1601年，又簽署了一項成立保險法庭的法案，以解決起於保險契約的爭端。當時情勢已顯示出，保險乃是需有專職人員從事的業務，以此為副業的商人開始由專業保險商所取代。很早這些保險商就已知道組成小型的集團，以求共同出賣保單，交換有關業務的情報，以及互相保護與幫助。倫敦的咖啡店就是他們經常聚會的地方，每日他們在那裏度過一個愉快的早晨，並藉以處理他們的業務。需要保險的船主或貨主，可來到這些保險商聚會的地方，將他們要求保險的文件置於桌上，任何願意承保一部分的保險商，可在文件上簽上姓名並指出所願接受的金額。這種在要保文件下方簽上姓名的習慣，就是今日所用「承保人」(*underwriter*) 一字的起因。

當日咖啡店老板中最為活躍的，是在塔街 (*Tower street*) 經營一家咖啡店的愛德華‧勞依德 (*Edward Lloyd*)。勞依德意想他的顧客所最關心的，是那些有關船舶、貨物、氣候及其他關於海上貿易的情報，如能收集這些情報傳播給他的顧客，他們就不致東進西出，而可經常成為他的咖啡店中的座上客了。他真的做到了，因之他的生意興旺起來。1696年，他開始發行一份叫做「勞依茲新聞」(*Lloyd's News*) 的快報，每週三次。此時，勞依茲已在保險交易的場所中居於首屈一指的地位，以後他的咖啡店又由塔街移至金融區的中心。

由於英國政府一時財政情況的惡劣，後又導致社團保險的開創。多少年來，個人保險商惟恐他人取得保險公司的特許權，而不斷加以阻撓。後來那些申請設立保險公司的人看準了政府的弱點，提議願向政府繳納六十萬英鎊，以交換兩所公司的特許權及公司經營海上保險的獨佔權。

1720年卒獲國會批准，成立倫敦保險公司 (*London Assurance Corporation*) 及皇家交易保險公司 (*Rayal Exchange Assurance Corporation*)。因爲這兩家公司祇限於海上保險的獨佔，其他保險公司仍可經營人壽與火災保險業務。1824年，海上保險之公司獨佔權終告打破，以後其他公司均可擴展經營海上保險。

三、人壽保險 何時開始有人壽保險，無人得知。漢穆拉比法典中曾有關於收養年金計劃之規定，一個巴比倫人能够收養一子，於其長大成人後，養子依法有扶養他的義務。

早期的希臘，許多宗教上的教派都各自組織團體，負責照顧與管理屬於該一教派的寺廟。除宗教活動外，這些寺廟也從它的奉獻者按月收集捐獻，保證在奉獻者死後爲他舉行莊嚴的宗敎葬禮，並對其遺屬卽時予以金錢上的支助。奉獻者如未按月繳納捐獻，可予罰款，死亡時如有拖欠，則不爲他舉行葬禮。有些寺廟也在某些情況下貸款與其奉獻者，此爲保單貸款的一項早期例證。

羅馬人從希臘人那裏接收了它的藝術、文學、哲學及以宗教結社爲其信徒提供葬禮保險及對遺屬施予緊急救助的觀念。然而，羅馬人並不太重視宗敎因素，而以一般社會大衆爲結社之對象。有一種特殊的結社專對士兵保險，不僅對其社員提供死亡給付，也提供老年或殘廢年金。此外,當士兵社員升遷或調職時，還爲他支付額外旅費及購買必需的新裝備。

在英國，有一個承保海險的人，叫做馬丁 (*Richard Martin*)，他在1536年6月18日向他的保險夥伴建議將他們的業務擴及於人命保險，並卽爲另一喝酒的朋友吉朋 (*William Gybbons*) 保險2000鎊，爲期十二個月，保費約80鎊。吉朋旋於1537年5月29日死亡，要不是馬丁他們運氣太壞，這件事情也許就會逃過歷史的注意了。他們不甘損失，將此

事訴諸法定，辯稱爲吉朋所保之12個月，係以陰曆每月28日計算，因之保單已於 5 月20日到期，但法庭不予理會，判定應予賠償。直到今日，對於契約中任何曖昧文字，法庭仍堅決採取作不利於保險人解釋之原則。在此一法律案件之後，承保生命之觀念似已漸趨普遍，人壽保險逐漸成爲專業而非海上保險人之副業。終於人壽保險由咖啡店移至「交易巷」 (*Exchange Alley*)，不管清敎徒之反對與許多被保人突然死亡的謠言，人壽保險繼續存在且日趨興盛。

　　1699年成立孤寡保險社 (*The Society of Assurance for Widows and Orphans*)，公認爲第一家眞正的人壽保險社。依其計劃, 須有 2000 個社員, 每人每週繳納 1.2 鎊, 建立一筆2400鎊的基金, 以備每一社員的死亡給付。這一相互保險社所倡行之人壽保險, 包括若干現代保險之特色, 例如就健康與年齡選擇被保人, 排除軍事服役等危險, 以及設定保費繳納寬限期等。到1704 年僅有社員 600 人。1707 年仍祇有 1104 人, 以後情形如何, 已無歷史可考。1706年, 又成立友愛永久保險社 (*Amicable Society for a Perpetual Assurance Office*)，提供終身人壽保險, 以代替當時流行的定期保險。然而, 直到 100 年後, 該社才出賣固定面額的終身保單。在最初的 100 年, 死亡給付係依當年終了之基金數額就死亡人數加以平均, 因之給付數額每隨死亡人數及投資利益而異。該社後與諾威聯合人壽保險公司 (*Norwich Union Life office*) 合併。

　　迄仍存在的最古老的人壽保險組織, 應爲人壽及遺族公平保險社 (*Society for Equitable Assurance of Lifes and Survivorships*)，通常簡稱之爲「老公平」(*Old Equitable*)。它成立於 1756 年, 於1762 年開始營業。當時英國人祇有兩個選擇: 一是購買沒有續保權利的短期保單, 二是購買終身保險, 但其死亡給付金額應依死亡時之基金數額而定。此種選擇自不令人滿意。當時該社創始人之一的辛浦遜 (*Thomas*

Simpson) 希望有人出賣一種每年收取平衡保費而有固定保額的保單，乃與道森 (*James Dodson*) 二人發起組織此一相互保險社。「老公平」創下的許多規定，迄仍爲人壽保險業的標準經營規則。例如三十日的恩惠（或寬限）期，三個月的復效期，退還超收保費等。老公平與當今人壽保險公司最大不同之點，是它沒有代理人，時至今日，仍然如此。

以後蘇格蘭寡婦基金社 (*Scottish Widows' Fund*) 及愛丁堡公平保險社 (*Equitable Assurance of Edinburgh*)，於 1851 年加上「解約價值」(*surrender value*) 的規定，並以增加繳清保險方式支付紅利，此即爲現代參與性保單分配紅利的一種方式。

四、火災保險　1666年 9 月 2 日，星期五，火災保險歷史上的一件重大事件發生了，那就是皇家麵包店因烘爐過熱起火，由於火災失去控制，燃燒 5 日，幾將倫敦全城燬滅殆盡，財物與生命的損失，不計其數。此一大火使人們想到如何解決火災損失問題，一位叫做巴蓬 (*Nicholas Barbon*) 的醫生，因在房屋投機生意中甚爲成功，乃首先決定以其才智用於火災保險工作。1667年獨資設立營業處，爲住宅及商用房屋承保火險。由於業務迅速發展，乃於1680年，擴大爲一合夥組織，繼續辦理保險業務。巴蓬醫生的成功，引發他人繼之而起。1683年，成立一所辦理火災保險的友愛社 (*Friendly Society*)，由於名稱過長，旋即改稱爲攜手相互保險社 (*Hand in Hand Mutual Insurance Office*)。18世紀之交，倫敦有一知名人士，叫做波文 (*Charles Povey*)，首先開設一家一人保險機構，後因業務發達，難以獨自經營，乃於1710年改組爲「倫敦保險人公司」(*Company of London Insurers*)，而以「太陽火災保險」(*Sun Fire Office*) 之名著稱於世。波文在保險界出名之主要理由，是他不祇對房屋本身也對屋內財物承保火險。他所組織的公司每被視爲現代火災保險的基礎。到1726年止，該一保險組織採用合夥方

式，是年變爲合股公司。實際上，則稱爲「太陽保險公司」(*Sun As-surance Office*)，迄仍在經營業務。

在這些先驅火災保險公司經營的時期，可說是一個創新人士衆多及致富方法豐富的時代，如目睹人士之報告屬實，則投機狂熱遠超過1929年世界所經歷者，而保險業在投機計劃與投機人士中都有其份。馬丁 (*Martin*) 在其所著「勞依玆歷史」(*History of Lloyd's*) 中列舉當時保險業承保之許多有趣的危險，如「喝酒致死保險」，「說謊保險」、「釀酒保險」、「離婚保險」等，爲此也曾導致許多投機性保險公司的失敗。由於這些痛苦的經驗，乃逐漸建立有關公正保險的法規，這些投機活動也就不易再存在於保險之中了。

五、基爾特與保險 當中世紀時代，由各行業人士組成的基爾特 (*Guilds*)，也如前述羅馬葬儀社一樣，爲其會員辦理喪葬保險，然而這些基爾特並非宗教組織，故完全不帶宗教色彩。除提供喪葬保險外，並累積保險基金，用於補償其他種類的損失，如火災、竊盜、家畜死亡等，都是通常保險的對象。補償損失時，也有若干限制，例如自己放火燒燬自己的房屋，不能獲得補償。一個英國的基爾特更進一步規定，凡犯有貪淫、好賭、暴食之人，其火災損失不能獲得補償。

第二節 現代保險事業的種類

一、分類的困難 現代的保險事業十分複雜，且無嚴格的分類標準，各類保險的名稱，多從歷史演變而來。例如火災保險，係以被保的危險事故命名，與此類似的，則爲竊盜保險、洪水保險、地震保險等。又如汽車保險，係以保險標的命名，與此類似的，則爲住宅保險、船舶保險、貨物保險等。再如海上保險，係以危險發生的地區命名，與此類

似的，則爲內陸運輸保險、航空保險等。事實上，很多保單承保的危險不止一項，使得按危險事故的分類方法，無甚意義。而其所保的財產亦可包括多項，按標的分類，亦變爲不切實際。至於今日的海上保險，早已擴大包括陸上危險，地區分類，亦有缺失。因此，近年乃有所謂「複合保險」(Multiple-line insurance) 的發展，在一張保單內，可以承保多種危險，不受限制。雖然如此，我們仍可將各種保險歸納爲（一）財產保險，（二）人身保險兩大類，而在每一大類中，再就現時通用的名稱，細分爲若干類別。但要注意的是，任何一類保險，其承保的危險事故，多不以其名稱所指示的爲限。本節祇爲說明方便而加以類別，詳細情形留待下篇保險各論再予討論。而且本節列舉的種類，亦非詳盡完備，若干較不重要的保險，均予從略。

　　二、**財產保險**　凡以財產爲標的之保險均屬之，保險人對因被保危險事故引起之財產毀損和滅失，負責補償。我國保險業慣稱之爲「產物保險」。其中較主要者有下列各項:

　　1. 火災保險 (Fire insurance)　主要承保因火災引起之直接損失。對火災引起之間接損失亦可保險，如業務中斷保險、額外費用保險、利潤與佣金保險、租金及租賃價值保險、租賃利益與超過租賃價值保險等。

　　2. 海上保險 (Marine insurance)　我國稱爲水險。承保海上危險引起之財產損失，並可加保戰爭危險，罷工、暴動及民衆騷擾等危險。按其保險標的，又可分爲船舶保險、貨物保險、運費保險等。

　　3. 內陸運輸保險 (Inland Marine insurance)　係從海上保險發展而來，承保內陸（包括內河、湖泊、鐵道、公路、航空）運輸有關各種危險引起之損失。其中又可分爲貨物保險、運輸設施保險（包括運輸工具及交通設備）及各種流動性財產之保險。

　　4. 汽車保險 (Automobile insurance)　其所承保之危險頗爲廣泛，

通常係分車身保險、責任保險、醫療費用保險等。而車身保險中，又可分為碰撞保險 (*Collision insurance*) 及綜合保險 (*Comprehensive insurance*)，後者承保的危險，除少數例外，幾於無所不包。

5.航空保險 (*Aviation insurance*)　承保與航空有關各種空中與地面之損失。其主要者有航空機體保險、航空責任保險、航空傷害保險等。至空運貨物保險，美國將其包括在內陸運輸保險之內。

6.竊盜保險 (*Theft insurance*)　承保因他人（僱用人除外）之夜盜 (*burglary*)、搶刼 (*robbery*) 及其他偸竊行為而發生之損失。主要有個人竊盜保險、商品竊盜保險、保險櫃竊盜保險、出納員搶刼保險、銀行竊盜及搶刼保險、店主竊盜及搶刼保險等，其承保危險之範圍，復有廣狹之別。

7.保證業務 (*Bonding*)　卽為權利人 (*obligee*) 承保由於被保證人 (*principal*) 之行為不誠實或不履行某種義務而受之損失。其中又可分為誠實保證 (*fidelity bonding*) 與確實保證 (*surety bonding*)。前者又可稱為不誠實保險 (*dishonest insurance*)，卽承保員工各種不誠實行為（包括偸竊、侵佔、偽造、私用、非法挪用、故意誤用等）所致之損失。後者則當被保證人對權利人不履行某種義務時，由保證之公司代為賠償權利人所受之損失。

8.責任保險 (*Liability insurance*)　前述之汽車保險及航空保險等，亦均包括責任保證在內。此地所述係指純粹之責任保險而言，卽承保由於被保人之過失而致第三者所受損害之賠償責任。其中可分 (1) 商業責任保險，(2) 職業責任保險，(3) 個人責任保險三大類，其所承保之損失，包括第三者之財產損失與身體傷害以及緊急救助等。責任保險所以列在財產保險範圍之內，是因他人損失雖有財產與身體之分，但從被保人而言，其所負法律上的賠償責任，則仍為金錢上的一種損失。

9. 作物保險 (*Crop insurance*)　承保各種農作物因天然災害所致之損失。由於承保危險事故多寡之不同，復可分為 (1) 單一危險作物保險，如冰雹保險、洪水保險是，(2) 多種危險作物保險，(3) 一切危險作物保險。

10. 家畜保險 (*Livestock insurance*)　承保家畜疾病與死亡之損失。又可分為：(1) 一般家畜保險，即牛、馬、猪、羊疾病、死亡或傷害之損失。(2) 特別危險保險。如家畜運輸保險、家畜生育保險、家畜閹割保險等。(3) 屠體保險，即家畜屠宰後發覺疾病而遭廢棄之屠體損失。(4) 特殊家畜保險，如用於繁殖、比賽、運輸、打獵、展覽等目的之家畜保險。

11. 信用保險 (*Credit insurance*)　即為被保人承保因其債務人死亡、潛逃、破產、心神喪失或其他無力償付之原因所受之損失。購買此項保險者，多為銀行、廠商、分期付款之商店。

12. 權利保險 (*Title insurance*)　承保被保人購買不動產時，因有權利上之瑕疵所致的損失。此種損失包括不可出售、設定負擔及訴訟費用等三項。

13. 降雨保險 (*Rain insurance*)　承保因雨、雹、雪、霰之降落而致營業賺款或費用之損失，通常為戶外球賽、露天展覽、舞會、販賣等活動主辦單位購買之。

14. 其他財產保險。例如美國火災保險尚可加保風暴 (*windstorm*)、冰雹 (*hail*)、爆炸 (*explosion*)、罷工 (*strike*)、暴動 (*riot*)、民眾騷擾 (*civil commotion*)、航空器及車輛撞損 (*aircraft and vehicle damage*)、煙燻 (*smoke*)、破壞 (*vandalism*)、地震 (*earthquake*) 等之損失。

三、人身保險　凡以人身為標的之保險均屬之。其主要者有下列數

種:

1. 人壽保險 (*Life insurance*)　通常應指死亡與老年保險而言。其中包括: （1）定期保險，（2）終身保險，（3）生死合險，（4）年金。(1)(2) 兩項實為死亡保險，年金則為分年給付之生存保險，生死合險兼具死亡保險與生存保險雙重性質。一次給付之生存保險，帶有投機性質，已不復見。

2. 疾病保險 (*Sickness insurance*)　承保被保人因罹患疾病所需醫療費用或喪失工作能力之收入損失。單純的疾病保險，容易造成道德危險性，甚難買到，目前多與下述之傷害保險合併辦理，並可稱之為健康保險。

3. 傷害保險 (*Accident insurance*)　被保人因意外體傷，由保險人提供一定給付之保險，包括喪失工作能力給付、喪失手足或失明給付、因傷致死給付及醫療費用給付等。通常可分為普通傷害保險、職業傷害保險及旅行傷害保險等數類。

4. 失業保險 (*Unemployment insurance*)　於被保人非其自己的原因而失業時，由保險人按時給付一定金額之保險。此項保險，因其具有特殊性質，通常都由政府辦理，當作社會安全制度的一部分。

四、財產保險與人身保險之比較　財產保險與人身保險，不僅由於其保險之標的不同，更由於兩者的經營技術亦有差別，故大多數國家均以法律規定，同一保險公司不得同時經營此兩類業務。茲將兩類保險比較說明於次:

1. 財產保險承保之損失，其發生與否並不確定。例如房屋的火災損失，隨着建築材料及其他防火設施的改進，其損失機會越來越小，甚至根本沒有火災發生。反之，人壽保險中之終身保險，其所承保的死亡事故，則是必然發生的，祇是死亡的時候不能確定而已。然而，人身保險

中之定期保險、健康保險及失業保險等，其所承保的危險事故，亦如財產保險，其發生與否，並無必然性。

2.財產保險的保險期間，均爲短期性質，通常多爲一年，最多亦不致超過五年（仍有例外）。人身保險中之人壽保險，則以終身保險爲主。其他形式之人身保險，除終身年金外，亦多爲長期性質的。

3.由於前二項之不同，財產保險所收之保費，均係分攤損失之性質，其中不含被保人之儲蓄，被保人中途解約時，祇可退還其已繳而未滿期之多收保費。反之，終身及長期人壽保險所收之保費，則包含二部分：一爲純保險成本，用以分攤當年之死亡給付；二爲被保人之儲蓄，隨其保險時間的延長而不斷增長。保險公司除應將此儲蓄部分每年提存爲責任準備金，列爲負債科目外，被保人中途解約時，並可要求退還其應分享的準備金。

4.財產保險於契約存續期間，除特殊規定外，契約雙方均可隨意中途解約，不受限制。反之，人身保險契約，祇有被保人一方可以中途隨意解約，而保險人一方除以被保人不繳保費爲理由外，在一定期間後，不得以任何其他理由解除契約。

5.財產保險，由於財產的結構不同，用途有異，而其導致損失之原因則更多，因之在評估每類財產的損失機會時，不易求其精確和穩定。加之，各項財產的價值每多懸殊，危險的集中較爲容易，爲策保險之安全，再保險之經營極爲重要。反之，人身保險中之人壽保險，雖因年齡、健康及職業之不同，而有不同之危險率，但以年齡爲主要差別的生命表 (*mortality table*)，足爲計算保險費率之安全基礎，在經營上遠較財產保險爲容易。其他人身保險中，除失業保險外，其他各類保險之安全性，則與財產保險不相上下。

第三節　二次世界大戰後保險事業發展的趨勢

　　本世紀以來，保險事業隨着各國經濟之成長而快速發展，尤以二次世界大戰以後爲然。一般而言，國民生產毛額高的國家，其國民平均保費支出必較多。以一九八九年爲例，國民平均保費支出超過美金一千元的，依次爲瑞士二、三七五·六元，日本二、一四九·九元，美國一、八一七·一元，芬蘭一、四一七·九元，瑞典一、三八四·八元，英國一、三三五·七元，荷蘭一、二八一·一元，西德一、二四一·七元，澳大利亞一、一五八·三元，挪威一、一四〇·四元，法國一、一二六·七元，加拿大一、一一六·九元，愛爾蘭一、一〇五·四元，丹麥一、〇〇四·五元。我國由於國民所得較低，同年只有三〇七美元，排名第二十五位。再由各國保費支出所佔國民生產毛額的比率，亦可看出該國保險事業是否發達。以一九八九年爲例，所佔比率在百分之六以上的國家，依次爲愛爾蘭（一〇·四二），南韓（一〇·一九），南非聯邦（一〇·〇四），日本（九·七一），英國（九·三八），美國（八·七八），瑞士（八·四三），荷蘭（七·六七），澳大利亞（六·八八），以色利（六·〇八），瑞典（六·〇〇）。我國僅爲百分之四·一五，排名第二〇位，顯示我國保險事業仍有甚大之發展潛力。其中值得我們注意的，南韓的平均每人生產毛額較我國爲低，而其保費支出卻佔其國民生產毛額百分之十以上，排名第二，不免令人深感驚異。

　　一、團體保險的發達　在各類保險中，以團體保險之成長最爲快速。以美國爲例，一九二〇年團體人壽保險之保額只佔全部人壽保險保額的百分之四，一九八二年已增至百分之四八。卽以一九八二年前之十年而論，團體人壽保險之保額，卽較前增加百分之三百；團體健康保險之保

費收入，更增加百分之四百以上，其保費收入佔全部健康保險保費收入高達百分之八七。團體年金也有大幅成長，同期間內，卽期及延期年金收入增加一倍以上， 幾佔美國壽險公司年金收入百分之六〇。 揆其原因，約有下列幾項：⑴隨着工商業的不斷發展，乃有更多僱主藉用團體保險，以使員工安於工作，並圖增加他們的工作效率。⑵團體保險可爲僱主減少員工在職死亡或遭遇意外事故的撫邮金或醫療費用補貼。⑶工會與僱主的集體談判， 每以職工團體 保險作爲 提高勞工福利的條件之一。⑷團體保險的費率，較個人保險的費率爲低，且不需被保人參加體檢。 ⑸一般國家對於團體保險之保費支出， 僱主負擔部分視爲費用開支，不須繳付法人所得稅，亦不視爲員工的課稅所得。⑹由於分期付款買賣及金融機關信用貸款的增加，由債權人爲債務人購買的團體信用人壽保險亦隨而增加。此爲美國近年團體保險中發展最快的一種。

二、保險給付的放寬 保險公司爲增加投保人的興趣，已逐漸放寬給付條件及增加給付項目 。 當然 ， 保險人不會無代價的增加給付金額的，但可藉此更能增加投保人數與保險金額，從而可以降低保險成本，而投保人所增加的保費， 則是非常有限的 。 例如美國在一九五一年之前，僅有中西部之火災保險公司對五百元以下之損失賠償，不予扣減保險金額，今則不論損失大小，保險公司在每次損失賠償後，均自動恢復保險金額，不另加收保險費（在計算費率時，已將由此而增加的賠款考慮在內）。又如美國住宅及內部財物保單，除按保險金額賠償房屋及內部財物之火災損失外，並在房屋保險金額十分之一的限度內，補償被保人在房屋重建或修復期間租賃臨時住宅的費用。此項補償原包括在保險金額之內，近年則爲保險金額以外之增加保險。

在人壽保險方面，例如美國少年保單的保險金額，隨其年齡之增長而增加，至達於最高限額爲止。又如家庭保險單，除以家長爲終身保險之被保人外，對其配偶與子女（包括將來出生者在內）， 均自動給予定

額定期保險，通常被保人如在此項定期保險屆滿前死亡，不須繼續支付保費，而定期保險部分仍然有效。類此之放寬給付，其例甚多，難以枚舉。

三、增加保單的伸縮性　傳統的人壽保單都有其固定的給付金額。但自二次世界大戰結束以來，由於通貨膨脹轉劇，美國人壽保險業為迎合投保人的心理，曾首先推出變額年金 (*Variable annuity*)，以使每一年金單位之價值，能隨投資收益之變動而逐年調整。一九七○年代，由於兩次石油危險，引起各國物價急劇上漲，長期性的人壽保險契約，其固定保險金額已不足以滿足被保人之需要。美國人壽保險業乃紛紛設計各種新的保單，以使保險金額能隨一定的標準而逐年調整。例如近年開發的「變額終身壽險」(*Variable life insurance*)，用三種方法之一調整保額：一是依消費者物價指數的上升率，允許投保人依終身保險之保額另購同一比率的定期保險。二是按消費者物價指數的變動逐年調整終身保險的保額。三是依其保險基金的投資收益，逐年調整保額與其現金價值。其他尚有所謂「可調整終身壽險」(*Adjustable life insurance*)，允許投保人依其每年自願增減的保費，或不變其保險金額，而只變更其保險種類（如由定期保險改為終身保險或生死合險，或僅延長定期保險之年數）；或不變其保險種類，而只調整其保險金額（增加保額時，須提供可保能力證明，如依消費者物價指數比例增加時，可不需可保能力證明，但以增加百分之二○為限）。另有所謂 *Flexible premium variable life insurance*，更使保險金額與每年繳納之保費均可變動，亦可使其利用現金價值繳納保費，死亡給付與現金價值則依保險人有關投資帳戶之收益而逐年調整。

四、複合保險之趨盛　所謂複合保險 (*multiple-line insurance*)，是指同一保單承保多種危險之意。有些國家規定財產保險與人身保險必須分開經營，而在每一大類的保險中，一個保險人所能經營的險種，仍須由政府主管機關視其財力與意願加以核定，美國即是如此。近多少年

來，美國保險業逐漸擴大其經營險種的範圍，並以同一保單承保多種危險。例如美國一九五八年設計採用之家主保險單(*Homeowner Policy*)，將住宅與內部財物的火災保險、竊盜保險、綜合個人責任保險、以及其他多種屬於財產的危險包括在同一保單之內。其最廣泛的一種，對財產亦採綜合保險（*comprehensive insurance*）方式，即除若干列舉之不保危險外，其餘一切損失均予賠償。又如個人汽車保險單，包括車身保險、責任保險及醫療費用保險（美國之財產及意外保險，亦可包括傷害保險在內）等。其中車身保險部分，亦係綜合保險性質。內陸運輸保險中更多承保一切危險之保單。有人推測將來只需兩張保單即可：一為承保人壽、疾病與傷害之保單，一為承保一切財產損失之保單。或者是，一張保單承保個人的一切賺錢能力，另一張保單承保財產的一切損失。近年來，美國亦在發展所謂 *multiple-multiple insurance*，即是人壽保險公司收買財產保險公司，或是財產保險公司收買人壽保險公司，而此兩種保險公司復由一個共同的中心加以管理。換言之，即形成了一個經營各種保險的集團。將來如由一個集團的公司共同出單同時承保財產保險與人身保險，也就不足為異了。然而，也有少數國家如英國，保險公司經營保險的種類，並無任何法律上的限制，則以一張保單承保財產保險與人身保險，自更為方便了。

複合或綜合保險趨於發達的理由，約有下列幾項：(1)擴大保險公司經營業務的範圍，而可增加其營業收入。(2)結合更多具有相同風險的危險單位，不獨可以防止逆選擇（*adverse selection*），且更能發揮大數法則的作用。(3)可以減低每單位營業額的成本，而使保險公司得以降低其保險費率。(4)綜合保險並有防止重複保險（*overlapping coverage*）及未保缺口（*uninsured gap*）的作用。其唯一缺點，是使被保人接受了若干他認為並不需要的保險，有違自由選擇的原則。

五、無過失保險的抬頭　就責任保險而言，傳統的觀念，是要被保

人對受害人之損失負有法律上的賠償責任，而此法律責任的產生，又以被保人之過失或疏忽爲前提。換言之，如被保人對受害人的身體傷害或財產損失，並無法律上的賠償責任（或經判決確定，或經調解成立），則保險人亦不爲被保人補償受害人的損失。然而，要確定一人對他人損害的法律責任，常因下列因素而受阻礙：(1)責任的鑑定較爲困難。(2)依與有過失（contributory negligence）原則，如受害人對其自己的損害亦有部分過失，或是因其自己的疏忽而產生，則對方縱有過失，亦可免責。(3)在僱傭關係上，如受僱人知其爲危險工作，而又自願爲獲取報酬從事此一危險工作時，則由工作危險導致的個人損害，僱主並無加以補償的責任。(4)由於第一項因素，每使涉及賠償案件的訴訟遷延費時，受害人在無法忍受的情況下，常易接受一種不利於自己的和解。

由於上述因素，美國早在一九一一年時就已改變了傳統的法律責任觀念，認爲有關「工業因果關係」（industrial causation）或起於僱傭關係而產生之一切意外或傷害，均應加以補償。此種傷害的成本應視爲生產成本的一部份，因之可透過價格的提高轉嫁與消費者。換言之，即是採取了無過失補償觀念。根據這一新的觀念，美國各州乃相率建立「工人補償法」（Worker's Compensation Law），規定除少數特定僱傭如家庭服務、臨時工作及農業勞工外，其他僱工均受工人補償法所照顧。鐵路工人則另依聯邦僱主責任法辦理。自僱勞動者一般不受該法所約束，但若干州亦允許業主與工作合夥人自願參加。其補償項目，包括：(1)醫療給付，(2)喪失工作能力收入給付，(3)死亡給付，及(4)復健給付四種。凡因僱傭過程引起（arising out of and in the course of employment）之傷害與職業病，均可受到適當的補償，通稱之爲工人補償保險。

近年來，由於汽車使用日趨普遍，汽車肇事隨而增加，在車禍中之受害者，亦如在僱傭中之受僱人，要從責任保險中獲得補償，實有困難。因之有些國家已將汽車責任保險改爲無過失汽車保險，即不論在車

禍中駕駛人有無過失，對受害人之損失均應加以適當的補償。此種補償
觀念雖尚未爲人們普遍所接受，例如美國無過失汽車保險，目前亦祇有
廿四州及哥倫比亞特區及波多黎各付諸實施，但無疑地爲一社會觀念重
於法律觀念的作法。事實上，如僱主或駕駛人對意外事件明顯的具有過
失或疏忽，仍可依其侵權行爲擔負法律上的賠償責任，無過失補償不過
爲其最低限度的保障而已。

六、損失防阻功能的重視 保險的目的，原在損失發生之後，補償
被保人的損失，此爲保險的消極功能。近多少年來，保險公司已了解到
如能在事前誘導被保人加強其預防損失的措施，就可減少或阻止損失的
發生，對個人社會均有裨益。因之有些保險契約規定保險人有檢查被保
財產的權利，被保人亦有依其建議改正其缺點的義務，如鍋爐及機器保
險是。有些保險契約則以減費優待鼓勵被保人加強其預防設施。例如竊
盜保險之費率，可因裝置警鈴或設置看守人而減少；火災保險費率，可
因裝置自動灑水器而獲減費是。此外，保險公司每年也常指撥巨款，用
於預防損失之宣傳與教育工作。例如美國的意外保險公司設有公路安全
研究所（*Institute of Highway Safety*），從事安全教育研究與示範活
動。由保險業贊助設立之保險人實驗所（*Underwriters Laboratories,
Ins.*），則爲保險業及任何廠商鑑定保險標的物或產品之安全性能，並
以 "*UL*" 標誌授與符合安全標準之產品，以鼓勵製造商增進其產品使用
的安全性。再如人壽與健康保險業通常都發行指導健康的宣傳品，人壽
保險公司更聯合設立人壽保險醫療研究基金（*Life Insurance Medical
Research Fund*），資助各項研究計劃，並收集各項死因的統計資料，
以供分析研究。

七、社會保險的普及 所謂社會保險（*social insurance*），是指國
家基於保障國民生活安全之需要，所實施的一種非營利性之強制保險。

其保險事故的範圍，通常可分爲生育、疾病、工作傷害、殘廢、老年、死亡、失業、家庭津貼等八項，但各國實施社會保險之項目與範圍仍有差別。此種保險，公認創始於德國，初爲强制性的疾病保險（一八八三年），後復頒布工作傷害保險法(一八八四年)，老年殘廢死亡保險法(一八八九年)。以後漸爲歐洲其他國家所仿效，其保險之項目亦漸增多。但現行各國社會保險之立法，多係二次世界大戰後之產物。我國現有之公敎保險、勞工保險（包括漁民保險及農民健康保險）及軍人保險，亦爲社會保險之一部分，其開辦且較多數先進國家爲遲，但政府已宣布於民國八十九年起實施全民性的社會保險。在私營保險日趨發達之時，何以社會保險仍能迅速普及於世界各國，似有下列幾項原因：

　　1.隨着工業經濟之發展，人們遭遇意外事件的機會加多，農業社會中所謂「守望相助，疾病相扶持」之景象已不復見。爲使社會大衆的生活獲得最低限度的保障，實有發展社會保險之必要。

　　2.私營保險雖亦同趨發達，但欲獲得廣泛的生活保障，其保險成本實非一般大衆所能負擔。而在社會保險下，通常被保人只負擔部分保險成本，且多用薪資扣減辦法，而使人人有獲得廣泛保障的機會與能力。

　　3.社會保險係採强制保險方式，得以充分發揮分散危險與分攤損失的效果。此爲工業社會中合作互助精神之高度發揮，亦爲保障國民生活安全的唯一有效途徑。

第四章　保險機構與組織

　　經營保險事業的主體，各國法律多有規定。一般言之，除由政府自己經營外，多以股份有限公司及保險合作組織爲限，也有極少數國家允許個人經營。我國保險法第一三六條規定：「保險業之組織，以股份有限公司或合作社爲限。但依其他法律規定或經主管機關核准設立者，不在此限」。最後一語，卽指公營保險機構而言。政府經營與合作經營，都是非營利性質的，公司經營與個人經營，則是以營利爲目的。如以營利性的保險公司與非營利性的保險合作社比較而言，則有下列幾項主要不同之點：(1)就保險公司言，被保人與保險人完全分離，被保人爲其顧客，不能參與保險公司的管理，保險公司的管理權，操於全體股東之手。而就合作方式的保險組織而言，乃爲全體投保人所共有，被保人卽爲保險人，其管理權操於全體社員（卽投保人或被保人）之手。(2)保險公司與保險合作組織可同樣採取固定保費制度，但有可以分配之紅利時，前者係由股東依其出資額所分享，後者則依其交易額分配投保人。有些合作組織更採事後攤收保費制度（*assessment*），而保險公司則否。(3)保險公司必爲股東出資所組織，股東之權利與義務，悉依其出資額之多寡爲標準。而保險合作社之組織，則不一定都有社員的出資。非出資的保險合作組織，且爲今日普遍發展的形態。且無論其爲出資的或非出資的，投保人或社員都有平等的表決權。

　　互助或合作保險制度發生頗早，前在敍述保險的歷史時已有提及。目前歐美與亞洲諸國，均以公司保險與合作保險並肩發展，各有不同之

成就。我國保險機構的形態，除僅有一所臺灣漁船保險合作社外，其餘均爲股份有限公司組織。截至民國八十年爲止，計有產物保險公司二十二家，其中本國公司十四家，外商公司八家；人壽保險公司二十家，其中本國公司八家，外商公司十二家。而保險公司中，亦有部分爲政府投資設立，或由政府掌握多數股份。此外，國營中央信託局也受託辦理公敎人員保險，國營輸出入銀行兼辦輸出保險，國營勞工保險局辦理勞工保險，並兼辦漁民保險及農民健康保險。

第一節　個人保險

目前祇有英國盛行個人保險制度，美國雖亦有個人保險，但僅在德克薩斯、紐約及新墨西哥三州存在，且已修改法令，不再接受新的登記，故將逐漸歸於淘汰。英國之個人保險業係從十七世紀海上保險發展而來，其所形成之「倫敦勞依茲」(*Lloyd's of London*)，於 1769 年成立，1871 年以 *Corporation of Lloyd's* 名義辦理法人登記，爲當今最具實力的保險集團，故有特加介紹的必要。

一、勞依茲的性質　它不是出賣保單的保險公司，而是出賣保單的個人所組成的團體，其性質有如證券交易所。但其處理的事務又遠較證券交易所爲複雜。它除不負擔賠償責任外，幾爲承保會員辦理一切有關保險的事務。利用它的有三種人，卽是會員 (*members*)、捐助人 (*subscribers*)、佐理人 (*associates*)。

會員又分兩類，卽承保會員 (*underwriting members*) 與非承保會員 (*non-underwriting members*)。承保會員有權以自己的名義承保危險，通常係透過保險代理人經營業務。他們在其利用之承保櫃臺接受或拒絕保險經紀人提出之保險要約。非承保會員除不能自己承保危險外，可利用勞依茲的一切設施，主要卽指保險經紀人而言。1968 年爲增加資

本，第一次接受非英國籍的會員加入。一九六九年，又打破慣例，接受女性會員。一九九〇年止，會員約有二萬六千五百人。

捐助人是指除正式會員外，每年得以捐助方式，取得作為經紀人之特權之人。

佐理人是指為會員或捐助人提供各種服務的技術人員，如律師、理賠員、精算師等。

會員、捐助人及佐理人，均須獲經勞依茲之管理機構即勞依茲委員會之批准。委員會係從會員中選舉十二人組成之，任期四年。

二、勞依茲的功能　　勞依茲組織具有幾項重要功能：(1)獲取全世界有關海上與航空保險的資料及維持完整的損失紀錄。(2)幫助處理損失賠償及監督世界各地的救難與修理工作。辦理這些事務而為勞依茲僱用的代理人及助理代理人遍佈世界各地。(3)為其會員提供簽保場所及從事保險交易的地方。(4)製訂交易規則、仲裁糾紛、開發新種保險，並為會員寄發保單。

勞依茲的會員反對頒布任何規章，重視行動自由，但也承認必須遵守若干不成文的規則。勞依茲委員會並無權力建立任何規章、規定費率或訂定保險條款。承保會員可以隨意出賣任何種類的保單及索取任何數額的保費。委員會製訂的規章，主要是在確保承保會員具有償付力。

三、勞依茲的經營　　通常係由合格的保險經紀人，為其客戶準備所需之保單，提交勞依茲的保單簽印處 (*Policy Signing Office*) 審閱，如其符合公認的規章，則在保單上簽印證明。然後將此保單交與承保會員，如願承保，即予簽字。今日則多由辛廸加 (*Syndicate*) 辦理承保，每一辛廸加由一代理人經營之，代理人亦常自己組織辛廸加。辛廸加由若干承保會員所組成，一個會員也可以參加一個以上的辛廸加，一張保單也可為若干個辛廸加所承保。辛廸加的每一成員，都有其事先確定的

承保比率，並只對其分擔的危險負責。嚴格言之，辛廸加如因賠償問題涉訟，投保人必須對每一承保會員分別控訴始可。然而，事實上只要對其中一人控訴並經判決確定，則其餘承保會員都能遵守法庭判決履行其賠償責任。再者，每一承保會員承當的賠償責任原是個別的而非連帶的，但其優良傳統則是，當某一會員不能履行他的賠償責任時，其他有償付力的會員卽分擔他的責任代爲賠償。這些良好的習慣，乃使勞依茲得以享譽國際，歷久不衰。

四、勞依茲的財務力量 勞依茲的力量，不僅在於它有雄厚的財力，也由於其承保會員具有高度完美的條件。多年來勞依茲都只允許具有雄厚財力而願承當無限責任的人參加爲承保會員，每一會員都經過嚴格挑選，以決定其是否具有履行其財務責任的意願與能力，一旦允許加入爲承保會員，其帳目就須接受勞依茲的定期檢查，以確保其得以履行保險契約。爲求進一步的安全保障，勞依茲的承保會員彼此再保險，而使危險的分散更爲廣泛。此外，尚有下列幾項特殊的安全保證：

1. 保險存款 (*Underwriting deposits*) 每一承保會員均須向勞依茲提供此種存款，其數額視承保會員所要經營之險種及其承保額度而定。這些存款卽爲個別會員出賣保單的擔保，由勞依茲以受託人名義代爲握存，只當退出勞依茲組織時，才能提取。

2. 保費信託基金 (*Premium trust fund*) 依 1958 年保險公司法的規定，每一承保會員必須以其所收之全部保費，依其同意之信託契約存入此一信託基金帳戶，僅在支付保險費用及賠償金額時始能動用。保險契約滿期後如有盈餘，承保會員得予提取。

3. 中央保證基金 (*Central guarantee fund*) 係從每一承保會員每年保費收入課徵所得來，用以支付無償付力會員所欠之保險債務。

4. 保險代理人握存之準備金 (*Reserve held by underwriting ag-*

ents）保險代理人通常並不將所賺利潤全部分配與承保會員，而是截留一部分代為握存，以供支付將來可能引起之賠償要求。此種基金因係信託保管，得以不受承保會員債權人的追索。

五、勞依茲簽發保單的種類 勞依茲承保會員的主要業務，自是具有通常危險的財產與責任保險，但並不以出賣這些保單為限。有些會員承保任何想像得到的危險，例如一個鋼琴家的手指，或一個電影明星的大腿是。人們總以為勞依茲經常簽發一些古怪而有賭博性的保單，有如承保一次選舉的結果，或一次戰爭的勝負，實際上這是報紙的錯誤渲染。勞依茲的會員確實曾為某一候選人的選舉而保險，但要求保險的人必須具有可保利益，卽是由於被保危險發生，他有遭受財務損失的可能性。例如一個純受政治因素支配的員工，如因另一政黨在選舉中獲勝而會必然失掉他的工作，那麼他就可以獲得此種選舉的保險。但僅以選舉結果投機的人，並非勞依茲會員承保的對象。

勞依茲的重要貢獻，是其提供了在其他地方不能得到的保險。許多種類的保險，只在勞依茲可以買到。在一次個案中提供鉅額保險的能力，也是勞依茲的重要貢獻。此外，勞依茲的承保會員每能開發新的保單，例如他們首先承保降雨保險，並為銀行辦理綜合保險。由於其他保險人的跟進，而使他們的努力對保險業產生良好的影響。雖然如此，勞依茲會員承做的業務，半數以上為再保險，直接業務則以海上保險為主，並承做少量的定期人壽保險。

第二節 公司保險

股份公司仍為今日經營保險事業的主要形態，它是由一群以營利為目的之股東所組成，股東有權分享公司的利潤，但亦有承當公司虧損的

責任。就股份有限公司而言，股東承當的責任，則只以其出資額為限。公司的資本來自股份的發行，通常法律規定必須經常維持某一最少的「已繳資本」(*paid-up capital*)。有些國家如美國，尚須另由股東於開業之時提供規定之最少「已繳盈餘」(*paid-up surplus*)，俟將來業務開展有了「已賺盈餘」(*earned surplus*) 後，再將已繳盈餘發還。

股份公司的保險組織在經營上的最大特點，是其採用了固定保費制。投保人只須付出固定之保費，就能將保險的風險完全轉嫁與保險公司，也可說是以確定的保險成本避免了不確定的某種風險。不過一般保險公司也多簽發所謂「分紅保單」(*participating policy*)，或是採取某種形式的「增減費率」(*merit rating*)，在這些情況下，投保人最後負擔的保費，也就不是十分確定的。其次，保險公司多採保險代理人制度，即是透過合格的代理人推銷保單，而對代理人支付一定的佣金。但也有少數規模不大的公司採用直接承保制度，即不設代理人，而對被保人直接推銷保單。

公司保險的利益：(1)多為大規模的經營，危險的分散較為廣泛，易於發揮大數法則的作用。(2)在股東自利心的驅使之下，業務經營較多效率。(3)採用固定保費制，使被保人沒有額外增加負擔的顧慮，此對業務的推展較為容易。(4)一般擁有雄厚的財力，對被保人較多保障。(5)由於保險公司間的劇烈競爭，對新種保險較多創造性。

但其缺點亦有：(1)公司的控制權操於股東之手，而非被保人之手，股東的利益每與被保人的利益相衝突。(2)保險費內必須包含股東的投資報酬，從而提高了保險的費率。(3)在代理人制度下，付與代理人的佣金，也必然增加了保險的成本。(4)不適於經營道德危險性較大的保險，例如家畜保險與作物保險是。(5)以投資人的利益為優先，對被保人的利益每多忽視。例如對被保風險的選擇過於挑剔，使有保險需要的人難於

獲得適當的保險；對保險給付附以過多限制性的規定，使被保人的利益難以獲得充分的保障。

第三節　合作保險

人們利用合作方式辦理保險，由來甚早。事實上，保險事業就是人群的一種互助行爲，即使爲商業性的保險公司，也只是透過公司的中介，將投保人結合在一起，任何損失的賠償，都是來自全體投保人繳納的保費，也就是由多數幸運的人依照其所投保的金額，比例地補償少數不幸的人所遭受的損失而已。因之早在中古時代，歐洲的行會（即所謂基爾特）即曾利用會員繳納的保險基金，補償會員遭受各種災害的損失。而 1683 年在英國成立的以辦理火災保險爲目的之友愛社（後改稱爲携手相互保險社）及 1699 年成立的孤寡保險社（已在保險的歷史一章中加以敍述），更是營利性保險公司尚未發達之前，就以互助或合作方式經營保險的組織，可見其歷史的悠久。此種不以營利爲目的之組織，有時稱爲相互保險社（*Mutual insurance association*），有時稱爲保險合作社（*Cooperative insurance society*）。大抵言之，歐洲各國對以個人直接爲社員的保險組織，相互保險與合作保險常相替用，尤以不收股金或沒有資本乃爲相互保險的特色。但不直接以個人爲其社員，而由其他合作組織或與工會聯合設立的保險機構，則多稱爲保險合作社。以個人爲社員的保險合作社，雖有出資的或不出資的區別及有限責任的或無限責任的不同，但由其他合作社或工會組織的保險合作社，則必爲出資的與有限責任的。而在美國，合作保險祇有法人的與非法人的兩類，前者稱爲相互保險公司（*Mutual insurance company*），後者則以交互保險社（*Reciprocal insurance exchange*）爲主。以下即專就美國情況加

以敍述。

一、相互保險公司 相互保險公司爲一必須依法註册的法人，凡從其購買保單之人均爲其組成份子，其地位與一般股份公司的股東極相類似，卽對相互公司具有管理權與受益權。但此管理權與受益權的行使，則又遵守一人一票及按交易額分紅的合作原則，故爲一種爲其組成份子服務的非營利組織。在其平衡表內，沒有股本，只有盈餘，但因盈餘仍是來自全體投保人繳納之保費，相互公司的任何淨資產，均應爲全體投保人所共有。但投保人如不繼續投保，卽自動脫離此一公司，且不能要求分配任何盈餘。從這一意義而言，投保人在其保險有效期間，對於相互公司也具有共同所有權。相互保險公司由於大小懸殊，較小的組織，多以一個郡或若干郡爲其業務區域，也有小到以一個市鎭（*township*）爲其範圍的，且多以辦理火災保險或少數有關的業務爲主。大的相互保險公司則多以一州或若干州爲其業務區域，也有大到以全國爲其範圍的。它們辦理的業務也極爲廣泛，凡一般保險公司所能經營的，它們也多能積極辦理，並與之分庭抗禮。例如就 1982 年而言，美國私營保險業之保費收入中，財產與責任保險，股份公司佔百分之六九‧五，相互公司佔百分之二四；人壽及健康保險，股份公司佔百分之五七，相互公司佔百分之四三。可見其所佔之重要地位。

相互保險公司依其收取保費方式之不同，又可分爲下列幾種：

1. 預收保費制 卽是在簽發保單時，事先收取的保費，假定足够支付預期的賠款與費用。通常多依一般保險公司的收費標準收取保費，如有盈餘，則以保單紅利分配與投保人，或以一部分留存公司，以加强其應付巨大損失的能力。簽訂的保險契約，或是「可以補收保費的」（*assessable*），或是「不可補收保費的」（*non-assessable*）。如爲前者，又可以是無限的（*unlimited*），或是有限的（*limited*）。然而無論爲那種規定，除

非迫不得已，它們決不輕易運用此一權力。至於簽訂不可補收保費契約的相互公司，必是一些盈餘累積較多足以符合法定條件的大公司。如當年所收保費不足以支應需要，則可動用盈餘金加以抵補。就大多數預收保費制的相互公司而言，它們發出的保單多是不可補收保費的。

2. 攤收保費制　攤收保費，乃是相互保險的一種古老方式，它們的組織與業務均頗簡單，並只有較爲狹小的業務區域。保單持有人通常都可親自出席社員大會，並由他們直接選舉產生理事會。通常只有一個職員是支薪的，有些甚至小到沒有專任職員。這種組織以承保農業財產的火險居多，在相互公司中爲數雖多，但其營業額所佔比率則甚小。其徵收保費又可分爲下列幾種不同的情況：⑴在簽發保單時，僅收取小額承保費用，一般損失的賠償，則多先向銀行借款支應，而於年終向全體投保人攤收償還。⑵簽發保單時，征收的現金保費，足以支付日常費用與賠償小額損失。爲供大額損失賠償的需要，社員須依預定費率之少收部分出具本票，當現金保費收入不敷使用時，投保人才在本票金額的範圍內加以兌付。⑶簽發保單時，征收之現金保費預計足以支應一切需要，如有不足，保單持有人仍須在事先確定的限額內補繳保費。目前大多數採取攤收保費制的相互保險公司，都採用此一方式。由於它們很少向保單持有人補收保費，也可說是前述的預收保費制。

3. 永久保險制　是指一次繳納保費後，保險永遠有效。換言之，這種相互保險公司簽發的保單，並無終止日期，但契約雙方都可隨時終止契約。被保人在加入保險時，須繳納巨額保費，由此積存的資金，其每年產生的投資收益，足夠用以支付費用、賠款與累積盈餘金。在保單生效若干年後，被保人並可從盈餘中分配紅利。契約終止時，被保人尚可退還其最初一次繳納的保費存款。

美國第一家採用永久保險制的，是由開國元勳富蘭克林（*Benjamin*

Franklin) 在 1752 年 3 月 25 日所創立的費拉德菲亞房屋火災保險公司 (*Philadelphia Contributionship for the Insurance of Houses from Loss by Fire*)。此一公司承保費城及其附近較少危險性之磚造與石造房屋。然而，這種永久保險的保單，不是任何人可以得到的，因為此種相互公司的承保區域很小，被保人的資格很嚴，保險的種類與金額也有限制。但對被保人而言，由於保險成本係從保費存款的投資收益中撥付，而公司用於支付賠款與費用的那部分投資收益，並不當作保單持有人的課稅所得來處理，因之被保人無異是以免稅的所得獲得其財產的保險。目前此種形態的相互保險公司為數極少，且均為承保火險的地方性組織。

二、交互保險社 此種組織於 1881 年產生於美國，當時一群從事乾貨貿易的商人，不滿意於火災保險公司的作風，乃決定採用此一方法互保。例如現有一千個住戶，每戶擁有價值四萬元的住宅一棟，如果組織交互保險社，則每人為其自己的住宅獲得保險四萬元，同時亦為其他九九九棟住宅承當保險責任四萬元。倘若某一社員的住宅全部焚燬，他可從其他九百九十九個社員獲得每人提供四〇‧〇四元的賠償金。此種安排的作用，是使每一社員不再為其自己的住宅承擔四萬元損失的風險，而將此一風險分散於九百九十九棟住宅。由於危險單位的增加，使其分攤的風險大為減輕且多可預測，因之表面上雖亦為其他社員承當四萬元損失的風險，但那除非全體社員的住宅都遭全部焚燬，每一社員實不可能實際賠付他人損失四萬元。而且，由於大數法則的作用，每年每人分攤的損失賠償，多是可以預期的和小額的。因之交互保險社的保險契約，多規定每一社員的最大責任額，為每年預繳保費的若干倍。其與前述的相互保險公司比較，約有下列幾項不同之點：

第一，交互保險社並非法人，只能算是一種非法人的合作社。在組

織時，多不需要法律規定之最低保證金，通常只要有法定最低人數的投保人及超過一定數目的保費收入或保險單位，卽可允許組織。

第二，交互保險社在技術上不是保險人，只是提供投保人相互個別保險而非共同保險的一種中介而已。換言之，透過此一組織，而使每一社員個別地爲其他社員承當保險責任，亦接受其他每一社員爲自己承當的保險責任。爲簡化訂約的手續，每一社員只簽訂一個契約，說明此一契約乃是與其他社員交互保險的。每一社員眞正具有被保人與保險人的雙重身份。

第三，每一社員都有其個別帳戶，所繳保費及其分享之投資收益列入貸方，分攤的賠款與費用列入借方，如有任何貸差，可以留置帳內，亦可部分或全部發還社員。社員決定其不再投保時，他可提取其個別帳戶內的全部貸差。

然而，由於實際的需要，有些交互保險社除仍設置個別帳戶外，並永遠保留一部分盈餘，作爲保險社的共有財產，有些（尤其是）專門承保汽車險的交互保險社，更將全部盈餘保留不予分配，所謂個別帳戶已不具實質意義。加以交互保險社多於社員投保時收取保費，也甚少於不足時再向社員攤收，故其個別責任與相互公司共同責任，已不再有顯著差別。事實上，如有足够的未分配盈餘金，政府卽允許其簽發不攤收保費的保險契約。

就其經營而言，交互保險社通常由一具有法人資格的代理人代爲經營。代理人是在社員提出要保書時取得社員授權的。他是交互保險社的主要管理人，負責處理有關保險的一切事務，例如選擇危險、訂定費率、分配契約、管理紀錄、處理賠償以及各種金融事務等。代理人通常須受社員選舉出來的指導委員會所控制。代理人的報酬，有時付以一定的薪給，通常則爲所收保費的一定比例，有低至百分之五者，但須由交

互保險社支付經營費用。有的報酬高至所收保費百分之三五, 則由代理人負擔一切營業費用, 其餘保費百分之六五, 用以支付賠款、 理賠費用、稅捐與規費等。如所收保費不足以支應需要, 則由每一社員就其分攤部分補繳之, 但不能超出契約規定的最大限度。

美國現有六十五個交互保險社, 其中加利福尼亞及密蘇里兩州各約佔四分之一。1982年, 交互保險社的保費收入, 約佔全國財產及責任保險保費收入百分之六‧四, 其中百分之七二又是汽車保險方面的。我們不要以爲交互保險社都是小規模的地方組織, 例如加州洛杉磯農民交互保險社 (*Farmers Insurance Exchange, Los Angels, California*), 就是世界最大的汽車保險人之一。但交互保險社均不做人壽保險業務。

第四節　公營保險

由各級政府經營之保險, 並不一定均爲非營利性之保險。有時候, 爲防止私營保險之獨佔, 或爲促進保險事業的合理經營, 而由政府自己經營某種保險業務, 由於保險條件與私營保險業不相上下, 自難謂爲不以營利爲目的, 但亦非以之爲增加財政收入之手段。一般言之, 政府經營之保險事業, 可分爲兩大類:

一、任意保險　即某種保險事業雖由政府經營, 但並不採取強迫保險方式, 投保與否, 一任被保人自己決定。其中又可分爲兩種情形: (1) 政府經營的保險事業, 是完全獨佔的, 例如美國聯邦政府設立的存款保險公司 (*Federal Deposit Insurance Corparation*), 依法承保一般銀行的存款保險, 其他保險公司不得辦理此項業務。(2) 政府與人民均可自由經營, 例如我國中央信託局辦理的人壽保險, 台灣產物保險公

司及台灣人壽保險公司等，均屬此一型態。一般言之，政府辦理的保險
事業，多半承保某種特殊的危險，而是民間不願經營，或其承保條件較
為苛刻的。

二、**强制保險**　卽由政府强制人們參加的保險，一般多以社會保
險稱之。但强制保險不一定卽為政府保險，例如美國的勞工補償保險
(*Workmen's Compensation Insurance*)，雖係社會保險的一類，但其經
營方式則有四種：(1) 由州政府獨佔經營，(2) 由州政府授權民營保險
公司經營，(3) 州政府與民營保險公司均可經營。(4) 在某種條件下，
亦可由企業自行辦理。一般言之，强制性的政府保險，多由政府獨佔經
營，而以達成某種社會政策為目的。由於其承保範圍的不同，又可分為：

1. **一般性的保險**　卽為一般國民的需要而舉辦的保險，其保險對
象為全體國民，並以各種人身保險為主，例如各國實施的一般性國民保
險或社會保險是。美國聯邦政府舉辦的「老年、遺族、喪失工作能力及
健康保險」(*Old-age, Survivors, Disability and Health Insurance*)
亦屬之。

2. **特殊性的保險**　卽為某一特殊目的而為某一特定人們舉辦之保
險。例如有些國家為保障農業生產的收益，曾舉辦某些主要作物的强制
保險是。

第五節　保險機構的內部組織

保險機構的內部組織，每隨業務範圍，經營規模，營業方式等因素
而異。本節僅就辦理多種業務而具相當規模的私營保險公司加以論述。

任何社團法人，均有社員或股東大會的設置，此為該一法人的最高
權力機關。但在規模較大人數衆多的法人，社員或股東甚難親自出席社

員或股東大會，如無代表大會之設置（各國法律大多允許大規模合作社設立社員代表大會），祗能採用代理制度，委託其他社員或股東出席會議。相互公司或合作社係採一人一票制，即每人有相等的表決權；股份公司則採一股一票制，各人表決權的大小，隨其掌握的股份而定。

管理公司的實際權力，操於由社員或股東大會選舉產生的董事會（我國合作社稱爲理事會）。然而，董事會通常亦祗能決定經營方針與處理重大事項，日常業務則授權經理部門來處理。董事會亦常設立若干委員會，如金融委員會、承保委員會、賠償委員會等，由若干董事與有關經理部門之首長或高級人員組織之，對有關事項先行籌劃，然後提交董事會作最後決定，或則在董事會授權範圍內逕行處理。

經理部門，通常設總經理 (*president*) 一人，副總經理 (*vice-president*) 若干人。並設秘書 (*secretary*)、財務主管 (*treasurer*)、主計主管 (*comptroller*) 各一人，均由董事會任免。副總經理除以一人佐理總經理處理事務外，其餘多兼某一重要部門之首長。至各部門以下之組織，則隨業務繁簡而異，難以概述。茲依保險公司通常職能，述其分部情況於次：

一、推銷保單 保險公司的首要業務，厥惟出售保單，爲此設立之部門，稱爲代理部 (*Agency Department*)。因爲保險業務的招攬，多由代理人爲之，故代理部負責遴選、訓練、與監督代理人，與代理人商訂代理契約，計算佣金，並給予其他協助等。爲幫助推展招攬業務，代理部亦可兼辦廣告與宣傳工作。大公司則可另設廣告及宣傳部 (*Advertizing and Publicity Department*)，負責印發宣傳文件，出版定期刊物，及作各種廣告活動等。

二、選擇危險 保險公司對於要求保險的危險，並非來者不拒，一律接受，而是必須經過嚴格選擇，以決定應否承保及其承保條件。就人

壽保險公司言，通常都設有醫事部（*Medical Department*），負責研究有關選擇危險的問題，訂定代理人及核保人選擇危險的準則，並在公司營業地區內挑選與監督負責體檢的醫師。如果保險公司也辦理次標準保險（*Substandard Insurance*），則醫事部尚須進行危險分類與費率分等。大的保險公司也可另設調查部（*Inspection Department*），幫助調查要保人的財務情況與生活習性，以供選擇危險的參考。

就財產保險公司言，具有類似任務的部門稱爲承保部（*Underwriting Department*）。此一部門必須熟習各種影響危險的因素，以決定要保的危險可保或不可保。同時，由於財產保險公司的代理人，多有權簽發保單，在如此情況下，承保部的工作，祇是對已有契約加以審查，必要時予以取消而已。倘如承保危險的費率，未在保險手册內預爲規定，則承保部就須決定保費的數額。在設有調查部的情況下，亦可藉助該部的調查資料，作爲承保與否的依據。此外，有關保險限額，再保險與轉保險等問題，有時也是由承保部所處理的。

三、訂定費率 人壽保險公司設有精算部（*Actuarial Department*），通常由一精算師主持，並有若干助理精算師及數學家予以協助。他們藉助生命表（*mortality table*）及各保險公司的累積經驗，規定保險費率，設計紅利分配公式，計算各種準備金之提存，以及處理與業務有關的數學問題。就火災及意外保險言，通常是由保險同業共同設立之費率機構（*rating bureau or association*）訂定保險費率，但也有些公司並不完全採用它們的費率。就海上保險言，通常並無統一決定費率的機構，而是由保險公司的承保部就個別承保危險，參酌與其有關的許多因素加以決定的。

四、製作保單 人壽保險公司通常有一保單製作部（*Policy Writing Department*），負責根據醫事部接受之要保書所載資料，製作保單，並

保持契約紀錄。如爲火災及意外保險，則設有檢查部 (*Examination Department*)，而不用上一名稱。因爲大多數保單已由地方代理人簽發，保險公司祇須審查保單及其附加條款，以確保採用之保單，適用之費率及保費之計算等都無錯誤。

　　五、投資事務　所有各類保險公司，都有列爲資本金、準備金及盈餘金的現金在手，須作妥善之投資運用以賺取收益。負責此一任務的爲投資部 (*Investment Department*)。其首長常由實際保管現金與有價證券之財務主管兼任。投資部負責選擇投資項目及運用有關投資的權利與義務。較大的公司也可另設不動產貸款部 (*Real Estate Loan Departmet*)，負責處理不動產投資問題，如財產估價、抵押物收購、產權取得、利息收取與租稅繳付等。如爲人壽保險公司，也常設保單貸款部 (*Policy Loan Department*)，辦理以保單爲抵押之放款。

　　六、會計與統計　爲紀錄各項營業成果及準備各項財務報表，保險公司必須設立會計部 (*Accounting Department*)。有時候，也可劃分爲帳務部 (*Bookkeeping Department*) 與稽核部 (*Auditing Department*)，後者負責審查分公司或代理人送來之財務報表，並隨時檢查他們保留的會計紀錄。

　　保險公司通常也設有統計部 (*Statistical Department*)，負責收集與分析各項有關資料，以供其他部門處理業務的參考。

　　七、損失賠償　財產與意外保險的賠償，通常係由分公司或獨立的理賠人員加以處理。但總公司內仍須設立理賠部 (*Claim Department*)，負責有關理賠的行政事務，例如選訓與監督理賠人員，維持適當的理賠紀錄。同時，理賠部以其對於每種損失原因的完整報告，可以幫助核保與工程部門發展預防損失的方法。也可與警察或偵查人員及醫生等合作，共同致力於恢復損失或減低損失的程度。

人壽保險的理賠工作，通常是由總公司處理，由於契約所載除外 (exclusions) 及條件 (conditions) 之條款很少，理賠工作較易辦理，但有關加倍賠償、疾病、傷害等的賠償，仍時有問題發生，而需理賠部公正而迅速地加以解決。否則，其對業務所造成的傷害，不是任何廣告及宣傳所能補償過來的。

八、法律事務　保險公司的業務，就是出賣保險契約，這些契約不僅受一般契約法所支配，也有其特別適用於保險的法律問題，因之任何保險公司都有設立法律部 (Legal Department) 的必要。法律部的任務主要包括下列幾項：(1) 對保險主管機關提出的控訴提出抗辯，或於保險案件中以原告地位提起控訴。(2) 幫助投資部門審查不動產權狀、債務證書、公司執照以及幫助取得抵押物等。(3) 幫助承保部門準備保險契約、附加條款及特種保單等。(4) 幫助理賠部門調查與抗辯賠償案件。(5) 幫助代理部門草擬代理契約等。有些保險公司則將法律工作加以分化，各有關部門內均有其自已的法律人員，但仍設小規模的法律部，為高級管理人員就一般政策問題提供法律上的意見及處理一般性的訴訟案件等。

九、工程事務　財產及意外保險的公司，也多設有工程部 (Engineering Department)，為被保人提供預防損失的服務。有些被保人瞭解到，任何損失很難得到完全賠償，例如縱有營業中斷保險，也無法挽回因停業而損失的商譽與效率，因之他們對預防損失的工程服務，幾與損失賠償同樣關心。保險公司亦可藉此改進賠款率，以減少損失賠償的機會與程度。工程部也從事安全研究與損失預防的教育工作，幫助有關部門處理核保及訂定費率問題。

十、再保險　保險公司為分散自已承保之危險，每將超過自身負擔

能力之保額，轉向其他保險公司再保險。反之，爲增加自已的收入，亦可接受其他公司的再保險。爲辦理這些業務，而有設立再保險部 (*Rein-surance Department*) 的必要。再保險部必須事先確定每一險種的自留額，並與其他公司商定再保合約，或在沒有合約再保的情況下，負責臨時接洽再保險。

第五章 保險契約

第一節 保險契約的當事人與關係人

任何契約必有訂立契約之當事人，就保險契約而言，即爲保險人與要保人。但保險契約亦與一般契約有其不同之點。因爲一般契約多爲當事人自己的利益而訂立，保險契約則可爲自己亦可爲他人之利益而訂立，因之除要保人外，有時亦有受益人之存在。不僅如此，保險契約具有射倖契約性質，契約之履行與否，繫於某一偶然事故之是否發生，而偶然事件在其財產或其身上發生之人，稱爲被保險人。被保險人與受益人，同爲保險契約的關係人。玆再分別分析如次：

一、保險人 (*insurer*) 保險人即爲收取保費，於被保危險發生時，對被保人賠償損失之人。各國法律都有關於保險人資格的規定，除少數國家允許個人經營外，仍以法人經營佔絕大多數。保險人經營保險業務，必須先行取得政府的特許，並在執照規定的範圍內經營。倘如被保人與不具法定資格之保險人訂立保險契約，其保險契約自屬無效。但如合法之保險人就特許以外之業務訂立保險契約，其是否有效頗不一致。就美國情形而言，有些地區規定此種契約無效，保險人除須退還保費與要保人外，有越權行爲之職員，對契約仍負個人責任。但就多數地區而言，法庭認爲不知情的要保人由善意訂立之契約，仍應有效，但保險公司對此業務負有責任之人，將受到政府的適當處罰。

二、要保人 (*applicant*) 卽與保險人簽訂契約，並承當繳納保費義務之人。亦可稱爲保單持有人 (*policy-holder*)，我國俗稱投保人。要保人並不以自然人爲限，法人亦可爲要保人。個人爲要保人，自須具有行爲能力。依我國民法規定，無行爲能力之未成年人與精神錯亂之人，其所訂契約均屬無效。而依美國法律，未成年人訂立之契約，並非絕對無效，而是可由自己拒絕或否認。於成年後之合理時間內如無足以認定其有承認契約之行爲者，亦得爲之。其監護人如認契約不利於未成年人時，亦可代爲拒絕。就保險契約言，美國多數法庭認爲未成年人於拒絕契約時，有權退還已繳保費，但在拒絕前之有效時間內，仍可獲得保險契約之保護。目前美國許多州法已將訂立人壽與健康保險契約之年齡限制降低，但僅適用於爲其父母、夫妻、兒女、兄弟、姊妹之利益而以自己生命訂立保險契約之未成年人，其減低後之年齡，自十四歲半到十六歲不等，紐約州則爲十四歲半。

三、被保險人 (*insured*) 就財產保險而言，凡對被保之財產具有保險利益（何謂保險利益，將在下節說明）之人，卽爲被保險人。如爲責任保險，則爲對他人遭受之財產損失與身體傷害具有利害關係之人。在這些情況下，被保險人均爲自己可慮之危險事故而訂立保險契約，故被保人亦常兼爲要保人。但就人身保險而言，不僅可以自己身體爲標的而訂立保險契約，而使被保人與要保人合而爲一，亦可以他人身體爲標的而訂立保險契約，如父母爲其子女購買之人壽保單卽是，在如此情況下，要保人與被保險人卽形分離。通常被保人並無資格限制。但我國保險法第 107 條規定：以十四歲以下之未成年人或心神喪失或精神耗弱之人爲被保險人而訂立之死亡保險契約無效。

四、受益人 (*beneficiary*) 卽是保險事故發生後，有權獲得保險給付的人。就財產保險而言,因受領給付的人多爲被保人自己，通常並無受

益人之規定。亦卽被保人卽爲受益人，亦爲要保人。但仍可在保險契約
中另行規定第三者（多爲債權人）有優先受領保險給付之權利。就責任
保險而言，雖無指定之受益人，但保險給付亦非被保人所領取。惟就人
壽保險而言，一般都有受益人之規定，且由要保人所指定，未加指定
時，卽爲要保人自己。一般言之，在要保人又爲被保人之情況下，多由
要保人指定他人爲受益人，在要保人不爲被保人的情況下，多由要保人
指定自己爲受益人。

第二節　保險利益

一、保險利益的含義　英文 *insurable interest* 一詞，我國譯爲「保
險利益」，實易使人誤以爲保險有何利益之謂。如譯爲「可保權益」或
「保險權益」，當較妥善。惟我國保險法及一般保險文獻，均以保險利
益稱之，本書仍予沿用。由於適用之場合不同，在解釋上亦有差別。

就財產保險而言，保險利益者，謂要保人或被保險人基於其對財
產上之某種權利，而得享有之財務利益（*financial interest*）也。換言
之，在某項財產遭受任何不幸事件時，倘某人將有任何財務損失（*financial loss*），則他對此財產具有保險利益，反之則否。就人壽保險而
言，保險利益者，謂要保人或受益人對於他人之繼續生存而得享有之財
務利益也。

保險契約之訂立，以要保人或被保人或受益人對保險標的具有保險
利益爲要件。我國保險法第十七條規定「要保人或被保險人，對於保險
標的物無保險利益者，保險契約失其效力」。揆其原因，約有下列幾項：
(1) 保險不是賭博。就財產保險言，如以無保險利益之他人財產充爲保
險標的，則全然帶有賭博性質。因爲他人財產卽使發生被保之危險，要

保人並無損失，如能獲取保險人之賠償，則與賭博何異。其更甚者，要保人為圖早日實現其不當利益，必不會等待被保危險之自然發生，而將設法造成被保財產的損失，其所誘致的道德危險，實不言而喻。如就人壽保險言，情況亦相類似。例如17世紀時之英國，因無保險利益之規定，毫無關係之他人為自己購買保單而不自知，他人為圖早日獲取賠償，自日望被保人意外死亡，甚至採取暗殺方式，亦所不惜。設非18世紀通過法律宣布沒有保險利益之保單為違反公共利益，英國居民恐將人人自危而相率移居新大陸去了。(2) 限制賠償金額。此亦與保險不是賭博有關。因為保險之目的，在補償被保人之損失，如補償金額不受保險利益之限制，則較小的損失可獲較多的賠償，其為賭博的性質及其誘致的道德危險性，將與完全無保險利益的保險並無二致。因之就財產保險而言，保險人補償被保人之損失，以具有的保險利益為最大限度。例如一棟價值十萬元的房屋，卽使保險金額為十五萬元，在遭遇全損的情況下，亦祇能獲得十萬元的賠償。但就人壽保險而言，由於人的價值無法衡量，故保險利益與保險金額不生關係，祇要購買保單的要保人或受益人對被保人具有保險利益，則當被保人死亡時，受益人卽可依照保險金額獲得賠償。唯一的例外，是債權人以債務人為標的而購買之人壽保單，其保險利益以其債權金額及有關費用（例如利息及保險費）為限，保險人出賣保單時，其保險金額應受此一保險利益的數額所限制。

　　沒有保險利益之保險契約，保險人能否合法地拒絕賠償，從來有兩種互相衝突的理論: (1) 基於公共政策理論 (*public policy theory*)，認為保險人得以此種契約不合法為理由，主張自始無效，拒絕賠償。至保險人簽發此種沒有保險利益之保單時有無過失，在所不論，因為保險人不能放棄法律上之強制規定。倘如保險人之代理人誘使要保人相信其有保險利益，要保人有權要求退還已繳之保費，否則，保費亦可不予退

還。(2) 基於保護保險人理論 (*insurer protection theory*)，認爲出賣此種保單的保險人旣已放棄其在法律上的保護，自不得再以缺乏保險利益爲理由，拒絕賠償。持此意見的人認爲法律不承認沒有保險利益之契約，目的原在保護保險人的利益，而保險人則可放棄其所受法律上的保護。但此似爲少數人之觀點。

　　二、財產保險之保險利益　　何人對財產具有保險利益，乃一相當複雜之問題。原則上，凡因財產發生危險事故而可能遭受損失之人，均對該一財產具有某種保險利益。玆舉一例說明之。假定某甲以已有房屋出租與乙，爲期30年，某乙曾以數萬元裝修房屋，使其適合自己營業之用，某乙應付之租金較同型房屋之流行租金爲低，但契約規定在房屋遭受火災或其他嚴重損失時，雙方均得解除租賃契約。在如此情況下之保險利益，當有下列各項:

　　1.甲與乙均對房屋本身具有保險利益，因乙在契約期滿時，有將原物交還某甲之義務。

　　2.甲與乙均對房屋之裝修具有保險利益，但甲爲所有權利益（假定契約期滿，某乙不得要求補償或拆除裝修部分），乙爲使用利益。

　　3.甲對出租房屋之租金具有保險利益，因房屋如因危險事故發生而不能出租時，卽將損失租金收入也。

　　4.乙對少付租金之租賃利益 (*leasehoed interest*) 有保險利益，因房屋於危險事故發生而取銷租約時，將以較高之租金租賃同型之房屋也。

　　5.如有第三者在出租之房地上遭致傷害，甲與乙均負有賠償損害之責任，因之甲與乙對因房屋之所有與使用而引起之法律責任，具有保險利益。

　　甲與乙均可各就上述之保險利益要求保險，容於保險各論時再加

敍述。要保人對於被保財產之保險利益，不一定要存在於購買保單之時，但在承保的危險事故發生時，要保人必須具有保險利益。因之，現時既無保險利益，將來亦顯無保險利益可能之人，保險人固不得對之出賣保單；卽使購買保單時已有保險利益，但在保險事故發生時已喪失保險利益之人，亦不能獲得保險人之賠償。然而，現時雖無保險利益，但於將來顯有保險利益之財產，則可作爲保險之標的。例如某人買有新屋一棟，預計不久卽將遷居，此時雖未將家具搬入，仍可連同家具購買房屋及家物火災保單。

　　三、人壽保險的保險利益　　較早的觀念認爲，如能證明他一人之繼續生存，對我有其預期之經濟利益，則我對他一人具有保險利益。此一觀念，除以自己爲被保人購買之人壽保險外，大致適用。如以自己爲被保人購買人壽保險，則須假定人們對其自己的生命具有無限的保險利益。事實上，在此種情況下，要保人大多指定他人爲受益人，亦可說是爲受益人之利益而保險。因之人壽保險之保險利益原則，應解釋爲要保人或受益人對於被保人必須具有保險利益。現則更進一步認爲：親密的血統或法律關係，卽可構成保險利益，而無須證明他們之間具有金錢上的聯繫。例如夫妻之間、父母與子女之間、祖父母與孫子女之間、親兄弟姊妹之間，都互有保險利益存在。但此一原則，不能擴及於較爲疏遠的家族關係。至何種家族關係足以構成保險利益，如法無明確規定，則祇有留待法庭加以決定。

　　如再進一步加以分析，起於親密的家族關係而來之保險利益，是以其具有愛 (love) 與情 (affection) 的天性，足以保證被保人之繼續生存對要保人或受益人有其利益。然而，世間也有具有情和愛的人而無親密的血統關係，或是具有親密血統關係的人而沒有情和愛，他們之間的關係是否足以假定其有保險利益的存在？關於此點，目前似無確切的答

案。但從論理學的觀點而言，上述兩種情況都是不夠的，他們之間仍須一方之繼續生存對他方具有現實的或預期的經濟利益，始能認定爲具有保險利益。

如就商業上的關係而言，則有若干可以產生保險利益之情況。例如僱主對於重要職工的生存具有保險利益，此一合夥人對於他一合夥人之生存具有保險利益，債權人對於債務人之生存具有保險利益，保證人對被保證人之生存具有保險利益。其所以具有保險利益之理由，則是由於一方之繼續生存能對他人產生預期的利益，或是由於一方之死亡能對他方帶來預期的損失所致。然而，在人壽保險中，單以具有保險利益爲訂立保險契約之條件，亦易發生流弊，故一般國家頗多規定，以他人爲被保人而訂立人壽保險契約時，須得被保人之同意。但亦有例外情形，例如父母以子女爲被保人或妻子以丈夫爲被保人而訂立保險契約時，無須獲得子女或丈夫之同意是。

我國保險法對人壽保險之保險利益採取列舉政策，而於第十六條規定：「要保人對於下列各人之生命或身體有保險利益：(1) 本人或其家屬，(2) 生活費或敎育費所仰給之人，(3) 債務人，(4) 爲本人管理財產或利益之人」，因之要保人得以這些人爲被保人購買人壽保單。但我國保險法第一百零五條同時規定：「由第三人訂立之死亡保險契約，未經被保人書面承認，並約定保險金額，其契約無效」。是卽我國人壽保險（指死亡保險）之購買，不僅以具有保險利益爲前提，且要保人與被保人不爲同一人時，並須徵得被保人之同意始可。較之僅具保險利益或僅須他人同意者，自較嚴格。

人壽保險之保險利益，僅須存在於購買保單之時，至保險事故發生時有無保險利益，在所不論。揆其理由，似爲：(1) 技術上，人壽保險契約，並非補償損失之承諾，亦卽不是損失補償契約，爲補償損失而必

需之保險利益，自無必要。(2) 保險之須以具有保險利益為前提，目的在於防止道德危險。就人壽保險言，祗要出賣保單時保險人已就要保人與被保人之關係善加考慮，則事後縱已不具保險利益，亦不致有過大的道德危險。(3) 保險人如以危險事故發生時不具保險利益為理由，拒絕承當其賠償義務，將與人道與公平原則不相符合。因為要保人或其受讓人已繼續履行支付保費之義務，而受益人因被保人死亡而遭受之損失，或亦不亞於保險利益存在之時。例如夫妻離婚，夫除按月支付一定之贍養費外，並以購買之人壽保單交付與妻，作為夫死後妻之生活保障，保險公司如在夫死後以不具保險利益為理由，拒絕賠償，顯有背於人道與公平原則。

第三節　保險契約成立的要件

任何契約之成立，須有合法之當事人及為契約目的之標的，此於上節已分別言之（保險利益即為契約之標的），茲不具論。此外，在其他條件上，保險契約之成立，亦常有其獨特之處，茲分別敘述於次：

一、當事人的合意　任何契約，均為當事人合意（或協議）行為之結果。所謂合意 (*agreement*)，即由一方提出要約 (*offer*)，而由他方接受要約或予承諾 (*acceptance*) 之行為。就各種保險而言，要約之主要形式，是要保人提出之要保（如為人壽保險，尚須附以第一期繳納之保費）。縱然實際上是由保險代理人招攬業務，但此招攬 (*solicitation*) 並不構成要約，祗能說是要約之邀請。在財產保險中，很多保險的要約都是口頭的，一個決定為其房屋購買火災保險的人，祗須以電話向代理人提出要保，當代理人表示接受，協議即已成立，而無須以繳納保費作為契約生效之條件。當然，要保人如在代理人送來保單時不付保費，契約自將

失效。

　　另一方面，人壽保險的要約總是書面的，契約之成立亦較複雜。這是因爲人壽保險的代理人通常無權爲保險公司接受要約，因之保險契約並不以提出要保書而卽時生效。而且，要保書必須連同第一期保費的支付，纔能視爲保險的要約。代理人通常於收到保費時給以收據，這種收據通常規定，在要約（卽要保書及第一期保費，必要時，須附體檢表）提出時，如果被保人的身體符合保險人的承保標準，則契約自支付保費時開始生效。倘如提出要保書時並未支付保費，則於保險人發出保單時成爲保險之要約，要保人於代理人交付保單支付保費時，如仍處於符合承保標準之健康情況，則可視爲接受要約，而契約於焉成立。縱然提出要保書時附有第一期支付之保費，但保險人仍可拒絕要約。有時候，要保人所要求之保險雖非保險人所願接受，但保險人仍可出賣另一形式的保單，此時保險人可提供此一替代保單作爲反要約 (*Counter-offer*)，如經要保人同意，契約卽告成立。

　　要約提出後，保險人一方之沉默行爲，是否構成要約的接受，則有不同之意見: 有人認爲沉默表示拒絕，而非給予同意。但也有人認爲保險人之沉默犯有疏忽之咎，如在相當時間內未就要保採取行動，須負損害賠償的責任。然而，一般人都認爲，當保險人以續保保單郵寄與被保人，被保人如在相當時間內沒有表示意見，則可認爲接受保險人之續保要約。但就人壽保險而言，由於保險代理人於收到要保書及第一期保費時，大多發給附條件之收據，從而不致有上述疏於承諾之延誤問題發生。

　　二、 合法的客體　　有效的契約，不僅其契約之客體應是合法的，且此契約之履行亦無害於公共利益。因之爲承保小偸被捉之危險而訂立保險契約，固爲法所不許; 卽承保非法取得之物，亦不能成爲有效之契

約。然而，不合法之企業持有並非直接用於非法業務之財物，仍可成爲有效契約之標的，例如不合法的賭場仍可爲其家具購買有效的保險，但一般認爲承保賭具則不算是合法的。

被保人以不具保險利益之標的而訂立之保險契約，通常認係違反公共政策。再者，與敵國人民訂立之保險契約，也是違背公共政策的另一例證。

三、相對的報償 有效的契約，應是一方對他方給予報償，同時亦從他方取得報償，我們稱此爲對價 (*Consideration*)。就保險契約言，保費乃爲被保人提供之報償，但這不是說，保費須在契約生效前以現金給付，事實上，大多數的財產與責任保險，都在收取保費前，契約卽已生效。在此種情況下，支付保費的承諾，卽爲被保人提供之對價。另一方面，保險人承諾於某種危險事故發生時賠償被保人之損失，亦爲他對被保人提供之對價。

第四節 保險契約的特性

保險契約除具有一般契約之性質外，亦有其不同於一般契約之特性:

一、射倖契約 (*Aleatory contract*) 一般契約有交換的 (*Commutative*) 與射倖的兩類。所謂交換契約，是指契約一方給予對方的報償，都假定其具有相等的價值，買賣契約與租賃契約等都是，而保險契約則是射倖的。在契約存在期間，倘如發生被保的損失，則被保人從保險人接受的賠償金額，可能遠大於其所付出的保費；反之，如無損失發生，則衹付出保費，而無任何收入，保險人的情況則與此相反。當有損失發生時，其所賠付的金額可能遠大於其所收取之保費，如無損失發生，則

祇收取保費，而無賠款支付。形成射倖契約的原因，則爲保險事故的偶然性。然而，此種射倖性質，是從個別契約而言的，如就全體保險契約而言，保險人預期收取之保費，應足以支付保險之成本，其所帶有之射倖性質，並不較其他列爲交換契約的爲多。

但要注意的是，一切賭博契約都是射倖的，但射倖契約並不都是賭博契約。保險不是賭博，已在第二章第一節加以說明，茲不贅述。

二、附合契約 (*Contract of adhesion*) 與議商契約 (*Bargaining contract*) 相反，保險契約乃是附合契約。通常保險契約的內容，多由保險人或保險人之團體或政府主管機關所製訂，而讓要保人作「取與捨」(*take or leave it*) 的決定。一個普通的要保人，無能提出其自己所要的保單，或修改保單內的某一條款。卽使有變更保單內容之必要，亦祇能採用保險人事先準備的附加條款或附屬保單。由於此一特性，每當保險契約因文字疑義而涉訟時，法庭總作有利於被保人的解釋。我們常在保單中看到許多冗長重複或曖昧的語句，卽爲保險人爲逃避賠償責任而要的手段，被保人在購買保單時並不注意這些語句的內容，一旦爲賠償問題引起爭訟，纔發覺他從保單得到的保護實屬有限，此爲附合契約的最大缺點。

然而，在某些情況下，亦可以「手寫的保單」(*manuscript policy*) 代替「印就的保單」(*printed policy*)。那是多由大的保險經紀人爲其客戶的特殊需要而擬訂出來的，大企業的風險管理部門亦可爲其自己的需要擬訂特殊的保單，爲求獲得保險人之同意，仍須經過議商的過程。在此種情況下，保險契約就已變爲一種議商契約了。

三、單務契約 (*Unilateral contract*) 契約可以是單務的，亦可以是雙務的 (*bilateral*)。如以一個承諾交換另一個承諾而訂立之契約，謂之雙務契約。保險契約原則上應爲單務契約，這是因爲繳納保費訂立

契約後，僅保險人之一方有於保險事故發生時賠償損失之義務。亦有人
認為繳納保費亦係被保人之義務，故保險契約應屬雙務契約，此對若干
保單生效後再繳保費之財產保險，或採攤收保費方式之相互保費而言，
自屬正確。但人壽保險及部分財產保險，均以繳付保費作為保單生效之
先決條件，而非契約生效後被保人之應負義務，其為單務契約，自屬顯
然。惟人壽保險通常採取分期繳付保費方式，其契約性質不無疑問，實
則在分期付費下，保單之繼續有效仍以先期付清保費為條件，實無背其
為單務契約之性質。

四、附條件契約 (*Conditional contract*) 保險契約之被保人卽使已
繳付保費，但保險人履行其賠償之承諾，仍多附有其他條件。承諾與條
件不同，承諾在法律上有其強制性，而條件則否。被保人違背條件的影
響，是使他不能獲得保險人之賠償。例如火災保單規定被保人要求賠償
時，必須提出損失證明單 (*proof of loss*)，然而，在法律上他並無必
須提供此一文件之義務，祇是不提供時，不能獲得賠償而已。另一方
面，倘如被保人業已履行契約規定之一切條件，保險人在法律上就得履
行其賠償損失的承諾。

五、對人契約 (*Personal contract*) 財產保險契約雖以財產列為被
保，但實際被保者為人。事實上，財產置於何人之手，對於危險的影響，
較之財產本身更為重要。因之在訂立保險契約前，不僅要考查財產本身
之情況，更要注意契約當事人之品格行為與信譽。同樣的財產在不同的
人的手中，具有不同程度的危險，因之財產轉讓時，除法律上之當然移
轉外，契約並不隨之而當然轉讓，損失發生前轉讓保險契約，必須徵得
保險人之同意。否則，損失發生時，受讓人因未取得被保人之資格，固
不能獲得保險人之賠償；而被保人亦因喪失保險利益，亦將喪失其賠償
要求權。另一方面，人壽保險契約不是對人契約，它可不經保險人之同

意而自由轉讓。因爲保單之轉讓並非變更被保人，不致增加被保之危險也。

惟我國保險法第十八條規定:「被保人死亡或保險標的物所有權移轉，保險契約除另有規定外，仍爲繼承人或受讓人之利益而存在」。其中除被保人死亡之當然移轉外，似有違保險契約爲對人契約之原則，幸條文內尚有「除另有規定外」一語，可資補救。

六、最大誠信契約 (*Contract of utmost good-faith*) 商訂任何契約，當事人都應以誠實守信之態度爲之，而保險契約所需之誠信程度，則更甚於其他契約，故以最大誠信稱之。產生此一特性之原因，應追溯自海上保險初起時代，當時通訊工具落後，在商訂保險契約時，被保之船貨，可能尚在數千里之外，僅能憑藉被保人提供之有關資料，以爲決定承保與否之依據，設若當事人之一方以詐欺手段爲之，將使當事人之他方深受其害，其中尤以保險人爲然。因之長久以來，公認最大誠信爲訂立保險契約所應遵守的基本原則，爲應用這一原則，乃有保證，告知及隱瞞等學說之產生，容於第六章再爲討論。

七、補償契約 (*Contract of indemnity*) 一般言之，財產與責任保險契約，均屬補償契約，卽對被保人補償其所遭受的損失。雖然補償契約之補償金額，可較實際損失爲低，但理論上不能高於損失數額。成問題的，是在應用這一原則時，如何計算正確的補償數額，不致使被保人獲致額外的利益。

人壽保險不是補償契約，當被保人死亡時，保險人是按保單所載之保險金額支付受益人的。

健康保險契約，初視之似爲補償契約，例如保險人同意按實際醫療費用支付，但以契約規定之最高金額爲限。然而，若干個人健康保單允許被保人就同一損失從數個保險人獲得補償。而且，當被保人由於他人

之過失而受傷害時，除從保險人獲得補償外，亦可從加害之他人獲得賠償。在這些情況下，祗要被保人得到超過其損失之補償，那就算是違反補償原則了。至於意外死亡、斷肢、及喪失工作能力之收入給付等，健康保單更是與人壽保單相類似，因為都是在保險事故發生時按照預定金額賠付的。

在補償契約的原則下，乃有保險利益原則，賠款攤派原則及代位求償原則之應用，將於第十章第四節討論之。

第五節　保險契約的種類

保險契約可依各種不同的標準加以類別，前述保險之種類，亦可作為分類之標準。但本節係從其他方面，將各種不同的保險契約概述於次：

一、定值保險與不定值保險　保險契約當事人事先確定保險標的之價值，記載於保險單中，稱為定值保險 (*Valued insurance*)。本書稱此約定之標的價值為保險價額 (*insured value*)。如不在保單內記載標的物之價值，則稱為不定值保險 (*unvalued insurance*)。保險金額 (*sum insured or insured amount*) 與保險價額不同，前者係保險人承當補償責任的最大限度。如為定值保單，原則上即以保險價額作為保險金額，但並不以二者相等為定值保單之必要條件，保險金額小於保險價額之事，亦所常有。無論如何，保險金額當不致大於保險價額（注意保險價額與財產價值並非完全同義，因財產價值時有變動，而保險價額則為確定而記載於保單之財產價值也）。在發生全部損失時，不論損失時財產之實際價值為何，保險人即按保險金額賠償。如為部分損失，則有二種不同之賠償方式：一是按實際損失額賠償，但不得超過保險金額。二是

按損失之比率，以同一比率之保險金額賠償之。例如保險金額爲一萬元，財產損失四分之一，則保險人須賠償二千五百元。採用定值保單之原因，或由於保險標的無一定之客觀價值，爲免損失發生後估計損失數額之困難，乃事先經由協議方法確定標的物之價值，如古畫、古玩及其他藝術品是。或是由於標的物在損失時的價值不易確定。例如海上運輸之貨物，如在中途發生損失，甚難確定其損失之價值。加以此種損失之發生，大多出於被保人不能控制或影響之因素，亦卽道德危險性極小，故海上貨物保險，通常均採定值保單。

海險以外之財產及責任保險，大多採用不定值保單，發生損失後，應否計算損失時之財產價值以爲賠償損失之依據，則視保單有無共保條款 (*Coinsurance clause*) 而定。如無共保條款，則無須估計財產的價值，卽按損失金額賠償，但以保險金額爲限。如有共保條款，則須先行估計損失時之財產價值，再予計算賠償之金額，此點容後論之。

二、補償保險與定額保險　在補償保險 (*Compensation insurance*) 契約下，保險人之責任，以補償被保人之實際損失爲限度，且不得超過保險金額，以補償原則爲基礎之財產保險均屬之。或以爲採用定值保單之財產保險，在全損時旣按保險金額賠償，如實際財產價值低於保險金額，卽非補償保險。實則，定值保單下之保險價額，仍有其訂定與計算之標準，而非完全出於當事人之武斷，故仍不失其補償保險之性質。

至於人身保險中之死亡或生存保險，則全屬定額保險 (*Sum insurance*)。因人的價值難以確定，而在保險事故發生時，並無全部損失或部分損失之分，故保險人卽以保險金額作爲賠償金額。但人身保險中之疾病保險，則仍屬補償保險性質。

於此一提者，有人錯以人壽保險爲定值保險，實則人的價值根本無從確定，故人壽保單祇有保險金額，而無保險價額，而**此保險金額復爲**

保險事故發生時的賠償金額，故爲定額保險，而非定值保險。

三、**特定危險保險與一切危險保險**　如就一種或多種危險事故而保險者，謂之特定危險契約 (*Specified perils contract*)。在契約內，列舉每一承保的危險。如祇保一種危險，亦可稱爲單一危險 (*single peril*) 保險，承保多種危險時，則爲多種危險 (*multiple perils*) 保險。惟不論其承保危險之多寡，祇要在保單內列舉這些承保危險的名稱，則均屬於特定危險契約。事實上，承保單一危險的契約極爲少見。至於一切危險契約 (*All perils contract*)，有時又稱綜合契約 (*Comprehensive contract*)，卽除列舉之不保危險外，承保其他任何危險所致之損失。例如美國家庭汽車保單之車身保險，卽包括特定危險及綜合危險兩部份，前者承保車身之碰撞與傾覆，後者承保列舉不保以外之其他一切危險。有些危險如非實際發生，實不易爲人們想像得到。惟美國保單使用「綜合」一詞時，亦常有其不同的意義，例如「綜合個人責任保單」(*Comprehensive personal liability policy*) 中之綜合一詞，係指造成疏忽危險 (*negligence peril*) 之一切原因 (*All hazards*) 而言。又如綜合汽車責任保單 (*Comprehensive automobile liability policy*) 中之「綜合」一詞，則指承保責任險之汽車，不以保單列舉之汽車爲限，被保人使用任何汽車（除列舉不保者外）引起之法律責任，均可獲得保險人之賠償。總之，在使用「綜合」一詞時，應加特別小心才是。

四、**全額保險、低額保險與超額保險**　所謂全額保險 (*full insurance*)，是指保險金額等於財產價值之保險。惟財產價值有於訂約時卽確定者（如前述定值保單），卽使損失發生時財產的實際價值已有增減，祇要保險金額等於保單記載之財產價值（卽保險價額），仍可說是全額保險。另一方面，如爲不定值保單，縱使保險金額並不等於訂約時之財產價值，但如損失時之財產價值等於保險金額，亦可說是全額保險。

所謂低額保險 (*underinsurance*)，是指保險金額小於財產價值之保險。此項財產價值，如爲定值保單，卽指財產之保險價額，如爲不定值保單，則指損失發生時之財產價值（亦稱可保價額 *insurable value*，以別於定值保單之保險價額 *insured value*）。低額保險之出現，或是由於保險人之規定，藉以促使被保人注意防範危險；或是由於被保人之自願，藉以節省部分保費；或是由於財產價值的上漲，而使損失時之財產價值高於保險金額。至於低額保險下保險人之責任，則有兩種不同的計算方法：（1）按比例計算賠償，其計算公式爲：

$$賠償金額＝損失金額×\frac{保險金額}{保險價額或損失時之財產價值}$$

（2）按實際損失賠償，但不得超過保險金額。

所謂超額保險 (*Overinsurance*)，是指保險金額大於財產價值之保險。在定值保單下，保險金額是不可能大於財產價值的（指協議的保險價額），而在不定值保單下，形成超額保險的原因及其處理辦法，則不外下列二種：（1）出於被保人的善意，例如被保人高估了財產的價值，或是財產價值已較前跌落了。依照我國保險法第 76 條的規定，善意的超額保險，「除定值保險外，其契約僅於保險標的價值之限度內爲有效」。「無詐欺情事之保險契約，經當事人一方將超過價值之事實通知他方後，保險金額及保險費，均應按照保險標的之價值比例減少」。（2）出於被保人的惡意。卽是被保人希望在保險事故發生後，獲得較實際損失爲多的補償，甚至因而故意促成損失的發生。我國保險法第76條規定：「保險金額超過保險標的價值之契約，係由當事人一方之詐欺而訂立者，他方得解除契約，如有損失，並得請求賠償」。

五、財產保險契約 亦可分爲：（1）特定式 (*specific form*)，（2）總括式 (*blanket form*)，（3）表列式 (*schedule form*)，（4）報告式

(*reporting form*) 或預約式 (*open form*)

1. 特定式。是對每一地點之每項或每類財產, 分別規定其不同之保額。例如在同一保單內, 房屋有一保險金額, 其餘一切屋內財物有一總合保險金額時, 仍可稱爲特定保單, 但如同類財產而放置不同之地點時 (非同一屋內), 則須分別規定不同之保額 (涉及二個以上地點時, 多稱爲表列式保單)。此種保險之特點, 乃是各項財產之保險金額不得互相流用。例如房屋保險二十萬, 損失十萬元, 家具保額五萬元, 損失八萬元, 則房屋祇能賠償十萬元, 家具賠償五萬元, 而不能以房屋未能利用之保額, 移用於家具之賠償。

2. 總括式。對於同一地點之不同財產或不同地點之同一或多種財產, 祇籠統規定一個保險金額, 任何地點及任何財產的損失, 都可在此一總的保險金額內獲得賠償。例如上例以二十五萬元承保房屋與家具, 而不分別規定兩者的保額, 則房屋損失十萬元及家具損失八萬元時, 共可賠償十八萬元, 因其仍在保險金額範圍之內也。此種保單對保險人頗多不利, 故常另以其他條款限制之, 於敍述火災保險時再爲說明。

3. 表列式。卽將多個地點或多個保險人承保之財產及各項財產之保險金額列成一表, 附於保單內, 尤於多個保險人承保相同財產時採用之。此時僅須列舉每項或每類財產之金額, 有些財產之保險可採特定方式, 有些財產可採總括方式。其顯著特點是, 每一保險人對每項財產之保險金額, 祇於保單內承諾分擔一定之百分比, 例如四分之一是, 而無須就其承保每項財產之保險金額加以累計。在發生損失時, 祇須小心計算各保險人承當責任比率之和等於一卽可。

4. 報告式。在保單內並不規定財產之保險金額, 而由被保人按期將財產價值報告保險公司。如果不同地點之財產價值雖有變動, 但各地財產之總值無多變動時, 採用前述總括式保單卽可; 但如各地財產及其總

值時有變動，則須採用報告式保單，通常按過去經驗或其他資料，預計一年中的財產價值，預繳估計的保費，以後由被保人每月定期申報標的價值一次，保險人依此算出標的物的平均價值，據以計算應收之保費，而於契約期滿時多退少補。祇要被保人按期申報，則損失時之財產價值縱較最近一次申報的價值為高，保險人仍照實有損失賠償；但如被保人沒有按期申報，則按上次申報價值與損失時財產價值的比例，賠償損失。此種保單通常用於屋內財物而非房屋本身之保險。

六、原保險與再保險 原保險契約 (*original insurance contract*) 是指要保人直接與保險人所訂立之保險契約，被保之標的如有損失，由保險人直接對之負賠償責任。再保險契約(*reinsurance contract*) 則係原保險人與再保險人訂立之保險契約，通常原保險人以其承保之金額轉讓一部分與再保險人，而在發生損失時，由再保險人分擔一部分之賠償責任。其詳細情況，當於第十二章述之。

第六節　保險契約的形式與構造

財產保險於要保人以口頭要約，而經保險代理人口頭應允時，卽已成立口頭契約。此種情況，美國尤為普遍。惟依我國保險法第43條之規定:「保險契約，應以保險單或暫保單為之」，是則我國不承認有口頭保險契約之存在。惟在不承認口頭契約之國家，大多在正式保險單製作交付之前，另以暫保單或其他類似文件代替保險單的效力。再就人壽保險而言，要保人提出之要保書，有時亦規定為保險契約之一部分。本節擬就保險契約涉及之各項文件及其構造分項敍述於次:

一、要保書 (*application*) 要保書代表要保人之要約，雖然要約也有口頭的，但此地所說的要保書，則指書面的要約而言。要保書通常係

由保險人所準備，要保人依其所列之項目逐一填寫。如爲人壽保險，要
保書內更是提出一連串的詢問事項，要求要保人據實說明。有些要保書
並有文字提醒要保人：「保險代理人無權修改或變更要保書或保單內之
任何詞句」，以免引起要保人的誤會，導致所謂「棄權」(*Waiver*) 的糾
紛。要保書本身並非契約，但其中要保人所作的告知，却能影響契約的
效力。而人壽保險多以要保書列爲契約的一部分，要保人告知不實，更
無異破壞契約，保險人可資爲解除契約的理由。

要保書有若干列爲「聲明」(*declarations*) 的事項，常爲保險人核
保的依據。以竊盜保險爲例，包括被保人姓名、財產的所在地點、營業
種類、有無警鈴系統或僱用看守人、在過去五年內曾否遭受竊盜損失、
有無其他保險人中途終止竊盜保險契約或拒絕此種保險、同一標的物有
無其他保險人給予相同之保險等。這些聲明事項，不僅爲核保人決定費
率的依據，也是選擇危險與認識危險的基礎。在不用要保書的情況下，
這些聲明事項也將列在正式保單之內，作爲契約的一部分。

二、暫保單 (*binder*) 財產保險使用的暫保單，可稱爲正式保單
發出前之臨時契約。卽使有所謂口頭契約之存在，如果發出正式保單
須費相當時間，保險代理人通常也會先以暫保單給予要保人。此在沒
有標準保單的情況下格外重要，因爲其中列舉若干有關保險的重要事
項，每爲契約雙方權利義務的依據。倘如有了標準化的保單，則暫保單
的內容可以較爲簡單，祗須說明保險人的責任以正式保單爲準卽可。暫
保單的效力與正式保單完全相同，但其有效期間多以30天爲限，並於正
式保單交付時自動失效。正式保單發出前，保險人亦可終止暫保，通常
須於幾天前通知要保人。某些保險的保險人，有時寧願使用暫保單。因
爲保險人須對被保危險加以廣泛的調查與審核，如認之爲並非值得承保
的危險，可讓暫保單於滿期時自動失效。如在發出保單後再行取消，非

獨增加保險人的成本，且易造成惡劣的公共關係。

人壽保險一般並不使用暫保單，這是因為人壽保險不是隨意可以取消的，保險人寧願自己保留核准的權力，而不願以簽約權授予代理人。然而，近年美國的人壽保險公司為爭取業務，也有使用上述性質的暫保收據 (binding receipt)，在正式保單交付前或在四至六星期的時間內，給予被保人以立即的保險。但就大多數人壽保險公司而言，則仍採取一種附條件的暫保收據 (conditional receipt)，是當要保人提出要保書並繳付第一期保費時交與要保人，其中又可有兩種不同的規定：（1）最普通的一種條件收據規定，祗要要保之日(如需體格檢查，則為體檢之日)被保人提出之保險計劃，符合預定費率下保險人可以接受的條件，則被保人如在保單發出前死亡，其受益人將可依照保險金額獲得賠償。例如某甲要求保險五萬元，依規定不需體檢，當他付了第一期保費離開代理人之辦公室後，不幸遇上車禍死亡，祗要保險人在收到要保書時也會核准此一保險（現因死亡而不必正式核准了），那麼受益人就可獲得保險人的賠償。（2）第二種條件收據規定，保險自總公司批准要保時開始生效。在提出要保書至總公司批准前，被保人不能得到保險人之保險。人壽保險公司如因要保人未繳第一期保費，而未發出上述暫保收據，則須等到保險單交付要保人，而被保人健康良好，且已繳付保費時，契約始生效力。

財產保險之暫保單，因與正式保單具有同等效力，也常為契約雙方所濫用。就被保人而言，由於保費通常是在交付保單時支付，如果屆時被保人不付保費而使保險失效，則無異享受了若干時日的免費保險，倘如連續以同樣手段獲得幾家保險公司的暫保，則其免費保險的時間自更與購買正式保單無多差別了。就代理人而言，為爭取業務，亦常不注意選擇良好的被保人，或使被保人相信暫保具有正式保單的充分效力，由

此導致的糾紛亦所常見。

三、**保險單**(*policy*)　保險單乃是要保人與保險人之間的正式契約。有時短而簡單，有時長而複雜，端視保險的種類及保險內容而定。但不論其繁簡如何，其中涉及契約雙方的權利與義務，則是一致的。有些保險契約，包含一份基本保單及一份附屬保單　(*form*)，例如美國的火災保險契約，除必有一份長達 165 行的紐約標準火災保單外，再視標的物的種類，另附一份有關的附屬保單。單有紐約標準火災保單，並不能視爲完整的保險契約，其他類此情形頗多，不勝枚舉。但就一般保險單之構造而言，通常包括四部分，卽是 (1) 聲明事項 (*declaration*)，(2) 保險事項 (*insuring agreement*)，(3) 除外事項 (*exclusions*)，(4) 條件事項 (*conditions*)。

聲明事項，已於敍述要保書時略加說明，通常包括標的物種類、被保人、已繳保費、保險時期、保險金額、以及被保人對有關危險的性質與控制所作的任何保證或承諾事項。聲明事項，是將要保人提供之重要資料，列載於保險契約之內，作爲保險人承保危險的依據，如有不實，要保人應負法律上的責任。

保險事項，係指保險人所承當之保險責任。例如責任保險單之保險事項，包括：由被保人行爲疏忽所致他人損失的賠償，因法律責任而涉訟時爲被保人辯護，對被保人所致他人傷害之緊急救助等。

除外事項，是將保險人之責任加以適當的修改或限制，凡因除外不保危險所引起之損失，或由被保危險所致的不保損失，保險人都不負賠償責任。由於下列原因而使除外事項有其必要：(1) 便利實質危險與道德危險的管理；(2) 消除被保人可能已在其他保單獲得的保險；(3) 消除對某些被保人雖屬重要，但非普通要保人所需要之保險；(4) 消除不可保的危險；(5) 消除保險人不能提供或是需有特殊承保技術或費率的

保險。有些列爲除外不保的危險，仍可購買爲此而設計的保單。有此除外不保事項，亦可使保險價格降到被保人所能負擔的合理水準。

條件事項，是指契約雙方享受權利所需履行的義務而言，實際上，多指被保人爲獲得賠償所須滿足之條件。例如損失發生後被保人的責任，要求賠償的時限，控告保險人的時限，其他保險，代位求償，保單之變更、轉讓、取消，隱瞞與詐欺，以及賠款選擇等之規定。

四、保險條款 (clauses or provisions) 任何保險，保險公司都有其事先準備或印就之保單，這些保單內包含之先定條款，都可稱爲基本條款。惟其中有些條款是法律規定必須列入的，可稱法定條款 (mandatory provisions), 有些可由保險人任意規定的, 可稱任選條款 (optional provisions)。此外，爲適應被保人之特殊需要，亦可在保單已有條款之外，增加其他條款，稱爲附加條款 (riders or indorsements)。而附加條款中，有爲當事人承認履行特種義務者，我國稱爲特約條款，亦可稱爲保證條款 (warranties)。再者，有些附加條款乃由保險同業公會所製訂; 稱爲公會條款 (institute clauses), 有些則爲適應某一行業之需要，由有關行業與保險公會會同製訂，稱爲行業條款 (trade clauses)。保險契約有時何以有添附附加條款的必要，則有下列幾項原因: (1) 保持標準或印就保單之伸縮性，使能適應被保人的特殊需要。有些保險契約除基本或標準保單外，必須另有附屬保單 (亦即若干附加條款的總稱)，始爲完整有效。(2) 變更原有保單之內容。例如可藉以增加被保危險、被保財產或被保人等，亦可藉以消除保單內之除外事項，或以之減少標準保單之承保範圍。(3) 在保單生效後，保險人或被保人亦可使用附加條款，而將保單之規定事項加以變更。例如增減保險金額，變更地址，增加新獲得的財產，允許危險的增加，調整費率，或改正以後發現的錯誤等。必要時，亦可以之表示保單轉讓之同意。

通常附加條款的效力優於保單原有任選條款之效力，而較後添附的附加條款，又優於以前的附加條款。然而，保單內之法定條款，是不能以附加條款加以變更的。

第七節 保險契約的標準化

一、標準化的意義 保險事業的初期，各個保險契約都是在契約自由原則之下，由保險人與被保人自由商訂的。隨着保險的發展，此種訂約的自由，對被保人與保險人雙方都構成了阻碍。就被保人而言，一個擁有幾張保險契約的人，可能發覺到他所得到的保險，不僅是彼此重疊的，甚至還是互相衝突的。例如兩張保單上都有條款規定，如有他保存在，本保不予賠償，則有了兩家保險，反使保險失效。而在彼此重疊的情況下，被保人付出了雙重的保費，並未得到雙重的保護。這種痛苦的經驗，多半是在被保人發生損失以後方始發覺，但已悔之晚矣。再就保險人而言，由於它們之間的劇烈競爭，一個誠實的保險人，是很難與一個在保單文字上取巧行詐而以低廉費率號召的保險人相競爭的。因之，保險人亦感到有保單標準化的需要。

所謂保單標準化，是指保險契約的內容，經過各種不同的途徑，逐漸地趨於一致。任何保險人承保相同的危險，都是承當相同的責任，它們祗能在費率或其他方面，從事公平的競爭。有時候，標準的保單，亦常促成公定的費率，則保險人方面的惡性競爭更是可以完全避免了。自然，就在今日，也不是所有保險都已有了標準化的保單，即使有了標準化的保單，也仍可另定個別需要的契約，或是以附加條款的形式加以更改。為求討論方便起見，我們可將標準保單解釋為大多數保險人對某種保險所採用的一致的保單。

二、標準化的途徑　保險契約可經由下列三種途徑達成標準化:

1. 習慣的演變　通常是在保險事業的發展過程中，由於彼此模仿而形成的一種標準保單。例如早在一七六四年，英國在勞依玆咖啡店承保海上危險的保險人，就已感到採用一種基本的標準保單，對其自己與被保人都有利益。一七七九年，他們同意以某一同業人的保單爲共同使用的保單，後習稱之爲「勞依玆標準保險單」(*Lloyd's standard policy*)。由於此一保單年復一年的使用，從而形成了一套保險法規，據說此一保單中的每一字句，都曾經過法庭的判決解釋，因之不管其文字如何古老，任何使用此一保單的保險人，很少會對其中任何語句的意義有所懷疑的。

在英國，一八九九年的海上保險法案及一九〇六年的海上保險法，都承認勞依玆保單爲英國海上保險的標準保單。世界其他各國使用的海上保險單，不僅多以英文爲主，且在內容上也以勞依玆保險單爲範本，其影響之深遠，不難想見。此一保單，一直沿用到一九八二年爲止，其後由於海上保險透過國際協商另訂新的條款，而爲今日世界各國普遍使用之新保單，容於第十五章海上保險中再爲詳述。

2. 同業的協議　許多保險單是由保險同業公會以同業協議方式製訂出來的，通常在使用前尙須經過政府的核定，我國卽是一個很好的例子。再以美國爲例，現時全國通用的汽車保單，也是經由同業協議製訂出來的。於一九三六年最先產生的標準保單，是在沒有政府干涉下，由相互及股份保險公司的聯合委員會與美國律師公會的保險委員會共同硏商製訂，但祗是一種汽車責任保險契約。以後經過五次的修改，每次修改時都將承保範圍放寬，現時使用的標準汽車保單，不僅包括責任險，也同時承保車身險及某一程度的意外傷害險。一九五六年九月一日又採用所謂家庭汽車保單，而其承保範圍更爲擴大，但其承保對象則僅以個人（非法人）的私用轎車爲限。此外，內陸運輸保險，政府雖未規定必

須採用標準保單，但大部分的內陸運輸保險公司，都是採用內陸運輸保險費率局製訂的標準保單。在意外保險方面，如綜合個人責任保險，綜合一般責任保險、玻璃保險等，都採用意外保險費率局製訂的標準保單。然而，也有若干保險公司並不採用所謂「局定保單」(*bureau forms*)，因之在法律並不強制標準化的情況下，仍有許多並不標準化的保單，但其提供的保護，有時比標準保單更爲寬大。

3. 法令的規定 此有兩種情形：一是整個保單由政府製訂，二是政府規定若干必須採用的條款。

關於前一種情形，可以美國火災保單爲例說明之。起初美國火災保險公司各有其自己的保單，爲爭取生意，常在保單正面放寬保險範圍，而在保單背面列舉許多除外不保及不公平的索賠條件，且用纖細字體印刷，以圖掩飾。此種情況，久爲各方所詬病，而思有以改革之。一八七三年，麻薩諸塞州首先立法規定所有火災保險公司必須採用之火災保單，於一八八〇年開始實施，以後稍加修改而成今日僅在該州使用之所謂「新英格蘭標準保單」(*New England standard form*)。紐約州則於一八八六年通過法案，要求紐約火災保險業同業公會起草標準保單，於次年由州議會通過實施，後於一九一八年及一九四三年加以修改。一九四三年修訂的紐約火災保單，實際上幾爲全國所有各州（麻州除外）所採用。此爲美國經由立法機構製訂全國性保單的唯一例子。

關於後一種情形，可以美國的人壽與健康保險爲例說明之。美國各州都以法令規定人壽保險契約必須納入的標準條款以及可以自由採用的標準條款，並列舉某些條款不得包括在保單之中。例如寬限期條款、不喪失條款、復效條款、年齡誤告條款、不抗辯條款等，都是任何人壽保單必須規定的。並規定除戰爭、自殺、航空及危險職業外，不得對承保範圍有所排除或限制。其中自殺不賠條款也須有時間上的限制。

健康保險單則是以採用所謂「一致條款」(*Uniform provisions*)來達成部分標準化。各州通過的一九五〇年個人傷害與疾病保險一致條款法(*1950 Uniform Individual Accident and Sickness Provision Law*)，對被保人職業的變更、保單的更改、保單的復效、被保人終止契約、受益人的權利、以及理賠手續等，均有規定。雖然如此，各保險公司在給付方面仍有相當差別，因爲一致條款與保險給付並無關係。

三、**標準化的利弊**　保險契約標準化雖有許多利益，但也有相當缺點。分析言之，一種完全標準化的保單，可有下列幾項利益：(1) 被保人當其選擇保險人時，無須考慮到保單內容或文字上的差異。(2) 被保人就同一標的而從兩家以上保險公司購買保單時，無須憂慮它們之間的衝突性。(3) 任何一家保險公司因賠償問題而涉訟時，法庭的解釋或判決，具有廣泛的適用性。(4) 當理賠工作涉及兩個以上的保險公司時，能較迅速而順利地處理。(5) 保險代理人在推銷保單時，不必爲比較不同保單之優劣而多費唇舌。

保單標準化，亦有下列缺點：(1) 任何標準化，都須取得保險人之間或立法者之間的共同協議，而達成協議是頗費時間的，因之每每延緩甚至阻礙了保單應有的改進。(2) 雖然共同的決定有時優於單獨的決定，但由妥協達成的共同決定，也不常是一種最好的決定。(3) 有進取心的保險公司，常不可能單獨有其創新的試驗，而使保險事業缺乏有效的競爭。

第六章　影響保險效力的重要因素

第一節　最大誠信原則的意義與重要

任何契約的簽訂，都須以契約當事人的誠信作基礎。如果當事人一方以詐欺爲手段，誘致他方簽訂契約，非但受詐欺的一方可據以解除契約，如有損害，並可要求對方予以賠償。然而，就一般契約而言，其所應用的誠信原則是非常有限的，例如買賣契約並不要求賣方自動告知有關貨物的缺點，通常認爲檢視貨物乃爲買方自己的責任。即使賣方告知不實，亦仍有故意與非故意的分別，其對買方的保護實屬有限。至於保險契約，其所需要當事人的誠信，實遠甚於其他一般契約。因爲近代保險事業是從海上保險發展而來，被保人於要求保險時，被保的船貨有時已出航在數千里外，保險人祗能根據被保人的告知，決定承保與否或其承保的條件，因之被保人的告知是否完全與正確，對保險人承當的義務甚關重要，爲保護保險人的利益，乃有最大誠信原則 (*Principle of Utmost Good Faith*) 的產生。就是被保人在要求保險時，必須向保險人儘量提供有關保險的各項資料，或嚴格遵守契約規定的條件，如果被保人沒有履行此項義務，即使在保險契約成立之後，保險人仍可經由下列途徑，獲得適當的保護：

一、終止契約　除少數例外（例如降雨保險），財產保險契約通常規定當事人之一方，可在契約滿期之前，隨時通知對方終止契約，而使

契約效力自終止時起消滅。但保險人終止契約時，須於一定時間前通知被保人，並須退還已繳而未到期之保費。此一權利的行使，通常並無時間的限制，但必行使於損失發生之前，如在契約終止前發生損失，保險人仍有賠償的責任。契約一方行使此一權利時，通常不須向對方申述任何理由，但保險人如無重要理由，亦不致輕易終止契約。

二、解除契約 卽是契約成立後，當事人的一方，可因一定事由的發生，行使法律或契約賦予之解除權，而使契約效力自始消滅。保險人行使此一權利，在損失發生前或發生後均可爲之，但須申述解除契約之理由，並須在知有解除契約之原因後一定期間內行之，否則將因時效消滅而喪失其解除契約的權力。最常見的，仍爲損失發生後，保險人行使此一權利，而拒絕承當其賠償責任。

三、契約無效 卽是契約本身缺乏法律規定之要件，或是當事人一方違反契約規定之條件，而使契約自始不能成立，自無效力之可言。人壽保險契約，通常並無契約當事人可以任意終止契約之規定，故解除契約與契約無效，對保護保險人之利益至爲重要，但仍受到相當限制，容後述之。

理論上，最大誠信原則應爲契約雙方所遵守，例如保險人應向被保人宣示其所售保單的確實條件，並不得就已知毀滅但爲被保人所不知之財產而爲保險等是；但實際上，此一原則每爲保險人用爲約束被保人之工具，被保人所能資以對抗保險人者，則爲棄權（*Waiver*）與禁止反言（*Estoppel*）。近年各國政府爲保護被保人之利益，多以法令修改保險慣例形成之最大誠信原則。卽就保險慣例而言，此一原則在其他保險方面之應用，亦不及其在海上保險方面之應用爲嚴格，此乃由於其他保險之標的，往往可在保險人的檢視範圍之內，保險人並可從其他來源獲知有關特定保險之資料，如果保險人在承保時已加適當的注意，當不致有損

於其自己之利益。

爲實踐最大誠信原則，而有保證（*Warranty*）、告知（*Represent-ation*）、及隱瞞（*Concealment*）等各項學說的產生，這些學說不僅有其不同的應用範圍，亦且各有其自己的規則，下文擬分別加以闡述之。

第二節　保　證

一、保證的意義與性質　所謂保證，依1906年英國海上保險法的解釋，是指被保人保證將做或不做某一事情，或是保證履行某一條件，或是藉此承認或否認某一事實的存在。美國紐約州保險法對保證一詞的解釋是：保險契約的任何條款，如其規定需有某一可使任何滅失毀損或傷害危險得以減少的事實的存在，或是需有某一可使任何滅失毀損或傷害危險得以增加的事實的不存在，而以此作爲契約生效的先決條件，或是作爲保險人承當責任的先決條件時，此一條款卽爲保證。

簡言之，保證爲保險人出賣保單或承當責任所需被保人履行某種義務之條件。例如某人於購買竊盜保單時，答允於外出時必將門窗鎖閉，並以此構成契約協議的一部分，則此一承諾卽爲被保人之保證。又如某人於購買火災保單時，在保險契約內同意不在屋內放置危險品，此一承諾亦爲被保人之保證。如無上述保證，則保險人不將出賣此項保單，或將改變其所適用之費率。因之，所有保證，均假定它是重要的（*material*），至於被保人是否知道保證的重要性，對於保證本身的重要性並無影響。

二、明示保證與默示保證　保證往往是以書面爲之：或以特約條款形式附加於保單之內，或在保單本身規定此項特約條款。實際上，當被保人之告知構成保險契約的一項條件，而以文字規定於保單之內或記載

於附屬文件時，即已成爲被保人之明示保證 (*Express warranties*)。但在海上保險中，亦有所謂默示保證 (*Implied warranties*)，即是此項保證在保單內雖無文字規定，但習慣上認爲被保人應保證某一事項之作爲或不作爲。實際上，這些默示保證都是過去法庭判決的結果，也可說是航行習慣的合法化。海上保險之默示保證有三： (1) 有航行能力 (*Seaworthiness*)。是指被保船隻在構造、性能、人員、裝備、給養等方面，均應具備適合預定航行之能力。(2) 不改變航道 (*No deviation*)。指被保險船隻不應駛離兩個港口之間的通用航道，除非爲了躲避被保危險的威脅或拯救他一船隻的人命。(3)具有合法性 (*Legality*)。是指被保人不得從事非法運輸，如船貨走私、載運違禁品、或闖越封鎖線等。這些事項都與保險人承擔的危險有關，故與明示保證同具約束被保人的力量。但(1) (2) 兩項在貨物所有人不能控制的範圍內，不適用於貨物保險。惟一九八二年起使用之貨物海險保單，已列有不適航及不適運不保條款，只要被保人或其僱用人不知其載運船隻爲不適航或不適運者，保險人放棄此一應有適航或適運能力之默示保證。

三、確認保證與承諾保證　保證又可分爲承諾保證 (*Promissory warranty*) 與確認保證 (*Affirmative warranty*) 兩種。所謂承諾保證，是指某一事項現在如此，將來亦必繼續如此。例如某人爲其倉庫購買火險保單，倘如因爲裝有自動灑水器之故，而得享受特別優待之保險費率，則他須在保險期間內使此灑水器維持良好可用狀態，否則，即爲破壞保證。至於確認保證，則僅指某一事項現在如此，而不涉及將來之情況。例如某人購買汽車保單時，說明在過去三年內，並無保險人中途終止契約情事，這是確認保證。如果缺乏明顯證據認之爲承諾保證，法庭通常僅以確認保證解釋之。例如某人購買火災保單時，聲言屋內從來是不准抽煙的，日後房屋失火焚燬，查爲煙蒂燃燒所致。涉訟結果，法官認之爲確認保證，保險公司應予賠償。自然，保險公司可將禁止抽煙

列爲承諾保證，但須在文字上更求明晰。

四、破壞保證對於保險契約的影響　被保人對其保證的事項，必須嚴格遵守，如有違背或破壞，契約卽歸無效。於此有幾項値得注意之點：(1) 保證的事項，均假定其爲重要的，故在涉訟時，保險人祇要證明保證已被破壞卽可。(2) 被保人破壞保證，無論其爲故意的或無意的，對於契約的影響均無二致。換言之，無意的破壞並不構成被保人抗辯的理由。(3) 實際的事項卽使較保證的事項更有利於保險人，保險人仍能以破壞保證爲理由，訴請法庭判決契約無效。因爲依照保險慣例，法庭往往要求被保人嚴格遵守契約規定的保證事項，而不衡量保證事項對於危險的重要性。(4) 被保人破壞保證，如係由於保險人事先棄權所致（卽放棄其在保單擁有之權利）；或是由於環境改變，致被保人不得履行其所保證的事項；或是由於法令變更，致被保人履行保證事項爲非法；在有上述各項情形發生時，保險人均不得以被保人破壞保證爲由，而主張契約無效。

被保人破壞保證而使契約無效時，保險人不須退還保費，除非此一破壞發生於保險人承當危險之前。因之，破壞確認保證，必須退還保費；而破壞承諾保證，如在契約生效之前，必須退還保費，如在契約生效之後，卽無退還保費之必要。

五、保證學說的修改　上述破壞保證對於保險契約的影響，係就保險慣例而言，此種嚴格的規定，導源於18世紀的海上保險，對被保人至爲不利。時至今日，除海上保險外，爲保障其他保險被保人之利益，各國多在下列各方面加以補救：

1．區別正式保證與非正式保證　對於保證的事項，有在文字上明確表明其爲保證事項者，可稱爲正式保證，如用「被保人玆保證……」，或「玆經被保人保證……」等字樣，否則，應爲非正式保證。有時候，被保人對若干不同的告知事項，祇在保單或要保書內作概括的保證，如

用「玆保證要保書內之各項聲述均屬眞實」等字樣是，法庭亦不認之爲正式保證，而須就個別告知事項分別衡量其重要性，以確定其是否具有保證的性質。正式保證的重要性，自不容置疑，因之破壞正式保證，契約卽歸無效。但就非正式的保證而言，法庭可衡量每一事項的重要性，如認爲並非重要，或不具保證性質，則被保人卽使有所違背，亦不一定使得保險契約爲之失效。

2．司法解釋的放寬　要決定被保人是否破壞一項保證，須視法庭對此保證事項如何解釋而定。保證的解釋，可分爲文字的、功能的及公平的三方面：如爲文字的解釋 (*Literal interpretation*)，則須根據保單內文句的精確意義，以決定保證的事項有無違背。如爲功能的解釋 (*Functional interpretation*)，則視保證事項的目的或功能而定，如依文字解釋縱有違背，但不失其原有的功能，則仍非破壞保證。如爲公平的解釋 (*Equitable interpretation*)，則不問文字上的規定如何，亦不論已否發揮保證的功能，祇要被保人已善盡履行保證的責任，而無任何疏忽或過失，則保證事項縱有違背，亦不能卽使契約無效。目前甚多法庭對於保證事項均採寬大的解釋，尤其當依文字解釋僅能表示其爲表面上的破壞，而對危險的影響僅屬暫時的或輕微的時候，卽須採用功能的或公平的解釋。我國保險法第五十四條規定：「保險契約之解釋，應探求契約當事人之眞意，不得拘泥於所用之文字；如有疑義時，以作有利於被保人之解釋爲原則」，亦屬此意。例如前述某人購買火險保單時，保證不在屋內放置危險品，後爲慶賀新年，購置大量鞭炮，鞭炮內含炸藥，自爲保單規定之危險品。設如該一房屋失火燃燒，並引起鞭炮之炸藥爆炸，保險公司是否可以被保人破壞保證爲理由，拒絕賠償呢？如依文字及功能解釋，自爲保證之破壞，但此種表面上的破壞，對危險並無重大或永久的影響，尤其當失火原因並非燃放鞭炮的情況下，法庭每依公平的解釋，判決保險人仍須賠償被保人的損失。反之，如某人購買的爲住

宅火險保單，而在屋內設一臨時製造鞭炮的工廠，則不論其失火的原因
是否爲鞭炮所引起，保險人自可認之爲破壞保證而不予賠償。

3．法令上的修改　這有下列幾種不同的情形：(1) 美國若干州法規
定：除非保單規定要保書爲保險契約的一部分，則被保人在要保書內之
告知事項，縱有不實，亦不能據爲解除契約之理由。換言之，口頭告知
或未構成契約一部分之書面告知，均無法律上之效力。由於此一規定，
故當要保書列爲契約的一部份時，則要保書內之陳述，又將變爲保證事
項而非告知事項了。爲免被保人遭受此一規定之不利影響，若干州法再
又規定：被保人在要保書內之陳述事項，如無詐欺時，祗能視爲告知，
而非保證。不過此種規定，大多祗適用於人壽保險或限用於人壽與健康
保險。此一規定之意義，在於保險人如以告知不實爲理由而主張契約無
效時，必須證明此一誤告事項是重要的，而破壞保證則否。但如能證明
被保人之誤告出於詐欺，則不發生誤告是否重要之問題。事實上，出於
詐欺的誤告，亦必爲重要之事項，故以詐欺作例外，並無實質上的意
義。(2) 美國若干州法規定：除非破壞之保證爲實際引起或助長損失之
原因，保險人不得據以主張契約無效。因之就前述火災保險而言，如其
失火之原因，並非由於炸藥之爆炸，則被保人卽使因在屋內堆置炸藥而
破壞保證，保險人仍有賠償火災損失的責任。(3) 美國若干州法規定：
除非破壞保證增加了損失的危險，或是對保險人承當的危險發生重大影
響，保險人不得據以主張契約無效。關於對保險人承當的危險發生「重
大」影響一點，不能單就有關保險人的標準來衡量，而須按照謹愼的保
險人所用的標準來作決定。至於增加了損失的危險一項，事實上，卽是
採用了保證的功能解釋。凡此均與第二項引起損失或助長損失的立法不
同。

在法律上雖有上述各種不同的修改，但應用起來並非易事，法官在

審判涉訟案件時，通常仍須考慮保險的種類、保證的種類（確認的或承諾的）、危險的種類（實質的或道德的）、詐欺的影響及其他因素。

第三節　告　知

一、告知的意義與性質　所謂告知 (*Representation*)，是指契約一方於簽訂契約前或於簽訂契約時，向對方所作口頭的或書面的陳述。告知並非契約的一部分，但可誘致契約的簽訂。告知本身並不使告知人受到契約成立後可能發生事項的約束，如以此為約束，那就成為他方同意簽訂契約的一項承諾或條件，也就是前項所述的保證了。因為告知並非契約的一部分，通常得以口頭或書面為之；但就人壽保險而言，保險人往往規定要保人之告知必須以書面為之，且將要保書列為保險契約的一部分。

告知與保證有下列幾項不同之點：(1) 告知因非契約的一部分，故不包括在保單之內。而保證則必為保險契約的一部分：或在保單內予以規定，如火災保險；或另紙規定而僅在保單內說明其為保險契約的一部分，如人壽保險。(2) 保證必為重要的，被保人必須嚴格遵守；而告知則無必為重要的假定。如因告知不實而涉訟，保險人必須證明此一不實的告知乃是重要的。(3) 就其對於契約的影響而言，保證事項必須是絕對真實的，如有破壞，無論其出於故意或非故意，均可據以解除契約。但告知則不一定要是絕對真實的，而須視告知的種類或性質而定。

被保人明白而正確的告知有關保險的一切重要事實，乃是一種積極的而非消極的責任，然而此項責任祇以屬於事實的事項 (*Matters of fact*) 為限，而不包括屬於意見的事項(*Matters of opinion*)。所謂重要事實(*Material fact*)，是指當一謹慎的保險人在考慮他應否與被保人訂立契約或應基於何種條件與之訂立契約時，足以對其判斷發生影響的事

實。被保人在契約訂立之前，必須就其所知或應知之一切有關保險之重要事實告知保險人。此一責任，且不僅存在於購買保單之時，就在契約存續期間，如有新的重要事實，亦須隨時告知保險人。倘如被保人由其代理人代爲訂立保險契約，則其代理人不僅應將被保人告知之一切事實充分告知保險人，並應向保險人告知其自己所知有關此項保險之任何重要事實。

二、告知的種類　告知亦如保證一樣，可分爲確認告知（*Affirmative representation*）及承諾告知（*Promissory representation*）兩類：前者是指告知在告知時所已存在的事實與情況，通常稱爲事實的告知；後者則指告知將來預料存在的事實或情況，通常稱爲意見的告知。例如被保人在購買人壽保單時，告知過去五年內從未因病看過醫生，或在購買火災保單時，告知並未在其他保險公司投保火險，這些都是屬於事實的告知。如果被保人在購買人壽保單時，告知在一年內不擬出國旅行，或者在購買火災保單時，告知不擬再在其他保險公司投保火險，這些都是屬於意見或企圖的告知。

對於財產保險而言，告知並不重要，因爲大多數的財產保險，都將告知事項列入保單之內，從而變爲被保人的保證而不是告知了。但就人壽保險及健康保險而言，通常都需被保人提出要保書，對要保書內提出之各項有關健康的問題，被保人均須予以明確的答覆，因而成爲被保人的告知事項。但對要保書內未經詢及的事項，被保人通常並無告知的義務。

三、告知不實對於保險契約的影響　祇要契約之一方由於信賴他方之告知而訂立契約，則此告知卽有法律上的效果。倘如告知不實，受害的一方可循兩項途徑獲得補救：（1）對告知不實者訴請損害賠償。（2）解除其因告知而訂立之契約。第一項補救方法可適用於以詐欺作此誤告

的任何人，而第二項補救，祇當作此誤告者為契約之一方時方能適用
之。例如有一人壽保險公司基於體檢醫生的詐欺誤告而賣出一保單，公
司如有任何損失，可從體檢醫生訴請賠償，但不能據以解除契約，除非
它能證明要保人曾與醫生串通作此誤告，或至少在保單發出前知有此項
詐欺者。類此例證雖間有發現，但在人壽保險方面由要保書之誤告而獲
得補救者，仍為解除契約。

　　誤告本身並不使契約無效，但可據以解除契約。受害的一方可以承
認契約為有效，但不排除其向任何詐欺者訴請賠償損失之權利。在選擇
是否解除契約時，須於發現告知不實後一定期間內為之。關於此點，告
知不實與破壞保證不同，因為當被保人破壞保證時，保險公司即使於發
現後逾越合理期間而未解除契約，仍可據以拒絕賠償。然而，此一區別
已漸失其重要性，因為若干法庭認為保險人於發現告知不實或破壞保證
後如未退還保費（指有退還保費之必要時），則視為棄權或禁止反言。無
論如何，保險人之延擱將使其喪失因被保人誤告而可解除契約之權利。
保險人通知對方解除契約時，必須退還已繳之全部保費，此乃由於解除
契約之目的，在使契約雙方恢復到契約訂立前之情況；如當解除時被保
人仍然生存，則以保費退還與其本人，如被保人已告死亡，則以之退還
與其受益人。

　　保險公司以被保人之告知不實作理由而要求解除契約時，如為事實
的告知，必須證明其中一項或多項告知，不僅是錯誤的 (False)，而且
是重要的 (Material)。除非法令另有規定，不需證明告知不實是由被保
人欺騙所致。雖亦有人主張一項重要事實當有詐欺性誤告 (Fraudulent
misrepresentation) 時，才能據以解除契約，但多數案件認為: 一項重
要事實當有無知性誤告 (Innocent misrepresentation) 發生時，亦足據
以解除契約。此種主張係以誤告的測定，在於其對保險人的影響，而非

被保人或其代理人應受誤告的譴責。同理，一項不重要事實的詐欺誤告，亦不能據以解除契約。解除契約的目的，是在保護保險公司或間接保護它的投保人，以免由於誤告而增加危險，而不是懲罰那些以其不誠實而使保險公司受到損害的被保人。另一方面，如果被保人的告知是屬於意見、信念或期望方面的。祇要被保人的告知確已反應其在告知時的心理狀態，那就沒有誤告發生。反之，一項意見的陳述，如果被保人在作此陳述時並無此一意見，那才算是錯誤的。因此，保險人如以意見的誤告爲理由而解除契約時，必須證明此一意見的告知，不僅是錯誤的與重要的，而且還要是詐欺的。

就人壽保險而言，在要保書內之陳述，如果附有「在我看來」，「就我所知」或「就我記憶所及」等字句，那顯然是一種意見或信念的告知。卽使爲未附條件的陳述，如其陳述的事實不是被保人所能精確決定的，亦將視爲意見的告知。換言之，對於一項顯然可有不同意見的情勢或事件予以不附條件的陳述，亦可解釋爲意見的告知。例如「我的健康情況良好」，應是一項意見的陳述，因爲這是一項基於已知事實的推斷，而不是已知事實的報告。再者，有關未來的陳述，乃是一種意念或期望的表示，因之應爲意見而非事實的告知。例如保險公司詢問：「你打算出國從事任何有危險性的事業、或作任何旅行或居留嗎」？「你除以乘客身份搭乘飛機外，是否打算以其他任何身分從事空中飛行」？「你打算暫時的或永久的改變你的職業嗎」？這些問題的否定答覆，卽使與將來發生的事實不符，也不能認爲就能發生解除契約的效力，除非保險公司能夠證明被保人在要保時，就有要作所詢事項的確定意願。

一項告知，僅須在告知時是眞實的，無須在契約生效前繼續保持眞實。有一時候，美國聯邦法庭及若干州法庭認爲一項告知在契約開始生效時必須是眞實的，稱此爲「繼續告知」(*Continuing representation*)

規則。但今日一般意見，除少數例外，都認為如在契約生效時告知變為
不實（此因人壽保險在提出要保書後須經過一段時間契約才能生效），
祇在要保人故意不以變更的情況告知保險公司時，才能據以解除契約。
換言之，要保人必須知道有此變更，必須瞭解此一變更對保險公司的承
保與否甚關重要，必須故意不將變更後之情況通知保險公司。不過在法
律上，要保人不以變更情況告知保險公司，不得認作告知不實，而為一
種隱瞞的行為了。關於此點，容於下節再加說明。

四、「重要」的意義與測定　前已言之，如因被保人的告知誘使保險
人訂立契約，而在保險人知道事實真象時，不將出賣此項保單，或祇會
在不同條件下出賣此項保單，那麼這一告知就可說是重要的。然而，要
保書內所詢問題的重要，不應與被保人答覆問題時所作誤告的重要混為
一談。被保人答覆重要問題所作的告知，並不都是屬於重要的。如以重
要誤告作理由而解除契約，保險公司不僅必須證明被保人對於一項重要
事項作了誤告，而且必須證明其錯誤的程度大至足以稱為重要的。換言
之，在有關重要事項的實際事實與告知不實的事實之間，必須有一大至
足以誘使保險公司訂立契約的差別。這也就是前述保險公司如果知道事
實真象，必會拒絕承保、或祇會以不同條件承保的另一說法。關於所詢
事項的重要與答覆錯誤的重要，可舉一例說明之。例如一家人壽保險公
司在要保書內詢問「你現時或曾經為任何疾病或鼻喉肺及肋膜等不適而
受過治療嗎」？假定要保人給了否定答覆，而實際上，他在十年以前，
曾患嚴重的扁桃腺炎而就醫治療。顯然地，要保人的喉部情況對於保險
公司承當的危險至關重要，但沒有告知十年前患過扁桃腺炎，難道可以
作為解除契約的重要理由嗎？

法庭在審理有關誤告的案件時，為測定誤告事項的重要性，它可參
考一般保險業的承保習慣，也可參考涉訟公司的承保習慣。前者稱為謹

愼保險人測驗法 (*Prudent-insurer test*)，後者稱爲個別保險人測驗法
(*Individual-insurer test*)。大多數法庭都以謹愼保險人作標準，因爲
他們認爲審理一項可能帶有主觀或情感的案件時，它可提供一種判斷的
客觀標準。但也有人認爲在此一標準下，涉訟公司職員的判斷，可能受
到一般假定所誤解。尤其成問題的是，它所事先假定的意見與習慣一致
性，根本就不存在。各個人壽保險公司的醫療主任，對於許多身體傷害
的重要性，意見亦不一致。單獨依靠外面專家的證詞，很可能使得一個
如果獲知事實眞象定予拒絕承保的保險公司，仍須負起賠償的責任。至
於個別保險人測驗法，亦曾爲許多法庭所採用，美國若干州法對此亦有
規定，例如紐約州的保險法規定：「任何誤告，除非保險人知道誤告的
事實勢將拒絕訂立契約時，都不能視爲重要的」。採用這一測驗法，法
庭將對涉訟公司職員的證詞寄以較大的信賴，但對作證的範圍多予嚴格
的限制，或仍予法官以自由採證之權。採用這一標準，不僅有利於保險
人，亦且有利於衆多未作誤告的誠實投保人。而且，測驗一個特定保險
公司在一特定事實情況下的作爲，要比測驗一般保險公司在同一情況下
的作爲更爲精確和更爲可靠。個別保險人測驗法的主要缺點是，關於誤
告重要性的證據，來自保險公司檔案及其職員的證詞，被保人或其受益
人很少有加以辯駁的餘地。他的唯一希望，祇是證明保險公司沒有一貫
地採行它所聲言的習慣。但其舉證的困難，也是顯而易見的。而且，
根據此一標準，有人認爲曾使保險公司對被保人作進一步調查的事實都
屬重要。美國加利福尼亞的州法甚至規定，誤告的事實，倘如保險公
司知道事實眞象就會作進一步查詢或延緩其承保決定時，就算是重要
的。這是一種從被保人看來更爲嚴格的標準，也是一種更難應用的標
準。

　　五、誤告學說在法律上的修改　前述關於保證學說在法律上的修

改，亦多可適用於告知不實。(1) 在人壽保險方面，規定要保書內被保人的陳述，祇能視爲告知，而非保證。因此消除了要保書內陳述事項當然重要的假定，而須保險公司證明它的重要性。(2) 規定誤告的事項祇當增加損失的危險時，才能據以解除契約。這種規定着眼於提供一項測定重要性的比較客觀的標準。然而，任何認爲可以誘致保險人訂立契約的不實告知，都會增加損失的危險，因之這種法律規定的作用，實與採用謹慎保險人測驗法具有相同的作用。(3) 規定誤告的事實必須有助於損失的發生，才能據以解除契約，美國米蘇里州、堪薩斯州、俄克拉荷馬州及羅德島州的保險法，均作如此規定。但就後三州而言，如果保險人能證明要保書內的答覆出於詐欺，則不適用此一法律上的規定。例如有一人壽保險要保人，於答覆要保書內所詢問題時，未將嚴重心臟病告知保險人，後在車禍中遭致死亡，但非死於心臟病，雖則保險人在要保時倘如知道他有心臟病卽不會承保，但心臟病並非致死的原因，故仍可獲得保險人的賠償。(4) 美國新罕普夏 (*New Hampshire*) 州法規定。在火災保險中，被保人誤告如無詐欺且非損失之原因，則保險契約仍屬有效。但須依照已繳保費與無誤告時應繳保費之比例，減少其賠償金額。(5) 人壽保險常有不抗辯條款 (*Incontestable clause*) 的規定，保險人在契約訂立一年或二年後，不得以要保人之誤告或隱瞞爲理由而拒絕賠償，除少數例外，縱有詐欺亦然。在健康保險中，亦常有同樣條款，但多將不抗辯時間延長至訂約二年或三年之後，而且，如爲欺詐的誤告，仍可拒絕賠償。(6) 人壽保險亦有年齡誤告條款 (*Misstatement of age clause*)，規定要保人申述之年齡縱有錯誤，旣不能據以解除契約，亦不受不抗辯條款的限制，而祇能依據已繳保費與實際年齡應繳保費之比例，調整保險金額。

第四節 隱 瞞

一、隱瞞的意義與性質 保險公司用以解除契約的三種根據中，隱瞞的意義最難確定也最難證明，因此其成功的機會也較其他兩種根據為少。在一般契約中，並不強迫契約當事人各向對方宣示有關契約的每一重要事實，縱然一方知道宣示這些事實可能改變他方訂立契約的意願，也是如此。但就保險契約而言，由於它是最大誠信契約，故要保人在要保時必須將其所知而為保險人所不知的重要事實告知保險人。告知不實，謂之誤告；不予告知，謂之隱瞞。告知與隱瞞，可說是一事的兩面，告知是積極的，隱瞞是消極的，有人甚至說隱瞞就是沉默的誤告。它之所以具有法律上的效果，也如誤告一樣，是因隱瞞可使保險人發生誤導而訂立契約，倘如知有此一隱瞞的事實，他是不會同意訂立此一契約的。

二、隱瞞對於保險契約的影響 隱瞞學說，也如前述其他兩種學說一樣，產生於十八紀的海上保險。當時由於被保的財產難以檢視，交通設備至為惡劣，以及保險契約帶有射倖性質，故使英國商法及保險法之父曼斯菲德爵士 (*Lord Mansfield*) 主張：誠信原則要求要保人對保險人宣示他所知的一切事實，祇要這些事實對於保險人是否承保、保費數額、或其他契約的基本條件等有重大影響，而不問要保人是否知道這些事實的重要性 (註)。於今影響海上保險的情況縱有變動，而法律規定仍無改變。因之，一個購買海險保單的船主或貨主，必須就其所知的一切重要事實告知保險人；否則，縱非要保人故意隱瞞，亦不論損失是否為隱瞞的事實所引起，保險人均可據以解除契約。同時，依1906年頒行的英國海上保險法，要保人於其業務所應知的每一事項，視為已知，因之

註 參看 *Dan M. McGill, Life Insurance 1967, p. 537.*

要保人於其業務所應知的事項，不能諉爲不知，而免除其所負法律上的責任。

上述英國法律有關隱瞞的規定，迄仍適用於各類保險。但在美國，祇適用於海上保險。美國法庭認爲有關火災及人壽保險的情況，與海上保險的情況大不相同，故應適用不同的規則。依美國法律，除海上保險外，可據以解除契約的隱瞞，必須是重要的和詐欺的；而在海上保險中，祇要隱瞞的事實是重要的卽可。

再就人壽保險而言，其適用的範圍又較其他保險爲狹窄。這是因爲人壽保險使用詳細的要保書及體檢報告，在要保書內詢問的事項，都是視爲重要的，祇要要保人對於這些詢問已予充分而眞實的答覆，則別無提供其他資料的責任。因爲未在要保書內列舉的事項，都假定是不重要的。然而，在提出要保書後至交付保單前一段時間內，要保人如已發現要保書內答覆的事實已有變更，仍有告知保險人的義務，蓋因這些事實旣對保險人簽發保單發生重大影響，則爲發揮最大誠信原則的精神，要保人在收到保單前自仍有繼續告知的必要。爲確保這一權利，保險公司常在人壽保單內添加「保單交付時健康情況良好條款」(*Delivery-good-health Clause*)，規定於保單交付時，被保人之身體情況必須繼續保持要保時之情況，契約方爲有效。事實上，這種條款已成爲保證事項，要保人必須充分履行，如有隱瞞，契約無效。但另有一種不同的情況，就是要保人提出要保書時，並已同時繳付第一期保費及獲得保險代理人發給之暫保收據（以要保書提出日具有可保能力爲條件），在如此情況下，契約從要保日或體檢日（以較後者爲準）開始生效，此後卽使要保人的可保能力發生變動，亦假定爲對於保險人的承保無關重要。自然，在保單發出前被保人身體情況之重大改變，仍可爲保險人引爲被保人在要保時隱瞞或誤告某種事實之證據。

三、詐欺的測定　詐欺的意念，乃一難於證明的主觀觀念。保險人如無充足的證據而謂要保人之隱瞞出於詐欺，很可能使對方提出誹謗之反訴，故而大為減少了保險人對於隱瞞學說的依賴性。然而，根據許多法庭的判例，倘如要保人隱瞞的事實是「顯然重要的」，就是詐欺的足夠證據。所謂顯然重要的，是指隱瞞的事實，凡是具有正常智力的人，都會知其對於投保的危險是甚關重要的。例如某人在要求火災保險時，適鄰居失火，但未報告保險公司，幸而火未波及要保人之房屋卽行撲滅。但三星期後，要保人投保的房屋失火焚毀，倘如保險人能證明要保人在要保時已知鄰居失火，卽可認為要保人之隱瞞未報，是出於詐欺所致，因之卽使投保房屋之失火與其隱瞞之事實並無關連，保險公司仍可不負賠償責任。反之，如要保人在要保時不知鄰居失火，則不屬於詐欺的隱瞞，保險人不能據以解除契約。不過，法官在審理這類案件時，仍須考慮到下列各種情況：(1) 要保人的瞭解能力與知識情況。例如一個保險代理人在提出人壽保險要保書後(指其自購保單)，發現一種有癌症的象徵，但在保險公司發出保單前沒有告知保險公司，由於要保人具有知其為重要事實的充分瞭解，故可認之為出於要保人的詐欺。另一方面，一個少有經驗的要保人，在提出要保書後至保單發出前發現心肌中毒現象，但未以此告知保險公司，如果證據顯示要保人曾經拒絕保險公司要其增加保額的要求，而且曾將月付保費改為半年一付，那麼要保人之沒有告知心肌中毒，不能算是出於詐欺。(2) 要保人隱瞞的動機。例如有一人壽保險要保人，由於控告友人誘姦其妻，恐遭友人暗算，故經常攜帶來福槍以資保護，數月後要保人果為他人所暗殺。此一帶槍自衞之事，自屬顯然重要，但要保人礙於顏面，未予告知保險人，並非存心欺詐。另一方面，如果要保人在要保時，正擬赴約與人決鬥，如不以之告知保險人，則為故意隱瞞顯屬重要之事實。法官在審理案件時，往往

承認有若干事實不管其對危險的判斷是否重要，要保人爲保全聲譽，不願亦不能望其告知保險人，故在前一例證中，保險人不能據以解除契約。（3）是否爲保險人所已知之事實。倘如保險人已知某一事實，或者爲一衆所週知的事實，則要保人雖知其重要而未告知保險人，亦不能構成詐欺。例如有一與加油站爲鄰的商店，在購買火災保單時，未將與加油站爲鄰的重要事實告知保險人，日後要保人的房屋失火，保險公司不能以其隱瞞重要事實而拒絕賠償，因爲加油站的地點爲衆所週知，實不應爲保險代理人所不知也。（4）是否爲保險人棄權之事實。例如保險代理人於檢視要保人之住宅時，已明知屋內堆置汽油多桶，爲免影響要保人之投保，竟未表示任何異議，此卽構成保險人之棄權行爲，日後自不能以要保人隱瞞此一重要事實爲理由而拒絕賠償。

第五節　棄權與禁止反言

一、棄權的意義　棄權 (*Waiver*) 與禁止反言 (*Estoppel*) 兩個名詞，其在法律上的意義略有不同，但其產生的效果却是一致的。所謂棄權，是指契約的一方放棄其在保險契約中可以主張的權利；所謂禁止反言，是指契約之一方旣已放棄其在契約中的某種權利，日後卽不得再向他方主張此種權利。就保險而言，倘如保險人或其代表人誘使被保人相信，他可以做保單禁止他做的某種事情，或是可以不做保單要他做的某種事情，則保險人日後不得以被保人的此種作爲或不作爲爲理由，而主張契約無效。

棄權與禁止反言問題，大多起於保險代理人與要保人之間的關係。例如要保人在購買火災保單時，告知代理人他正在地下室開設一所爆竹工場，而代理人明知此一增加火災危險的行爲是保單所禁止的，但爲獲

得要保人之保險，竟諉稱此事無關緊要，不必介意；卽使代理人在知悉後沈默無語，但仍發出保單與收取保費，則均可認之爲代理人的棄權。日後倘如發生火災損失，無論其是否爲此爆竹工場所引起，保險人均不得以要保人破壞保單之規定爲理由拒絕賠償。

　　二、禁止反言的類別　禁止反言可分爲兩大類別：一是公平性禁止反言 (*equitable estoppel*)，又稱陳述性禁止反言 (*estoppel by representation*)，是指契約一方對他方陳述現在或過去的事實，使他方信而改變他在契約中的地位，如竟允許陳述的一方否認其陳述的眞實性，將對受害的他方造成不公平。二是承諾性禁止反言 (*promissory estoppel*)，其所涉及的則爲未來行爲的陳述。例如某甲承諾，衹要某乙進入某一大學並獲得學士學位，他將給乙五萬元。倘如某乙已在該一指定大學讀完學士課程，衹待通過最後一學期的考試卽可畢業，此時忽接某甲通知取消前作承諾。然而，由於乙已依靠甲之承諾而在大學讀書，法律自不允許某甲任意撤銷他的承諾。

　　三、棄權學說的應用　保險人或其代表人之棄權，可發生於訂立契約之前，亦可發生於契約生效之後，甚至損失發生之後，亦可有棄權的行爲。

　　契約訂立前之棄權行爲，可舉人壽保險爲例說明之，人壽保險通常以要保人提出要保書及繳納第一期保費爲構成要約之要件。而且，保險公司多在要保書或保單內規定，代理人無權放棄或變更保單內規定之任何條款。然而，仍有下列幾種情形可以構成棄權行爲：(1) 代理人於收到要保人出具之保費票據，卽以暫保收據發給要保人，如能證明該代理人亦常在其他保險案件中發生類似情況，而未爲保險人所糾正，卽可認爲放棄了收取現金保費的權利。(2) 當代理人得到保險人之允許，可以總保費扣減佣金後之餘額滙付保險人時，如果要保人實際繳納之現金保

費等於或超過此一扣減佣金後之餘額，則亦可認為代理人有權給予要保人以部分信用，自無異放棄其要求繳納現金保費之權利。訂約前之棄權行為，仍以在財產保險中最為常見。例如代理人明知要保人之情況並不符合保單之規定，但為爭取要保人之投保，明示或暗示此種情況無關緊要，此即構成代理人之棄權行為，而於保險事故發生後，不得以要保人違反契約之規定為理由，對要保人拒絕履行賠償損失之義務。

契約生效後之棄權行為，是指保單發出之後，損失發生之前，此一時期中的棄權最為複雜也最難決定。換言之，要保人以保險人棄權為由而獲得賠償的可能性，要比其他兩種情況下之棄權為少。就美國而言，法庭在作決定時，通常須考慮下列各項因素：(1) 被破壞之條款，其語句是否曖昧不明及其曖昧之程度；(2) 知有破壞契約行為之保險代理人，有無棄權之權力；(3) 構成棄權行為之種類；(4) 要保人破壞契約之嚴重性。茲再舉一例說明，例如要保人在購買住宅火災保單後，為增加家庭收入，在其屋後設置爆竹工場，事為代理人所知悉，但並未加以阻止。保單中載有所謂「棄權條款」(Waiver provision)，卽任何條款之放棄，除非以文字加以說明，均非有效。而要保人在屋後設置爆竹工場，則是嚴重違反了保單禁止增加危險之規定，在此種情形下，萬一發生火災損失，保險人應否賠償，殊成問題。此例關鍵所在，在於此一增加危險的事實，是如何為代理人所知道的（根據要保人的報告，抑是代理人自己所發現）？代理人未加阻止，有無明顯的表示（是明白的表示許可，抑是含蓄的加以默認）？如果是出於要保人的報告，並經代理人的認可，其為棄權，較無問題。否則，因有棄權條款的規定，要保人似難以代理人棄權為理由，而在訴訟中取得獲賠的勝利。

損失發生後之棄權行為，多半由於保險人在未確定有無賠償責任之前，就去進行損失的鑑定和理賠工作，並在進行這些工作時，要求被保

人提供資料或答覆詢問，則在日後發覺被保人破壞契約而拒絕賠償時，法庭就可能認爲保險人已對被保人之破壞契約而放棄其主張的權利了。有時候，保險人在接到被保人發生損失的通知後，如不在合理期間內表示意見或採取行動，亦可能被法庭認爲棄權。

四、棄權條款 (*Waiver provision*)　許多保單都載有棄權或變更條款，實卽不得棄權或變更之意。這是因爲保險人通常都是透過代理人招攬業務，代理人爲增加其佣金收入，每不惜允諾保單所未承保的保險，或是放棄保單內具有重要性的條件。因之保險人爲免承當其不應承當的責任，乃有棄權條款的規定。例如美國的人壽保單常有如下之規定:「僅有本公司總經理、副總經理或秘書，有權變更此一保單或放棄其中的任何條款」。

雖有上述條款的規定，且一般法庭亦多支持此一條款的有效，但在實際涉訟時，仍難免有不同的意見與解釋。然而，由於代理人的棄權多是口頭的，而棄權條款則規定任何條款的放棄或變更，非經文字記載，不生效力，因之其由口頭棄權而來的糾紛，多可有效地加以避免。

第六節　契約的改正

棄權與禁止反言，對於嚴格依從契約條款而使被保人遭致不公平的結果，算是提供了適當的補救。同時法庭對於契約文字所作的寬大解釋，有時也有利於被保人。然而，這二種補救方法的應用，有時亦因所謂「口頭證據規則」(*parol evidence rule*) 而受到限制。所謂口頭證據規則，是不承認在書面契約之外，尚有其他證據足以證明契約之事項另有規定。因之，當上述法律上之補救無法得到時，可依衡平法提起訴訟，以圖改正契約之不當。此種契約之不當，或是由於契約雙方的錯

誤，或是由於一方錯誤而他方詐欺，而使當事人的眞實意願，未能表現
於書面契約之中，因之法庭可以適當地改正此一契約，以表達當事人的
正確意向。例如被保人在購買汽車保單時告知保險代理人，他在旅行歐
洲時也要使用自己的汽車（美國汽車保單的承保地區，通常以美國本土
及加拿大爲限，如須擴大保險區域，須在保單內註明），代理人當時答
應被保人的要求，但因疏忽或故意，並未在保單上加以批註，日後在歐
洲旅行時發生車禍，保險人拒絕賠償，因而涉訟。被保人如能證明上述
事實，則法庭當可依據衡平法對此保險契約加以改正，亦卽被保人仍可
獲得保險人之賠償。

　　在美國，涉及法律補救的案件，是由陪審團加以決定，而衡平案件
通常不需陪審團審理。一般認爲陪審團對於保險人的態度，要比法官來
得嚴厲，同時由於陪審團也較法官易受不誠實的投保人所欺騙。因之保
險人在衡平案件中較在法律補救案件中感到安全。基於同一理由，被保
人則認爲涉及法律補救的案件，要比衡平案件易於獲勝了。

第七節　我國保險法有關影響保險效力之規定

　　我國保險法對於影響保險效力之因素，亦有相當從嚴的規定。尤其
於民國八十一年大幅修訂後，對於被保人之保護更見周到。玆仍依前述
架構，略加列述於次：

　　一、有關違背保證事項者　我國保險法稱保證事項爲「特約條款」。
凡與保險契約有關之一切事項，不問過去現在或將來，均得以特約條款
定之。保險契約當事人之一方違背特約條款時，他方得解除契約，其危
險發生後亦同。惟此項解除契約權，自保險人知有解除之原因後，經過
一個月不行使而消滅；或契約訂立後經過二年，卽有可以解除之原因，

亦不得解除契約。

　　關於未來事項之特約條款，於未屆履行期前危險已發生，或其履行爲不可能，或在訂約地爲不合法而未履行者，保險契約不因之而失效。

　　二、有關告知不實與隱匿不報者　其第六十四條規定,訂立契約時,要保人及被保險人對於保險人之書面詢問，應據實說明，如有不實之說明或故意隱匿，達於保險人拒保程度者，保險人得解除契約，其危險發生後亦同，但保險人知其事實或因過失不知者，不在此限。此項契約解除權之行使，亦如前述違背特約條款，須受相同時效的限制。

　　此外，我國保險法第五十七條亦曾規定：當事人之一方對於他方應通知之事項而怠於通知者，除不可抗力之事故外，不問是否故意，他方得據爲解除契約之原因。惟同法第六十二條又規定當事人之一方對於下列各款，不負通知之義務：(1)爲他方所知者。(2)依通常注意爲他方所應知，或無法諉爲不知者。(3)一方對於他方經聲明不必通知者。

　　三、我國立法之檢討　我國對違背保證事項或特約條款之規定，幾與保險慣例無甚差別，亦卽不論契約當事人是否出於故意，亦不論特約事項是否重要，更不論違背特約是否眞有損於他方利益，均可構成他方據以解除契約之理由。此較前述美國若干州法所規定者，自更不利於要保人或被保險人。雖然在表面上我國規定係同樣適用於契約雙方，但保險人通常並不需要所謂特約條款之約束，如不能在立法上放鬆此種特約條款之約束力，必將嚴重損害要保人或被保人之利益。

　　至於有關告知不實或隱匿不報之規定，則有幾項特點：(1)限於保險人之書面詢問，要保人或被保人始有據實說明的義務。如無書面詢問，自無須據實說明。(2)要保人或被保人之隱匿，須是出於故意，亦卽具有詐欺意圖，如爲無心之隱匿，並不影響契約之效力。(3)其不實之說明或故意隱匿，須達保險人拒保程度者，保險人始得據以解除契

約。舊條文原規定爲「足以變更或減少保險人對於危險之估計者」，修訂後自較有利於要保人或被保人。惟所謂「達於拒保程度」，常隨保險人之作法而異，此較美國之以「重要」(*material*) 作爲衡量標準，更具有保險人之主觀意識，在應用上不免更爲困難。(4) 要保人或被保人之不實告知或故意隱匿，如爲保險人知其事實或因過失而不知者，亦不能據以解除契約。(5) 保險人行使契約解除權，有其時效上的限制，如未在法律規定的期間內行使其契約解除權，則契約仍屬有效。(6) 所謂解除契約，是使契約雙方恢復到未訂約前之情況，因之契約解除前發生之損失，保險人亦無賠償之義務。(7) 依保險法第二十五條之規定，保險契約因被保人之不實說明或故意隱匿而解除時，保險人無須退還其已收受之保險費。

第七章　保險事業的經營(一)招攬

保險事業的經營，涉及許多方面，其中包括業務的招攬、核保、費率及理賠等。這些工作都相當複雜，無法在一章內加以綜合敍述。爲求詳細研討，擬將業務經營分爲四章，每章分別討論一個主題，本章先就招攬制度加以敍述。

第一節　招攬工作的意義與重要

大多數人雖都有遭遇某些意外不幸事件的可能性，但總是抱着僥倖心理，希望這些不幸事件不會落在自己身上，因之並不感到保險有其迫切的需要。加之，由於今日物質文明的進步與法律觀念的改變，人們甚至不知有某種危險的存在，例如輻射線的傷害、職業病的感染、公共責任的擔負等，如不事先加以詳細解說，一般人根本不會事先加以處理。因此，保險業者如不設法幫助一般人認識危險，並說服他們購買保單，這些人可能永遠不會成爲被保的對象，除非他們已遭遇過某種不幸事故，從痛苦經驗中瞭解到保險的重要性。

再就保險公司而言，如要減低保險成本，並能有效地發揮大數法則的作用，也需有大量的業務，以使保險事業有其可行性，因之如何招攬業務成爲任何保險公司的首要課題。而招攬制度及招攬人員的健全與否，更是保險公司能否生存的先決條件。

事實上，保險公司的招攬業務，還不同於一般生產事業的推銷業

務。因為生產事業一般是先有生產後有推銷，卽是推銷其已生產的物品。而保險公司的推銷與生產，則是同時發生的，「出賣」了一萬元的人壽保單，卽是自動「生產」了一萬元的有效保險。推銷人員亦可說是生產幹部，他們對於保險公司的重要性，實非其他任何人員所能及。

第二節　直接推銷制度

保險公司的招攬業務，可分直接推銷制度 (*direct-selling system*) 與代理制度 (*agency system*) 兩種。前者是指保險公司不設代理人，而以自己僱用的人員，直接向被保人推銷保單。採用此一方式的，多為小規模的保險公司，但也有少數遍設分支機構的大規模保險公司採用此一方法。它們利用郵遞及各種傳播工具招攬業務，或是在飛機場或其他主要地點設置銷售專櫃，或是利用支薪的職員在一定地區從事推銷活動。這種方式能為保險公司節省佣金支出，但也增加了其他的推銷費用。其值得採用的原因，仍在對於被保人提供一種較為良好的服務，且能擺脫代理人的控制，主動地謀求業務的開展。

第三節　代理制度

在招攬人員中，最重要的莫如保險代理人。他們與其代表的保險公司訂立代理或授權契約，在其職權範圍內為保險公司招攬業務，他們為保險公司與其被保人接觸的起點，亦為保險公司業務成長與發展的關鍵。雖然也有些保險機構不設置代理人，而直接對要保人出賣保單，但絕大多數的商營保險公司，仍以透過代理人為其推展業務的主要方式。代理人通常需要取得政府發給的執照，除須具備一定的資格外，有時並

須通過政府的考試。在執行業務時，如有違背法令或其他不法情事，政府可以撤銷其執業許可，保險公司亦可解除其代理契約。關於代理與保險公司及要保人之間的法律關係，容後說明。就代理人與保險公司的關係而言，可有兩種不同的制度：

一、獨立代理人制度（*Independent agency system*）　在此一制度下，代理人乃一獨立的生意人，能爲幾家保險公司代理業務。美國的財產及責任保險公司多採用之。通常代理人可以簽發保單、收取保費，並有招攬續保的獨佔權力。並就其招攬的業務，按保險種類及初保續保等分別，從保險公司獲取一定的佣金。

爲與下述的專用代理人從事競爭，獨立代理人的佣金通常要較前者爲低。就美國而言，個別保險（不是團體保險）的佣金，可從保費的百分之五高到百分三十，視保險種類而異。有些保險公司並有所謂「利潤分享」（*profit-sharing*）計劃，代理人除按月按收取保費數額獲得一定百分比的最低佣金外，每年終了並視某種業務之盈利情況，給予額外獎金。

二、專用代理人制度（*Exclusive agency system*）　在此一制度下，代理人祇能爲一家保險公司或某一保險公司集團代理業務，對其招攬的業務，不能保留所有權，而由保險公司保留其佔有、使用與控制保單記錄的權利。美國的人壽保險公司多採用之，這是因爲獨立代理人制度保持續保權利的特色，並不適合於人壽保險公司的業務形態。人壽保險多爲長期或終身保險，代理人佣金所佔保費的比例，第一年最高，以後若干年逐次大幅減少。十年以後每年祇有象徵性的佣金。而財產保險則不然，因其多爲一年或短期保險，通常係於每次續保時一次給付佣金，取得招攬續保的獨佔權利，對代理人甚爲有利。

採用代理制度的保險公司，對於代理人的管理，也有三種不同的制

度:

一、總代理制度 (*The general agent system*) 卽是保險公司僅與總代理人簽訂代理契約，授權後者在一定地區內代表保險公司。在美國，一個總代理人代理業務的地區，有大至包括數州，也有小至包括幾個郡區的。總代理人的任務，是在任用代理人，或僱用支薪的推銷人員，或是自已招攬業務，也可同時採用上述數種方法。然而，他必須能夠產生相當的營業量，否則，將爲保險公司解除代理契約。總代理人按其招攬業務的大小，由保險公司付以最高的佣金。總代理人再以收入的佣金，支付其自己的營業費用以及爲他招攬業務的其他代理人應得的佣金。代理人與總代理人之間，也須訂立契約，不過每每須經保險公司的批准，甚至祗能使用保險公司統一規定的契約。

在美國，一家人壽保險公司付與總代理人的初次佣金 (*initial commission*)，隨保險種類而異，例如普通終身保險，可高達第一年保費的百分之五五，短期生死合險可爲百分之十五，一次繳費保單可爲百分之三是。佣金的比率，也可因被保人購買保單時的年齡而異。此外，總代理人尚可獲得續保佣金 (*renewal commission*)。有時候，總代理人也可分享一部分他所招攬業務的盈利，或是當其業務達到一定目標時給予獎金。保險公司對於總代理人受託辦理的某些業務，如代收保費等，亦可給予費用補助；或是給予小額的固定薪俸，以爲佣金收入的最低保障。

總代理人的特定職責，並不一致。就人壽保險而言，其主要任務是在發展業務與提供服務，其中包括招攬、選擇、訓練、監督與激勵代理人。總代理人也可說是地區的推銷經理。但就財產及責任保險而言，他的職責尚不止此，而可承當若干技術性的工作，如核保與處理賠償案件是。大的總代理人實際上有如保險公司本身，因爲他們僱用其自己的地

區幹部、工程人員、理賠人員及稽核人員等。一個財產或責任保險的總代理人，雖常爲一家以上的保險公司代理業務，但人壽保險的總代理人，通常都祇代表一家保險公司。然而，此一較爲古老的制度，在人壽保險方面已逐漸減少其重要性，而財產及責任保險亦未普遍地加以採用。

二、分公司制度 *(The branch-office system)*　　較大的保險公司在各地區設置分支機構，以完成總代理人所擔當的各項任務。分公司的經理係由總公司直接委派，依照總公司的命令處理日常事務，而不像上述總代理人祇要能够增加營業數量，而可採取自己認爲適當的任何方式。分公司的經理及其他職員，都是支領固定薪給的，但一般也依其招攬的業務數量，給予獎金以爲激勵。分公司的一切開支，都由總公司負擔，實際上，卽爲總公司的延伸，而非獨立的機構。分公司所轄的代理人雖直接與總公司訂立代理契約，但實際上係由分公司經理所指派，並受其監督與管理。代理人每週對公司提出報告，每週也從公司收到一份生效保單的名單。這些保單的保費總額，記入其借方帳戶，而貸方帳戶，則爲代理人前所報繳的保費及其滙入的現金等。

三、直接報告制度 *(Direct-reporting system)*　　是指保險代理人直接與總公司來往，而不與分公司或總代理人發生關係。事實上，卽是不設分公司或不設總代理人。在此一制度下，總公司須與各地代理人保持大量的接觸及提供許多直接的服務。地方代理人通常保有其營業區內的獨佔權力，在其區域內，一方面爲公司承攬業務，有如保險經紀人，一方面則爲公司積極拓展業務，而與前述總代理人無異。在美國，人壽保險業採用此一方式的，祇有少數小規模的公司，但却常爲財產及責任保險公司所採用。

第四節　保險代理人的法律地位

代理人的權力，主要來自代理契約中保險公司的授權。然而，他對保險公司的約束力量，則常超出契約授權之外。一般言之，保險代理人有三種權力:

第一、約定或明示權力 (*Stipulated or Expressed authority*)　卽是在代理契約中由保險公司授與的權力。例如向何種人出賣保單，出賣何種保單，以及所能出賣保單的金額等，都在契約中有所規定。代理人不得踰越。

第二、默示權力 (*Implied authority*)　依法，代理人應被授予一般公衆可以合理地相信他們能有的權力。此一法律上的規則認爲，我們不能期望公衆知道或是探詢每一代理契約的實際內容，祇要公衆合理地相信代理人就某種行爲有其權力，那麼就法律而言，該代理人就有此一權力。例如通常都設想人壽保險的代理人有隨要保書收繳第一期保費的權力，因之倘如某一人壽保險公司由於不能理解的原因，竟未授權代理人接受第一期保費，則依默示權力規則，他仍應視爲當然有此權力，卽使保險公司在代理契約特別規定代理人不得收取第一期保費，由於缺乏對於每一要保人有關此點的通知，法庭仍將認爲，要保人對代理人支付第一期保費，卽已盡其繳付保費之義務，如有損失發生，保險公司不得以未收取保費爲理由拒絕賠償。然而應當瞭解的是，公衆相信的合理與否，決定權在於法庭，而不在於保單持有人。合理性問題，是根據代理人爲盡其職責通常必需採取的行爲來加以判定。

第三、顯有權力 (*Apparent authority*)，卽是代理人曾予運用，而保險公司並未加以抗拒因而默認的權力。例如假定某一代理人曾經公司

告知不可出賣汽車保單給年在二十五歲以下的駕車人，然而，該代理人竟以保單賣與年僅十八歲的某一大學生，保險公司亦已收取保費。由於此一行爲，就可認爲保險公司默認並事實上賦予該代理人以出賣此種保單的權力。

保險代理人在上述三種權力範圍內的行爲，通常都被視爲保險公司的行爲。法律將保險公司與其代理人視同一體，因之代理人爲履行其應盡的職責而有所行動和主張時，卽使此種主張爲保險公司所不知或未授權的，保險公司亦應在法律上對此負其責任。雖然保險公司可以限制代理人的權力，這些限制可以約束代理人，但不一定能約束第三者。第三者有權依賴「正常的」代理關係，因之對代理人的權力加以「不合理的」限制，並不能約束第三者，除非這些限制已爲第三者所知悉。

代理人知道的事情，都假定是保險公司所知道的，因之以有關被保危險的任何情況告知代理人，都假定告知了保險公司。例如保險代理人已知要保人的健康曾因過量使用危險藥物而嚴重受損，不管代理人是否已將此一情況轉告保險公司，祇要保險公司發出保單，它就不能再以藥物加害爲理由，而主張契約爲無效了。在美國，保險公司爲試圖消除此一代理規則的影響，曾規定僅有要保書內的說明或聲明事項，始得視爲保險公司的已知事項，但在實際涉訟時，各不同法庭對此規定的有效性，仍有不同的意見。

第五節　保險經紀人

保險公司招攬業務，並不完全依賴保險代理人或其自己僱用的推銷人員，保險經紀人 (*brokers*) 也居於重要地位。理論上，經紀人是保險購買人的代理人，而不是保險人的代理人。他們爲其顧客的利益，可向

任何保險人洽購保單，然而，他們所得的佣金，却是保險人給與的，而不是由保單購買人所給付。自然，購買人所支付的保費，必將保險人支付的任何佣金包括在內，因之無論爲代理人或經紀人的佣金，間接地都由購買保單的人所支付。經紀人的佣金，通常略較代理人的佣金爲少，這樣可使代理人能從經紀人獲得業務，而仍留有輕微的利潤差額。但經紀人有時亦可直接從保險人購買保單，而無需透過保險代理人。有些保險經紀人祇是單純地推銷保險，而不承當有關技術性的服務，而讓保險公司直接對被保人爲之。也有些經紀人配置一批工程人員，幫助客戶爲其保險爭取最有利的費率。這些工程人員常爲客戶檢查危險，並對損失預防措施提供建議，以便在計算費率時獲得減費的優待。有時候，也爲客戶準備適合於其需要的保單。

保險經紀人多在大都市爲大企業從事保險活動，也可說是那些大企業的保險經理或風險管理人。有些保險經紀公司的業務遍及全國，甚至也有國際性的保險經紀人。在美國，人壽保險方面的經紀人不及財產及責任保險來得重要，而在海上保險方面最居重要地位。有些人具有保險代理人及保險經紀人雙重身份，譬如說，在都市地區，他是經紀人，而在城郊居住地區，則是保險代理人。有些人爲人壽保險公司作代理人，但爲財產及責任保險作經紀人。有時候，一個具有保險經紀人資格現爲某一人壽保險公司的代理人，當其獲得一宗不爲自己代理的公司所接受的業務時，即可以經紀人的資格，向其他保險公司洽購保險。此種作法雖爲美國若干人壽保險公司所禁止，但並未嚴格執行。相信其他國家也有類似情況。

保險經紀人的法律地位，與前述保險代理人的地位截然不同。經紀人祇是被保人的代表，在被保人授權的範圍內，他可約束被保人，而不能約束與被保人訂立契約的保險人。而且，保險經紀人所已知的，祇能

假定其亦爲被保人所已知，而不能認定其必爲保險人所得知，除非經紀人已將所知告知保險人。因之，將保費交與保險經紀人，並不卽爲交與保險人。但也有些保險公司委託保險經紀人代收保費，在此一情況下，保險經紀人收取保費，才能視爲保險公司收取保費。惟就法律關係而言，在同一交易中，一人不能旣爲被保人的經紀人，又爲保險人的代理人，被保人如因經紀人之疏忽而遭致損害，經紀人在法律上有對之賠償的義務。因之美國乃有所謂「代理人與經紀人過失保險」，有些保單祗承保經紀人對被保人所負法律上的賠償責任，有些保單對於經紀人所致保險公司的損失，也予承保。

第八章　保險事業的經營(二)核保

第一節　核保工作的必要

　　保險公司對於要保人的要保，並非來者不拒，而是先要加以詳細的審核，以決定其保與不保，或是承保的條件。有人也許懷疑保險公司是否值得花費那麼多的人力與財力去做核保工作，因為他們認為保險本就是以平均律作基礎，又何必在衆多的要保人之間去作選擇?!殊不知今日的保險也如其他事業一樣，帶有相當高度的競爭性，問題在於：是由保險公司去選擇要保人呢？還是讓要保人去選擇保險公司？亦卽選擇與被選擇的問題。沒有良好的核保工作，必將遭受市場的淘汰，核保工作的重要，至少基於下列三點理由：

　　一、增強競爭的地位　要保人具有的危險，並不是一致的，卽以火災而論，由於房屋構造與用途的不同，其所遭遇的火災危險大有差別。如果保險公司對於要保人或其投保的財產不加選擇，那就必須採用較有選擇時為高的保險費率。在這種一致性的較高費率下，對較好的危險而言，則為費率偏高，對較差的危險而言，則為費率偏低。換言之，無異以前者多付的保費補貼後者保費的不足。此不僅有背公平的原則，亦將削弱保險人的競爭地位。因為在一個公開競爭的市場，必有其他保險公司願以較低的費率承保較好的危險，因之祇有被其他保險公司認為不合格的投保人，才到此一沒有選擇的保險公司購買保單，結果將使費率更

高，而前來投保的人則更少，形成惡性循環，終必遭受淘汰。

也有人認爲保險乃是一種社會事業，不應强調個人之間的公平，而應着重「社會的公平」(*social equity*)。在損失分擔的原則下，危險較少的被保人應補貼危險較大的被保人，郊區的被保人應補貼城市的被保人，甚至保險制度以外的人亦應補貼參加某種保險的人（卽由政府對某些保險事業加以補貼）。這種論調，自亦有其理論上的依據，但那不是在自由競爭的保險市場所能做到的。除非採用强迫保險，否則，卽使每一保險公司都不採用選擇的方法，也會有人採用「自保」或其他方式，以圖在較低代價下獲得保險的同樣效果。總之，保險公司如不對要保人加以選擇，就會遭到要保人的「逆選擇」(*adverse selection*)。而在此種不利於保險人的逆選擇下，保險公司自將完全喪失其在市場中的競爭地位。

二、適用適當的費率 保險的價格，就是費率，這一費率的大小，自應與保險的成本保持合理關係。在一個有競爭性的市場，任何保險公司都必根據過去的損失經驗，訂定一套有差別性的費率制度，但要對特定危險決定其適用的合理費率，則非先對危險的大小加以鑑定不可。由於技術上的限制，危險的分級總是比較粗略的，通常在同類的危險中，其實際的危險程度仍有差別。如果祇是採用分類費率，則同一類級的危險，自必適用相同的費率，實際上仍是不很公平的。爲求危險與費率之間，保持更爲合理的關係，除分類費率外，尚有其他費率制度的設計。然而，不論費率制度如何精細與合理，如無良好的核保制度加以配合，則仍不能發揮費率公平的效果。核保制度的採用，就是達成公平費率的有效手段。

三、達成危險的有利分配 選擇危險的目的，並不是不要危險發生，因爲沒有危險的保險，也是不能生存的保險，保險公司所追求的，

是不要發生超過一定費率下所預期發生的危險。關於此點，可有兩方面的含義：一是危險的品質分配。卽是選擇的危險不僅是可保的危險，而且在每一類的危險中，各個危險應有相當的一致性，這種品質上的一致性，包括危險的種類、大小與金額而言。例如同爲木造房屋，而其價值相差懸殊，設如價值極高的一棟失火焚燬，其所遭受的損失，顯將數倍或數十倍於其他房屋，則雖同屬木造房屋一類，但從保險的觀點而言，並非危險的有利分配。二是危險的地域分配。卽是一類危險的品質縱屬一致，但若集中於某一地區，亦有造成巨大損失的可能性，因之在承保時，必須注意危險的分散。例如在臺北市西門圓環附近之鬧區商店，如集中向某一保險公司購買火災保單，表面上似甚可喜，實則並非保險公司之福，因爲一次大火發生，可能波及廣大區域，而任何財力雄厚的保險公司，亦不可能一次賠付巨大的損失。不過，此種地區上的有利分配，可藉再保險的運用而獲得。卽使爲前述價值懸殊的財產，亦可透過再保險而使之齊一。但欲獲得有利的再保條件，仍須先在承保方面做到適當的選擇與分配，核保與再保，常可相互運用，而使承保業務達到最有利的境界。

第二節　真正的核保人員

保險公司在接受要保時，先要經過代理人的初步評核，但大量的核保工作，仍是總公司的專職核保人 (underwriters) 所爲。而這些核保人在作決定之前，又須參考或收集外部資料，尤以徵信機構的調查報告，更是核保的重要依據。因之，實際的核保人員，並不以名義上的核保人爲限，而須包括代理人及其他有關機構與人員。

一、**保險代理人**　在美國，許多保險代理人寧願將自己及其同僚稱

爲「核保人」或「外野核保人」(*field underwriters*)。事實上，在財產及責任保險方面，代理人的營業所，不僅是核保工作的起點，也在那裏完成最重要的核保工作。代理人倘如知道某一要保人不是良好的被保人，而又接受了他的要保，那是極不聰明的。因爲保險公司持有每一代理人代理業務的損失紀錄，他如經常以保單賣與那些損失頻率很高的人，保險公司就會中止他的代理契約。有時候，代理人與保險人之間訂有利潤分享計劃，對有良好損失紀錄的代理人給予激勵獎金，那就更使代理人在選擇要保人時格外小心了。然而，在依保費收入計算佣金的制度下，很少代理人能够有效地完成核保工作。對於顯非良好的要保人，代理人固不致加以接受，但他也會接受一些值得懷疑的要保人，而讓公司的正式核保人員去作決定。

　　二、保險公司的核保人　不管代理人在選擇要保人時做得如何良好，最後的取捨仍然是由保險公司或其分公司的核保人所決定的。這些專門人員受過充分的專業訓練，並能從整體立場判斷個別危險的得失，而這正是地方代理人所無法做到的。例如許多城市的有錢人都在某一避暑盛地擁有木造別墅，假定各個城市的代理人，都爲一家保險公司爭取到這些房屋的火災保險，就每一被保人而言，都是信譽良好，求之不得的，但在送到保險公司後，發覺這些房屋過於集中，倘如發生火災，後果不堪設想，除非能有適當的再保險，這些個別視之爲良好的要保人，却非保險公司所理想的保險對象。再者，保險公司的正式核保人員，較能收集多方面的資料，不易爲狡詐的要保人所矇蔽。更重要的是，他們都是保險公司固定支薪的人員，較能客觀地分析與判斷危險的大小。唯一值得批評的是，他們的任務祗是消極的，保留了壞的危險，難免受到批評，剔除了好的危險，不易受到責難，因之他們總是過於謹慎，而使保險公司喪失一部分良好的業務，同時也減少了代理人可能獲得的佣

金。這是代理人何以總視核保人爲冷酷無情的重要原因。

　　三、其他與核保有關的服務機構　在保險事業發達的國家，尙有許多服務性的機構，幫助保險公司獲得其核保所需的資料。最重要者，莫如徵信公司一類的組織。這些機構，有的設有遍佈全國的調查網，能爲保險公司收集關於某一要保人的詳細資料。例如它能告訴人壽保險公司：某一要保人的鄰居（或其他人）認爲該要保人有多少酒量；也能告訴一家責任保險公司：某一要保人是否爲一小心的汽車駕駛者，或是曾有嚴重的車禍紀錄。有時候，一個被調查的要保人，甚至也爲這些隱密事項的發現而大感驚異（自然，也可能出現錯誤的調查）。

　　在美國，保險的購買者以及其他受調查的顧客，每多抱怨這些信用調查機構係從相處不和的鄰居或是曾有爭吵的生意人那裏收集資料，實不足以代表一般眞實的情況。因之已有若干州通過法律，允許受調查的顧客檢視徵信機構爲他收集的資料。紐約州於1970年11月生效的法律，卽其一例。聯邦政府亦於 1971 年 4 月實施「公平信用報告法」（*Fair Credit Reporting Act*），倘如受調查的顧客發覺調查不實，徵信機構必須再加調查。無論如何，徵信機構必須也讓顧客告知其自己的一面，並將之包括於調查檔案之中；而且，倘如顧客認爲它們提供保險公司的資料是不正確的，在六個月以內，可以要求徵信機構也將顧客自己的敍述轉告保險公司。

　　在美國，另一常爲保險公司核保人員借重的重要機構，就是保險人實驗所（*Underwriters Laboratories, Inc.*）。此一機構係由全國意外保險公司出資所組成，現已發展成爲驗檢任何物品是否安全的機構。經其驗檢認爲合格的物品，允許使用 *U L* 標幟。保險公司核保規則及建築法規，每將使用該所核准的物件，列爲必須遵守的事項。例如保險公司在核保某一危險時，可要求該所爲它檢驗某項物品；在損失預防方面，該

所亦常代爲檢定防火及防盜設備是。其對核保工作的貢獻，不言可喻。

第三節　選擇被保人的方法

在選擇被保人時遭遇兩個問題：一是如何選擇新的被保人，卽是如何決定應否接受或拒絕新的要保，可稱之爲事前的選擇；二是如何剔除不良的被保人，可稱之爲事後的選擇。

一、事前的選擇　這是一個牽涉極爲廣泛的問題，實際上，選擇被保人，並非專指人壽保險而言。財產及責任保險，雖以財物作爲保險標的，但人的因素亦甚重要；反之，要保不良標的之要保人，亦非良好的被保人。因之事前的選擇，每因保險種類而異，殊難一一列述，此地僅就一般性的原則略加說明。

通常保險公司對於如何選擇被保人，都有詳細的指示，例如人壽保險公司可以告知代理人，對於下列人員應予拒保：煙囪修理者、空中飛人、職業足球隊員、炸藥爆破者，曾患癌症、胃潰瘍、或肺癆病等之人。又如告知意外保險的代理人，對於日間外出工作的單身女郎要保竊盜保險應予拒絕；告知火災保險代理人，對於獨身男子要保的房屋應加小心；告知汽車保險代理人，應盡可能拒絕25歲以下男性駕車者或曾因使用汽車而犯有刑事者的要保是。有些保險人限制代理人祇能承保最有利的危險，例如火災保險公司僅可出賣住宅保單，因爲這是較任何其他房屋爲有利的一種保險。此外，對於一個被保人所能保險的金額，通常亦有指示性的規定。

核保人員有時可用反要約代替拒保。例如就火災保險言，如果要保人要保的房屋不甚理想，可以告知其應適用的較高費率，或是提出其他承保的條件。如果要保人不願就範，也可收到拒保的效果。再就人壽保

險而言，由於費率及保單內容較多伸縮性，核保人在決定適用的費率之前，必須仔細檢閱要保書、體檢報告及其他核保資料。在較正常危險為大的情況下，核保部門不可發出要保人要求的保單，而可提出另一保單以為反要約。例如對於一個要求定期保險之要保人，勸其改購20年期的生死合險，或現金價值增加較快而純保險金額迅速遞減之其他保單。比較常見的是，當要保人具有較大的危險時，仍提供他所要求的保險，但却索取較標準保費為高的費率。

此外，在其他保險方面，在核保人簽發保單之前，常要要保人同意採取某種扣減額（我國稱為自負額），藉以減少道德危險性；而在公共責任保險方面，亦常要求要保人作某種工程上的改進，以減少意外事故的發生。

二、事後的選擇　拒絕要保人的要保，除了有時會為社會大衆所批評外，那是一椿十分容易的事。但要對付一個已經保險而又發覺並非良好的被保人，事情就不那麼簡單。通常保險公司可有下列幾種的選擇：

最容易的方法，是讓保單自動滿期，然後通知代理人不要接受續保。如果代理人代理了二個以上的公司，他可將此一公司不願續保的業務，轉給其他核保較寬的公司或易受自己影響的公司。這樣，他在不知不覺中顧全了雙方的利益，而對自己的佣金收入亦無任何影響（如為長期險單，反可增加自己的佣金收入）。

有時候，情況不容許保險人等到契約滿期，而有即時中止契約的必要。例如經過對於被保房屋的跟蹤調查，發覺其物質條件並非理想，或其使用情況極不安全，因之保險公司可以立即通知被保人終止契約。美國曾有一個人所共知的案件，就是保險公司在賣出一張火災保單後，發覺被保人曾因縱火判刑，因之立刻通知取消契約，並在房屋附近保持一日24小時的警戒，以防終止契約通知生效前發生火災。

再者，被保人在購買保單後，如連續發生幾次損失，則不論其原因為何，亦將為保險人視為不良之被保人，倘如契約許可的話，必會遭到取消契約的後果，無論如何，也會在契約到期時不予續保。

事後的選擇，祗在保單可以中途取消或無續保保證的情況下才有可能。例如人壽保單就是一種不可中途取消的契約，保險公司必須在保單發出前審慎地檢查一切核保資料，一旦簽訂了保險契約，保險公司祗能在兩年之內發覺並基於要保人之誤告或隱瞞而解除契約（取消與解除不同）。要保人如無隱瞞或誤告事項，或是雖有隱瞞或誤告，而在訂約兩年以後始行發覺，均不得據為解除契約之理由。在健康保險方面，也有若干不可取消與有續約保證的保單。現時美國的許多汽車保險人，亦祗在其出賣的汽車責任保單內，保留有限的可以取消保單的權力。然而，在大多數的情況下，保單都不是保證可以續保的。美國的若干州，規定保險公司拒絕續保時，必須對被保人提供書面說明的理由；或是告知被保人，在有書面的請求下，對其提供拒絕續保的理由。保險人及提供拒絕續保資料的人，都可免於法律上的誹謗責任。

第四節 核保的特殊問題

保險公司儘管已對核保所應注意的技術問題，加以詳細的衡量與規定，但仍有若干問題不是核保時所能完全防範或改善的。分別言之，約有下列幾項：

一、道德危險 是指被保人故意導致被保損失發生的可能性。道德危險是由兩項因素結合所引起：一是道德觀念的喪失，二是遭遇財務上的困難。在財產保險與人壽保險兩方面，都有遭致道德危險的可能。但就核保的立場而言，必是投保的金額沒有適當的控制：例如一棟價值十

萬元的房屋，購買了二十萬元的火災保單；或是一個月入不過五千元的工人，購買了一百萬元的人壽保險。這樣纔使被保人有從保險獲得額外利益的機會。由於財產保險與人壽保險的不同，對於道德危險的防範亦有差別。

就財產保險而言，最重要的是要注意保險金額的適當，祇要保險金額等於或不及被保人的保險利益，道德危險就無發生的可能。然而，由於技術上的困難，保險公司很少能夠在投保時先行估計標的物的價值，祇要保險金額與財產價值大致接近，通常卽可獲得保險公司或其代理人的通過。爲進一步防止道德危險，保險單亦多規定保險公司的賠償金額，以抵補損失的實際現金價值爲限度。但一則由於財產的實際價值時有變動，卽在定值保單下，亦難永遠使財產價值與保險金額保持一致；二者由於事後估計損失的數額頗多困難，實際賠償金額亦不可能完全等於實際損失，因之道德危險仍時有發生。對於一個已有不良紀錄的被保人（通常在一家保險公司列有不良紀錄的被保人，都能透過同業公會通知其他辦理同類業務的保險人），自可拒絕要保，但對一個新的要保人而言，甚難發現其投保的眞正動機。通常資爲核保依據的，是其有關財務及品格的調查報告。例如要保人過去有無犯罪或不良紀錄，其生活習慣是否過於奢靡，有無大量的未付債務，有無過多的未銷存貨，其財務結構是否健全，曾否遭遇重大虧損等，都須加以仔細的分析，如有任何值得可疑之處，卽應盡可能地予以拒保。

再就人壽保險而言，道德危險，並非重要，因爲以犧牲自己生命而使他人受益之事，究非常見。但如無自殺條款的限制，一個窮極無聊之人，亦未嘗不可藉此以免除後顧之憂（指照顧妻兒生活），甚至因此而益堅其自殺以求解脫之決心。但爲自己利益而爲他人購買之人壽保單，則仍有相當的道德危險性，爲策安全起見，在核保時，除應查明要保人

與被保人之間是否具有保險利益外，並應取得被保人之書面同意始可。同時保險金額亦宜配合要保人之職業與身份，一個收入不多之要保人，如購買鉅額保險金之保單，其中必有值得懷疑之處。他如疾病保險與傷害保險比較，則前者的道德危險較多，茲不詳述。

　　然而，過份的謹慎與挑剔，亦將減少保險公司可能獲利的營業量，如何在安全與有利兩方面獲得適當的平衡，要為核保人必須兼顧而又難以解決的問題。

　　二、心理危險　心理危險與道德危險密切相關，但較道德危險更為嚴重。一個人在有了某種保險後，總是不再小心去防範危險。例如有了火災保險，而不再小心火燭，有了竊盜保險，而不再謹慎門戶，一旦發生損失，前者雖非放火圖賠，後者無異開門揖盜。每一被保人都犯有某種程度的心理危險，俗云「不保不險，越保越險」，即是指此而言。任何國家的法律對道德危險都有相當的制裁，保險契約中亦有規定不賠被保人故意造成之損失。在如此情況下，被保人除非萬不得已，當不致以身試法。但心理危險並非法律上的犯罪行為，而保單對此亦難有適當限制性的規定，因之心理危險已成保險事業遭遇到的最為嚴重的問題。有人認為如無保險制度，則今日所見的許多損失都不致於發生，這種巨大的損失，也是保險的一項社會成本 (*social costs*)。

　　如何減輕這種心理危險，在核保時也有幾項值得注意之點：(1) 實施低額或不足額保險，並採用損失分擔辦法。如為全部損失，被保人最多祇能獲得保險金額的賠償，自己仍得承當一部分的損失；如為部分損失，祇按保險金額與財產價值的比例獲得賠償，亦非此一部分損失之全部。如此當可促成被保人自行防範損失的發生。(2) 採用自負額或扣減額的規定，任何損失均由被保人自負一部分，亦可獲得前述低額保險的同樣效果。(3) 鼓勵被保人採取損失預防措施。例如裝置警鈴時可以減

低竊盜保險之費率，裝置自動灑水器可以減低火災保險費率是。上述一、二兩項辦法，自亦同時有助於道德危險的防止。

三、核保與推銷的衝突　推銷部門的任務，是在力求營業額的增加，而核保部門的任務，則在提高保險的品質，兩者目的不同，衝突在所難免。有時推銷人員認為良好的業務，亦為核保部門所拒保。其最可能的情形是，當有某種新的潛在危險發生時，例如對於空氣與水的污染，責任保險的核保部門就會設法在保單內增加除外條款，以消除自身對此損失的賠償責任；或是增加承保此種危險的條件（如增加污染防止設備），以圖在實際上阻止此種危險的發生。不論屬於那一情況，都會減少保單的可賣性，這自然是推銷部門所不願看到的。另有一種可能的情形是，一個投保金額較大的工商業者，其自己所有或其關係事業所有的某些標的物，並非保險公司所願接受的，但如不接受這些標的物的保險，就會失掉其他更多的保險業務，站在推銷業務的立場，這種所謂「搭配」的保險，乃是不得不吃的苦藥，而核保部門的想法，則不一定是如此的。又如一個地方代理人，明知當地某一投保人並非良好的保險對象，但因他在地方上具有舉足輕重的力量，如果有了他的投保，對於當地業務的推展，可以發生一種號召作用。這種為求全面發展業務而作的部分犧牲，可能也不是核保部門所能完全同意的。

四、輿論與政府的壓力　隨着消費者的覺醒，人們對於保險公司的傳統作風，已日漸增加不滿和批評，其中尤以汽車保險與市內財產保險，在習慣上認為危險較大，故每為保險公司索取較高的保費，甚至予以拒保。但那些認為自己是個良好的駕車者或是不會發生暴動損失（美國的火災保單亦多加保暴動等危險）的人，就不免感到受了過多的委屈，而要求政府對保險業加以改進了。

關於汽車責任保險方面，從來有兩種不同的意見：有些人主張為保

障人命的安全,應實施强迫責任保險; 另一些人認爲一律實施强迫保險,無異是對良好駕駛人的一種懲罰。美國除三州外，採取折衷的辦法， 卽是發生一次車禍後， 車主必須購買汽車責任保險或提供金錢保證。蔴塞諸塞, 紐約及北卡羅來納三州則實施强迫責任保險。在强制保險下， 又發生保險公司能否拒保問題。任何有競爭性的保險公司， 都不願自己承保太多的「問題駕駛人」，但在輿論的壓力下， 有時又不能作太多的選擇（實際上， 在强制保險下， 要保人在保險公司拒保時， 可向政府投訴，而由政府公平分配各家保險公司承保）。其次， 由於社會安全觀念的進步， 近年又已推行汽車無過失責任保險。因爲傳統的汽車責任保險， 是以被保人對受害者負有法律上的責任， 作爲保險公司履行賠償責任的條件。但鑑定責任並非易事， 而受害者縱「與有疏忽」（Contributory negligence）, 基於社會人道的立場， 亦有加以救助的必要。目前美國已有二十餘州立法實施汽車無過失責任保險， 英國、愛爾蘭及以色列等國， 亦已相繼採行。卽不論受害人有無過失， 在相當範圍內仍可獲得保險公司的補償。隨之而來的， 自爲保費的增加; 對於核保工作亦有相當影響。因爲被保人無論有無過失， 保險公司均須代爲賠償受害人的損失， 則對被保人的選擇， 自無過於嚴格的必要（良好的駕駛人自可由於小心駕駛而減少車禍的發生， 對保險人仍屬有利）。

第九章 保險事業的經營(三)費率

第一節 保險費率與其他價格的異同

保險費率 (*Insurance Rate*)，是指每單位保額之保費 (*Premium*)。例如美國之火災保險，是以一百元為計算保額之單位，人壽保險是以一千元為計算保額之單位，故每百元或每千元保額之保費，即為保險費率。保險費率包括純保費 (*Pure Premium*) 及附加保費 (*Loading*) 兩部分：純保費是根據保險標的物之損失經驗 (*Loss Experience*) 計算而得，用以賠償被保人在保險標的物方面所遭致的損失；附加保費則應根據保險公司之費用經驗 (*Expense Experience*) 及預定利潤計算之，用以支付各項保險費用及使出資人獲得適當的報酬。

保險費率可視為購買保險的價格，它與其他貨物或勞務的價格一樣，不僅為購買人必須支付的代價，而且也受一般需要法則所支配，即是價格愈低，投保的人愈多，價格愈高，投保的人愈少。但此種價格，仍有其不同之特點：

一、費率的計算，是在成本發生之前。保險公司雖可根據過去的損失經驗與費用經驗，以求算現時的保險費率，事實上，現時決定的費率，係用以補償將來發生的成本。即使利用保險學上的大數法則，也仍有下列幾點缺陷：(1) 保險公司無法獲得足夠的危險單位 (*Exposure Units*)，以使大數法則充分發生作用。(2) 統計方法的本身，亦有許多

技術上的缺點。如就分類來說，太粗則統計的結果缺乏普遍適應性，太細則每類包含的危險單位過少，無法發揮大數法則的作用。(3) 影響危險的各種因素，無時不在變動，過去如此，將來未必如此。(4) 道德危險 (*Moral Hazard*) 及心理危險 (*Morale Hazard*) 的主觀因素，足以干擾任何預測的正確性。至於其他物價的決定，通常發生在成本已知之後，成本與價格的關係極爲密切，利用完備的會計制度，必能決定正確的價格。

　　二、費率的計算，通常須受政府所管制。爲求保險事業的健全發展及保護被保人的利益，政府不獨具有核定保險費率的權力，而且規定費率計算的公式，如果政府認爲原有的費率過高或過低，它可命令保險公司予以調整。而其他物價，除少數特許事業外，均由市場的供求關係決定之，而且可以適應市場情況的變動而隨時調整，不受限制。

　　三、就個別契約而言，費率與報償之間沒有等價交換性質。被保人所購買者，乃爲保險公司賠償損失之承諾，如在契約有效期間內，沒有損失發生，則被保人付出代價，而無任何報償；反之，如果發生重大損失，則被保人獲得的賠償，必遠大於他所付出的保費。至於一般交易行爲，則爲等價之交換 (*Commutative*)，在觀念上，當事人付出的代價，每與其獲得的報償相等。

第二節　保險費率計算的原則

　　美國各州保險管理法規，對於保險費率之計算，均規定若干應予遵守之原則，如適當性 (*Adequate*)、合理性 (*Reasonable or Not Excessive*) 及公平性 (*Not Unfairly Discriminatory*) 均是。此外，保險公司爲其本身之需要，亦有其遵循的原則，如可行性 (*Feasibility*)、穩定性

(*Stability*)、伸縮性 (*Flexibility*)、損失預防性 (*Inducement of Loss-prevention Activities*)。玆分別述之於後：

一、適當性　此爲法律規定之首要原則，是指費率應高至足以抵補一切可能發生的損失及有關之營業費用。他們認爲不適當的費率，可以導致保險公司缺乏償付力 (*Insolvency*)，終使被保人受到嚴重損害。爲測定保險費率是否適當，祇須將實際損失率 (*Actual Loss Ratio*) 與預定損失率 (*Assumed Loss Ratio*) 加以比較。所謂損失率，是指用於損失賠償（包括理賠費用）部分所佔保費收入的百分比，如果實際損失率大於預定損失率，則顯示費率太低，除非保險公司能在費用方面有所撙節，勢將減少預期利潤或遭致虧損。損失率之計算，通常是就經營某類保險之所有保險公司，在一段期間（通常爲五年）內之平均損失經驗求算之，其中牽涉兩個問題：一是在一類保險中，仍有各種高低不同的費率，有些可能是適當的，有些則否，此與綜合一類保險計算之損失率，可能並不一致。二爲各個保險公司之經營效率彼此不同，在同一費率下，有些公司可能獲致利潤，而其他公司則遭受虧損。遭受虧損之公司，如不受同業公定之費率所約束，亦可請求政府准予單獨改訂費率，但仍受同業競爭及政府權力所限制。

二、合理性　如實際損失率小於預定損失率，即認爲保險費率太高，有損被保人之利益，而使保險公司獲得過多的利潤。在此一情況下，政府可以命令保險公司降低費率，保險公司如對損失率之計算有所異議，亦可向政府提出申辯。自然亦有少數經營效率較高的公司，樂意自動降低費率，以求在市場上作有利的競爭；但如爲參加公定費率之公司，則祇能在一定百分比內降低費率。且任何自動降低費率之要求，均須事先獲得政府批准，藉以維持公平合理之競爭。

三、公平性　適當而合理之費率，不一定就是公平的費率。所謂公

平，是指被保人都能按照危險性的大小，比例地分擔保險的損失與費用。要達到這一目標，並非易事，因為：第一，沒有兩個被保人的危險情況完全相同，如要求其絕對公平，每個被保人都有其自己的一類，這樣，為計算損失確率 (*Loss Severity*) 而採用之大數法則將被推翻。第二，計算費率必須有其一致和實用的基礎，例如工人補償保險 (*Workmen's Compensation Insurance*) 是以薪資一百元作為計算費率的基礎，一個每年支付薪資十萬元的廠商，應較每年支付薪資五萬元的廠商，多付一倍的保險費。但事實上，由於第二家廠商的工資較低，其實際工作的人時數 (*Man-hours*)，與第一家廠商並未相差一倍；同時，第二家廠商以較低工資僱用的低級工人，較第一家廠商可能表示更高的意外率。又如汽車保險如以行車里程數作為計算保費的基礎，可能是比較公平的，但又因為不切實際而不為保險公司所採用。第三，為求保險成本的降低，通常祗就少數重要的標識，將危險單位分成若干類別，以為統計損失確率和計算保險費率的基礎。以火災保險為例，通常在同一城市內的單戶木造住宅，都適用相同的費率。這不是說，它們之間的火災危險，沒有程度上的差別，但要進一步求其公平，必須作更精細的分類，如此必將增加檢視和計算的成本。而且，分類太細，則每類包含的危險單位太少，亦使損失的預測失其正確性。總之，此一公平原則，在實用上每受相當限制，但仍有若干計算費率的方法，對此有所補救，容後再加討論。

四、可行性　前述三項原則，為法律上規定之目標，保險公司為其業務上的需要，仍有其他應加考慮的原則。所謂可行性，是指一種費率下的保單，應有其行銷的可能性。理想的可保風險，應是發生損失的可能性比較小，而一旦發生損失，其損失的數額比較大，符合這一條件並非易事。以汽車碰撞保險為例，如要獲得充分的碰撞保險，則其保險費

之高，恐非一般人所能負擔，因之，保險公司乃設自負額條款 (*Deduc-tible Clause*)，規定一定金額以下之小額損失，由被保人自己負擔，如此而使保險費率大爲降低，一般人亦有購買此種保單之能力。

五、穩定性　保險費率在短期內應是相當穩定的，這有幾點理由：第一，不穩定的費率，在費率降低時，可誘使被保人中途解除舊約，藉以獲得在低費率下另訂新約的利益；反之，如認費率有不斷上漲的趨勢，則會增加長期契約的數量。此種視購買保單如購買證券之投機心理，實與保險的基本目的相違背。第二，時常波動的費率，使投保人難以確定保費的預算，增加投保人的反感，這種不良的公共關係，必將導致營業量的減少。爲求費率之穩定，必須平均過去多年的損失及費用經驗，並預計未來多年的發展趨勢。但此一平均期間亦不能過長，否則，將不免使被保人在時間上遭受不公平的待遇。

六、伸縮性　在長期內，由於經濟及社會情況的變動，各種保險的成本，自必隨之有所增減，因之，不應爲了費率的穩定，而長久維持一種顯屬不適當或不合理的費率。例如由於醫藥及衛生設施的進步，人類的壽命已逐漸延長，過去計算的保險費率，自有降低的必要。又如戰時實施汽油配給，必將促使車禍減少，如果此一配給汽油的辦法持續相當時期，自須改訂保險費率，以求合理。

七、損失預防誘導性　預防災害的發生，雖非保險業的固有任務，但近代保險業對此已日益重視，在其保險費率的構造中，鼓勵被保人從事預防損失的活動。例如竊盜保險可因裝設警鈴而減低費率，火災保險可因裝設自動灑水器而減低費率。預防損失的各種設施，因可減少損失發生的機會與程度，對被保人與保險公司而言，均有利益，從社會觀點來看，且較前述任何原則更爲重要。但與其他原則並用時，保險公司每以此爲藉口，對被保人實施不公平的差別待遇。換言之，卽對保險公司

所照顧的被保人（尤以保額較大的被保人爲然），濫用預防損失設施的名義，不當地減低他們的費率。

第三節　保險費率計算的機構

在人身保險方面，保險公司通常都有其自己的精算人員（*Actuarial Staff*），建立其各別的費率結構。但就財產及責任保險而言，最普遍的方式，是由許多保險公司聯合組織或參加一個計算費率的機構，美國稱之爲 *Rating Bureau*。也有不屬保險公司所有的獨立機構，以契約方式爲各個保險公司提供計算費率的服務，但不及前者普遍。而合作方式的費率計算機構可以爲全國性的，亦可爲區域性的，它們從其會員公司收集有關資料，製訂各種保單所適用之費率及費率表。通常亦爲會員製訂標準保單，因爲保險契約如不標準化，費率之統一計算，亦將遭遇困難。這些機構除製訂分類費率外，也幫助各保險公司就個別危險製訂增減費率。此外，費率計算機構也常爲會員公司審核每一保單，以期核保人採用之費率正確無誤，如發現計算錯誤，卽將保單退回更正。有時候，此項稽核工作，係另設機構辦理之。

以合作方式計算費率，至少有下列幾項利益：(1) 能爲費率計算產生較可信賴的統計資料。(2) 能以最少成本獲得一群資優專家的服務。(3) 在會員公司必須遵守公定費率或祇能作有限變更的條件下，能減少惡性競爭，不當歧視及缺乏償付能力的可能性。(4) 能使政府對於費率的管制更爲有效。由於保險的價格是以預期的損失及費用作基礎，如無適當的費率管制，勢將觸發同業間的惡性競爭，終至保險公司缺乏償付能力，不能履行對於被保人之賠償義務。另一方面，統一計算的費率，不易適應社會情況的改變而隨時調整，亦難適應各個特殊的危險或需要。

此外，各保險公司之經營效率及承保政策並不一致，統一規定的費率，對管理良好的公司而言，或嫌其高，而對管理不良的公司而言，則嫌其低。因此，有人認爲計算費率的機構，祇須製訂建議性的純保險費率，而讓各保險公司參照決定其自己的總保險費率。

在美國，合作方式的費率計算機構，至少有四種不同的制度，或隨保險種類而異，或因州法而不同：

第一種制度，最少彈性，所有保險公司均須參加一個費率計算機構，且不得對公定費率有任何增減。

第二種制度，所有保險公司均須參加一個費率計算機構，但個別保險公司如能證明其損失或費用經驗，不同於平均的保險人，在獲得政府的同意後，亦可就公定費率在一定範圍內予以增減。

第三種制度，最爲普遍，卽保險公司參加費率計算機構與否，悉聽自由，會員或捐助人亦可就公定費率在一定範圍內自由增減，但須負擧證責任。在一類保險中，可以有一個費率計算機構，亦可有數個費率計算機構，通常爲股份公司與相互公司各別組織之。

第四種制度，保險公司可獲准任意組織費率計算機構，會員或捐助人亦可自行決定其應否遵守公定費率。

此外，美國亦有極少數州爲鼓勵保險業的自由競爭，允許保險公司可以自訂費率，無須申報或事先獲得州政府的核准，祇在對消費者投訴進行調查或對保險業進行檢查而發現費率不當時始加干預。惟此一開放競爭制，近已受到各方責難，加利福尼亞州已於一九八八年十一月修訂法案，改採事先核准制。

第四節　保險費率計算的方法

保險費率之計算，可分爲三種主要方法：卽(1)個別法 (*Individual Rating*)，(2) 分類法 (*Class Rating*)，(3) 增減法(*Merit Rating*)。這些方法並不是互相排斥的，事實上，有些保險費率之計算，係將這些方法結合使用。玆分別述之於次:

一、個別法 又可稱爲判斷法 (*Judgement Raitng*)，係就被保危險之個別情況，單獨計算其適用之費率，核保人除依據其自己的判斷外，亦常利用有關統計資料及類似保險人所已採用之費率。但應用費率的人，卽是決定費率之人。此一方法，雖極不科學，但海上保險及若干內陸運輸保險，迄仍使用此一計算費率之方法。有些新種保險，由於缺乏統計資料或不能用其他方法計算費率者，亦須使用之。再保險之計算費率，此亦爲其常用之方法。玆以海上保險爲例，說明計算費率所須考慮之各種因素。

海上保險具有國際性質，通常不受政府有關費率管制法規所約束。保險公司多就下列各項因素通盤考慮，這些因素不是個別影響的，而是互相關連，有時一項因素可加重或減輕他一因素的影響。但爲說明方便起見，仍予分類言之。

(1) 保險標的物　如爲船體保險，則須考慮船舶的種類，諸如結構、大小、適航力，動力及材料等，均對危險之程度有巨大影響。如爲貨物保險，則須考慮貨物之種類、含水量、易腐性、對氣味之敏感性、包裝方法、固有瑕疵、及是否適於裝卸等因素。

(2) 被保人　財產的危險，通常多爲人的因素所造成，同樣的財產，在某甲手中，危險較小，在某乙手中，危險較大。在海上保險中，船舶使用人的疏忽、無能及維護不够，均爲造成損失的重大原因；不誠實的被保人，亦可影響保險公司對於危險的估計；受貨人在受損貨物抵達後的行爲，亦可影響損失的程度。海上保險通常多由被保人委託保險經紀人爲之，故經紀人的信譽，亦爲應加考慮的因素。甚至船舶及水手

的國籍，對危險亦有影響。

（3）航行區域及季節　有些地區多霧、多浮氷、多淺灘、多風暴，或者缺乏良好的助航設備，或者港口的情況惡劣，這些因素都會增加海上危險。又如航行季節，對危險估計亦有影響，例如美國在三月十五日至卅一日期間航行於北部大湖區域的保險費率，每較四月十五日以後正常季節的費率，多出兩倍或三倍。「商業季節」亦有關係，例如美國南部棉花在收成之後，每壅塞於起運港口，因而增加了火災及惡劣氣候所致損失的危險；氣溫的高低，對油料的運輸危險亦有重大影響。

（4）統計資料　海上保險的費率計算，並不能完全依靠統計資料，這是由於影響危險的因素極為複雜，有人為的，有自然的，這些因素不獨互相影響，而且變動不居，我們無法將船舶或貨物的危險，根據這些因素來加以分類統計，換言之，無法應用其他保險所應用的大數法則。雖然如此，許多保險公司仍設有統計部門，提供資料，以幫助核保人員的研判。

（5）同業競爭　由於現代電訊交通的發達，海上保險成為國際市場上一種極易買賣的勞務，競爭的劇烈，遠較其他貨物與勞務為甚，故在計算費率時，必須考慮到同業間的競爭。少數業務，亦有費率協定的存在，但或是純粹建議性質，保險公司仍有自由採擇之權；或是交換再保險所產生的結果，因為這些交換業務的公司，必須依照同一費率出賣保單；或是若干公司共同組織辛迪加（*Syndicates*），以同一費率分擔一項保險業務的責任。此外，保險經紀人亦常以一批業務接洽投保，保險公司為爭取大宗業務，有時不得不以較個別保險為好之條件予以承保。

（6）保單條款　海上保險單除通常條款外，亦常適應被保人的需要，以特殊協議或條款，修改保單的內容，因使保險公司承擔的責任有所增減，自應隨之變動保險費率。

（7）核保人的判斷　在海上保險中，除上述各項列舉的因素外，還

有很多其他影響危險的因素，需要核保人憑其獨特的知識、經驗或智慧來加以衡量。卽使爲前述各項因素，亦賴核保人的判斷以決定其相對重要性。事實上，任何保險都有賴於核保人的判斷，但需要判斷最多的，則爲海上保險，而以人壽保險所需的判斷爲最少。

　　二、分類法　此一方法是依若干重要而顯明的標識，將被保人分成若干類別，在同一類別的被保人，認爲具有大致相同的危險，故均適用相同的費率。這一方法有時稱爲手册法(*Manual Rating*)，因爲分類費率印在手册上，出賣保單的人查閱手册，卽可爲被保人決定適當的費率。在這一方法下，應用費率的人並非決定費率的人，理論上，不論何人應用費率，對相同的被保人而言，其適用的費率應無差別。

　　分類費率代表這一類群的平均損失經驗，其精確性的程度，一方面有賴於分類的適當與否，一方面則視統計時各類包含的危險單位的數量而定。二者兼顧，有時並非易事。目前以分類費率應用最廣，諸如個人人壽保險及健康保險，家庭汽車保險、住宅火災保險及大多數的意外保險等均採用之。

　　分類費率可用兩種不同的方法計算之：一爲損失率法 (*Loss Ratio Method*)，一爲純保費法 (*Pure Premium Method*)，玆再分別述之：

　　1. 損失率法　是就每一統計類別 (*Statistical Classes*) 分別計算其實際損失率，以此實際損失率與認許或預定損失率比較（認許損失率之求算，是以一減預定費用利潤及安全費等所佔保費百分比後之餘數。如預定費用率爲0.41，利潤及安全費率爲0.05，則認許損失率爲1－0.41－0.05＝0.54），如認爲統計結果可資信賴，則該一類別的費率變動，可依下列公式求得之：

$$費率調整數 = \frac{r - R}{R}$$

其中 r 代表實際損失率，R 代表認許損失率。例如 r 若爲0.27，R 若爲0.54，則該一費率應減少百分之五十。若 r 爲0.65，則應將原有費率增加百分之二十。此一調整費率之方法，係基於下列假定：第一，假定各項費用之變動，亦與保費之變動保持同一比例，亦卽保費倘如增加百分之二十，則費用亦將增加百分之二十。第二，倘如經驗時期的保費依上述公式調整，則實際損失率卽與認許損失率一致。例如經驗時期的保費，依現行費率計算爲一百萬元，實際損失爲二十七萬元，依前述公式計算，費率應減少百分之五十。依減少後之費率計算，保費收入爲五十萬元，則實際損失率提高爲0.54，而與認許損失率相等。

然而，統計上的結果並非十分可靠，因爲統計類別所包含的危險單位究屬有限，而不能完全正確地表達其損失或然率。通常須參照可靠比數 (*Credibility Factors*) 表加以估量，凡統計所依據之危險單位越多，其可靠的比數越大。(至於可靠比數表之構成，仍有賴經驗與判斷) 如可靠比數爲 100，則統計結果完全可靠，如可靠比數爲 0，則可不予理會，通常多在此兩極端之間。加入可靠比數後，前述公式，應改爲 $\dfrac{r-R}{R} \times C$。在前例中，如其可靠比數爲百分之五十，則費率變動，應各別爲減少百分之二十五及增加百分之十。其次，卽使過去的統計結果完全可靠，但因影響危險的因素亦時在變動中，過去的損失經驗，亦不能完全作爲未來損失經驗的指標，因之判斷的成分仍佔重要地位。有時候，則利用統計趨勢 (*Statistical Trend*) 來修正統計資料，以減輕依賴判斷的程度。

依統計類別求得其費率變動的比率後，尙須決定各費率類別 (*Rating Classes*) 之費率變動。例如一個統計類別可包含五個費率類別，每一費率類別也可能依統計類別作同一比例的調整。但如它們的相對關係發生變動，則須依據費率計算者的判斷，分別予以不同程度的調整，卽

使能有統計資料參考，通常亦不足資信賴也。

2. 純保費法　損失率法通常應用於分類較大的費率計算，目的在求達成費率之適當性。而純保費法則不僅爲求費率之適當，亦且爲求各類被保人之間的公平。一般費率水準之變動，有時雖用上述損失率法來計算，但各費率類別之變動，則每用純保費法決定之。基本上，多先求算每一危險單位的實際損失或純保費（例如每輛汽車的損失或每百元薪資的傷害損失是）。例如過去數年內某類汽車的平均損失賠償爲200元，但認許或預期損失僅爲150元，假如統計所示的純保費可資信賴，則於加算各項費用及預期利潤後，卽得調整後的費率。然而要注意的是，純保費卽使增加，但不一定要增加一般費用，卽使要增加一般費用，也不一定按照保費的同一比例增加。玆假定一般費用所佔的比例不變，則當認許損失率爲0.60時，該類汽車的費率應調整爲（$200/0.60＝）330元（原爲$150/0.60＝250元）。但如認統計所示的實際純保費不甚可靠，則應就實際純保費及現行費率下之純保費，求算其加權平均數，其公式如下：

　　估計純保費＝實際純保費×可靠比數＋現行費率假定之純保費
　　　　　　　×（1－可靠比較）

仍就上例，假定可靠比數爲0.40，則依上一公式，可知估計純保費應爲（200×0.40＋150×0.60＝）170元。依此求算此一類別之費率，應爲（170/0.60＝）280元。

在數學上，祇要費用增加率一致，則勿論採用損失率法或純保費法，其所得結果應屬相同。玆仍就上例，並假定統計所示的實際損失可資信賴，則（1）按損失率法計算，應增加保費$\left(\dfrac{r-R}{R}=\dfrac{80-60}{60}=\right)\dfrac{1}{3}$，卽應調整費率爲（250＋250×$\dfrac{1}{3}$＝）333.33元；而（2）按純保費法計算，亦應增加費率爲（200/0.60＝）333.33元。

　　純保費法與損失率法一樣，可因環境的改變而使過去經驗發生誤導。但在純保費法之下，比較重視統計的結果，可能的話，必會利用統計趨勢來作必要的調整。例如汽車損失的平均數額如正趨增加，則可調整實際損失率以使反映現時或將來的預期成本。

　　人壽保險的費率計算，雖也採用分類法，但與任何其他保險比較，它是最簡單的，也是最複雜的一種制度。其所以最爲簡單，是由於其合乎科學的高度準確性，而爲其他保險所不及。現代的統計方法，已能非常準確地預測各年齡的死亡率，祇要保險公司對於被保人有適當選擇及足夠的人數，就可知道任一時期所將支付的死亡賠償金。其所以最爲複雜，是因保單生效時起每年均須計算保險成本，直至契約終止時爲止。如爲終身保險，這一契約終止日期就是生命表(*Mortality Table*)上列示的最後年齡，目前美國廣泛使用的 1980 年 *Commissioners Standard Ordinary Table*(簡稱 1980 *CSO* 生命表)，將最後年齡定爲 99 歲。

　　人壽保險與其他保險有三點主要的不同：第一，在終身保險下，被保的危險或意外事故是必然發生的，任何人遲早總會死亡，因之保險公司遲早也要支付保單所記載的保險金額。非終身保險的生死合險(*Endowment Insurance*)，也須在被保人死亡或契約到期時支付一定的保險金額。其他保險則不然。它們多爲短期保險，如在契約有效期內沒有發生被保的危險事故，保險公司即不須任何賠償。縱有損失發生，通常也是局部的，保險金額與賠償金額難得完全一致。第二，人壽保險契約，多屬長期契約，一定期間後(通常爲一或二年)，除非被保人不繳保費，保險公司不得因任何理由解除契約。契約訂立時計算的費率，一直保持不變，換言之，保險公司不得爲適應未來的變動情況而增減保費，因此，附加保費中必須包含安全費，以資適應。第三，人壽保險爲計算費率所作之危險分類，遠較其他保險爲簡單。它的費率是根據生命表、利

率及費用三個因素來決定的。就死亡成本來說，又決定於年齡、職業及身體狀況等三個重要因素。其中自以年齡最為重要，因為年齡越大，死亡率越高，故自然保費是隨年齡增加而不斷上升的。就職業來說，除極少數富有危險性的職業如拳擊手、騎士及飛機駕駛員等費率較高外，其他大多數職業均對費率沒有影響。再就身體狀況來說，多數人壽保險需有健康檢查，有些則僅須回答有關健康的詢問即可，此項資料用以決定被保人的體位是標準的，抑是標準以下的。多數保險公司均在較高費率下承保次標準保險，但也有保險公司祇承保標準體位的。其次，由於人壽保單具有長期契約性質，保險公司在付出保險金額之前，每年所收的保費可以投資生息，故所假定的利率高低，對費率決定有其重要影響。由死亡率及利率兩個因素所決定的為純保費，為應付保險公司的各項營業費用，必須加上附加保費，通常約為純保費的百分之二十至二十五。各種人壽保險多有其不同的附加費用的方法，以期保險公司的營業費用能在各種保單之間獲得公平的分攤。

　　至於純保費的計算，須經過幾個步驟：（1）從購買保單之年齡開始，依生命表所列以後契約期限內每一年齡之死亡人數計算每年之死亡給付，再分別依預定利率折算為現在價值。（2）將上述每一年齡死亡給付的現在價值相加後之總值，除以購買保單時之生存人數，即得一次躉繳純保費。（3）從購買保單時起依每一年齡之生存人數計算一元年金之現值，前述一次躉繳純保費除以一元年金之現值，即得每年應繳之平衡純保費（Level Premium）。此一年繳之平衡純保費，要比一次躉繳純保費除以計算保費所用年數的商數為大，其原因：（1）多數被保人均在達到99歲前陸續死亡，因而不再續繳付保費。（2）因為總保費並非事先一次徵收，故保險公司損失利息收入。

　　茲以美國為例說明之：假定某人（男性）於35歲購買五年期人壽保

單美金一千元，　如依美國 1980 年 *CSO* 生命表之死亡率及年息百分之
四計算，　其一次躉繳純保費，可用下表求算之：

年　齡 (1)	死 亡 給 付 金 額 (2)	年末一元之現值 (3)	死亡給付之現在價值 (4)=(2)×(3)
35	$ 2,003,000	$ 0.9615	$ 1,925,884
36	2,121,000	0.9246	1,961,077
37	2,268,000	0.8890	2,016,252
38	2,432,000	0.8548	2,078,874
39	2,623,000	0.8219	2,155,844
			$ 10,137,931

（$ 10,137,931÷949,171=$ 10.68）

上述 10.68 元卽爲一次躉繳純保費。事實上，　人壽保險之保費都是
分年或分期繳納的，　爲計算每年應繳之平衡純保費，尚須求算保險期間
內每年支付保費一元之現在價值，相等於購買五年期年金一元所付之價
格。茲以下表求算之：

年　齡 (1)	支 付 保 費 人 數 (2)	年初一元之現值 (3)	每人支付保費一元之 現值 (4)=(2)×(3)
35	949,171	$ 1.0000	$ 949,171
36	947,168	0.9615	910,709
37	945,047	0.9246	873,790
38	942,779	0.8890	838,131
39	940,346	0.8548	803,808
			4,375,602

（$ 4,375,602÷949,171=$ 4.61）

上述 4.61 元卽是在 35 歲時購買五年期一元卽期年金之購買價格，

在此例中，卽爲在五年內每年年初支付保費一元之現在價值。前述一次
躉繳純保費除以一元年金之現值，卽得每年應繳之平衡純保費，其算式
爲：

$$每年平衡純保費 = \frac{一次躉繳純保費}{每年支付保費一元之現值} = \frac{10.68}{4.61} = 2.32元$$

上例說明之計算方法，亦可適用於終身保險，祇須將死亡給付金額
及支付保費人數延伸至99歲爲止。因生命表假定年達一百歲時全部死
亡，故須依照每一年齡之死亡人數計算各年死亡給付金額之現值，並依
每一年齡之生存人數計算各年支付一元保費之現值。在計算時，假定保
費係於年初支付，死亡給付則於年末支給，兩者的現值則隨假定的利
率而異，利率越大，則現值越小，反之亦然。然而，在保險實務上，保
險公司早已根據上述原理創設一套計算保費之公式與符號，並根據預定
的利率與生命表，事先算出這些符號的數值，而以表列示之，在實際計
算純保費時，祇須根據計算公式，將各符號所代表的數值代入卽可求得
(註一)。純保費求出後，尚須加上保險公司經營業務之費用與應得利潤，
通稱爲附加保費 (loading)，此地限於篇幅，不擬具論。

　　三、增減法　此法又稱爲修正法 (Modification Rating)，卽就同一
費率類別之各個被保人，依其預期或實際損失之差別，再予增加或減少
費率。換言之，無異在一廣泛的費率類別中，再創造許多新的類別。事
實上，如將費率類別增加，也能獲得相同的結果，但若增加費率類別，將
減少每一類別包含的危險單位，故不爲人所採取。增減費率的標準，可依
據被保人的過去經驗，或是危險單位的大小，或是對於危險品質的詳細
分析，因之現有四種不同的增減法。卽 (1) 表定法 (Schedule Rating)，
(2) 經驗法 (Experience Rating)，(3) 追溯法 (Retrospective Rating)，

註一　可參看 R. E. Larson and E. A. Gaumnize, Life Insurance Mathe
　　　matics, 1968.

(4) 折扣法 (*Premium Discount Rating*)。但不論為何種方法，除少數例外 (多為新近發展的複合保險)，均祇適用於較大的被保人，揆其原因: 第一，祇當保費的數額很大時，則原有類別費率與修正費率之間的較小差額，纔可使被保人繳付的保費發生重要的變動。第二，被保人在有很多的危險單位時，其損失經驗才具有相當的可靠性。第三，增減費率所花的費用，必須在使保費發生巨大變動的情況下，才是值得的。否則如保費無甚減少，則對被保人無益; 反之，如保費無甚增加，則保險公司亦不值得。費率增減法在企業保險方面之使用，已日益普遍，因其不僅符合前述公平原則，且有預防損失之鼓勵作用，玆分別述之於次:

1. 表定法 採用此法時，須對每一費率類別假設一具有若干客觀標準之危險單位，當被保人購買保險時，卽以其危險單位具有之條件，與此客觀標準相比較，就其條件較標準為好的，按表定費率減少之，就其條件較標準為差的，按表定費率增加之。但要注意的，所謂「客觀標準」決非卽指典型的或平均的被保人，而可較平均的被保人為好，或較平均的被保人為壞。

此一方法列舉的各項特點或條件，通常都可加以具體而實質上的估量，因之能據以推斷其預期危險而增減費率，對非物質因素佔重要地位的危險，則不宜採用之。至於表定之特點及增減費率之標準，有時列舉得極為詳盡，任何人就同一危險單位核保，都可獲得近乎相同的結果。但也有對表定之特點，不作明確解釋，而增減費率亦有相當伸縮性，如此實與個別計算費率之方法相差無幾。但勿論其是否具有彈性，編造此一表式的人，在選擇可供比較的特點及估量其重要性時，幾乎都有賴於他們的判斷。

採用此法的利益: 第一，鼓勵被保人從事預防損失的活動。要充分利用此一利益，須將客觀標準提高到平均情況之上，如此可使大多數被

保人發覺，由於他們的條件不及假設的標準而增加了保險費率，如要在保費方面有所撙節，就得改進其危險情況。第二，此法幾可適用於任何大小的危險單位，而其他形式的增減法，祇能適用於大被保人。不過規模太小的被保人，採用此法所能節省的保費不甚顯著罷了。

其顯著的缺點：第一，採用此法所費的成本甚高，因爲對被保人的情況，至少每年須作調查一次，此對危險情況時有變動的保險，自難適用。第二，保險公司爲對抗同業的競爭，每以此法作爲核減費率的藉口，尤其當表列條件富有彈性時，核保人的判斷可對費率發生重要影響。第三，如要減少此法的彈性，必須着重於有形的或物質的因素，但一般人認爲，影響安全的非物質或人的因素，至少應與物質或機械因素同等看待。否則，將使此法無法達到其預防損失的最大目標。

列舉詳盡的表定法，目前多適用於商業性的火災保險及若干內陸運輸保險；富於彈性的表定法，則多用於汽車責任保險及一般責任保險。工人補償保險昔曾廣泛採用之，今則以其過於着重有形因素而放棄不用了。

2.經驗法 此一方法，是根據被保人過去的損失經驗，對依類別費率計算的保費加以增減，但某年的保費數額，並不受當年的經驗所影響，而是以過去數年的平均損失，修訂未來一年應繳的保費，因之又稱爲預期經驗法 (*Prospective Experience Rating*)，以別於下述的追溯經驗法 (*Retrospective Experience Ratig*)。其計算公式如下：

$$M = \frac{A-E}{E} \times C$$

其中M爲經驗調整數，A代表經驗時期（通常爲三年）被保人的實際損失，E代表被保人適用某類費率時之預期損失（預期損失＝認許損失率×經驗時期依類別費率應繳之保費），C代表可靠比數。可靠比數之大

小，視被保人之個別損失經驗及該一類別之損失經驗之相對可靠性而定。在經驗時期被保人之危險單位越多者，其可靠比數越大，玆舉例說明此一方法之應用。

假定某一被保人在過去三年經驗時期的預期損失爲十萬元，實際損失爲七萬元。可靠比數爲百分之六十，則其經驗調整數爲

$\dfrac{70,000-100,000}{100,000} \times 60\% = -0.18$, 卽來年所繳保費,應減少百分之十八,倘如來年依類別費率計算之保費爲八萬元，則依經驗法調整後，減爲六萬五千六百元（$=80,000 \times \dfrac{100-18}{100}$）。

經驗法之最大利益，是在決定被保人之保費時，已考慮到影響危險的每一因素，而表定法所考慮的，僅以表列的若干物質或有形的因素爲限。因爲凡對過去損失有影響的各個因素，也可能對未來的損失有所影響，故根據過去經驗所決定之保費，較能全面顧到影響危險的各項因素。但也不要忽略的是，經驗法特別重視損失頻率 (*Loss Frequency*)，而認損失確率 (*Loss Severity*) 多半帶有偶然性，故曾多方設法限制一次損失對於經驗費率的影響。因此，一個在經驗時期遭受一次損失五萬元的被保人，其所付的保費，可能要遠比另一適用同類費率但却遭受二十次損失每次損失2500元的被保人爲少。除非被保人在經驗時期的危險單位多到可資充分信賴的程度，否則，任何好的或壞的損失經驗，都將以可靠比數限制它們對於調整保費的影響。

採用經驗法計算保費，目前祇見之於意外保險方面，例如汽車保險、公共責任保險、竊盜保險、及工人補償保險等，尤以在責任保險方面最佔重要地位。

3. 追溯法　此法係以保險期間之損失經驗，以及被保人因保額較大所享有之保費折扣作基礎，以計算被保人當期應繳之保費。在形式上，

起初仍依其他方法（包括前述表定法及經驗法）購買保單，而在保單期限屆滿後，再依此法決定最後之保費。理論上，追溯保費等於保單期間被保人之實際損失與費用加上「純保險支出」，但不得超過一特定之最高額或少於一特定之最低額。所謂「純保險支出」(Net Insurance Charge)，是用以彌補保險公司因部份被保人受最低保費限制而多付之保費，少於另一部分被保人受最高保費限制而少付之保費所發生之差額，實際上，被保人祗是支付保險公司以辦理自保活動的代價，但受最大與最少保費的限制罷了。其計算公式如下：

追溯保費＝〔基本保費＋（損失×損失調整比數）〕×租稅乘數

其中基本保費是前述「純保險支出」，加上不計租稅在內之那些不隨損失直接變動之費用額，通常為標準保費的某一百分比，百分比的大小，隨保險地區、保險金額及計算方法而定。損失調整比數 (Loss-Conversion Factor) 是將隨着損失而變動的費用加在損失之內（比數必大於一）。租稅乘數 (Tax Multiplier) 是將保險公司負擔之租稅加在保費之內（租稅乘數亦必大於一）。由於損失的實際數額，須到保單期滿後始能知道，因之被保人須按所選擇的計費方式（如分類法或其他方式之增減法）預繳臨時保費，以後依其實際損失再加調整。茲再舉一例說明之。

例如某一廠商投保工人補償保險，並先選擇經驗法預繳標準保費 11,788.20 元。依費率價值表查知基本保費應為標準保費的百分之二十三或 2,711.29 元。損失調整比數及租稅乘數隨地區而異，假定各為 1.14 及 1.026。倘如被保人在保險期間之損失為二千元或二萬元，其實際保費應為多少？如依前述公式計算，應各為 5121.06 元及 26174.58 元。但費率價值表規定此一大小的被保人，其最低保費為標準保費的百分之五十二·五，最高保費為標準保費的百分之一百六十二。在此一實例下，最

低保費應為6188.81元，最高保費應為19096.88元，因之，被保人之損失縱為二千元，亦須支付最低保費6188.81元，或者其損失縱為二萬元，亦僅須支付最高保費19096.88元 (註二)。

　　事實上，目前以追溯法計算保費者，僅有少數大規模廠商購買的責任保險及工人補償保險。由於追溯保費隨被保人之損失經驗而變動，保險公司祇限用於規模很大的廠商，因為他們的損失經驗波動較小，在財力上亦足應付可能發生之損失變動。其次，對具有良好損失紀錄的大廠商而言，追溯法亦有很大的引誘力。反之，如保險公司預料某一被保人的損失，將較經驗法下所預期者為惡劣，亦可能堅持採用追溯法的計算方法。

　　最後要提及的是，追溯法的計算方法不祇一種：有的方法最為保守，它規定最高保費不能超過被保人選擇的計費方式下依其標準費率所應付的保費，但另一方面，則有一較高的最低保費額，此對可能遭受嚴重損失的被保人較為適用。有的方法，規定最高保費可以超過前述標準，但最低保費額則較上一方法為少，此對損失較為適中的被保人較為適用，因為他們雖可能付出較大的最高保費，但亦可能付出較少的最低保費也。有的方法規定最高保費可大大超過依其他計費方式所應付的保費，但無最低保費的規定。此法主要係為不合經驗法資格的被保人所設計者，對預期損失很小的被保人而言，最為適合。有的方法，祇適用於每年保費達到一定數額以上之被保人，最高與最低保費均無規定，而由被保人與保險公司商定之；而且，還可結合不同險類的損失經驗，即是一項保險的不良經驗，可以他項保險的良好經驗抵消之。總之，各種方法的設計，均在適用被保人的不同需要，在基本精神上，仍不外以其保

註二　參看 R. I. Mehr and E. Cammack, *Principles of Insurance*, 1972, pp. 661-662

險期間之損失經驗，計算當期的保費數額，從而達到類似自保 (*Self-insurance*) 的結果，但却避免了自保下遭遇巨大損失的風險。

4. 折扣法 保險公司出賣保單的各種費用，並不隨着保費而比例增加。1943年，美國保險業獲得政府的允許，決定每年保費超過一千元的被保人，如不採用追溯法時，應享受某種保費折扣，因之採用分類法、表定法或經驗法之被保人，仍可再用折扣法減少其在別一計算方式下應付之巨額保費。折扣的標準，各州不一，多視各州允許之附加保費的大小而定，附加保費大，則費用節餘多，故折扣亦大。目前大多數州適用於股份保險公司的保費折扣是：保費一千元以上至五千元，折扣百分之九。五千元以上至十萬元，折扣百分之十四，十萬元以上部分，折扣百分之一六‧五。而適用於相互保險公司的保費折扣，分別爲百分之三、百分之六及百分之八‧五。相互公司折扣較低的原因，是其如有較多的費用節餘，仍可用紅利名義退還被保人所致。

第十章　保險事業的經營(四)理賠

第一節　立即通知的重要

一、通知的時間　一般保險契約多規定：被保人於損失發生後，應立卽書面通知保險公司或其代理人。立卽通知條款(*"immediate notice" clause*)的目的：一是使保險公司能立卽展開對於損失的調查，任何遲延都會使調查工作遭遇困難。而且，損失與通知之間的時間越長，則被保人隱藏或消滅詐欺證據的機會亦愈大。二是使保險公司得以採取適當的方法，以防止損失的擴大或有時間搶救被保的財產。因之，被保人沒有遵守立卽通知條款，而致在實質上影響保險人的地位時，保險人得以解除其賠償損失的責任。

何謂立卽通知？有賴法庭依據實際情況而作適當的解釋。一次颶風將整個城鎮摧毀，電訊交通完全中斷，則須俟交通恢復後始有通知之可能。而在正常情況下，一兩天的遲延，亦可能認爲是違反了保單的規定。法庭通常對此採取較爲寬大的解釋，因爲它們認爲被保人要求損失賠償的固有權力，不應當由於沒有遵守一項不可能符合的條件而爲之喪失。

也有些保單改用"儘速通知"條款(*"as soon as practicable" clause*)，實際上，並不較立卽通知爲寬大，但就某些保險而言，兩者則有很大的距離。例如某甲買有汽車責任保單，在其撞倒行人乙時，乙

當時不以爲意，未予追究，半年以後，乙忽在法庭控告甲在車禍中斷其一腿。保險公司認爲甲未盡速報告，拒絕爲甲賠償。涉訟結果，法庭認爲某甲之未予立卽報告，係因某乙未加介意之故，在其得知某乙控告後，卽已告知保險公司，實已盡其盡速通知之責任，保險公司應予賠償。雖然如此，被保人仍不應將「立卽通知」與「盡速通知」視爲有何重大之差別，而應於損失發生後，盡可能立卽通知保險公司。事實上，除「損失通知」外，尚有「索賠通知」(Notice-of-claim) 的規定，被保人如未在限期內提出賠償要求，亦將使保險公司解除其賠償的責任。

除上述兩種最常用的規定外，也有若干保單列擧通知之期限。例如美國的標準風災保單規定，須在損失發生後十天內通知保險人；冰雹保單則規定爲四十八小時以內。健康保險的一致條款，規定在被保損失發生後二十天內，須向保險公司提出給付要求；同時也規定，除非被保人在法律上爲不可能，則在繼續喪失工作能力時，至少每六個月應通知保險人一次。

二、通知的方式　雖然大多數保單均規定爲書面通知，但此一規定亦可爲保險人或其代理人的行爲所放棄。例如在損失發生後口頭通知代理人，代理人沒有異議接受後，並已進行調查損失，則將視爲放棄了書面通知的規定。

通知也可郵寄，而不一定要當面遞交。通知可以給予保險公司的總公司或其任何適當授權的代理人，但祇負招攬責任的招攬員 (solicitor)，通常無權接受損失通知。美國的勞工補償保險，受傷僱工給予僱主的通知，視爲對於保險人的通知。

有些保單規定須用電報通知。例如在竊盜保險中，保險人愈早採取偵查犯罪的行動，愈易逮捕罪犯及追回贓物，因之美國的商品竊盜保單 (Mercantile open-stock burglary policy) 規定被保人於知有損失後，

應卽以電報通知保險公司總公司或其適當授權的代理人，也應立卽通知公共警察或其他有管轄權的治安當局，電報費用由保險公司負擔。

有些保單規定須以掛號郵件通知保險公司的有關部門，美國的冰雹保單卽是如此。這是因爲保險公司有立卽調查損失的必要，掛號寄送可以確知被保人是否在限期內通知；而直接通知有關部門，則在爭取時間，以免因公司內部傳遞而有所延誤。

責任保險單一般包含兩項通知條款：一爲涉及意外事件發生的通知，一爲涉及受害人要求賠償或提起訴訟的通知。前者須就意外事件發生的時間、地點及其有關情況、受害人及可能找到的見證人的姓名、住址等提供足夠資料，「盡速」通知保險公司或其授權的代理人。後者則當被保人受到賠償要求或訴訟時，須將其收到的任何要求、通知、傳票或其他有關文件「立卽」轉送保險公司，以使公司採取必要的抗辯行動。通常被保人如未遵守此一條款，則將自行負擔訴訟費用及法院判決的賠償責任。

第二節　理賠人員

保險公司或其代理人在收到被保人的損失通知後，卽須進行一連串的理賠 (*loss-adjustment*) 活動。從事這些理賠工作的人，則有下列幾類:

一、代理人　許多保險公司都利用其自己的代理人從事理賠工作，但其權力通常祗以小額損失爲限。保險代理人對被保人較爲熟習，以其作爲理賠人，有優點也有缺點。因其距離損失的地點較近，得以迅速得知損失的眞實情況，易於達成爲被保人及保險人都能滿意的解決辦法。另一方面，代理人爲圖博取被保人的好感，常不免過於遷就不合理的要

求，而使保險人賠償了不應負責的損失。

二、公司理賠員　每一保險公司都有一批支薪的理賠人員。業務區域廣大的公司，也在每一分公司設置若干理賠員。有些公司（尤其是汽車保險公司）更在各地設置「理賠服務處」，以便迅速處理賠償工作。這些理賠人員也許並不熟習被保人的情況，但卻較代理人更能熟習理賠的手續與技術。這對處理小額損失而言，並不十分重要，但對一椿損失較大或情況複雜的賠償案件，理賠專家的經驗，却是極有價值的。

三、理賠服務機構　有時候，在同一地區經營相同業務的一羣保險公司，聯合設立專門處理理賠案件的機構，美國稱之爲理賠局（*Adjustment bureau*）。這些理賠機關通常都在區內各地設置分支機構，形成一個處理賠償案件的網狀組織，每一保險公司祗須負擔部分經費，而能得到全面而有效的服務。

四、獨立的理賠人　專門處理一種賠償問題的專業理賠人，在保險事業開始時卽已存在。今日的海上損失，就是常由受過特別訓練與經驗之專業人員爲之處理的。近年來，此種獨立的理賠人，更已發展到其他保險特別是汽車保險方面。因爲汽車的流動性，汽車賠償案件可在全國任何地點發生，保險公司不可能在每一地區設置自己的賠理人員。同時，每一可能發生車禍的地區，也不一定有足夠的理賠案件值得保險公司在當地安置一個理賠員。對於那些不去利用理賠機構的公司而言，獨立的理賠人制度更是提供了一項現成的解決辦法。通常將一張獨立理賠人的名單給予投保人，並告知他們當有車禍發生時，可洽請最近的一個理賠人爲之處理。

第三節　理賠的程序

　　當被保人將損失迅速告知保險公司或其代理人後，保險公司就將進行一連串的理賠工作。有些代理人並無權力開始理賠工作，而將損失報告轉知保險公司。有些保險公司則授權代理人透過理賠機構或獨立的理賠人開始進行理賠工作。在這種情況下，總公司在收到損失通知前，可能就已完成損失評估，並達成最後的賠償協議。特別是火災保險公司的總代理人，每獲公司授權利用這些理賠服務，而不必事先通知或徵詢保險公司的同意。

　　不管由保險公司自己辦理，抑由其他服務機構代爲辦理，在進行理賠工作時，通常須經過下列程序：

　　一、保險的審核　當保險公司或其分公司或其代理人收到損失通知後，卽須就有關事項加以審核，以決定有無進行理賠工作的必要。下列幾個問題的答覆必須是正面的，始能繼續進行理賠工作：

　　1.是否由被保的危險所引起？　一般被保人每不知保單承保那些危險，有時候則誤以爲承保了較實際承保危險爲多的危險，當有某種不保危險造成損失時，亦向保險公司提出賠償要求。反之，被保人發生了由被保危險所致的損失，但因不知保單承保了那些危險，而未向保險公司提出賠償要求，亦所常有。

　　2.是否爲承保的財物發生損失？保險契約並不承保被保人所有的一切財物，其所承保的財物通常都會在保單內加以說明。卽使爲財物綜合保險，亦多有某些財物除外不保之規定。例如美國流行最廣之三號家主保險單（HO—3），其以個人財物爲對象之 C 項保險，原屬綜合保險性質，卽承保任何被保人一切家用或私用之財物，但仍將下列財物列爲除外不保：鳥、魚、道路行駛之機動車輛、航空器、寄宿寄食或其他承租人之財物及商銷財物等。被保人要求賠償時，須依保單規定仔細審核。

　　3.是否爲保單所承保的損失？卽使爲被保財物發生損失，也不是所

有損失都是承保的。例如火災保單只承保由火而引起的被保財物的直接損失，而不負責因火災導致的間接損失與費用。設如某一商店在火災初起時卽予撲滅，雖未造成房屋與存貨的巨大損失，但爲淸理房屋，必須停業幾天，此種由停業而造成的利潤損失，就不是火災保單所承保的。

4.是否爲被保的人所要求？要求賠償的人如爲投保人自己，自無問題發生。但就人壽保險而言，要求賠償的人往往並非投保人，而是保單內所指名的受益人，因之必須查明受益人的身分，以決定其有無受領給付的資格。又在財產保險下，被保人亦可包括指名被保人的「合法代表人」，如被保人在損失發生時不幸亡故，卽會發生何人可以合法受領給付的問題。

5.損失是否發生在被保的地點？保單承保的損失,常有地點的限制。例如美國汽車保單承保的地區，以美國本土、屬地及加拿大爲限，在這些地區以外發生的損失，保險公司卽無賠償的責任。又如美國的住宅及家物火災保單，對在保單記載地點以外遭受的財物損失，祇在保險金額十分之一的限度內予以賠償。

6.損失是否在承保時間內發生？保險單均列有保險有效的起訖時間，損失必須在保險有效時間之內發生，始能獲得保險公司的賠償。但幅員廣大的國家，常有標準時區的劃分，各地時間並不一致。究以何地時間爲準，須視保單規定而定。以前述家主保單爲例，通常係以住宅所在地之時間爲準，如在美國芝加哥購買而於某日上午零時一分滿期的保單，其在洛杉磯遭受衣物的火災損失，如發生在滿期前一日下午十一時，則已爲芝加哥時間的次日上午一時，自不能獲得保險公司的賠償。於此應注意的，如被保危險發生在保單滿期之前五分鐘，而實際損失則發生在保單滿期之後半小時，仍可獲賠；反之，如被保危險發生於保單生效之前，但實際損失則發生於保單生效之後，則不能獲得保險公司的

任何賠償。至以何地標準時間爲準，除上述家主保單係以住宅所在地爲準外，他如美國的火災保單，是以損失財物所在地的時間爲準；如爲美國的個人財物流動保單，則以保單發出地的時間爲準；如爲美國的汽車保單及綜合個人責任保單，則以保單聲明欄內被保人地址的時間爲準；如爲美國的健康及人壽保單，則以被保人住宅所在地的時間爲準。

　　7.是否有暫停保險或保單失效的情況？一般保單多有所謂「當有」（*while*）及「倘有」（*if*）條款的規定，前者是指當有某種情況出現時，保險效力即行停止，一俟此種情況消失，保險繼續有效。後者是指倘有某種情事存在，則保單失其效力。例如美國的火災保單規定：當其引起火災的危險（*hazard*）增加時，或是所保建築物空出或無人居住連續達六十日以上時，保險效力即行停止。如在此種情況存在時發生火災損失，保險公司不負賠償責任。其唯一的「倘有」條款，則是規定在損失發生前後，被保人倘有故意隱瞞，或誤告任何重大事實或情況者，保單失其效力。保險公司在處理賠償問題時，自不可忽略這些條款的規定。

　　根據被保人提供之損失報告，已就上述各項問題查明被保人有其要求賠償的根據後，纔將損失證明書（*proof of loss*）或賠償請求書表格交與被保人填寫（有時亦由代理人代爲填寫），並進行次一步的理賠工作。否則，保險公司應即停止進行，而讓被保人決定應否循法律途徑解決。

　　二、損失的調查　將損失證明書表格交與被保人，並不意謂着保險人已承認賠償責任。在保險人決定有無賠償責任之前，必須更進一步就下列三項問題加以仔細的調查：(1)確定有無損失的發生。(2)被保人有無違背契約的行爲。(3)決定損失的數額。同時，在調查時，應就被保人在損失證明書內提供之事實加以查證。

　　先就第一個目標而言。確定有無損失，通常並不構成問題，但調查人

員偶爾也會發現並無損失存在。例如一個買有巨額人壽保險的被保人突
然失踪了，當受益人要求賠償時，被保人忽又遠遊歸來。海上保險的賠
償年報中，也可能包含若干日後證明並無損失的案件。當然，這祇是少
數特殊的例子，在正常情況下，都是認定損失確已發生後，才會提出賠
償要求的。

再就第二個目標而言。保險契約中每有若干被保人必須遵守的事項，
如有違背，保險人卽可不予賠償。例如買有火災保單的人，當在火災發生
時，曾否盡力搶救他的財產？是否已將受損的財產與未受損的財產加以分
開？曾否已盡其力地阻止火災的擴大？這些問題的答案如果都是負面的，
卽表示被保人未能善盡其應盡之義務，自當相當影響其可以索賠的權利。

關於第三個調查的目標，是當被保人提出其損失證明書後，理賠人
員必須根據其中所列損失的項目與數額，逐一加以查證與估計，如有不
符，理賠員應對被保人說明他是如何計算出來的，被保人也可對理賠員
說明其計算的依據。在通常情況下，當可達到雙方滿意的協議；否則，
保單內也列有如何補救的方法。

但要特別注意的是，損失的金額卽使已獲雙方同意，實際賠償的
金額仍可較此爲少。這是因爲被保人可能在其他保險公司也有相同之保
險，或是保單內有所謂共同保險條款的規定，或是被保之財產並非被保
人一人所持有，或有其他影響賠償金額之因素。不過，祇要損失數額達
成協議，在計算賠償金額時，當不致有何問題發生。

三、賠償問題的解決　一旦調查工作完成，賠償金額亦獲協議，則
由被保人在損失證明書上簽字承諾，或由被保人另行出具承諾書；理賠
員也另外提出其自己的報告，綜合說明他的調查結果及對解決賠償問題
的意見。這些文件一併送交保險公司，經後者審核同意後，卽行簽發支
票支付賠款。

四、賠償糾紛的仲裁 當賠償問題不能協議解決時, 也可應用保單內關於仲裁條款的規定。通常如因應否賠償發生爭執, 被保人必須訴請法庭解決, 而不能應用仲裁條款。反之, 如因賠償金額不能協議, 則必先經仲裁程序, 在未經仲裁前不得起訴。事實上, 仲裁的結果, 對於契約雙方具有約束力, 除非涉有詐欺或另有證據, 縱有起訴, 亦難獲得法庭之支持。

在責任保險的保單內, 通常並無仲裁條款的規定, 而由法庭取代了仲裁人的地位。然而, 美國若干州法規定, 對於涉及一定金額以下之汽車責任賠償案件, 仍須經過仲裁程序, 以期減少這些賠償案件的延誤與費用。

第四節 補償原則的應用

保險金額祇爲保險人負責的最高限度, 保險人實際賠償的金額, 可能較其保險金額爲少, 這在財產保險方面極爲常見。其中又可分爲兩種情形: 一是由於補償原則的限制, 被保人對於同一損失從各關係方面獲得的補償總額, 不能超過其所遭受的實際損失。在此一原則下, 乃有保險利益、實際現金價值、賠款攤派、代位求償等原則的應用。二是由於保單內其他有關限制賠款的規定, 例如共保條款、自負額條款、及其他限制性的條款等。本節擬就補償原則下幾項有關原則的應用加以說明。其餘限制性的規定, 因隨保險種類而異, 並無普遍的適用性, 留待敍述有關保險時再予說明。

一、保險利益 我們曾在保險契約一章中談到保險利益, 那是就要保人或被保人對於保險標的之關係而言的, 亦卽討論那些人可以購買保單的問題。此地則就賠償問題而言: 對保險標的已無保險利益的人, 固

不能得到保險人的賠償; 所能獲得賠償的數額, 亦以被保人的保險利益為限度。例如美國1943年紐約標準火災保單說明:「保險人所負的責任, 無論如何, 不得多於被保人的保險利益」。例如甲乙二人共有價值四十萬元之房屋一棟, 某甲以自己名義為此房屋購買火災保單四十萬元, 如果房屋因火而全部焚燬, 某甲仍祇能獲得二十萬元之賠償。此為某甲對此房屋的保險利益, 亦為保險公司賠償損失的最大限度。

然而, 在某些情況下, 投保人對於受損的財產雖無直接的保險利益, 但對損失本身仍有其法律上或道義上的責任。例如受託人對寄託人因儲藏、運輸、修理等原因而交付之寄託物, 即是如此。倘如寄託物在受託人手中遭致損失, 即使由於不可抗力所致, 受託人可以不負法律責任, 但基於職業立場, 對此損失仍不免有其道義上的責任。因之受託人對於寄託之物, 有其代表性保險利益 (*representative insurable interest*), 並可以此代表性保險利益為標的購買保單, 但在發生損失時, 受託人無權將賠償金額據為己有, 而須轉給寄託人。就領受賠款而言, 受託人有如寄託人之代表。由於實際遭受損失的寄託人得到賠款, 故與保險的補償原則並無違背。

一般而言, 人壽保險的保險利益難以衡量, 故不適用損失補償原則。在被保危險事故發生後, 即以保險金額作為賠償金額。唯一的例外, 乃是債權人以債務人的生命為標的而購買之人壽保險。在此種情況下, 是以債務的數額及其有關的費用, 作為衡量保險利益的標準, 要保人獲得的賠償金額, 不得超過其對債務人具有的保險利益。

二、實際現金價值　財產保險契約通常規定: 保險人的賠償責任, 以損失的實際現金價值為限。但何謂「實際現金價值」(*actual cash value*)? 一般認為實際現金價值乃是重置成本減掉折舊後之餘額。因之應用這一實際現金價值原則, 必須解答兩個問題: (1) 重置成本是如何

決定的？(2) 如何計算折舊的數額？

關於重置成本 (*replacement cost*) 的決定，須視財產種類、財產所有人在市場通路中的地位、以及可能獲得的評價資料而定。例如一個製造商在火災中損失了一批原料，則其重置成本應爲該一原料損失時的市場價格加上運到工廠的各種費用。如爲製成品的損失，則因損失時的階段不同，其估價方法亦有差別： 如在製造工廠損失，則其重置成本應爲損失時的製造成本； 如在批發商手中損失，則其重置成本應爲批發商在損失時的進貨價格與進貨費用。兩者均不包括銷售利潤在內。上述批發商的進貨價格，也是製造商的販賣價格，後者包含製造商的利潤在內，不能作爲製造商損失的估價標準，前者不包括批發商的販賣利潤，而可作爲批發商損失的估價基礎。有些財物是不能再生產的，同時也無客觀的市場價值，對這類財產而言，最好採用定值保單，卽在保險時先行協議財產的價值，否則，祇有根據被保人的原始購進價格，再視損失時的情況加以適當的調整。再如機器一類財產，隨時都有改進，損失後已不能找到完全相同的機器，而祇能以改進後的機器作爲決定重置成本的標準，因之須在新機器的重置成本中減掉因機器「改進」而增加的價值。

關於折舊 (*depreciation*) 問題，牽涉更爲複雜，我們無法在此詳加分析。但就折舊原則而言，應指財產由於使用 (*use*)，過時 (*obsolescence*)、退化 (*deterioration*) 而造成的貶值。因使用而造成的物質消耗，固可減損一項財產的價值；而因技術的改進，亦可使一部使用不久的機器，在價值上大幅減少。至於一棟建築物的價值，常與其位置與環境有關，如因交通情況或周遭環境的改變，亦可使其價值發生大幅度的上升或跌落。由上述因素而導致的折舊，常爲被保人與理賠人發生爭論的泉源，但保險人多在保單內加以限制性的規定，以使爭論的範圍可以減少到最低限度。例如紐約火災保單規定： 保險人的賠償責任，是以「該財產在

損失時的實際現金價值爲度，但不得超過在損失後合理時間內以種類及品質相似之材料修復或替置之費用」。

　　三、賠款攤派　被保人如就同一標的而向二個以上的保險人購買承保相同危險的保單，在其保險時間相同的範圍內，謂之複保險 (*double insurance*)。美國的保險公司通常都在保單內列有「他保」條款 (*"other insurance" clause*) 加以處理。他保條款或是規定由本保公司與他保公司共同分擔保險的責任，謂之分攤保險 (*Contributing insurance*)；或是禁止任何的他保，亦卽如有他保，本保不賠。而在本保與他保共同分擔的情況下，又有比例責任、責任限額、超過保險與主要保險之別。玆分別舉例說明：

　　1. **比例責任制** (*Pro rata liability*) 卽是依照各家保險公司的保險金額，比例分擔損失賠償的責任，至其他保險公司有無賠償能力，在所不論。但也有規定衹就有能力賠償的保險公司比例分攤的。例如某人有價值十萬元的房屋一棟，向甲司公購買火災保險六萬元，向乙公司購買火災保險四萬元。今如發生火災損失三萬元，須由甲公司分攤損失賠償五分之三，卽一萬八千元，乙公司分攤損失賠償五分之二，卽一萬二千元。美國的紐約標準火災保單卽是如此。

　　2. **責任限額制**(*Limit of liability*)　卽是各家保險公司對於損失的分攤，並不以其保險金額作基礎，而是按照它們如無他保的情況下所負責任的限度比例分配。例如甲乙二公司承保同一財產，甲單保額二萬元，乙單保額八萬元。今假定發生五萬元的損失，甲單在無他保的情況下，原應賠償二萬元，乙單在無他保的情況下，原應賠償五萬元，今依責任限額加以分攤，甲單應賠損失的七分之二，爲 14286 元，乙單應賠損失的七分之五，爲 35714 元。美國的鍋爐與機械保險，卽有如此之規定。

　　3. **超過保險制** (*Excess coverage*)　美國的商品竊盜保單及若干內

陸運輸流動保單都規定爲: 倘在沒有本保單的情況下, 而可獲得其他保險公司之有效賠償, 則本伊險公司將祇賠償他公司賠償不足的部分。例如某甲買有一萬元的商品竊盜保單而遭受了一萬五千元的損失, 倘能從其他保險公司獲得七千元的賠償, 則本公司將祇賠償其不足之八千元。然而, 如果涉及同一損失的幾家保單, 都祇規定爲超過保險, 則在它們沒有達成以其他方法分攤損失的情況下, 將按比例分攤原則辦理。

4. 首要保險制 (*Primary cover.age*) 此爲美國海上保險採用之方式。卽當同一標的而有二家以上保險公司承保時, 最早保險的保單爲首要保險, 以後購買的保單在前一保單承保金額的範圍內保險無效。例如四月一日某人向甲公司購買貨物海險保單五萬元, 四月二日其代理人又向乙公司購買同種保單五萬元。以後貨物隨船沉沒, 損失八萬元, 則第一張保單須賠償五萬元。而第二張保單不予賠償, 這是因其保險金額沒有超出第一張保單之保險金額的緣故。設如第二張保單之保險金額爲八萬元, 則有三萬元之超過保額, 可用以賠償損失。然而, 日期在後的保險人必須就其不生效的保額部分, 比例退還其所收之保費。其所以有此規定的原因, 是因貨物的託運人及其受貨人, 可能各在其所在地點爲同一貨物購買保險所致。

以上他保條款之各項規定, 係就財產及責任保險而言, 人壽保險並無他保條款之規定。祇在被保人要保時, 要他說明已有及將有的他保金額, 如果保險公司認爲繼續增加保額並非適當(須就被保人之收入及身份加以認定), 卽可拒絕要保人之請求。因之, 祇要核保工作健全, 縱無他保條款, 亦不致有何流弊。

健康保險, 除喪失工作能力收入保險(*disability income insurance*)外, 一般多不包括他保條款。在附有他保條款之保單, 則有兩種不同形式: 一是關於其他保險人之保險。倘如被保人要保時未將他保告知此一

保險公司，則此一保險公司祗依其保險金額佔各家保險總額之比例，賠償應賠金額之一部分。其與前述財產保險之比例分攤條款不同之點，是健康保險之他保條款，祗當被保人未將他保情形書面告知保險人時，始予適用，而財產保險則不論有無告知，均適用之。二是關於同一保險人之他保。卽在同一保險公司先後買有相同之保單，而其保險總額超過此一公司最大的賠償限度時，其超過部分無效，但應將超過部分之保費退還被保人。另一稍加改變的方式，是由被保人或其受益人任選其中一單規定之賠償金額，其他保單之保費則予退還。

在美國，喪失工作能力收入保險尚有一種與他保條款類似之條款，稱爲「賺款與保險關係」條款 (*"relation of earning to insurance" clause*)，祗當各家承諾給付之總額超過二百元時，始予適用。其意略爲：倘如各家保險公司承保之月收入超過被保人在喪失工作能力時之月收入或在喪失工作能力前二年之平均收入，則保險人祗就二者中最高者各按承保之月收入比例分擔之。例如假定被保人過去二年之平均月收入爲六百元，喪失工作能力前之月收入爲五百元。他在三家保險公司買有喪失工作能力收入保險總計一月八百元，其中甲保險公司佔四百元，則甲公司應就六百元之月收入，負責給付一半卽三百元。此一條款之目的，在使被保人不能獲得較其收入爲多之給付，以阻止道德危險的發生。

四、代位求償　在財產保險中，一個被保人如因他人之過失發生損失，當其獲得保險公司的賠償後，如再允許他向導致損失之他人要求賠償，則將獲得超過損失的補償，顯已違反財產保險適用之補償原則。反之，如在獲得他人賠償後，允其再向保險公司要求賠償，亦將同樣違反補償原則。然而，被保人在獲得保險公司的賠償後，如讓有過失的他人逃避他在法律上的賠償責任，亦不符合社會公平原則，因之乃有代位求

償 (*subrogation*) 條款的規定。說明保險人在賠償被保人的損失後，得在其賠付金額的限度內要求被保人讓渡其對造成損失之他人要求賠償的權利。有了此一條款後，被保人卽不得隨意拋棄其對他人之賠償要求權，否則，保險人將以不能行使代位求償權爲理由，而可拒絕被保人要求的損失賠償。

保險公司在能運用代位求償權之前，必先賠付被保人的損失，倘如被保人先從侵權行爲者獲得賠償，則其對於保險公司的充分賠償請求權，將予同一數額的減少。反之，被保人如在接受保險公司的充分賠償後，又從有過失之他人獲得賠償，則保險公司有權收回同一金額的賠款。然而，設若被保人並無足額的保險，或是保單內附有自負額條款，則情況較爲複雜。原則上，他人之賠償，可用以補償被保人未能從保險公司獲得充分補償的損失，倘有剩餘，則須交與保險公司扣還一部分的賠款，亦卽保險公司的實際賠款，較前減少。例如某甲買有房屋火災保險六萬元，由於某乙過失而失火，實際損失十萬元。保險公司在賠付某甲六萬元後取得代位求償權，對有過失之某乙進行控告，後經法庭判決某乙應賠償甲之損失七萬五千元。如何支配？一般通則是：被保人有權收回其全部損失。因之某乙賠付之七萬五千元中，須以四萬元交付與甲，以補償他未能從保險公司獲賠的損失；其餘三萬五千元則由保險公司所得，故其實際賠款祗有（60000－35000＝）二萬五千元。

在責任保險中，代位求償條款較爲少見，通常是當被保人對於他人之疏忽負有責任時，纔引起代位求償問題。例如，僱工使用自己的汽車爲其僱主辦理業務而發生車禍時，僱主的保險公司依其非自有汽車責任保險先行賠付受害人之損失，然後取得代位權要求僱工的汽車保險公司賠付此一損失。

由於人之生命及其遭受的痛苦，不可能以金錢衡量其價值，故人壽

保險及大多數的健康保險，並不包含代位求償條款。因之，一個人壽保險的被保人如因他人之陷害而致死亡，其受益人除可獲得保險公司的賠償外，並可經由法庭之判決而從加害之他人獲得賠償。然而近年以來，若干保險公司認爲醫療費用保險，仍應以補償被保人之實際醫療支出爲基礎，故有逐漸在其保險契約中增列代位求償條款之趨勢。

第十一章　保險事業的財務

保險公司的資金來源，除開業資本及盈餘金外，自爲經營業務之保費收入以及運用資金之投資收入。保險公司利用這些收入的資金，購置各項營業用的房地產和設備，支應賠款及其他營業費用，並在賠款支付前利用各項責任準備金購買有價證券或作抵押放款。因之對於資金之收支、保管、運用與調度而引起之財務問題，也是相當複雜和十分重要的。本章擬就幾個有關財務的主要問題加以探討，即 (1) 開業資金，(2) 盈餘金，(3) 投資，(4) 準備金的提存。

第一節　開業資金

任何形式的保險機構，都需有相當數額的開業資金。即使爲合作社或互助組織的保險機構，在法律上無需具備資本，但必有其他籌集開業資金的方法。而此項開業資金的最低數額，多由主管機關視事實需要事先加以規定。例如我國保險法第一三九條規定：「各種保險業資本或基金之最低額，由主管機關審酌各地經濟情況及各種保險業務之需要，分別呈請行政院核定之」。我國合作社依法雖須於開業前募集股金，但因股金數額並無限制性的規定，故我國保險法第一五七條規定：「保險合作社除依合作社法籌集股金外，並依本法籌足基金。前項基金非俟公積金積至基金總額相等時，不得發還」。

美國的許多州法，甚至規定保險公司的開業資本，必須溢價發行，

卽是股份面值少於股東實際繳納的金額，因而造成所謂「已繳盈餘」（*paid-in surplus*）。正式股本與已繳盈餘的數額，各州規定並不一致，一般而言，人壽保險公司要比財產保險公司爲少，而經營多種業務的財產及責任保險公司，又比業務單純的公司爲多。如爲無股本的相互保險公司，則所需最低限度的已繳資金，全數撥充爲已繳盈餘，這些開業必需資金，通常係由贊助人所供給，但係視爲保證資金，而非債務。這些資金可以支付利息，而其本金則於將來經營業務獲有盈餘時分次或一次付還贊助人。

第二節　盈　餘　金

保險公司的盈餘包含兩部分：一爲已繳盈餘，是於開業時必須先行籌集的，已於上節加以敍述。這一部分的盈餘，具有保險基金性質，美國稱爲「盈餘」，實欠合理。二爲已賺盈餘（*earned surplus*），是由經營業務所得來的，這一部分的盈餘，通常又來自 (1) 承保利潤，(2) 投資利潤兩個主要來源。

一、承保利潤（*Underwriting profit*） 一個開業不久的保險公司，當其出賣多年期或長期保單時，每使初期的會計紀錄，出現負的盈餘金。這是因爲保險公司一次收入的保費，除須抵補當年支付的費用外，尚須依法提存各種責任準備金。關於準備金的種類與計算，我們將在第四節詳加敍述，此地所要指明的，就是保險公司收入的保費，其中一部分必須用以備付將來可能發生的損失，在尚未賠償損失之前，不能視爲已賺的保費，而須提存爲責任準備金。例如火災保險公司於九月三十日出賣一張三年期的火災保單,一次收入保費12,000元。但另一方面,假定須繳稅金 240 元，支付代理人佣金 2,400 元，其他各項支出 1,020

元；此外，全部保費均須提存爲「未滿期保費準備金」（假定於收取保費時卽須提存），因之在財務紀錄上將發生3,660元的負盈餘。等到第一年終了，假定已賺保費1,000元（爲三年中三個月之保費收入），分攤損失賠償 600 元，其他費用45元，因而在財務紀錄上，未滿期保費準備金減至 11,000 元，負盈餘減至 3,305 元（因1,000元之已賺保費減去賠款600 元及其他費用45 元後尙有 355 元之剩餘，可用以沖銷一部分之負盈餘也）。然而這種負盈餘是因遵守法令規定而產生的，可稱之爲法定承保損失 (*statutory underwriting loss*)。假定各年分攤損失與費用的比例如上不變，則三年期滿，將使未滿期保費準備金完全消失，並可產生 600 元的盈餘金（假定保費內含有百分之五的承保利潤）。上述現象，在人壽保險方面更爲顯著，這是因爲人壽保險多爲長期保單，雖其保費規定爲分年或分期收取，但保費中之大部分亦須提存爲責任準備金。而第一年發生之鉅額費用，須在以後各年逐年攤銷，故就一項業務而言，均不免產生上述負盈餘之現象，此爲美國保險公司在開業時何以須有「已繳盈餘」之原因。蓋如有了此項已繳盈餘後，可將初期業務產生之負盈餘加以抵銷，而不致損及額定之股本。等到保險公司經營多年後，卽可逐漸以其「已賺盈餘」取代「已繳盈餘」（卽將已繳盈餘發還），並可以其賺取之鉅額盈餘，抵補任何業務產生之帳面虧損，而無新設公司在財務上所感受到的壓力。

　　二、投資利潤(*Investment profit*)　保險公司的投資利潤可分爲三部分：(1)淨投資收入 (*Net investment income*)，卽是由投資衍生的租金、利息及紅利等收入。(2) 淨資本利得(*Net capital gains*)，卽投資物出賣或到期後獲得的增值 。(3) 未實現的淨資本利得 (*Net unrealized capital gains*)，卽因投資的市場價值或分期攤還的價值發生變動而在帳面上增加的資本利得。後兩項數字，也可能是負數的，

因此投資利潤也可能變成投資損失了。一個保險公司可能在承保方面遭遇損失，但因投資收入良好，有時不但可以抵補這些損失，而且還有剩餘以紅利分配股東。

　　三、法定投保人盈餘 (*Statutory policyholders' surplus*) 是指保險公司的資產與負債依照保險主管機關的規定加以定值後，其資產價值超過負債價值的餘額。這是衡量保險公司償付力 (*solvency*) 的尺度，也相當於一般企業所稱之股東權益 (*equity*)，祇是在計算此一法定盈餘時，並不包括他們所有的一切資產罷了。

　　在衡量保險公司的償付力時，首先必須考慮所謂「認許資產」(*admitted assets*)。就美國一般情況而言，認許資產包括大部分合法投資的證券，但不包括大多數的營業用資產，如家具、設備、汽車及用品等。總公司及分支機構的房屋可算認許資產。有些州，大型電腦折舊後的價值，也可列為認許資產。而若干有價值的投資型資產，如對代理人的墊款、無擔保放款，雖有擔保但未列為合法投資的放款、以及預付費用與遞延費用等，則均列為「非認許資產」。至少就主管機關而言，這些非認許資產是不能包括在法定投保人盈餘之內的。

　　認許資產的估價，難易不一。例如現金與銀行存款係照面值計算，自無問題。不動產可按帳面價值（成本減折舊）估價，亦可依市場價值估價。不動產及動產擔保貸款，如其擔保品符合法定標準，可依結餘金額估價；倘如擔保品並不適當，則其估價須較貸款金額為少。利息可靠而又從未爽約的債券，是依其分期攤還的價值來估價的，因之以折扣購買的債券，越近到期日而價值越增加，以溢價購買的債券，則越近到期日而價值越減少。至到期未還或無適當擔保的債券，則須依照政府示知的市價來估定價值。股票的估價，通常係以十二月三十一日的實際市場價值為準；無市場價值時，也由政府規定估價的標準。其他項目如應收帳

款與待收保費等，通常係依帳面價值估價，但須扣減可能發生的呆帳。

　　保險公司的主要負債，就是各種提存的準備金，因之負債估價問題實際就是準備金的計算問題。政府主管機關必須就保險公司申報的數額加以檢查，如有不當，即予改正。當其認許資產等於或超過其負債時，纔是一個具有償付力的保險公司。

　　我國保險法一四三條亦有「認許資產」的規定，並明定「保險業認許資產之標準及評價準則，由主管機關定之」。「保險業認許資產減除負債之餘額，未達第一三九條所訂各種保險業資本或基金之最低數額時，主管機關應命其於限期內，以現金增資補足之」。

第三節　投　　資

　　保險公司的資金，必須加以有效的運用，消極的作用，是為保障其償付力，積極的作用，則是增加更多的資產。各個保險公司的投資項目，固是大同小異，但各項投資之間的比率，則隨保險類別及其組織型態而有顯著之不同。根據美國的統計，人壽保險公司以投資於各項債券與不動產抵押放款為主，而財產與責任保險公司則多投資於各項債券與普通股票。而後者之中，相互保險公司投資於各項債券的比例，要比股份保險公司為多，而投資於普通股票的比例則反是。形成此種差別的原因有三：一是法律的限制，二是險別的考慮，三是財務的習慣。

　　一、法律的限制　各國法律對於保險公司的資金運用，每多加以相當的限制。揆其理由，不外：(1)為確保保險公司的償付力，(2)阻止經濟力量的集中，(3)引導資金流向社會希望的用途。至其限制的內容，大多涉及到投資的種類、合格投資的標準、各種投資的比重、每種投資的安全限度，對於每一公司的投資比率等。茲以美國為例說明之。

美國各州有關保險業投資之法律限制，殊不一致，其中要以紐約州規定較爲完備。依其規定，該州內保險業之認許資產以投資下列各項爲限，並各受相當程度的限制：(1) 政府債券。指由美國聯邦政府（或其債券承銷代理人）、美國各州政府、哥倫比亞特區政府、美國地區其他政府單位爲擔保而發行者。以債券承銷代理人爲擔保之非聯邦政府債券，則以償還本金與利息均來自稅收或以償付該債券爲目的者爲限。(2) 美國事業單位之優先股及公司債。但所購買之優先股總額，不得超過該保險業認許資產百分之二。(3) 以不動產或其所生利益爲擔保之有價證券。但同一有價證券之投資不得高於該保險業認許資產百分之二。(4) 不動產或其所生之利益。指直接握有或以合夥利益、公司股份、信託證券或其他有價證券顯示之不動產或其所生之利益，但以符合(甲)有收益性之投資，或(乙)可爲保險業融資或貸款者。本項投資總額不得超過該保險業認許資產百分之二十五，其中甲項投資總額並不得超過認許資產百分之二十，對同一事業單位之投資亦不得超過認許資產百分之二。至於乙項投資總額，並不得超過認許資產百分之十，對同一事業單位之投資亦不得超過認許資產百分之二，如爲州外投資，更不得超過認許資產百分之〇‧二。(5) 個人資產或其所生之利益。指直接握有或以合夥利益、公司股份、信託證券或其他有價證券顯示之個人全部或部分在美國境內之資產或其所生之利益，並符合於(甲)所有個人資產投資總額不得超過認許資產百分之十，(乙)同一個人資產投資總額不得超過認許資產百分之一。(6) 業主權益。指對普通股、合夥利益、信託證券或其他美國事業單位業主權益之投資，並符合於(甲)所有事業單位之投資總額不得超過認許資產百分之二十，(乙)同一事業單位之投資總額不得超過認許資產百分之二。(7) 國外投資。以合於前述 (1) 至(6) 項規定者爲限，每項投資總額並不得超過該保險業認許資產百分之一，但對加拿大

之各項投資總額，可達認許資產百分之十。（8）其他投資。指未載明或不合於上述七項規定之投資，亦分別加以金額上的限制，由於內容繁瑣，不擬敍述。

我國保險法於民國八十一年修訂時，對保險業資金之運用，曾作大幅度的修訂，其第一四六條規定保險業資金（包括業主權益及各種責任準備金）之運用，除存款或法律另有規定者外，以下列各款爲限，並各予以適當之限制：

㈠購買有價證券　保險業資金得購買下列有價證券：

1.公債、庫券、儲蓄券。

2.金融債券、可轉讓定期存單、銀行承兌滙票、銀行保證商業本票及其他經主管機關核准保險業購買之有價證券；其總額不得超過該保險業資金百分之三十五。

3.經依法核准公開發行之公司股票及公司債，且該發行公司最近三年課稅後之淨利率，平均在百分之六以上者。但每一保險業購入之公司股票及公司債總額，不得超過該保險業資金百分之三十五；其購買每一公司之股票及公司債總額，不得超過該保險業資金百分之五及該發行股票或公司債之公司資本額百分之五。

4.經依法核准公開發行之證券投資信託基金受益憑證；其投資總額不得超過該保險業資金百分之五及每一基金已發行之受益憑證總額百分之五。

㈡購買不動產　保險業對不動產之投資，以所投資之不動產卽時利用並有收益者爲限；其投資總額，除自用不動產外，不得超過其資金百分之十九。但購買自用不動產總額不得超過其業主權益之總額。

㈢放款　保險業辦理放款，以下列各款爲限：

1.銀行保證之放款。

2.以不動產爲抵押之放款。

3.以合於前述第一項之有價證券爲質之放款。

4.人壽保險業以其簽發之人壽保險單爲質之放款。

上述 1 至 3 款之放款，每一單位放款金額不得超過資金百分之五，其放款總額不得超過資金百分之三十五。 又依前述第一項第 3 款對每一公司股票及公司債之投資與依本項以該公司發行之股票及公司債爲質之放款， 合併計算不得超過其資金百分之十及該發行股票及公司債之公司資本額百分之十。

㈣國外投資　其範圍及內容，由主管機關訂定。此項投資總額不得超過該保險業資金百分之五，但主管機關視其經營情況，得逐年予以適度調整，其調整額不得超過該保險業資金百分之二十。

㈤辦理經主管機關核准之專案運用及公共投資。

二、**險別的考慮**　人壽保險業與財產保險業由於業務性質不同，在資金運用上原應有所差別。美國有些州法曾就二者的投資，分別加以不同的限制。 我國保險法自始即採統一規定。 實際上， 人壽保險業多是長期而有固定金額的契約，而其保費與準備金亦是基於特定利率而計算的，其資金運用應偏重於有穩定收益及安全性較大之投資，因之多選擇投資於有固定報酬率之高等債券及不動產。而財產保險業之契約多具短期性質，保險收入中並無被保人之儲蓄成份，故其資金運用應偏重於變現性高及收益較多之投資， 購買有價證券乃其主要之投資方式。 近年來， 我國土地價格不斷飛漲， 我國人壽保險業對不動產之投資最有興趣，實力雄厚者更因此屢獲暴利，甚至帶動國內地價上漲，久爲國人所詬病。去年保險法修訂時，爲順應國內輿情，特將不動產投資一項，由原訂不得超過其資金及責任準備金三分之一，改爲不得超過其資金（包括責任準備金）百分之十九，實有必要。

三、財務的習慣　在法律規定的範圍內，保險公司仍可由於理財習慣的不同，而有相當自由的選擇。以美國的財產及責任保險爲例，相互公司的保守政策，使其在普通股票方面的投資，祇佔全部資產的較小比例。一般認爲相互公司保費收入與投保人盈餘的比率爲一‧九對一，倘如投資於普通股票太多，則股票價格的遽落，將大爲降低盈餘的數額，而使此一比率增加到嚴重威脅其償付力的程度。反之，股份公司的保費收入與投保人盈餘的比率爲一‧二對一，卽使以較多資產投資於普通股票，亦有較大的彈性承受股票市場的不利波動。至於人壽保險公司，由於採取分紅保單之故，其投資於普通股票的數額，亦多未達法律允許的比率。然而，也有人認爲人壽保險公司實有能力在投資市場表現得更爲進取。

第四節　準備金的提存

上述可投資的資金，主要來自保費收入，但所有已收取之保費，並不都是已賺的，其中一部分必須提存爲各種準備金。準備金乃是保險公司的負債，而非資產。然而，在此負債的背後，則須有等值的資產加以支持。由於財產與責任保險公司的準備金，大不同於人壽保險公司的準備金，以下將分別加以敍述。

一、財產與責任保險公司的準備金　通常又可分爲下列三種:

1.未滿期保費準備金(*Unearned premium reserves*)　通常法律規定保險公司必須提存未滿期保費準備金，其數額必須等於未滿期保單的總保費收入中所未賺取的部分。例如就一年期的火災保單而言，如其一年的保費收入爲 1,200 元，則第一月終了，其未賺保費爲 1,100 元，三月終了，其未賺保費爲 900 元，餘類推。然而，此項未滿期保費準備

金，是在某一財務結算時期就全部保險契約計算出來的，通常有二種計算的方法：

第一法　假定保單是在一年之中，以大致相同的速度發出的，因之如須計算十二月卅一日時之未滿期保費準備金，就可假定所有保單都是七月一日發出（這是發出保單的平均日期）。就一年期保單而言，其未滿期保費準備金就是這些保單保費收入淨額的一半；就三年期保單而言，第一年的準備金，就是這些保單保費收入淨額的六分之五，第二年爲二分之一，第三年則爲六分之一。所謂保費收入淨額，是指直接承保或接受再保的保費收入，減去轉出再保所付保費後之餘額。一年內保費淨額收入較爲均勻的保險公司，大多採用此一方法。

第二法　如果保費收入一年之中並不十分均勻，就須採用月計法來計算，但仍假定一月之中以大致相同的速度發出保單，因之任何一月出賣的保單，都可假定是在當月十五日所發出。如果計算一年期保單在十二月卅一日的未滿期保費準備金，則四月、七月及十月發出者，須分別爲其保費收入淨額的$7/24$，$13/24$及$19/24$。如爲三年期的保單，在當年一月發出者，未滿期保費準備金爲其保費收入的 $49/72$，在上年一月發出者，爲$25/72$，在前年一月發出者，爲$1/72$。

兩種方法的正確性，均有賴於全年業務之穩定。如保費收入不斷遞增，則將低估了此項準備金，而虛增了盈餘數額；反之，如保費收入不斷遞減，則將高估了此項準備金，而虛減了盈餘數額。然而，近年美國的財產保險實施保費分期繳付辦法，未滿期保費準備金已漸失其重要性。至於責任保險方面，由於保單期限較短，且多採用追溯法，一部分保費係於保單期滿時視實際損失經驗再行計收，未滿期保費準備金自亦不佔重要地位。

我國保險法施行細則對未滿期保費則依險別規定其最低比率，例如

火災保險不得低於當年自留總保險費收入百分之四十，一年以上保險單比例計算。貨物運送保險（包括海上及陸空保險）應提存之未滿期保費準備金，不得低於當年自留總保險費收入百分之二十。船體險（包括漁船保險）應提存之未滿期保費準備金，不得低於當年自留總保險費收入百分之六十。汽車損失保險、汽車意外責任保險及其他財產保險應提存之未滿期保費準備金，不得低於當年自留總保險費收入百分之五十。此種不同百分比之規定，似乎缺乏合理之數據基礎，不足爲取。

2.賠款準備金（*loss or claim reserves*）　此爲衡量某一日期保險公司對其賠償責任及理賠費用的估計金額。其中包括：（1）已經報告及理算但尚未支付的賠款金額,（2）已經報告但未理算的估計賠款金額,（3）業經發生但尚未報告的估計賠款金額。上述任何一類的賠款金額內，不僅包括賠款本身的價值，並須包括理賠的各項費用。關於賠款準備金的計算，通常有下列三種方法：

甲、個別案件估計法（*Individual Case Estimate Method*）即是檢查賠償案件登記表，就其尚未解決的案件，估計其所需的賠償金額，　加上少數尚未報告的賠款案件的估計金額，　即爲賠款準備金的數額。此一方法着重估計者的判斷，如果過於樂觀或悲觀，將使估計金額偏低或偏高。事實上，任何案件的賠償金額，都決定於損失的調查與當事者的協商，估計的數額總不免有若干差誤。然而，保險公司可就過去的理賠資料，判斷此一方法是否經常有估計過低或估計過高的現象。

乙、平均價值法（*Average Value Method*）又可稱爲統計法（*Statistical Method*）。如果保險公司有許多待決的賠償案件，它們的賠償金額大致相同，或其金額的分配有其大致相同的比率，則可採用此法來計算賠款準備金。首先根據保險公司以前的經驗，決定各類賠款的平均價值及其變動的趨勢。然後就每類待決賠償案件的數目乘以適用

的平均賠款金額，即得待決賠償案件價值的估計數額。此一方法的顯著利益，是其效率較高，且不須依賴個人的判斷。像汽車車身保險其平均賠款較爲適中，保險公司就寧願採取此法以計算其賠款準備金。

丙、賠款率法(*Loss Ratio Method*) 又可稱爲公式法(*Formula Method*)。規定所需最少的賠款準備金，是依該類保險所假定的賠款率來計算的。例如汽車身體傷害責任保險，一般採用百分之六十的賠款率，因之最低的賠款準備金應爲滿期保費的百分之六十，減去已付的賠款及理賠費用後的餘額。採用此一方法的原因，是因保險公司採用個案估計法時，每因過分樂觀致所提賠款準備金常有不足情事，乃有此一方法的規定。倘如個案估計法計算所得的結果較用此一方法所需的爲多，則須採用較高的數額。

產生最少準備金的賠款率法，包含已報告的損失及已發生但未報告的損失兩者，而其他兩種方法僅祇涉及已報告的賠償案件，至已發生但尚未報告的案件，則須另行估計。通常是就過去經驗加以研究，以發現未報告賠款金額與已報告賠款金額之間的關係，然後將此關係加以調整，以反映現時情況。

3.賠款特別準備金　依我國保險法施行細則第十條之規定，財產保險業於年終決算時，其自留部分業務，應按險別依下列規定提存賠款特別準備金：

甲、各險除應按財政部核定之費率計算公式中賠款特別準備金比率提存外，如實際賠款率低於預期損失率時，其差額部分之百分之五十仍應提存。

乙、各險之實際賠款率超過預期損失率百分之百時，其超過部分，得就已提存之賠款特別準備金沖減之。

丙、各險賠款特別準備金累積總額，超過其當年度自留毛保險費時，

超過部分，應收回以收益處理。

　　再者，保險業除上述各種法定準備金（*Statutory reserves*）之提存外"，也可為其他目的而提存各種任意準備金（*Voluntary reserves*）。如為應付稅捐繳納而提存之稅捐準備金；為應付盈餘分配而提存之股利準備金等。這些任意準備金，都為應付債務性質。以往美國保險公司亦曾允許設置特別危險準備金（*reserves for contingencies*），藉以彌補可能發生的投資損失及巨災損失。此種或有情況，除少數例外，應屬股東或投保人權益性質，常為保險公司濫用為減少帳面盈餘，以減輕租稅負擔，甚至作為提高保險費率之藉口。另一方面，準備金提存過多，也將由於帳面盈餘減少，而使保險公司股票的市場價格深受不利之影響。因之已由美國的財務會計標準局（*Financial Accounting Standard Board*）認為違法而不准設置了。

　　二、人壽保險公司的準備金　人壽保險公司也須提存各種準備金，其中最重要的稱為責任準備金（*Liability reserves or Policy reserves*）。通常此一準備金約佔公司負債的百分之九十。保險公司以此準備金加上未來所收純保費及利息收入，應夠支付對於全體保單所負的賠償責任，祇要實際的死亡率與所賺利息恰如事先假定的話。此地所謂「純保費」（*net premium*）與向投保人收取之保費並不相同，因為純保費僅指保險公司為死亡給付所必需收取之保費，而不包括保險公司經營業務之一切費用及其應得的利潤在內。各種責任準備金的估計標準，將於以後分別說明。

　　1.責任準備金的性質　責任準備金本是一種總合性的會計紀錄，但我們可從兩條路線來加以探討：一是個別保單探究法（*individual policy approach*），卽是探究每一保單所有的準備金；二是一組業務探究法（*block-of business approach*），是就若干同一年齡的被保人

在同一年內購買同一種類與同一金額的一組保單，探究其全體應有的準備金。

責任準備金的產生，是由於大多數人壽保單在初期所收的保費，往往超過這些年內所須支付的死亡賠款。例如按照臺灣壽險業第二回經驗生命表：在四十歲時購買一萬元終身付費的終身保險單，每年須繳平衡純保費一四〇元。然而，第一年預計之死亡成本只有三十八元，以後逐年遞增，例如第二年為四十二元，第三年增為四十六元，至五十八歲時增為一四三元，始超過平衡純保費。雖然如此，但此人每年底之責任準備金仍隨其生存年齡之增加而遞增，至滿一百歲時，責任準備金已增加至與其保額相等。換言之，卽使被保人滿一百歲時仍然生存，亦可提前獲得保險金一萬元之給付。何能如此？這是因為五十八歲以後，其以前逐年累積之責任準備金依預定利率計算之每年投資收益，加上每年生存者利益（卽每年死亡者所放棄之責任準備金，　由生存者所分享），足以抵銷死亡成本超過平衡純保費之差額而有餘。另一方面，如從一組業務加以探究，則是一組保單的責任準備金，先則逐年遞增，直至當年所收保費及前此累積準備金之投資收益不足支付當年死亡給付時，此一準備金之數額始將逐年減少，至滿一百歲時，由於所有投保人均已先後獲得死亡給付，而使全組責任準備金遞減為零。值得注意的是，就一組業務計算的每年責任準備金，雖在一定年齡後開始遞減，但除以當年生存人數所得的每人準備金，則仍是逐年遞增的。這是因為全體準備金雖已逐年減少，但因死亡率大幅增加，以致生存者遞減的速度大於全體準備金遞減的速度，故每年每一生存者分享的準備金總是逐年增加，至年滿一百歲時，每人準備金數額亦仍與其保險金額相等。

2.責任準備金之計算方法　責任準備金之數額，隨其假定之死亡率、利率以及使用之計算制度而異。美國已使用一九八〇年 *CSO* 生命表，

我國則自民國七十七年起改用臺灣壽險業第三回經驗生命表，並將男女分別規定。至其使用之計算制度，美國法律除允許保險公司可採用平衡純保費準備金（*net level premium reserve*）制度外，亦可採用其他修正之準備金制度。我國保險法施行細則第十二條，對人壽保險最低責任準備金之提存方法亦有規定，並均較平衡純保費準備金爲低，故人壽保險業如採用較高之平衡純保費準備金制度，自應爲法律所允許。一般而言，保險公司提存的數額，往往超過法定最低額。不論採用何種制度，在計算時都有兩項假定：(1)每年年初收取保費，(2)一年內的死亡賠款，都在年底支付。

茲假定採用平衡純保費準備金制度，而在實際計算時，又有(1)追溯法（*retrospective method*），或稱已繳保費推算法，與(2)預期法（*prospective method*），或稱未繳保費推算法的不同。所謂追溯法，是就保單生效後歷年收取之純保費，加上假定之投資利息，並扣除假定支付的死亡成本後，其餘額即爲應有的責任準備金。要注意的是，此種假定的投資利益與死亡成本，並非實際發生的投資利益與死亡成本，實際的如較假定的有何差異，即會使盈餘金發生變動。所謂預期法，是預定將來可能賠付的死亡給付，減掉將來可能收取之保費及其投資收益後，其餘額即爲應有的責任準備金。同樣地，此地所用的死亡率與投資利率，都是假定的。爲說明方便起見，茲假定保險公司對年在四十歲之某人，出賣保額一千元之三年限期繳費六年期儲蓄壽險（卽生死合險），依一九八四年臺灣壽險業第二回經驗生命表及百分之六的年息計算，第三年末之責任準備金應爲多少？

甲、依追溯法計算，可列表於下（純保費爲二五一‧一二元）

1	2	3	4	5	6	7	8
年 數	年初生存人數	死亡人數	基金總額	按百分之六年息累計之基金總額	死亡給付	準備金總額	每一保單之準備金
第一年	9,165,077	36,294	2,301,534,136	2,439,626,184	36,294,000	2,403,332,184	263
第二年	9,128,783	39,427	4,695,752,171	4,977,497,301	39,427,000	4,938,070,301	543
第三年	9,089,356	43,074	7,220,589,380	7,653,824,742	43,074,000	7,610,750,742	841

上表第四欄之基金總額，是前一年末之準備金總額（第七欄），加上純保費（二五一‧一二元）乘以（第二欄）年初生存人數之積數（此例因從四〇歲起算，第一年之基金總額僅爲當年收取之保費總額）。此一基金總額再按百分之六的利率累積後（第五欄），減去當年死亡給付總額（第六欄），卽得準備金總額（第七欄）；此一總額再除以年末生存人數（卽次年年初生存人數），卽得每一保單之準備金。

乙、依預期法計算，可列如下表:

1	2	3	4	5
第三年底生存人數	將來死亡給付的現在價值	將來收取純保費的現在價值	準備金總額	每一保單之準備金
9,046,282	7,602,769,938	〇	7,602,769,938	841

上表第二欄金額之算式如下:

$$(47,276,000 \times 0.9433) + (51,870,000 \times 0.8899)$$
$$+ (8,947,136,000 \times 0.8396) = 7,602,769,938$$

其中假定第四年之死亡人數爲四七、二七六人，第五年之死亡人數爲五一、八七〇人，第三年卽最後一年之死亡與生存人數共爲八、九四七、一三六人，故各別乘以保額一、〇〇〇元，再分別按百分之六的年利率折算成現在價值。〇‧九四三三爲一年後一元之現在價值，〇‧八八九九爲二年後一元之現在價值，而〇‧八三九六則爲三年後一元之現在價值。

上表第三欄金額爲零，那是因爲本例爲三年限期繳費之保單，第四

年起不再收取保費，故第四欄準備金總額即爲第二欄將來死亡給付的現在價值。第五欄每一保單之準備金，爲第四欄金額除以第一欄生存人數之商數，與追溯法計算之結果完全相同。

就兩法比較而言，預期法最爲保險公司普遍所採用，通常也爲法律規定使用之計算方法。事實上，兩法如有相同的計算基礎（死亡率與投資利率），則其算出之準備金數額應屬相同，前例所用二法計算之結果，即是如此。

3.修正的準備金制度、上述以平衡純保費爲基礎之計算法，未能顧及契約第一年所須支付之鉅額費用（主要爲高額佣金、保單製作費及身體檢查費等），因而使第一年提存之責任準備金過多，而減低了保險公司的盈餘金額；而以後各年保費收入，又超過實際支付的費用，而可逐漸恢復第一年所減少的盈餘金額。爲使每年提存之責任準備金符合實際情況，乃有數種修正制度之產生。就美國而言，較爲普遍採用的，有下列二種，此地限於篇幅，僅就修正之原則加以敍述。

甲、初年定期修正制 (*Full Preliminary Term Plan*) 即將第一年視爲定期保險，不提準備金。第二年起按高一歲年齡之平衡純保費計算每年應提之責任準備金。換言之，即將平衡純保費之計算年齡提高一歲，而契約期限縮短一年，因之第一年未提之責任準備金，可由以後各年所提之較多準備金予以補足，而使保險公司於保單第一年可有較多之收入用於支付較多之費用。但此一方法對費率較高之保單仍有流弊。因第一年所收之巨額保費，如完全不提責任準備金，則將超過實際所需之保險成本。因而又有其他各種修正之設計，其中使用最廣者，爲美國人壽保險業通用之 *CRVM*。

乙、保險監理官準備金估價制 (*Commissioners' Reserve Valuation Method*) 簡稱 *CRVM*。 係將保單分爲兩類：第一類保單，

是其初年定期修正制之續年（即第二年及以後各年）純保費，如未超過二十年付費終身壽險續年修正純保費，則按初年定期修正制計算責任準備金。第二類保單，是其初年定期修正制之續年純保費如較二十年付費終身壽險續年修正純保費為高，則第一年費用借用數額為其二十年付費終身壽險續年修正純保費減去第一年死亡成本後之餘額，並將此一借用金額加上此一保單一次躉繳純保費後，計算修正後之每年平衡純保費，或稱「修正純保費」。修正純保費減掉上述之費用借用金額，即為「初年純保費」。由於初年純保費較原有平衡純保費為低，故其計算之第一年準備金可較少，而修正純保費因較原有平衡純保費為高，故續年計算之準備金則較多。但續年計算之準備金加上將來收入的「修正純保費」，應仍足以支付將來的死亡給付。

　　丙、我國對於責任準備金提存之規定　我國在民國六十一年底前法定責任準備金為十五年繳費十五年滿期生死合險修正制。六十二年起應改為二十年繳費二十年滿期生死合險修正制。惟因業者反對，乃於民國六十四年八月修訂保險法施行細則，於第十二條規定：「人壽保險期間超過一年之生存保險、生死合險、定期死亡保險及終身保險之純保險費，較同年齡之二十年繳費二十年滿期生死合險為大者，其最低責任準備金之提存，以採用二十年滿期生死合險修正制為原則。但在民國六十六年底以前保險期間超過一年之生死合險、定期死亡保險及終身保險，最低責任準備金之提存，得採用十五年繳費十五年滿期生死合險修正制。其餘保險，一律採用一年定期修正制。」

　　此外，依我國保險法施行細則第十七條規定，人身保險業於年終結算時，其自留部分業務，應按險別依下列規定提存特別準備金：

　　1.一年定期壽險、健康保險及傷害保險，除應按財政部核定之費率計算公式之特別準備金比率提存外，如實際賠款率低於預定損失率時，

其差額部分之百分之五十仍應提存。

　　2.各險之實際賠款率超過預期損失率百分之百時，其超過部分，得就已提存之特別準備金沖減之。

　　3.各險特別準備金累積提存總額超過其當年度自留毛保險費時，超過部分，應收回以收益處理。

第十二章　再　保　險

第一節　再保險的組織與市場

任何保險公司對於特定單位或特定地區承保的金額過大，均有遭致巨額損失的可能性，為避免此種可能發生的巨額損失，保險公司可以採取三種不同的途徑：

一、每宗保險的金額，以其自己所能承擔的損失為限，即在所保危險事故發生時，保險公司有獨自賠償此一保險金額的能力。此一方法過於限制了保險公司的承保金額，自非大規模的保險公司所願為。

二、對於大額保險，與其他保險公司合簽保險單，即所謂共同保險 (*Coinsurance*)。此一方法多在保證業務方面採用之。美國若干保險公司曾聯合承做原子能財產保險，亦一顯例。但難適用於大多數的意外保險，且在處理上亦有不便之處。

三、再保險 (*Reinsurance*)，即將自己承做的保險業務，以一部份、甚至全部讓與其他保險公司。在保險術語上，分讓保險的公司，稱為分保公司 (*Ceding Company*) 或原保險人，而受讓保險的公司，稱為再保公司 (*Ceded Company*) 或再保險人。分保公司雖須依照再保險契約，將所收一部份保費繳付再保公司，但由此亦可獲得一定成數之佣金收入，並於承保的危險事故發生時，由再保公司分擔一部份賠償責任。此為現今保險業通常採用之方式。

承做再保險業務之組織，可分爲下述幾種不同的形態：

甲、專營再保險公司——此類公司專門對原保險公司辦理再保險，而不與之競爭原有客戶之保險業務。通常多由原保公司演變而成，具有雄厚的財力與信譽，足以承當鉅額損失的賠償責任。

乙、兼營再保險之保險公司——卽由原保險公司兼營一部份再保險業務，通常於火災保險、保證業務及竊盜保險採用之。有時亦採交互保險 (*Reciprocal exchanges*) 方式，卽兩個保險公司，各以自己承做的保險業務向對方再保險，亦卽甲公司爲乙公司之再保險人，乙公司亦爲甲公司之再保險人。此外，集團公司 (*A fleet of Companies*) 內，力量較大之公司，爲保護其力量較小之姐妹公司，亦可對之兼營再保險，以使再保險之利益不致爲集團外之公司所拿去，並從而節省集團公司的再保險成本。

丙、聯營再保險 (*Reinsurance pool*) ——卽由若干保險公司協議，按固定百分比，共同分攤每一公司承做之再保險業務。在形式上，或由其中一家公司出面簽發保單，或由各個保險公司共同簽發保單，但均按協定比例分擔再保險之責任。此種聯營方式，有些係由支薪的專職經理人經營，有些則由再保險代理人經營，按再保險金額抽取佣金。

丁、倫敦勞依玆 (*Lloyd's of London*) ——此一保險組織內之保險人，亦多結合爲許多辛迪加 (*Syndicates*)，從事再保險業務。但每一保險人，仍各自依其協定比例承擔定額再保險，在法律上並不負連帶責任。

再保險市場，可分爲經紀人市場及直接市場兩種。前者係透過保險經紀人爲之，由再保險公司付以佣金。有時亦由分保公司直接付以佣金，再保險公司僅視之爲分保公司的代表人。直接市場係指再保公司與分保公司洽定再保險，而不透過任何經紀人。

第二節 再保險的功能

保險公司之所以需要再保險，乃因再保險具有下列數大功能：

一、穩定營業結果 保險事業雖可使受保險者免除事業上之各種風險，但保險業本身則仍爲一種頗具危險性之事業。換言之，如其賠款率 (*loss ratio*) 或費用率 (*expense ratio*) 過大，則事業經營不免出現虧損；或者各年損失比率差異過大，雖有時獲得巨額利潤，亦有時遭致巨額虧損，使其營業結果難期穩定。再保險之主要功用，卽在減輕此種損失比率之波動。在損失較少年份，雖因再保險而減少分保公司之利潤數額，但另一方面，在損失較多之年份，則因再保險而減少其賠償金額，使分保公司得以控制其損失比例，各年營業結果乃因之而獲得相當之穩定。事實上，再保險對於分保公司之作用，亦如保險對於普通被保人之作用，由此可使保險公司本身減少其危險性，而有助於整個保險事業之穩定發展。

二、擴大保險能力 保險公司之保險能力，常受其自身財務狀況所限制。一個擁有巨大淨資產之保險公司，自能出賣金額較大之保險單，因爲對任何單一保單之賠償，不致危害其健全的財務基礎。反之，一個資產較少之小公司，因不堪遭受一次巨額損失的賠償，而不敢出賣金額較大之保險單。但過份限制保單金額，將減少保險公司之營業機會及獲利能力。有了再保險後，保險公司因可分散一部份危險與再保公司，卽可出賣金額較大之保險單，而不須過份考慮其自身的賠償能力。尤有甚者，財產保險公司依法例須提存未滿期保費準備金 (*Unearned Premium Reserve*)，當其發展初期，如所承保的金額過多，在提存巨額的未滿期保費準備金後，致無力量支付保險代理人或經紀人的佣金及日常營業費

用，或則使其有限的盈餘發生耗竭現象，而致影響其保險能力。茲舉例說明如下：

設某公司承保五年期火險，共收保險費 100 元，在第一年終了時，已賺保費20元，提存未滿期保費準備金80元；再假定代理人之佣金及他項費用共支付40元，則準備金與費用合計共需120元，與所收保費100元相抵，尚不足20元，在會計處理上，卽爲此一公司之損失。美國法令規定保險公司在開業前，除須繳足最低限度之資本外，並須具備最低限度之已繳盈餘。因此，一家開業未久之保險公司，當其保險金額逐漸增加時，卽將因上例之帳面虧損，而損及其法定最低盈餘數額。換言之，卽其所能承保之金額，每受其法定最低盈餘所限制。

倘如此一保險公司以分擔再保險 (*Share reinsurance*) 方式，分出保險金額之一部分，雖同時亦須以同一比例之已收保費讓與再保公司，但分保公司不必爲此一部分保費提存未滿期保費準備金，另一方面，且可從再保公司獲得佣金收入。茲假定分保金額爲原保金額百分之八十，則自留部分之保費收入爲20元，一年後已賺保費爲 4 元，提存未滿期保費準備金16元。再保佣金如亦按保費百分之四十計算，可得佣金收入32元。如此，已收保費及佣金共爲52元，付出佣金費用、及提存未滿期保費準備金共爲56元，兩抵不足 4 元，較未再保險時之帳面損失爲少。因之，以同樣之盈餘，卽可承做較多之保險業務。換言之，採用再保險方式，可使保險公司較早收回其一部份的支出費用，並減少其未滿期保費準備金。故新成立之公司爲承做較多之保險業務，常有降低其自留額 (*Net retension*) 的必要。

三、避免非常損失　任何大小的保險公司，卽使已對每一保單之保險金額加以適當之限制，但其所承保的危險單位 (*exposure units*)，可能同時遭受同一危險事故所發生之損失。例如一次大火可毀滅同一城市

內之無數房屋，一次天然災害可使廣大地區之作物遭受損失，一次飛機相撞，可使人數衆多的旅客遭致傷亡。此類非常損失，卽使爲財力雄厚的保險公司，亦不堪其負擔。因爲一種非常損失，不但將嚴重損害其已有的盈餘，且將突然增加現金的需要，而使投資計劃受到巨大打擊。爲避免此種非常損失，保險公司必須以再保險方式，使一群易受同一災害損失之危險單位，由再保公司分擔一部分損失賠償的責任。

四、充分發揮平均作用　吾人均知大數法則(*Law of large numbers*) 或平均法則 (*Law of average*) 乃爲保險事業賴以建立的數理基礎。但此一法則如須充分發揮作用，則各個危險單位，最好能有相當一致之保險金額。蓋如各危險單位之保險金額過於懸殊時，則基於大數法則所計算之損失確率 (*loss of severity*) 難於穩定，萬一少數保額過大之單位發生損失時，保險公司之賠償數額勢將超出其預期的賠款率。有了再保險後，保險公司可依其自身的需要，確定每類保險的自留額，然後將超出自留額的部份讓與再保公司，如此可使保險公司對於同類危險單位的保險金額，維持一種相當齊一的水準，俾使實際的平均損失，更能接近預期的平均損失，從而保險費率的計算較爲正確，間接卽有助於營業狀況的穩定。

五、除上述各項主要的功能外，再保險尚有若干特殊的作用，亦值一述。設如某一保險公司擬放棄其已承做之某一地區或某類行業甚至全部的保險業務，卽可利用再保險將之轉讓於他一保險公司，不獨仍可保持其在保險業的信譽，且能收回其花費的各項成本，甚至還可獲有若干盈餘。又如一家初設的保險公司，對其承做業務尚乏豐富經驗，有了再保險後，卽可獲得再保險公司之指導與協助，使其業務得以健全發展。再者，有了再保險後，無異擴大了每一保險公司的保險單位，而使風險的分散更爲廣泛和減少，如此可使保險成本降低，被保險人自亦獲得減

少保費的利益。

第三節 再保險的種類

再保險大致可分為合約再保險（*Treaty reinsurance*）、臨時再保險（*Facultative Reinsurance*）、或是二者的混合。其為合約再保險時、保險人必須依照其與再保險人之合約規定，自動將其承保之業務分讓部分與再保險人，再保險人亦須接受其所讓與之業務。合約係就某類業務之全部加以規範，當保險人簽發一張合約所涵蓋之保單時，再保險即自動適用於該一保險業務。而在臨時再保險下，保險人須就每一個案決定有無再保險的必要，而再保險人亦可依其自己的考量，對之作接受與否的選擇。由於每一保單之臨時再保險，均須就其再保險之條件進行洽商，不免耗時費力，且在再保條件確定之前，保險人不敢貿然接受大額保險，因之乃有一種混合的方式出現，即是保險人與再保人之間先就再保條件、費率及理賠程序等議定合約，其約束力則視合約規定而定，容於本章第四節說明之。

勿論為合約再保險或臨時再保險，均可再分為比例再保險（*Proportional reinsurance*）與非比例再保險（*Nonproportional reinsurance*）兩大類。前者又可稱為保額分擔再保險（*Insurance sharing reinsurance*），其中可再分為比例分擔（*Quota share*）與溢額分擔（*Surplus Share*）兩種再保險；後者又可稱為損失分擔再保險（*Loss sharing reinsurance*），其中也可再分為超額賠款（*Excess loss*）及超率賠款或損失限額（*Excess of loss ratio or Stop loss*）兩種再保險。茲再分別敍述於次：

一、比例分擔再保險 我國亦常以固定比例再保險稱之。依照合約

規定，分保公司須以每宗保險之保額依特定百分比讓與再保公司，再保公司則依同一比例分享保費與分擔損失。當保險公司成立未久，隨其業務發展而致所提未滿期保費準備金足以損及其必需之盈餘金時，即可採用此法，將其承擔之風險轉移一部分與再保公司，從而可以較少之盈餘金，承做較多之業務。有時候，兩個保險公司之間成立交互保險契約，各以承做保險業務的一定比例讓與對方。設以每宗保險所收保費百分之六十讓與再保公司，則再保公司對每宗保險所發生之損失，亦須賠償百分之六十。此種再保險，多由財務狀況不太良好之財產保險公司採用之，意外保險公司亦間有用之者。

二、溢額分擔再保險 保險公司首須建立各項保險的自留額（*Net retention*），然後以每宗保險超過自留額的部分讓與再保公司，但以事先約定之最高倍數爲限（英文稱此爲若干 *line*，我國以「線」稱之，實即倍數之意），通常並不得超過預定之最大金額。例如某公司火災保險之自留額爲一萬元，再保公司約定最多按自留額承擔五倍的再保險，即爲五萬元。如保險金額過大，除第一次溢額再保險外，尚可有第二次及第三次溢額再保險。但應於保險金額超過自留額及第一次溢額再保險的限度時，始可辦理第二次溢額再保險，如尚不足，則可辦理第三次溢額再保險。其與前述比例分擔再保險不同之處，是在自留額以下之小額保險，不須分保，在約定之最高倍數內，亦可自行決定其分保之倍數。至於此種再保險之所以仍屬分擔性質者，即再保公司仍按分保公司分保數額與全部保險金額之比例，分享保費與分擔損失。分保公司一方面按分保金額付出保費，另一方面則從再保公司獲取一定成數之佣金，美國火災保險通常爲再保公司所得保費百分之四十。倘如再保公司對此再保險之結局良好，分保公司通常尚可從其獲得「或有佣金」（*Contingent Commission*），其數額視當年再保公司對此再保險之獲利情況而定。

例如再保公司依其獲利額保留百分之五的管理費用補貼(*Management Expense Allowance*)，再按餘額最高給以三分之一的特別佣金是。

依美國習慣，倘如同一保險內包括幾種不同之危險事故，如火災及其他附加保險，或同一保單內包括幾種不同之保險標的，如房屋與家物，則各部份之保險均須適用相同比例之溢額分擔再保險。採用此種再保險方式者，通常爲辦理火災及附加保險、誠實保險、竊盜保險、傷害及健康保險等之保險公司，並常以聯營再保險方式辦理之。

三、超額賠款再保險 先由雙方議定應由分保公司自行負擔的損失金額，稱之爲自負賠款額（*Retained loss*）。超過此一數額之損失，則由再保公司負責賠償。通常一家再保公司所願承擔的賠償金額，仍有其相當限制，因之分保公司於出賣一張金額過大的保單時，可能須與數家再保公司分擔損失賠償。在實務上，仍由分保公司先行賠付全部損失金額，然後依再保合約規定，向再保公司收回其應分攤的賠償金額。由於計算損失的基礎不同，又可分爲下列兩種：

1.以每一保單及每一損失爲基礎 先由分保公司承擔其自負賠款額，超過此一數額的損失，則由再保公司負責賠償，倘如損失金額不及分保公司的自負賠款額，則再保公司不須負擔任何賠償責任。其由分保公司自行負擔的損失部分，頗與汽車保險中之自負額（*Deductible*）相似。例如依照某一公司風災保險之再保險合約，分保公司以其所收保費百分之一，讓與再保公司，每次風災損失超過十萬元時，其超過部分由再保公司負責賠償。有時候，由於保單金額過大，尚須分爲數個層次的超額再保險。例如某一風災損失爲五十萬元，其中七萬五千元，由分保公司自行賠償。第一層次超額損失爲十七萬五千元，由甲再保公司負責賠償，第二層次超額損失爲二十五萬元，由乙再保公司賠償。每一層次

的再保險費率各不相同，層次愈高者，因其賠償機會愈少，故其費率亦愈低。

此種超額賠款再保險，以意外保險採用者最為普遍，財產保險亦有採用者。而且，從事比例分擔再保險之再保公司，亦有利於再以此種方式辦理轉保 (*Retrocession*)，以減輕自身承擔的再保責任，容於以後說明之。

2.以一次意外事件多數保單為基礎　通常稱此為巨災超額再保險 (*Catastrophic excess reinsurance*)，適用於一次意外事件在特定時間內（通常為四十八小時或七十二小時）所發生之全部損失，其目的在避免一次風災或一次地震或一次大火在廣大地區內造成之巨額賠償。例如美國依其風災保險之經驗，平均每五年遭遇一次巨大損失，各州政府曾允許保險公司在訂定保險費率時，可增收百分之一的保費，列充為特別危險準備金，因此保險公司對於一次風災所造成的非常損失，其自行賠償部分，不能超過其五年內平均保費收入的百分之五。超過此一數額的損失，即須利用巨災超額再保險，轉由再保公司承擔賠償責任。除危險較為集中之財產保險（如城市中之房屋）廣為採用此種再保險外，也是責任保險唯一採用之再保方式。

四、超率賠款再保險　亦可稱之為損失限額再保險，是以分保公司某類保險全年損失為基礎，如其超過雙方預定的損失限額 (*Stop loss limit*)，則由再保公司就其超過部分加以賠償，通常仍受分保公司全年保費收入淨額預定比率或預定金額的限制，而以較小者為準。至於此一損失限額，或是預定為分保公司全年保費收入淨額的某一百分比，或是預定為某一固定金額，以其較大者為準。茲以下例說明之。

設分保公司與再保公司訂立此種損失限額再保險合約，規定分保公司之某類保險損失超過預定之損失限額時，由再保人在分保公司全年保

費收入淨額百分之五十或三百萬元之範圍內加以賠償，而以小時為準。此一損失限額經商定為分保公司全年保費收入淨額百分之七十，或是三百萬元，而以大者為準。因之分保公司全年保費收入淨額為五百萬元時，全年損失如未達此一金額的百分之七十即三百五十萬元以上時，再保公司不須擔付任何賠償責任。另一方面，如分保公司全年損失為六百萬元，則已超過損失限額（保費收入淨額百分之七十，即三百五十萬元），應由再保公司賠償二百五十萬元（未超出再保公司預定之賠償限額，即全年保費收入淨額百分之五十）。

除上述幾種基本形態之再保險外，尚有各種混合式之再保險。最常見的為比例溢額混合再保險（*Mixed quota Share and surplus reinsurance*），即一定保額內採比例分擔制，超過部分採溢額分擔制。而比例再保與溢額再保下之再保險人，可為相同之再保人，也可為不同之再保人；可為一人再保，也可為多人再保。此外，人壽保險尚有一種獨特的再保制度，稱為每年更新制（*Yearly renewable term* 簡稱 *YRT*）。在此一制度下，分保公司只就其自留額與保險淨額（*Net amount at risk*）的差額加以再保。所謂保險淨額，是指保單面額減掉其年終準備金（*terminal reserve*）後之餘額，由於年終準備金逐年遞增，故再保險之金額逐年遞減。例如某一人壽保險公司之自留額為十萬元，當其出賣一張金額為二十五萬元之保單時，第一年即有十五萬元之保額需要再保。經過多年以後，其年終準備金已增至十三萬元，該年之再保金額則已減至只有二萬元。此一制度頗為小型的人壽保險公司所採用，因其可在無須承擔較大的風險下，得以保留較多的保額，而獲得較多的保費收入也。

第四節　再保險的途徑

保險公司獲得再保險，通常係與再保公司簽訂合約（*treaty*），規定再保險之項目及雙方所須遵守之條件及手續等。但因規定之條件不同，又可分為若干性質不同的合約。惟合約規定的再保金額，多有一定的限度，超過此一限度以上的再保險，則須臨時求之於公開市場（*Open market*）。茲分別闡述於下：

一、合約再保險（*Treaty reinsurance*）合約再保險雖多限於分保公司將來獲得之保險，但亦有包括業已獲得之保險業務者。依其性質，復可分為下列數種：

1.自動再保險合約（*Automatic treaty*）卽在合約有效期間內分保公司對其承做的保險業務，均自動由再保公司加以再保險，雙方均不得有所選擇。通常分保公司於每月終了後，應將再保公司於當月內所分享之保費，分攤之損失（包括處理損失之費用）及應付賠款準備金等報告再保公司。再保公司應得保費於扣減分保公司之佣金後，與其應攤損失賠償金之差額，則由負債之一方支付之。此項合約表面上多為一年，但採自動延續方式，卽雙方於合約滿期前如不於規定期限內通知對方解約，則合約效力自動延續一年，以後亦如此，藉以避免每年換訂新約之麻煩。

2.半自由再保險合約（*Semi-facultative treaty*）卽在合約有效期間內，分保公司仍有權就個別保單決定應否再保險，再保公司對此提供再保險之業務，則有接受之義務。通常亦稱此為開放合約（*Open treaty*）。有時候，分保公司有將每一保單提供再保險之義務，而再保公司保有拒絕任何特定保單再保險之權，但須於

一定期間內通知分保公司。在此一情況下，分保公司須將提供再保險之每一保單按月列報再保公司，俾後者能作個別選擇。事實上，再保公司很少運用此一權利，故在半自由合約下，再保公司保留其個別選擇之權利，乃一不常見之特例。

　　據作者所知，美國有一保險公司曾規定自留額爲十五萬元，第一次溢額合約再保險定爲一百萬元，半自由合約再保險定爲自留額與第一次溢額再保險合計數之超過部份，但不得超過七十五萬元(實爲第二次溢額再保險)，以上則爲臨時再保險。半自由再保險部份，再保公司有上述個別選擇之權。分保公司所得佣金爲再保公司所分保費百分之三二‧五，而其第一次溢額再保險之佣金，則爲再保公司所分保費百分之四〇。舉此實例，當可概見各種不同再保險之關係。

3. **自由再保險合約** (*Facultative treaty*) 保險公司雖與再保公司訂有再保險合約，但分保公司不必讓渡其所有承做之保險業務，再保公司亦有權拒絕任何提供之再保險，故對雙方均無自動性的約束力量。通常分保公司須將每一提供再保險之業務，個別通知再保公司，原則上並自寄出通知之時生效，再保公司接到通知後，如不願承保，應卽回復分保公司。

　二、**臨時再保險** (*Facultative or Street reinsurance*) 意卽保險公司與再保公司之間，平時並無再保險合約之存在，保險公司對於特定之保險業務，在有再保險之需要時，始臨時與再保公司洽商，一切條件亦均臨時議定。此種再保險，通常係於保險公司之承保金額，超過其自留額及合約再保險金額之總和時，始有必要。其再保險之金額，通常卽爲此一超過部份之全數。其與上述自由再保險不同之處，祇在再保險之條件，未有先訂之合約加以規定，故所付出之保費亦較高，但兩者對

再保公司是否接受再保險均無約束。如保險公司承做的保單金額過大，而致超出其自留額與自動合約再保險之金額時，如不能同時在有利條件下獲得超額部分的再保險，卽須自己承擔此一部份損失的賠償責任。

最後，尙須一言及之者，卽再保險公司於承擔再保險後，爲減輕其自己的保險責任，亦可進行再保險的再保險，在保險術語上，稱此爲轉保 (*Retrocession*)。 蓋再保公司從若干分保公司承受的再保險，可能集中於某一地區或某一類別， 如不加以再保險， 可能使其遭致巨額的損失。再者，分保公司依據合約轉讓的保險金額，可能較再保公司所願承受的金額爲大， 故亦須以此方法再行轉讓一部份， 以使自留的再保金額，不致超出其所能負擔的最大限度。透過此種再保險的再保險，乃更擴大危險分散的範圍，使全世界的無數投保人，均無形中發生縱橫錯綜的關係，此於鞏固整個保險制度及安定全體人類經濟，均有其莫大之影響。

第十三章　政府對於保險事業的管理

第一節　政府管理的理論基礎與目標

　　保險事業與一般商業，性質迥異，因之適用於一般商業之自由競爭原則，殊不適用於保險事業。第一、保險事業所出賣者，為將來可能履行賠償義務之諾言，故其財務上之償付能力 (*financial solvency*) 為投保人之信心所寄，亦為政府管理保險事業的主要目的。如任其自由競爭，則必導致保險費率之過低，或佣金支付之過高，凡此均將損害保險人之償付能力。第二、保險契約通常均有其固定之條款，投保人祇有接受與否之選擇。事實上，投保人對此契約的內容，亦很少仔細閱讀，如無政府管理，必將導致欺詐與投機之風，非但損害被保人之利益，亦必使社會大眾對保險事業失却信心，從而喪失其穩定發展所必需之社會基礎。第三、保險事業表面上關係於被保人之個人利益，實際上，賴被保人以維生活之家庭或員工，均直接有其利害關係。而今日之保險事業，幾已普及於任何家庭與每一企業，其影響之深遠與廣泛，實非其他任何事業所能及，為公共利益着想，實有加以管理之必要。至於一般商業活動，多為貨物與勞務之買賣，買賣雙方亦可自由議定交易條件，為淘汰效率較差之廠商，促進生產資源的合理分配，保障消費大眾的利益，故有促進自由競爭的必要。保險事業則不然，如以自由競爭作手段，反有害於保險事業的健全發展及被保人的利益。目前世界各國的保險事業，

無不置於政府的管理之下，其所致力的目標，不外下列數項：

一、維護其賠償能力 此為建立及發展保險事業的主要條件，亦為政府管理的最要目標。保險人的賠償能力，一方面繫於保險價格是否合理，一方面則視事業經營之良窳而定。即使保費收入甚多，如保險費用太高，或資金運用不當，均可損傷其賠償能力。因之，政府對保險費率的計算，經營費用之支出，投資的範圍與資產的估價等，均須予以適當的規定與限制。

二、健全其組織功能 保險事業之經營，無論採取何種型式，均賴有健全之組織，始克發揮其固有之功效。因之，保險機構之設立，必須具備一定的條件。其中尤以資本或基金的提供，最為重要。其次，關於經營業務之重要人員，亦須具有一定之法定資格；對其內部之各種情況，須作定期或臨時性的檢查；在有危及投保人之利益時，須有斷然而必要之處置。

三、防止不合理的獨佔 保險事業雖不適用自由競爭原則，但須防止不合理的獨佔，以免違害被保人的利益。事實上，各國對於保險機構的設立，均視需要予以有限度之開放。政府一面以特許權授與少數保險公司，一面則保留其管理權力，如規定營業範圍，核定保險費率，並容許其作有限度的競爭，均為防止不合理獨佔的必要措施。

四、維護保險契約的公正性 保險契約為當事雙方權利義務的依據，原應為當事人自由協議的結果，但保險契約通常均為附合契約 (*contract of adhesion*)，即由保險人一方所提供，被保人一方祇有接受或拒絕的選擇。因之，為防止保險人的欺詐及維護契約的公正性，政府通常對於保險單的內容，或規定其必備之條款，或逕予製定標準保單，或保有核定保單條款之權力。由政府運用此一權力的結果，已使保險契約日趨標準化，雖不免阻碍保險事業的迅速創新與進步，但使保險市場之

交易更趨便利，並使契約之法定解釋，具有廣泛的適用性。

　　總之，政府對於保險事業的管理，一方面應使其在組織與業務上保持適當的競爭，以免形成少數大公司的獨佔及獲致過分的投資利益；另一方面，則須在定價、投資、支出，及營業方法等方面，予以適當而周密的管制，以使保險業者不致遭受破產和清算的命運。

第二節　保險立法與行政

　　保險立法通常可分為兩部分：一為有關保險事業的管理，可稱為保險業法；一為有關保險契約的訂立，可稱為保險契約法。瑞士、法國、德國、日本等國，均係分別立法，有關保險業之管理法令，通常多頒行於保險契約法之前。同時，保險契約法，亦有不單獨立法，而於一般商法中加以規定者，如日本是；法、德二國，則僅於商法中規定海上保險契約。英國對保險契約之格式與內容，並無特別規定，但1906年之海上保險法，則對勞依妓採用之海上保險單，予以法律上之承認。至其對於保險業之管理權力，則包含於保險公司條例內。美國係由各州政府管理保險事業，各州雖有其單獨的保險法規，但因各州主管保險行政之首長，有一全國性之組織，名為「全國保險監理官協會」(National Association of Insurance Commissioners) 每年集會二次，對有關保險立法事項，作成建議，於統一各州保險立法及行政措施，常有其重大之影響。我國於民國52年以前，曾分別訂有保險法及保險業法。52年將二者合併修訂為保險法，其中有關保險業一章，即為政府管理民營保險業之各項規定，關於海上保險契約，則另於海商法中予以規定。政府為實施其對保險業之管理，並依保險法第一七五條之規定，於民國57年另訂保險業管理辦法，以為政府管理保險事業之補充法規。

關於政府管理保險事業之權力與範圍，以英國規定最寬，經營保險業，無需執照或其他特別之批准。如為公司組織，僅須依正常方式辦理公司登記卽可。個人經營保險業，則先須取得勞依玆協會(*The Corporation of Lloyd's*, 此為倫敦勞依玆的正式名稱) 之會員資格。如為會員共濟之相互保險，並可免除大部分之管制要求。除少數例外，各保險人均可自由經營任何一種或數種保險業務。政府之權力，祇在定期公布各保險業之財務狀況，並規定其最低之開業資金 (不適用於互助組織) 及最低之償付能力標準。為確保最低之償付能力，可要求保險業者提供必要之資料，並派員實施帳目檢查。如保險業者失其償付能力或拒絕提供必要之資料，則可請求法院予以停業淸理。另一方面，美國各州政府對於保險事業的管理，則極為廣泛和嚴格。

惟就一般國家而言，通常約有下列事項受政府之監督與管理:

(一)關於組織方面者

　　1.實施設立許可制

　　2.規定其組織型態

　　3.規定其營業範圍

　　4.規定其開業資本

(二)關於財務方面者

　　1.規定賠款率與費用率

　　2.規定各種準備金之提存

　　3.規定資金運用的範圍

　　4.規定財產估價的標準

(三)關於營業方面者

　　1.核定保險費率

　　2.核定保險契約之內容

3.禁止惡性競爭及不公平之歧視

(四)其他

1.營業及財務狀況之檢查

2.重要業務人員資格之規定

3.保險企業的停業解散及清算

政府管理保險事業之權力，雖如上述之廣泛，但在實施上，仍有程度之不同。以下擬就每一項目略加闡述與分析，並特別就我國現行管理法規，提出若干修正意見，以供有關當局及關心此一問題人士之參考。

第三節　關於組織方面的管理

一、實施設立許可制　保險業申請設立，通常具備一定之條件，始能獲得主管機關發給營業執照。此項條件，有屬於法律方面者，如提供有關法人登記及保險契約之各項文件是；有屬於財務方面者，如提供創業資本、流動資本、或保證金之證明文件及其他財務報表是；有屬於技術方面者，如提供保費計算之基礎及費率表是；有屬於經濟方面者，即主管機關得考慮增設保險業對於地方經濟之影響，以為核准與否之依據。惟若干國家對於國人申請設立之案件，不考慮其經濟條件，如法國是。西德保險監理法第八條雖有關於經濟考慮之規定，但因牴觸憲法第十二條人民有職業自由之權利，事實上已停止適用於德國保險業。

依我國保險法第一三七條之規定，保險業非申請主管機關核准，並依法為營業登記，繳存保證金，領得營業執照後，不得開始營業。是則我國保險業之設立，須經核准與登記兩次手續，尤其主管機關於核准設立時，並無一定之審核標準，可隨時基於經濟上之理由，為批准與否之決定，例如民國五十二年前一度開放設立，旋即完全停止接受設立申請，

殊有保障既得利益及剝奪人民經濟自由之嫌。

二、限制其組織型態　保險業之組織型態，以英國規定最寬，除專營保險業之公司外，經營其他業務之公司，亦可獲准兼營保險業，但以會計獨立爲條件。此外，個人亦可經營保險業，並有相互保險組織之設立。美國各州除均允許設立保險股份有限公司及相互保險公司外，若干州亦曾允許個人經營保險業，並有允許相互儲蓄銀行兼營人壽保險業務者。就其他各國而言，大多規定祇有股份有限公司及合作社（或相互組織）兩種組織，可經營保險業（如瑞士、西德、日本等國家）。我國保險法第一三六條亦有類似規定。揆其原因：

第一、就公司組織言　保險事業爲增強其償付能力，必須滙集巨大資本以爲後盾，採用股份有限公司組織，可減輕出資人的顧慮，易使保險企業大衆化。加以公司本身爲一具有永久生命之實體，適合保險業長期契約之需要。

第二、就合作組織言　合作社雖可爲有限、保證、及無限等三種責任制度，但因其爲社員相互保險性質，無論採用何種責任制度，均不致引起保險人與被保人間之利害衝突。但若干採用相互保險組織之國家，由於社員不需認購股份，多認定社員負有無限補償損失之義務。

三、規定其營業範圍　保險業之營業範圍，以英國規定最寬，各保險人均可自由經營任何一種或數種保險，不受限制。美國保險業務，原區分爲運輸與火災保險、意外保險及保證、人身保險三類，任何保險組織祇能經營一類保險，但意外保險公司或人身保險公司均得經營健康保險。1943年後，各州次第修改法律，將保險業務，區別爲人身保險與非人身保險兩類，非經營人身保險之公司，得經營人身保險以外之任何保險業務，但兩類保險公司，仍可各別經營健康保險。實際上，美國各保險公司經營之業務，並未如是之廣泛，仍多限於一種或少數幾種有關之

保險業務。法國規定經營壽險、結婚及生育險之公司，不得經營此項保險以外之其他業務，但經營壽險之公司，於獲准後得在保單內加保殘廢險及儲蓄險。西德規定產物保險、人壽保險、疾病保險、信用保險等四類保險，必須分開經營，經營疾病保險者，亦不得同時經營意外保險。瑞士規定保險業者不得同時經營人壽保險、意外保險、及其他一般保險，但壽險業者經特許後，仍可兼營與壽險有關之業務，如意外、殘廢、及疾病等之附加保險。日本商法將保險事業區分為損害保險及生命保險兩類，任一保險公司不得同時兼營兩類保險業務。我國保險法將保險事業區分為財產保險及人身保險兩類：財產保險，包括火災保險、海上保險、陸空保險、責任保險、保證保險及經主管機關核准之其他財產保險；人身保險，包括人壽保險、健康保險、傷害保險及年金保險。並規定同一保險業，不得兼營財產保險及人身保險兩類業務，責任保險及傷害保險，得視保險事業發展情況，經主管機關核准，單獨經營。

其次，世界各國對保險事業之專業化原則，均甚重視，大多於保險管理法中規定保險業不得經營保險以外之業務。我國保險法第一三八條第三款，亦有類似規定。但英國為例外，依英國法律，以經營其他商業為主之公司，亦可獲准經營與其主要業務有關之保險，作為對其顧客提供之額外服務，惟須保持會計獨立。事實上，各主要保險人仍以專營保險業務為限，至工程檢查及養老金之管理等非保險業務，祇為有關某種保險業務之附屬品，通常並包括於保險契約之內。美國之機器與鍋爐保單，亦附帶有工程檢查之規定，殊無背於保險專業化之原則。

一般而言，保險業之不能同時兼營財產保險及人身保險，乃是由於這兩種保險性質不同，經營技術迥然有別。但美國已將健康保險列為財產及人身保險公司均可經營之業務，故汽車保險中，除可有車身保險及責任保險外，並可包含醫療費用保險，對被保人車禍傷亡的支出予以賠

償，尚不失爲一種補救的辦法。我國保險法限定傷害保險祇能由人身保險公司經營，對財產保險中涉及被保人自身之傷亡，不能由財產保險公司一併保險，是其缺陷。事實上，若干保險學者已認爲，在許多方面健康保險實與財產保險相似，如兩者均爲短期保險，均適用損失賠償原則，均不含儲蓄成分，因之並具有大致相同之經營技術。爲適應未來複合保險之新趨勢，似須在此一方面再求改進。

　　四、規定其開業資金　各國保險法規對保險業之開業資金，均有適當之規定，惟其規定之項目與金額不盡相同。例如英國規定保險公司須有一定金額以上之已繳資本，互助保險組織須有一定金額以上之保證金，個人經營保險業，亦須依照勞依玆協會之規定，繳存一定金額以上之保證金。法國則依保險公司經營險類，分別規定其最低資本，開業時繳足半數以上，餘於五年內繳清。相互組織的保險社，無資本額的規定，但仍按其經營之保險類別，分別規定其最低開業基金，數額爲保險公司最低資本的半數。德國保險公司依法須有最低資本及營運資金兩項，均各依其經營之險類規定不同金額，經營一種以上保險者，以其中規定最高者爲準。合作社無資本額之規定，但應有等於保險公司最低資本百分之八十之開業基金；營業範圍不超過一州之地方合作社，其所需開業基金可較少，視業務範圍，個案核定。瑞士情形，更爲複雜，除規定保險公司須有最低資本，合作社須有創立基金外，且不論其組織形式爲何，均須另有營運資金，至少須爲額定股本或創立基金百分之十，用以支付各項創立費用，以後於有盈餘時退還認繳人。此外，保險公司尚須提供創立保證金，且不得移充業務準備。美國各州保險法規，均對股份保險公司按其經營險類分別規定其最低資本及已繳盈餘（*Paid-in sur-plus*），已繳盈餘多爲股本之半數。相互保險公司因無股本，則按其經營險類分別規定其原始盈餘（*Original surplus*）及繼續盈餘（*Con-*

tinuing surplus)，後者多爲前者的三分之二。此種按經營險類分別
規定創立資本及已繳盈餘之辦法，已遭受嚴厲批評。有人認爲新設公司
之問題，在於初期難獲足夠營業額以彌補共同費用，而與經營之險類無
關，因之應提高創立資本額及已繳盈餘額，並不分險類，統一規定。我
國保險法第一三九條規定，各種保險業資本或基金之最低額，由主管機
關審酌各地經濟情況及各種保險業務之需要，分別呈請行政院核定之。
又一四一條規定，保險業於設立時，應按資本或基金實收總額百分之十
五，繳存保證金於國庫。

　　保險業繳存保證金，原爲確保其償付能力，立意至善，但就已有最
低股本之保險公司而言，亦有人認爲此項保證金之繳存，並無合理之基
準，足以維持保險業之償付能力。而且，由於保證金之缺乏流動性，更
減低了保險業應付大宗賠款之能力，因之英國於一九四六年，法國於一
九六二年，均已廢棄有關創業保證金之規定。

第四節　關於財務方面的管理

　　一、規定賠款率及費用率　保險主管機關基於保險法授與核定保費
計算公式之權力，每對保險業之賠款率與費用率，分別險類加以規定。
主管機關依過去損失經驗釐定各類保險之賠款率（*Loss ratio*），如將
賠款率定爲百分之六十，則所收 100元保費中，自有40元用於損失賠償
以外之各項費用及預期利潤，通常稱此爲費用率（*expense ratio*）。如
實際賠款率大於預期賠款率，保險業可要求增加保險費率，如前者小於
後者，主管機關亦可命令保險業予以核減。至於各項保險費用，通常多
就招攬費用或代理人之佣金予以最高之規定，如爲長期契約，則每年佣
金可不相同。例如美國紐約州規定人壽保險代理人之佣金，第一年爲百
分之六十，第二年至第九年爲百分之八‧五，第十年爲百分之七‧五，

第十一年至第十五年爲百分之五，以後各年一律爲百分之三。一家保險公司如其支出之費用超過費用率，除非能以較好之損失經驗所節餘之危險差益予以抵補，勢將侵蝕其資本或盈餘金，因之勿使實際費用超出費用率，仍爲保險業在一定保險費率下維持生存之重要條件。

二、**規定各種準備金之提存**　一個有償付能力之保險業，其資產數值必須大於其負債數值，而負債項目中，則以各項準備金最爲重要，因之政府規定各項準備金之估價標準，實爲健全保險業財務之必要步驟。保險業之準備金，有法定準備金與任意準備金兩類：任意準備金係爲防範損失經驗及投資經驗之不利波動，由保險業於盈餘中自由提撥，實際上，應爲資本科目，而非負債；而法定準備金中，除依公司法或合作社法應於每年盈餘中提撥一部份爲法定公積（亦爲資本科目）外，並依保險業之性質，另提各項責任準備金（*liability reserves*），用以備付各項確定應賠或預期應賠之債務，此種準備金代表保險業對投保人賠償責任之現在價值，即爲其眞正之負債。關於各項準備金之內容，已於第十一章加以討論，不再贅述。

三、**規定其資產價值的標準**　保險業如可任意提高其資產價值，自易表現爲有償付能力，而使前述準備金之規定失其意義，因之政府規定其資產估價方法，亦爲管理保險業之必要措施。而且，爲測量保險公司眞正之償付力，且有「認許資產」（*admitted assets*）的規定。而以認許資產超過負債後之餘額，列爲投保人盈餘（*policy holders' surplus*）。我國保險法一四三條且曾規定：保險業認許資產減去負債之餘額，未達一三九條所訂各種保險業資本或基金之最低數額時，主管機關應命其於限期內以現金增資補足之。保險業認許資產之標準及評價準則，則由主管機關規定之。

四、**規定其投資範圍**　爲保障保險業之償付能力，對其資金之運用，

自有加以規範之必要。美國各州保險法，多就財產保險及人身保險分別加以規定，通常對於人壽保險業所作的投資限制，要較財產保險業所受的限制爲多。我國保險法第一四六條對保險業資金運用的限制，不分險類，採取統一規定，實則人壽保險業與財產保險業在資金運用上並不完全相同。兩者除均應力求投資安全外，由於人壽保險業所提存之責任準備金，爲投保人之集體儲蓄，具有長期負債性質，加以此項負債有其固定金額，不隨經濟變動而有所改變，因之人壽保險業應着重長期而穩定之投資，通常以購買債券及不動產抵押放款爲主；而財產保險業之負債，多爲短期性質，故其投資應保持較多之流動性，及在通貨膨脹時期兼顧資產之增值，投資於優先股票及可靠普通股之比例，不妨較高。如能分別規定財產及人壽保險公司之投資比率，似較妥善。

第五節　關於營業方面的管理

一、核定其保險費率　保險業對其各類保險費率之製訂，有個別製訂與公會製訂兩種方式，但均須報經主管機關核准，始爲有效。製定費率，通常應考慮下列各項因素：（1）過去及預期之損失與費用經驗，（2）巨大危險之可能性，（3）承保利潤及意外事件的合理照顧，（4）如爲分紅保險，並應顧及分配與被保人之紅利、儲蓄、或退還保費等。保險業於請求批准費率表時，應附送有關統計資料及計算公式。如由公會統一製訂，則個別保險業不需單獨辦理申報手續，但有遵守統一費率之義務。不過，仍有幾項值得注意之點：（甲）公會統一製訂之費率，係根據其會員之平均損失經驗及費用經驗，而費用經驗多隨個別保險業之經營效率而不同，損失經驗亦因個別保險業之承保政策而有別，因之應用任何相同之費率，亦不可能有相同之盈虧情況。爲鼓勵建設性的費率競

爭，在相當範圍內，應允許個別保險業採用較公定標準爲低之費率。但在申請降低費率時，應檢具其個別資料，主管機關並應定期舉行聽證會，邀約保險公會及有關保險業者申述意見，保險公會如不願參加聽證會，主管機關亦可根據製訂費率之原則及有關資料逕行核定。美國各州保險法卽多採用此種方式，以使統一製訂之費率，仍能保持相當之彈性。我國保險法第一四四條規定，保險業收取保費之計算公式，由主管機關核定之。保險業管理辦法亦明定各類保險費率及保險單條款，除情形特殊有國際性之保險外，均應先報經財政部核准。實際上，則係交由有關公會或其他機構研議，每易導致費率之一致化。（乙）關於人壽保險方面，美國並無公會統一製訂費率，而任由業者自由爲之。事實上，由於人壽保險費率之計算，有其一定之數理基礎，政府祇要規定統一之生命表及所依據之利率，並規定其提存責任準備金之計算方式，則個別保險業自定之保險費率，當不致有太大的差異。如果某一業者規定之費率過低，卽無法提存法定數額的責任準備金。（丙）海上保險雖爲財產保險之一環，各國政府對其費率，例多不加管制。此因海上保險具有國際性質，任保險業自由決定，可加强其市場競爭力量，加以被保人多由保險經紀人代表接洽，亦不致受到不公平的待遇。又如各類健康保險，由於種類繁多，對其費率之管制至感困難，除少數內容單純之保險，可由政府規定計算公式外，餘任由保險業者自由競爭。

　　二、核定其保單內容　核定保單內容，亦爲政府管理保險事業之重要權力，其主要目的，在使保單之文字與內容，不致有含混、欺騙、及誤導之弊害發生。爲便於政府管理及維護公衆利益，各類保險之契約，多已趨於標準化。保險契約標準化，雖有甚多利益，但亦可阻礙保險契約之改進，因個別保險業無法適應市場需要，迅速製訂其自己的保單條款，從而減少其競爭性與進取心。余意各類保單，可由政府製訂若干基

本條款，個別保險業可以單獨或共同（透過公會）製訂包含基本條款而又適合各種需要之保險契約，使能一方面具有相當程度之標準化，他方面又能促進保險業之競爭與進步。自然，勿論爲保險業單獨或共同製訂之保單，仍應先經政府核准方爲有效。同時，核定保險契約實與核定保險費率有連帶關係，因費率之高低，須視保險之範圍而定，保險業於報請政府核定費率時，例須附送有關之保單，如允許個別保險業可以單獨製訂保單，亦須同時允許個別保險業可以單獨製訂費率。

　　三、禁止惡性競爭及不當歧視　保單條款及保險費率，既經政府核定，原不應發生同業間的惡性競爭，但事實上，保險業常用下列手段擴展業務：(1) 不實之廣告或宣傳。保險契約當事人，不得以有關保險之事項，向對方作不實之告知，原爲保險事業所應遵守之重要原則，但此一原則，每爲保險業者用爲約束投保人的手段，實則保險業本身亦不應以虛僞之廣告或說明，引誘公衆投保。因之，對其向外公布之財務狀況及其他廣告性之文字，均應先經政府審查核可，以免損及被保人之利益。惟保險代理人爲招攬業務，對投保人所作不實的口頭說明，甚難加以防範，保險慣例中，雖有棄權 (*waiver*) 及禁止反言 (*estoppel*) 的規定，可由投保人用以對抗保險業者，但一則其應用的範圍有限，二則亦難有其確切的證據，故對此尚無適當的保護方法。(2) 不當的搶奪生意 (*twisting*)。保險業者之間亦常以不正當手段，使被保人放棄他一業者的保單，轉而購買另一業者的保單。所謂不正當的手段，與前述代理人之不實告知有關，如無虛僞與欺騙，而使投保人改換其保險業者，則非法之所禁。事實上，保險業者之間如不願或難以舉出證據控訴對方以不正當手段搶奪生意，則政府對此亦不能有所作爲。(3) 放佣 (*rebating*)。代理人以其所得佣金一部分，給與投保人，亦應加以禁止。從投保人言，分享一部分佣金，實質上等於減少保費，似有利於投保人。但

爲維持代理人間之公平競爭，並使專業代理人不致遭受兼營代理人之侵害，實有禁止放佣的必要。而且，放佣的結果，易使大代理人消滅小代理人，造成少數大代理人的獨佔；或使投保人貪圖放佣的利益，不能在保險人之間善作選擇，最後受害者，仍爲投保人自己。惟嚴格禁止放佣行爲，亦非易事，尤以美國各州法律，對放佣者及接受放佣者均視爲非法行爲，致不易獲得確切證據，以爲制裁之依據。

至於不得有不公平的歧視，前於論述保險費率時，已有提及。保險費率之高低，原應視保險標的之危險差別而定，但對具有相同危險及相同條件之標的，則不應在費率方面有所歧異，此乃「公平」一詞意義之所在。但在執行上仍有兩點值得考慮：（1）就不同的保險業者而言，有的較爲謹愼而保守，對危險的選擇與衡量較爲嚴格，有些業者則反是，故完全相同之標的，前一業者必較後一業者課以較高之費率。通常所指不公平的歧視，係指對相同標的課以較低之費率，以圖擴展自己的業務，此在採用表定法（schedule rating）計算費率時尤爲常見。卽就分類法（class rating）而言，同一標的亦可由於分類不同，而適用不用費率。此種惡性競爭，必須設法防止。（2）就同一保險業者而言，屬於同一類別之危險，因保險金額不同，而有不同之保險成本。換言之，卽保險成本並不隨保險金額之增加而比例增加。因之對繳納保費較多之被保人，給以不同比例之折扣，不惟有利於被保人，亦使保險人不致獲得過高之利潤，故不應解釋爲不公平的歧視。

第六節　其他有關管理的事項

一、營業及財務狀況之報告與檢查　政府爲有效管理保險業，自須隨時明瞭其業務及財務狀況，因之規定保險業者於每營業年度終了後，

應將業務與財務狀況書面報告主管機關，其報告表式多由政府統一規定，包括資產負債表、損益計算書、各項資產明細表、各項責任準備金明細表、資金及各項準備金運用明細表、盈餘分配案等。年度報告書於呈報前，例須先經合格會計師審查簽證，政府查核審定後，並須於指定之報紙或有關公報公告之。我國保險業管理辦法對此亦有類似規定。

至於政府派員檢查，有些國家如瑞士等規定為一年一次，美國各州規定每三年檢查一次，西德規定至少每五年檢查一次。我國保險業管理辦法第十八條，規定財政部應「定期」派員檢查各保險業之業務經營及財務狀況，並予指導或糾正。所謂定期，實無一定期限，可由主管機關斟酌情形決定之，此種過於彈性之規定，頗易造成主管機關的疏忽。

二、重要業務人員資格之規定　保險事業的經營，帶有相當技術性，重要業務人員，自須具有適當的專業知識，從事招攬業務之人員，尚須具備正直誠實的品格，始能保證此一事業的健全發展。各國對保險代理人及經紀人，均有一定之資格限制，並須取得政府發給執照後始能執業。美國各州對代理人或經紀人之取得執照，規定較不一致，一般而言，須經筆試及格，少數州並規定在獲准參加筆試前，須先修讀有關保險課程。亦有若干州認為代理人具有廣泛之代理權力，保險業者自會慎重選擇其代理人，因之祇需保險公司證明其業已完成核准之訓練課程，即可獲得代理人許可執照。美國各州發給代理人之執照，通常為期一年，但可自動換照。主管機關可以拒絕發照或撤銷執照，但須說明理由，通常多為不誠實或欺詐行為所致。此外誤告、挖單、放佣、不公平歧視、或其他違法事項，均可構成撤銷執照之充分理由。少數州亦將無能（*incompetence*）或無知（*ignorance*）包括在理由之內。我國財政部公布之保險代理人經紀人公證人管理規則，對此類人員資格之取得，亦有詳細之規定。此外，我國財政部亦曾規定保險業核保及理賠人

員之資格，保險業於申請營業登記發給營業執照時，應將核保及理賠人員姓名及其資歷證明文件（人壽保險業並應包括精算人員），呈報財政部專案核准，有變更時亦同。

　　三、保險業的停業解散與清算　所謂停業，係指停止接受新業務，但對未滿期之保險契約，仍可繼續有效，並仍接受政府之監督。其中又可分為自動停業與強制停業，部分停業與全部停業，暫時停業與永久停業等不同情形。如為自動全部永久停業，常以逐步結束為先導，為加速業務之結束，並可將舊有契約轉讓與其他保險業者。至政府強制全部永久停業，多導因於缺乏償付能力或違背保險法令。其與命令解散不同之處，是當停業原因消滅時，仍可申請准予復業，繼續經營原有業務。至於命令解散，則無異宣布此一法人的死亡，除應即時停止營業外，並應依法進行清算。

　　依我國保險法第一四九條之規定，保險業經營業務，有違背法令之情事者，主管機關應依其情節，分別為下列處分：(1)限期改正，(2)限制其營業範圍或新契約額，(3)命其補足資本或增資。如不遵守上項處分，尚可依其情節，繼續分別為下列各項處分：(1)派員監理，(2)撤換其負責人或其他有關人員，(3)限期改組，(4)命其停業或解散。依保險業管理辦法之規定，因命令而解散時，在解散後三個月內發生給付保險金之情事者，其保險金仍應照付。前項期間經過後，如為財產保險，應將已付而未到期之保險費退還，如為人身保險，應將被保險人之責任準備金退還。

　　有些國家如美國和德國等，對經營不善以致缺乏償付力之保險業者，並有可由政府接管之規定。例如美國各州法律規定，當保險檢查員發覺某一公司缺乏償付力時，主管機關即可加以接管，以便進行清算、整理或復業。事實上，主管機關如有證據顯示，某一保險公司在現狀下

繼續經營不利於被保人時，即可在任何時候加以接管。受接管之公司有權要求法庭聽證，但於接管命令頒布後，其資產卽已賦予主管機關，不得自行處分。此種龐大之權力，實爲他國所罕見。我國保險法所稱之「派員監理」處分，雖與美國之「政府接管」(take over) 內涵相同，但我國須以業者「違法經營」爲導因，並不涉及「經營不善」以致「缺乏償付力」之業者，兩者在適用上仍有明顯的差別。

下篇　保　險　分　論

第十四章　火　災　保　險

　　在現代的保險事業中，以火災保險最爲發達，亦最佔重要地位。人們所有的任何財物，甚至人的本身，都隨時可能遭受火災毀損的危險，因之在其他各類保險中，亦多包含了火災危險在內，例如海上保險與車輛毀損保險，卽是如此。但本章所討論的，仍爲火災保單承保之火災保險。由於火災保險的財產，在種類與用途方面過於複雜，甚難以一張相同的保單予以承保，因之除以一種標準保單列載基本條款外，並可按所保財產種類或用途之不同，另行設計附屬保單，列爲全部契約的一部分，就有關財產之特有事項加以規定，在不牴觸法令的範圍內，附屬保單的條款，可以修改或停用基本保單內之有關條款。例如美國各州的火災保險，大多採用 1943 年修訂之紐約標準火災保單，並須依照財產種類（多按用途分類，如住宅、商店、工廠、農場等），另加附屬保單（*Form*），始能構成完整的火災保險契約。換言之，單有紐約標準火災保單，不能生效。此外，尚有許多由同業公會或保險機構自定的批單或條款，視實際需要添附於保險契約內。我國火災保險契約較爲簡單，除基本保單外，亦有不同財產適用之專用條款，列爲保險契約的一部分。再者，鑒於各國火災保險依據之法令與規章多有不同，無法一一加以比較，因之

本章係以美國的火災保險爲主加以敍述，並就我國火災保險特異之處併加說明。事實上，美國保險事業發達，在觀念與做法上亦較他國爲進步，我國火災保單則係沿襲英國保單而來，但在民國六十年修訂時，已受美國保單所影響，併加敍述，亦可概見今日火災保險的一般情況。

第一節　承保事項

第一目　被保險人

火災保單通常都以要保人爲被保險人，並在保單之上列載被保人的姓名與住址，而於被保財產由於被保危險事故遭受損失時，有向保險人要求賠償的權利。美國保單內更有「承保上列被保人及其法定代表人」(*does insure the insured named above and legal representatives*) 等語句，從而擴大了被保人的範圍。所謂「法定代表人」通常認指被保人之監護人，或其遺囑執行人，或其破產管理人，或其遺產繼承人，亦可包括其他具有合法資格的代理人在內。此一補充規定頗爲重要，因其可在指名被保人死亡、心神喪失或其他喪失行爲能力之情況下，能由合法之他人代爲行使保單賦予之權利。我國火災保單第八條載有「保險標的物的權利，除因遺囑或法律上的當然移轉外，由被保險人移轉與他人者」，須在危險事故發生前通知保險公司並獲其書面同意，否則，保險契約立即失效。其中所謂「法律上的當然移轉」，在解釋上與美國之「法定代表人」應無二致。

火災保險契約具有對人契約性質，被保人的情況爲保險人承負責任所須考慮之重要條件，被保人的權利並不隨着保險標的之移轉而當然移轉，而是除前述「法定代表人」或「法律上的當然移轉」外，必須事先徵得保險人的同意。此爲各國火災保險之通例，亦爲火災保單何以必須

記載被保人之重要理由。

第二目　承保的財產

承保的財產，通常都在保單內作概括性的規定，亦有列舉財產細目、分項規定其保險金額者。美國標準火災保單祇在聲明欄內簡略列舉所保財產的種類，而於有關附屬保單內加以詳細說明。如爲特定財產之保險，原則上應以購買保單時之指定財產爲被保之財產。如爲承保貨物之總括式保單或報告式保單，由於存放貨物之變動，所承保者祇爲保單規定之某類財產，而不一定卽爲投保時之原有財產。由於不同種類的財產，具有不同的火災危險，因亦適用不同的保險費率，故在變更標的物的種類或內容時，必須通知保險人，並在保單上加以批改，必要時尚須調整保費，始爲有效。

除外不保之財產　在保險契約內，亦常列舉若干除外不保或除特別約定外除外不保之財物。例如美國火災保單對帳簿 (*accounts*)、票據 (*bills*)、通貨 (*currency*)、契據 (*deeds*)、債務證件 (*evidences of debt*)、貨幣 (*money*) 及有價證券 (*securities*) 等均聲明除外不保。金銀條塊 (*bullion*) 及文稿 (*manuscripts*) 兩項，除非特別約定，亦除外不保。我國保單規定下列各項財物之毀損或滅失，除經特別約定載明者外，不負賠償責任: (1) 寄託或寄售之財物。(2) 金銀條塊及其製品、珠寶、玉石、首飾、古玩、藝術品。(3) 文稿、圖樣、圖畫、圖案、模型。(4) 貨幣、股票、債券、郵票、印花稅票、票據及其他有價證券。(5) 各種文件、證件、帳簿或其他商業憑證簿册。(6) 爆炸物。這些財物所以列爲除外不保之理由，或是由於它們的價值難以確定，例如帳簿與文件等，對當事人固爲重要，但却缺乏客觀的價值標準。或是由於它們的損失難於證明，例如貨幣與珠寶等，雖有一定的價值，但有無損失不易確定，被保人雖有損失，亦常易誇大損失的數額。

第三目　承保的危險事故

火災保單承保的危險事故，並不以火爲限，而火災保險的「火」，亦須具備一定之條件。同時，依據近因學說，凡以火爲近因而引起之其他危險，亦可視爲火災之危險。反之，保單亦常將若干原因造成的火，列爲除外不保之火。依美國火災保單之規定，承保之危險事故有下列幾項：

1. 火　保單對火的解釋雖無規定，但一般認爲必須具備兩項條件：一有「火光」（*ignition*）或「火焰」（*flame*），此種火光成火焰，必爲快速燃燒（*combustion*）所引起。所謂燃燒，乃是一種氧化作用，煤炭之形成，卽爲古代樹木埋藏地下經過燃燒所致，但因燃燒速度過慢，不能產生火光或火焰，故非火災保險之火。二是「敵意之火」（*hostile fire*），而非「善意之火」（*friendly fire*）。前者是指火已離開人們欲其存在之處所或容器，例如强風將火爐之火焰吹出火爐之外，造成鄰近財物的損失，卽爲火災保險承保之火災損失；反之，物件跌落火爐之中，雖有損失，乃爲善意之火所致，保險人不負賠償責任。然而，最近美國法庭的若干判例，對於火爐之火過熱所致鄰近財物的損失，亦視爲敵意之火造成的損失。

造成損失的危險事故，有時並非火的本身，而是以火爲近因之其他危險。例如鄰居起火，雖未燒及被保人之房屋，但火所引起之濃煙，如使被保財物發生損失，仍可視同火災損失。

2. 雷擊　雷擊（*lightening*）可以引起火災，但亦可僅有雷擊而無火。美國火災保單，較早並不承保此項危險，但由雷擊引起火災所致之損失，仍須賠償，但祇以火災本身的損失爲限。然而，由於雷擊與火災的損失，無法截然劃分，以此而涉訟時，每使保險人居於不利地位。以後乃將雷擊單獨列爲一項被保的危險事故，祇要發生雷擊，無論有無火

災繼起，所有損失均可賠償。

　　3.搶救　　美國火災保單也承保「從受被保危險事故危及的房地搬移財物」(*by removal from premises endangered by the perils insured against*) 而致的毀損。此句中之「搬移」實卽搶救之意。在搶救財產中可能發生失落、破損、水濕等之損失。由於美國保單將竊盜列爲除外不保事項，則在搶救或保全財物的過程中，設因趁火打刼而遭受損失，保險人自不應負賠償責任。惟美國保險業在實務上仍以賠償居多 (註)。

　　除上述危險事故外，亦可以批註方式加保其他危險事故，最普通的如冰雹 (*hail*)、颶風 (*tornado*)、地震 (*earthquake*)、暴動 (*riot*)、罷工暴動 (*riot attending a strike*)、風暴 (*windstorm*)、爆炸 (*explosion*)、車輛撞損 (*motor-vehicle damage*)、航空器撞損 (*aircraft damage*)、煙燻 (*smoke*)、故意破壞 (*vandalism*)、物體墜落 (*falling object*)、水損 (*water damage*)、凍損 (*freezing*)、玻璃破損 (*glass breakage*)、房屋崩坍 (*collapse of building*)、蒸汽鍋爐爆炸 (*steam-boiler explosion*) 等。

　　我國火災保單承保的危險事故，則有下列數項：(1) 火災及爆炸引起之火災，(2) 閃電及雷擊，(3) 家庭用之鍋爐、電氣用具、煤油爐之爆炸，(4) 建築物內 (煤氣工廠除外) 作爲家庭用、照明用或取暖用之煤氣爆炸。此外，亦規定「因救護保險標的物，致保險標的物發生損失者，視同本保險契約所承保危險事故所致之損失」。與美國標準火災保單比較，似更廣泛。然而，美國除標準保單之規定外，多在附屬保單內放寬其所承保之危險，例如住宅保單內含有「固有爆炸條款」，對因火爐內或導管中累積煤氣或未燒燃料爆炸所致之直接損失，亦可賠償。

註 見 *Robert Riegel, Jerome S. Miller, and C. Arthur Williams, Insurance Principles and Practices, 6th edition, 1976, p. 151.*

除外不保之危險事故 如無除外不保之危險，則由任何原因所致的
火災損失，均應賠償。事實上，保險契約對若干造成火災之因素，亦常
列爲除外不保之危險，由於這些危險事故直接或間接所致的火災或其他
損失，均不賠償。就美國標準火災保單而言，除外不保之危險事故
爲：(1) 敵人的武裝攻擊，包括爲抵禦實際的或卽將到來的敵人攻擊而
採取之陸海空軍事行動在內，(2) 入侵 (*invasion*)，(3) 叛亂 (*insur-
rection*)，(4) 謀反 (*rebellion*)，(5) 革命 (*revolution*)，(6) 內戰
(*civil war*)，(7) 奪權 (*usurped power*)，(8) 內政當局的命令，但
在火災發生時爲阻止火災蔓延而採取之破壞行動不在此限，祇要這種火
災不爲除外不保之任何危險事故所引起。(9) 在所保財產遭受損失之時
或其後，或在受到鄰居火災危險時，被保人怠於使用各種救護與保全財
產之合理手段，(10) 竊盜 (*theft*)。

上述 (1) 至 (8) 項危險事故所致之損失，不予賠償，是因這些損
失視爲不具可保性質，而在發出保單時並未設想與收費的損失。被保人
怠於使用合理手段救護與保全財產，並不使全部保單歸於無效，而祇對
因疏忽而未獲救護之財物，不負賠償責任。至於將竊盜列爲除外不保之
危險，是因期望被保人可以設法阻止此項損失之發生，同時，若干州法
亦不允許火災保單承保此項損失。此外，標準保單雖未將核子反應所致
之損失除外不保，但自1957年以後，曾在添加之法定批單中，宣示核子
反應、放射及污染並非火災而除外不保。另有二項法律上認爲默示除外
不保之危險：(1) 被保人「故意」造成之損失，(2) 某些不法行爲所致
之損失，尤以此項財物非法持有或爲非法目的而使用者爲然。

我國火災保單則將除外不保之危險分爲兩種情形：一爲除經特別約
定載明者外，不負賠償責任之危險事故：(1) 因保險標的物之發酵、自
然發熱、自燃或烘焙、致該保險標的物自身之損失。(2) 不論直接或間

接由於下列危險事故，或因其引起之火災或其延燒所致之損失——地震、颱風、颶風、暴風、旋風、洪水、罷工、暴動、民衆騷擾。(3) 因爆炸所致之損失，但前述列爲承保之爆炸所致之損失，不在此限。(4) 保險事故發生時之竊盜損失。二爲由於下列各種危險事故所致之損失，不負賠償責任：(1) 不論是否起因於火災，各種放射線之幅射及放射能之污染。(2) 不論直接或間接因原子能引起之火災及其延燒。(3) 戰爭（不論宣戰與否）、類似戰爭行爲，叛亂或强力霸佔、徵用、沒收等。(4) 政府命令之焚毀。(5) 不論意外與否，由於森林叢樹、平野、曠野或叢草之焚燒，或以火燎地面。(6) 火山爆發、地下發火。(7) 要保人、被保人或其法定代理人或其家屬之故意或唆使縱火。但被保人之家屬非企圖使被保險人獲得賠償金者，不在此限。

第四目　承保的損失

火災或其他危險引起之損失，可分爲三類：(1) 直接損失 (*direct loss*)，卽指財物本身的實質損失。(2) 使用的損失 (*loss of use*)，卽指財物毀損後不能利用所致淨收入的減少。(3) 額外費用損失，例如爲移走火災殘餘物而支出的費用。

依美國標準火災保單之規定，保險人祇就被保危險事故所致保險標的物之「直接損失」負責賠償。並特別說明下列二種損失不負補償之責：(1) 由於建築或修理法規所需增加之修理或重建費用。例如某些地區規定木造房屋因火焚毀百分之五十以上時，不得以防火材料以外之他物進行重建，由此所增加之重建費用，火災保險人不予補償。但可以批單方式加保此種損失。(2) 在受損財物重建期間由於營業或製造中斷所引起之任何損失。此外，保險人亦不補償其他的從屬損失 (*Consequential losses*)，例如冷藏設備因火災受損，以致冷藏室內之食物爲之腐敗時，除非保單特別批註加保，保險人亦不負賠償責任。然而，上述各種不保

之間接損失，常在附屬保單中加以承保。例如美國的家主保單（*Home-owner Policy*）雖以標準火災保單爲基礎，但在附屬保單（*Form No. 2*）內，對移去損後殘餘物之費用，房屋重建期間遷居他處所必需的正常生活費用，以及被保財物受損所致溫度改變引起之從屬損失，均予承保。

我國火災保單對於承保損失之規定較爲簡略，但依其第一條之規定：「本公司對因火災及爆炸引起之火災所致保險標的物之毀損或滅失，依照本保險契約之規定，負賠償責任，其中「所致保險標的物之毀損或滅失」，應指直接損失而言。對其他性質之間接損失，自不負補償責任。

第五目　承保的地點

火災保單通常都列載保險標的物之所在地點，祗當被保財物在此特定地點發生之損失，保險人始予賠償。但仍有下列幾種例外情形：（1）保險標物搬遷至保險契約所載地址以外之建築物或處所時，於危險事故發生前通知保險人並得其書面同意，則其保險效力不受影響。我國保險單卽有如此之規定。（2）保險標的遭受被保危險事故必須遷移其他適當處所時。在此情況下，遷移他處之財物於五日內保險繼續有效，但如涉及二以上之地點，則須依照每一地點財物之價值比例分配保險金額，在此分配保額內之損失可獲賠償。此爲美國標準火災保單之規定。例如價值八萬元之財物，火災保險金額爲五萬元，在遭受火災危及時，曾以一部分財物移至甲乙二處。三日後甲處財物再又遭受火災損失，全部焚毀，經估定該項財物價值爲四萬元，則其分配之保額祗有二萬五千元 $\left(=50000 \times \dfrac{40000}{80000}\right)$，此亦爲保險公司賠償該處財物損失之最大限度。

（3）美國住宅及內部財物保單規定被保人或其同居家屬之財物，於保單記載地址以外之他處（僅以美國加拿大之北美大陸部分及夏威夷爲限）發生被保之危險事故時，得在保單內個人財物保險金額百分之十的範圍

內，獲得賠償。(4) 對於必須隨時移動之財物，得由當事人雙方事先約定，於一定區域內自由移動，而不影響保險之效力。通常稱此爲流動保險 (*floating insurance*)。不過，此種保險承保之危險事故多較廣泛，一般並不稱之爲火災保險。又前述貨物總括火災保險，當其承保二以上之處所時，亦是按照「流動條件」承保，貨物在各特定地點之間的移動，對保險效力亦無影響。

第六目　承保的期間

火災保險契約，通常以一年期保單 (*annual policy*) 居多，此亦爲火災保險費率計算之基礎。但亦有長於一年或短於一年者，長於一年之保單，稱爲「定期保單」(*term policy*)。在理論上，雖無一定年數之限制，但美國保險業習慣上並不出賣超過五年之保單。此因期間過長時，危險情況難免發生變動，保險人自不願承當難以預見之危險。事實上，保單滿期時，祇要當事人雙方同意，仍可隨時續訂新約。長於一年之保單，如一次繳付保費，通常可以享受一定折扣或減費之優待。短於一年之保單，多爲財物之臨時保險，一年期或定期保單中途解約，亦可成爲短期保單 (*short term policy*)。其所適用之短期費率 (*short rate*)，並非按一年期費率比例計算，而是適用較高之費率。例如三個月之費率爲一年期費率百分之三十五，六個月之費率爲一年期費率百分之六十，九個月之費率爲一年期費率百分之八十是。揆其理由：(1) 抵消高額的招攬費用。因爲招攬費用如按短於一年的時間平均，則每天保險分攤的費用必較大。保險時間越短，每天分攤的費用越高。(2) 抵消被保人的逆選擇。因爲危險的大小並非每月一致，如按保險時間比例計算保費，則被保人寧可選擇危險較大的一段時間投保，而保險人則將擔負較平均危險爲大之危險。無論爲那種期間的保單，均涉及到起始日之生效時間與到期日的止效時間。茲分別述之於後：

1. 起始日之生效時間。美國標準火災保單載明保險期間自保單記載起始日財產所在地標準時間之中午生效。規定至爲明確，應無疑義。我國火災保單則祗規定自某年某月某日起，而於生效之時間，向無規定。法律學家認爲在此一情況下，應自該日零時起生效。在此仍有一個問題發生，設如要保人於當日上午十時買到火災保單，而保險標的物却於是日上午八時起火，其時要保人離家外出，於購買保單時並不知情，則保險是否有效，殊成疑問。但依我國保險法第五十一條規定之精神論斷，保險契約訂立時，雖其危險已發生，但爲要保人所不知者，且本例火災發生時仍在法定生效時間之後，契約應屬有效，可獲保險人之賠償。

至於美國保單之所謂「標準時間」(standard time)，係指鐵路時區 (railroad time zones) 建立之時間而言，但如政府規定日光節約時間 (daytime saving time)，則以此爲標準時間。再者，火災保險單發出之前，如已採用暫保單，則暫保單亦可另定契約生效之時間。再如祗有口頭契約，則因缺乏文字之記載，自應仍以保單規定之生效時間爲準。

2. 到期日之止效時間。美國及我國之火災保單，均有記載到期日之止效時間，前者爲財產所在地標準時間之中午，我國則爲到期日之下午四時。祗要火災發生在此一規定時間之前，則實際損失縱在此一時間之後發生，亦可獲得保險人之賠償。列如鄰居於下午三時五十分起火，至四時三十分延燒及於被保人之房屋，我國保險人對全部損失仍有賠償之責任。

第七目　保險金額

除報告式之火災保單外，火災保險契約均須記載保險金額。記載保險金額之作用有二：一是據以計算保險費之多寡，二爲表明保險人之責任限度。要注意的，保險金額並不卽爲賠償金額。除定值保單於標的物發生全部損失時，須按保險金額賠償外，其除任何保單下之部分損失及

不定值保單下之全部損失，均仍受損失的實際現金價值，被保人對於財產之權益及其他條件所限制。此點已在第十章討論理賠問題時有所說明。

　　保險契約可為全部保險標的物規定一個總的保險金額，亦可在總保險金額之外，再就每一部分或不同種類的財產分別規定保險金額。在後一情況下，每項或每類財產的保險金額，即為該一部分財產賠償的最大限度，且不得互相移用。

　　在保險期間內，保險標的物可能發生多次部分損失，亦可能發生一次全部損失。在後一情況下，由於標的物已遭滅失，於保險人賠償全部損失後，保險契約當然終止。但在遭受部分損失的情況下，保險金額是否隨保險人之賠償而發生變動，則有兩種不同之處理方式：一是保險人於賠付部分損失後，僅就保險金額減去賠償金額後之餘額，繼續承負保險責任。我國火災保單對此雖無規定，但保險法第八十二條第四款之規定即是如此。惟被保人在修復損失的財產後，得要求恢復或增加保險金額，並就增加的保額補付保費。美國標準火災保單對此亦無明白規定，但在每次損失發生後，保險人的責任，亦以保險金額減去賠償金額後之餘額為限。二是美國火災保險的附屬保單，大多含有損失條款 (*loss clause*) 或可稱為保額自動恢復條款，即是保險人賠付每次部分損失後，被保人無須另付保費，保險金額照舊不變。例如被保人買有十萬元之房屋火災保單，在保險期間內第一次遭受損失四萬元，於保險人如數賠償後，保額不變。第二次房屋全部焚毀，保險人仍須賠償全部損失十萬元，兩次共計賠償十四萬元。自然，添付此項條款所增加的支出，在計算保險費率時已加顧及，但却藉以避免因每次批註恢復保額而增加之費用。

第二節 其他重要之規定

火災保險契約除對前述承保事項有所規定外，尚有其他有關重要之規定，玆分別絞述於下：

第一目 要保人的告知義務

保險契約爲最大誠信契約，要保人對有關保險之重要事項，必須據實告知保險人，或誠實答覆保險人之詢問。因之美國標準火災保單規定無論損失前後，倘如被保人故意隱匿或誤告任何有關保險之重要事實或情況，或有任何欺騙行爲或虛僞誓言，則全部保險契約歸於無效。我國火災保單亦曾規定：要保人或其代理人，於訂立保險契約時，對所塡寫之要保書及本公司之書面詢問，均應據實說明，如有故意隱匿或僞報，或因過失遺漏，不陳述其所知之事實，或爲不實之說明，足以變更或減少保險人對於危險之估計者，保險人得解除保險契約，並不受危險已否發生的限制。倘於損失發生後已予賠償，並可要求被保人退還賠償金額。惟我國保險法另行規定，此項解除契約權，須於保險人知有解除之原因後一個月內行使之，契約訂立後經過二年，卽有可以解除之原因，亦不得解除契約。美國標準火災保單，則無此項時間之限制，是其不同之點。

我國火災保單並另規定具有下列情形之一時，不適用前述保險人可以解除契約之規定：(1) 未說明或不實說明之事實業已消滅時，(2) 保險人於訂立保險契約時，已知其事實或知其爲不實，或因過失而不知時。(3) 要保人或被保險人對於要保書記載事項，以書面提出更正，經保險人承認時。

第二目　危險增加

保險人出賣火災保單時，係以承保開始時之危險情況作爲承保與否及其承保條件之依據，如在承保期內危險增加，被保人自應告知保險人，保險人於得知危險增加後，可以另訂條件繼續承保，亦可中途終止契約。

美國標準火災保單規定在被保人所能控制或知情的情況下，任何方式的危險增加，除非在保單內加以批註，保險人在此危險增加期間發生的損失不負責任。所謂「危險增加」，美國法庭解釋爲房屋或其使用之重大與永久性的改變，習慣性的與輕微的危險增加，並不影響保險契約的效力。例如被保人在其屋後設一小型的爆竹製造工場，日後發生火災，縱非此一行爲所引起，保險人亦不負火災損失的賠償責任。又如被保人爲一時需要而購置與燃放鞭炮，則可不致影響保險的效力。美國保單規定有兩項值得注意之點：（1）危險增加，非被保人所能控制或知情者，保險效力不受影響，（2）在危險增加期間，保險效力暫時停止，一俟危險情況恢復到訂約時之情況，保險繼續有效。然而，美國火災保單之附屬保單，多已允許被保之房屋，就保單列載之用途，作通常或連帶可有之使用，雖由此而增加危險，亦不影響保單之效力。

我國火災保單規定：「保險標的物或置存保險標的**物的建築物或處**所，其使用性質或建築情形或保險標的物本身之危險性質有所變更，致增加火災發生之危險時，如係由要保人或被保險人之行爲所致者，應事先通知本公司。如不由於要保人或被保險人之行爲所致者，應於知悉後十日內通知本公司。要保人或被保險人不依本項規定爲通知者，除不可抗力之事故外，不問是否故意，本公司得解除本保險契約，保險事故發生後亦同。但其危險增加的事實已消滅者，不在此限。危險性質有所變更，致減少火災發生之危險時，被保險人得通知本公司減低費率」。本項規

定在文字上似較美國保單更爲詳盡，但兩者有一最大不同之點，卽是我國保單規定之契約解除權，依保險法第六十五條之規定，自得爲請求行使此一權利之日起，經過二年不行使而消滅。美國保單則在危險增加期間，保險效力自動停止，對保險人而言，自更有利。但危險是否增加，保險人應負擧證責任。

第三目　空　　屋

房屋無人居住，非但易於增加火災發生之危險，且在火災發生時無人發覺，從而加重了火災造成的損失。因之火災保單對此都有限制性的規定。

美國標準火災保單將空屋分爲「空屋」(*vacant*) 與「無人居住」(*unoccupied*) 兩種，前者指無家具之房屋而言（自亦無人居住），後者則指雖有家具但無人住之房屋。被保的房屋無論其爲自用或出租，當其空出或無人居住連續達六十天以上時，保險人對此期間內發生之損失，不負賠償責任。惟美國住宅及內部財物保單及家主保單，都自動允許被保之房屋可無限期的空出或無人居住。但商業性的房屋則否。

我國火災保單規定：「建築物或置存保險標的物之建築物，連續六十日以上無人居住或使用者」，除非要保人或被保險人於危險事故發生前通知保險公司並獲其同意簽發批單，則保險契約對於該項保險標的物之保險效力，立卽停止。

第四目　保險契約的取消

保險契約訂立後，當事人之一方能否片面終止契約，乃一值得爭論的問題，此地不擬具論。惟就事實需要而言，保險人每因下列幾項原因而有中途終止契約之必要：(1) 發覺被保人並非良好，不願繼續承當保險責任。(2) 由於某一地區之保戶不多或競爭性過大，爲減少營業損失，擬予放棄。(3) 被保人未依契約之規定繳付保費。至於被保人之中

途終止契約，則多由於保險利益之轉讓，已無繼續保險之需要。由於上述各項可能發生之原因，一般火災保險契約都賦予當事人任何一方可以隨時通知他方取銷契約之權利。但在通知時間與保費退還方面，却有不同之規定。

美國標準火災保單規定，如爲被保人要求取消契約，於保險人收到通知後立即生效，但保險人應將已付保費減掉保險時間依短期費率計算保費後之餘額，退還與被保險人。如爲保險人中途取消保險契約，應於五日前通知被保險人，並依未滿期間比例計算所應退還之保費。

我國火災保單亦規定保險契約當事人之一方，得隨時通知他方終止保險契約，但如出於保險公司之要求，應於終止日前十五天通知要保人或被保險人。關於退還保費之計算，與美國相同。但依我國保險法有關解除契約及終止契約各項條款之規定（六十條、六十五條及八十二條），保險人似無隨意中途終止契約之權，因爲解除或終止契約，都有一定之條件，並受一定時間所限制，如不具備法定之條件，並在法定期間內行使其解除或終止之權利，保險契約仍可繼續有效。因之我國火災保單有關終止契約之規定，似與保險法之強行規定有所牴觸，能否有效，殊成疑問。惟就一般理論與實務言之，仍以保單之規定較爲合理。

通常當事人一方要求中途終止或取消保險契約，均不需說明原因，而爲契約雙方無條件具有之權利。否則，保險人如以被保人之不良爲理由取消契約，不獨舉證困難，且可爲被保人認爲汚衊或誹謗而提起訴訟，自宜避免。

第五目　抵押權人的權益與義務

火災保險標的物往往因債務關係而設定抵押權。例如被保人以房屋作抵押從銀行借款二十萬，銀行爲確保債權之安全，必要求抵押物投保火險。關於投保方式，可有四種：(1) 由抵押人 (*mortgagor*) 與抵押權

人 (*mortgagee*) 雙方各就其自己的權益投保火險。(2) 由抵押人購買保單，然後轉讓與抵押權人。(3) 由抵押人購買保單，內含「賠款支付」條款，說明應在債權利益範圍內，儘先賠付與債權人。(4) 由債務人購買附有抵押權人條款 (*mortgagee clause*) 之火災保單。如採第一種方式，將使同一標的物購買雙重保險，付出雙倍保費，未免代價過大。第二及第三兩種方式，都以被保險之抵押人獲得賠償為條件，如因抵押人之行為 (如增加危險或違反特約等) 而使保險契約失效，則抵押權人亦不可能獲得賠償。我國火災保單採取第三種方式，其所給予抵押權人之保障實屬有限。

美國標準火災保單現所附有之抵押權人條款，係為充分保護抵押權人之利益，而經火災保險人公會與銀行公會共同協議而設計之條款，其內容約分下列幾項：(1) 在保險標的物發生損失時，保險人應部分或全部賠付特定之抵押權人。(2) 抵押權人享受賠款支付之權利，不因下列各項因素而受影響：財產抵押人或所有權人之任何行為或疏忽，有關財產之任何留置抵償或其他訴訟程序或出售通知，財產權利或所有權之變更，作危險較大之使用。(3) 保險人中途取消保險契約時，須於十日前通知抵押權人。(4) 抵押權人得以自己的名義對保險人提起訴訟 (嚴格言之，抵押權人並非契約之當事人，此項規定乃成抵押權人之特權)。另一方面，抵押權人亦有兩項應盡之義務：(1) 當抵押人不付保費時，在保險人要求下，必須代為支付。(2) 抵押權人得知標的物之所有或使用發生變動或增加危險時，必須通知保險人。否則，保險契約歸於無效。

關於損失發生後如何應用此一條款，茲舉一例說明之。設某甲以自己房屋作抵押，向乙銀行貸款十萬元，並向保險公司買有十萬元的房屋火災保險。後甲未經保險公司同意，亦未告知貸款銀行，卽在地下室開設乾洗店。某日火災發生，損失六萬元，由於某甲違反保單規定，保險

公司對之並無賠償責任，但因附有抵押權人條款，保險公司必須賠付乙銀行六萬元，並就此一賠款金額，從乙銀行取得代位求償權，從此乙銀行與保險公司同為某甲之抵押權人。保險公司亦可為某甲償付全部債款十萬元及其利息，而獲得抵押權之全部讓渡與移轉。在前一共同債權的情況下，如因債務人或抵押人未能如期清償債務而致處分抵押物時，乙銀行就其貸款餘額仍可優先受償（本例為四萬元）。另一方面，如保險標的物發生被保險人可以獲賠之損失，通常則由保險公司開具以被保人與債權人為共同受款人之支票支付賠款。債權人可讓賠款交付被保險人，用以修復保險標的物，以恢復其原有價值，亦可由債權人受領賠款，從而減少同一數額之債權。但以前一處理方式較為常見。

第六目　損失防止義務

　　危險事故發失後，被保人必須採取各種有效而合理之手段，避免或減輕可能遭致的損失。此為被保人之義務，如有違背，保險人對其因而擴大之損失，可不負賠償責任。為鼓勵及報償被保人盡其防止損失之義務，保險人亦應支付此項行為所生之必要費用。

　　例如美國標準火災保單規定：「被保人應於損失發生後立即通知保險公司，保護財產免受進一步的損失，將受損與未受損的動產加以分開，並放置於可能最佳的情況之中」。對於因此而必須支付之費用，保單內雖無規定，但在實務上係由保險人予以支付。

　　我國火災保單在其「防止損失之義務」一條中，規定「保險標的物遇有保險事故發生時或發生後，要保人或被保險人均有盡力避免或減輕損失之義務，其因而所生之必要費用，由本公司視實際情況補償之」。但仍受下列兩項限制：(1)「實際損失與補償金額之合計超過保險金額時，以保險金額為限」。(2)「本公司對前項費用之補償，以保險金額對保險標的物之價值比例定之」。換言之，如保險金額小於保險標的物的價值時，

保險人祇就兩者的比例補償此項費用的一部份。惟依我國保險法第三十三條之規定，對於此項費用的償還，如在保險契約內未作其他不同之規定，則其償還數額與賠償金額合計，雖超過保險標的之價值，仍應償還。

第七目　比例責任

　　保險標的物如就同一危險事故向二以上之保險人購買保單，當有損失發生時，各個保險人應如何賠償，原有各種不同之規定，前於第十章已有論及。惟就火災保險而言，則採比例分攤方式。即每一保險人就其保險金額佔全部保險金額之比例，分攤損失的賠償。例如同一標的物由甲保險人承保火災保險二十萬元，由乙保險人承保十五萬元，設如遭受七萬元之火災損失，則甲保險人僅須賠償四萬元

$$(=70000 \times \frac{200,000}{200,000+150,000}),$$ 乙保險人僅須賠償三萬元

$$(=70000 \times \frac{150,000}{200,000+150,000})。$$

　　惟有三項值得注意之點：（1）我國火災保單規定被保人如就保險標的物同時或先後向其他保險人訂立同一危險事故之保險契約，應將其他保險人之名稱及保險金額立即通知該一保險公司，故意不為前項之通知或意圖不當利得而為複保險者，其保險契約無效。美國保單雖無類似規定，但在損失發生後所提出之損失證明書內，仍應就同一財產之其他保險契約加以說明。（2）美國標準火災保單規定各保險人應予分攤之賠款，無論可否收取 (*whether collective or not*)，均不影響本保險人依上述比例分攤方式計算之賠償數額。換言之，上例乙保險人設因破產而無法支付其分攤之賠款，甲保險人仍祇就其自己的責任賠付四萬元。（3）我國火災保單第十八條規定：「……如另有他種保險契約同時承負責任，本公司僅按各該保險金額與總保險金額之比例負賠償之責。但他種保險契約有國際慣例可單獨賠償者從其規定」。最後一語之意義頗為曖昧，

可解釋爲旣有他種保險契約（如內陸運輸保險單）單獨（全部）賠償，本保險公司可不再負分攤賠款之責；亦可解釋爲他種保險縱依國際慣例單獨賠償，本保險公司仍可按其自身之保險金額與總保險金額之比例負賠償之責。後一解釋違反財產保險之「補償原則」，應不足取。

第八目 賠償的方式

火災保險之賠償，自以現金賠付爲主，但有時由於賠償金額難獲協議，除可援用仲裁條款處理外，保單內每多另有保險人選擇條款。

美國標準火災保單規定：「本公司得依協議或評定價值取得被保財產之全部或任何部分，亦得在合理時間內以相同質料修復、重建或替置損毀的財產，但須於收到所需損失證明書後三十天日內以此意願通知被保險人」。其中首二句是指保險人對僅受部分損失之財物，可以取爲己有，而以協議之全部價值（超過損失金額）付與被保險人，但在委付（*abandonment*）條款內規定被保人，却不得以任何財產委付與保險公司，而要求按其價值全部賠償。後一部分則爲實物賠償，此爲保單賦予保險人之權利，被保險人不得異議。

我國火災保單第十九條規定：「本公司對應負賠償責任之毀損保險標的物，得決定一部或全部回復原狀或以實物賠償。回復原狀，係指在合理範圍內回復至類似保險標的物未毀損前之狀態而言。爲回復原狀本公司所需支付費用，以不超過保險金額爲限」，「如因建築法規或其他法令或其他事由，致本公司不能修復或回復原狀時，則本公司之賠償責任，以假定該項保險標的物得以修復或回復原狀時實際所需之費用爲限，但不得超過保險金額」。前一段文字係指實際回復原狀，後一段文字則指假定回復原狀，兩者均以不超過保險金額爲限，實不合理。保險公司選擇回復原狀爲賠償方式，原在抵制被保人索賠不合理之過高金額（仍在保險金額範圍以內），今又以保險金額加以限制，殊有損於被保人之權

益。尤以後段之「假定回復原狀」，更與實物賠償之原意有悖，不宜採用（實卽現金賠償之另一限制）。

第九目　索賠的手續

損失發生後，被保人必須依照保單之規定，完成各項索賠之手續，始能獲得保險人之賠償。此因保險契約乃爲附條件之契約，完成各項索賠之手續，能使保險人據以確定有無賠償之責任，查勘及確定損失的大小，以及作爲保險人履行賠償責任之依據。被保人必須據實列報，並與保險人密切合作，否則，保險人可以不予賠償。

美國標準火災保單對此有下列各項規定:

1. 損失發生後，立卽通知保險公司。

2. 對保險公司提供已燬，已損及未損財產清單，詳細表明其數量、成本、實際現金價值及要求賠償損失之金額。

3. 除非保險人同意延長時間，被保人應在損失發生後六十日內向保險公司提出經其簽字與宣誓之損失證明書 (proof of loss)，說明下列各項爲其所知與確信事項: (1) 損失發生之時間與原因，(2) 被保人及其他人在所保財產之權益。(3) 每項財產的實際現金價值及其所受損失之金額，(4) 每項財產所設定之負擔，(5) 承保同一財產之其他保險契約 (不論有效與否)，(6) 投保本保險後，被保財產在權利、用途、位置、所有或環境方面之任何變動。(7) 在損失發生時，被保房屋及其部分爲何人及因何種目的加以佔用。(8) 房屋基地是否租用。

4. 對保險公司提供一切有關保單內各種說明與表件之抄本，保險公司亦可要求被保人提供遭受毀損之任何房屋、固着物或機器等之眞實圖樣與規格之抄本。

5. 在保險公司合理要求時，被保人應對公司指派人員展示任何被保財產之殘餘物並受其查勘。

6.被保人應在保險公司或其代表人指定的合理時間及地點，提供有關的帳簿、單據、發票及其他憑證（於原始證件遺失時，則爲其可靠的抄本），以憑查驗，並允許這些文件的抽檢與複製。

我國火災保單規定要保人或被保險人應於知悉發生損失時，立卽通知保險公司並保持發生損失後之現場，並應於三十日內，或經保險公司書面同意之展延期內，自行負擔費用，提供下列文件或證物後，方可辦理索賠手續：

1.要求賠償之損失清單，應在可能範圍內詳載受損失保險標的物名稱、數量及金額，該項金額應以損失發生時之實際價值爲準，不得計入任何費用及利益。

2.賠償金申請書、火災狀況報告書、起火原因證明書。

3.保險標的物若另向其他保險人要保同一危險事故之保險者，應另闢清單詳載一切保險事項。

4.保險公司認有必要時，得要求被保險人提供有關保險標的物之各項詳細圖樣、說明書、簿册、憑證、賬單及有關證物。

第十目 焚餘物的處理

保險人於接到被保人有關損失的通知後，爲防止損失進一步之擴大及便於損失之查勘，每須對損失後之財產加以適當之處理。關於此點，美國標準火災保單並無詳細之規定。我國火災保單列有「焚餘物之處理」條款，對此有下列幾項規定：

1.保險標的物發生損失後，本公司得查勘發生事故之建築物或處所，並得查勘被保險人置存於該建築物或處所內財產之全部或一部，並加以分類、整理、搬運、保管、或作其他合理之處置。

2.本公司執行前項工作，不影響本保險契約之權利義務。

3.要保人或被保險人或其法定代理人無正當理由拒絕或妨碍本公司

執行第一項工作時，喪失該項損失之賠償請求權。

4. 被保險人不得放棄任何保險標的物，而以全損請求賠償。

上述規定事項具有兩項重大意義：一是保險人對焚餘物加以處理，並不意味保險人卽已承當損失賠償之責任。換言之，卽不以此爲保險人之棄權行爲 (waiver)。倘於日後發現被保人違背保險契約，或非保險人應予賠償之損失，則保險人仍可拒絕賠償。二是保險人對焚餘物加以處理或保管，並不構成被保人之「委付」，更非代表保險人之接受委付，保險人於交還焚餘物後，仍衹按實際損失予以賠償。

第十一目　爭議的解決

損失發生後，被保人與保險人之間可能發生之爭議，不外兩方面：一是對應否賠償問題，意見不一，事實上，卽是保險人拒絕損失的賠償。在此一情況下，被保人惟有提起訴訟，以謀解決。二是對賠償金額不能協議，卽是保險人不願賠付被保人所要求的損失金額。關於此點，火災保單通常都有所謂仲裁 (arbitration) 或評價 (appraisal) 條款，列爲契約雙方必須遵守的事項。

美國標準火災保單有關評價或仲裁的程序規定如下：(1) 被保人與保險公司對於損失的實際現金價值或損失金額不能協議時，基於任何一方之書面要求，每方各選定一有能力與無利害關係之評議人 (appraiser)，並於上項要求提出後二十日內將所選定之評議人通知對方。(2) 雙方評議人首先選定一有能力與無利害關係之公斷人 (umpire)，如在十五日內不能就公斷人取得協議，被保人或保險公司就可要求財產所在地之法院由法官代爲選定公斷人。(3) 評議人先就損失進行評議，分別說明每項財產的實際現金價值與損失金額，不獲協議時，以其不能協議之部分交與公斷人公斷。(4) 公斷人逐項就兩方不同意見所爲之公斷，卽爲現金價值與損失之決定金額。(5) 每一評議人之報酬，各由其選定之一方支

付; 評議與公斷之費用, 則由契約雙方平均負擔。

公斷條款的目的, 原在減少保險訴訟, 因之, 在未經評議或公斷前, 不得提起訴訟, 同時評議或公斷結果, 對契約雙方都有其拘束力。但一般認為在下列三種情況下, 不利的一方仍可不予遵守, 提起訴訟: (1) 涉及詐欺時,(2) 當評議員不合資格或非不具利害關係時,(3) 顯有重大錯誤或疏忽時。美國保單對於訴訟之時間, 亦規定為應在損失發生後十二個月內為之,藉以避免不合理之遲延,而使雙方權益之決定更為困難。

我國火災保單對於損失金額爭議之解決亦規定為: (1) 本公司與被保險人對於損失金額發生爭議時, 得交付公斷。(2) 公斷時, 由雙方以書面選定公斷人一人公斷之。如雙方不能同意同一公斷人時, 應以書面各選定公斷人一人共同公斷之。該二公斷人並應於公斷開始前, 預先以書面選定無利害關係之第三公斷人一人, 在二公斷人不能獲致協議時, 交付第三公斷人公斷之。(3) 前項公斷人之產生, 經一方選定後, 以書面催告他方於15日內選定, 他方不於期限內選定者, 由一方選定之公斷人公斷之。(4) 關於公斷程序及雙方對公斷費用之負擔, 由公斷人或第三公斷人決定之。

第十二目　權利的代位

被保人之損失可能由第三者的過失所引起, 則保險人在賠付損失後, 可從被保人取得其對第三者要求賠償之一切權利。此外, 尚有取得代位求償權 (subrogation) 之其他原因, 例如: 依前述抵押權人條款, 於對抵押權人賠付不須負責之損失後, 從抵押權人取得對抵押人或被保險人之全部或部分債權。對運輸中之貨物賠償火災損失後, 從被保人取得其向運輸公司要求賠償損失之權利。我國及美國之火災保單都有關於代位求償權之規定, 其應注意之點:

(1) 被保人對第三者要求賠償之任何權利, 未經保險人之同意不得

放棄，否則，保險公司不予賠償。

（2）保險人之代位權，以賠償金額或回復原狀所需之費用爲限，如第三者賠償之金額超過保險人之賠償金額時，應以餘額交付與被保險人。倘如被保人祇從保險公司獲得部分損失的賠償，則第三者賠償之金額，應先補償被保人之全部損失，如有剩餘，始歸保險人所有。

（3）被保人應同意保險人行使代位權，不得拒絕，所需費用，則由保險人負擔。

第三節　限制賠償金額的特別條款

火災保險契約在保險金額（及其分項保險金額）範圍內，能否賠償被保人實際遭受之一切損失，要視有無其他限制性之條款而定。美國標準火災保單內祇規定保險人之責任，不超過保單所列載之金額 (*not exceeding the amount(s) above specified*)，如在附屬保單內並無其他限制性的規定，則被保人之實際損失，祇要不超過保險金額，就能獲得保險人之全部賠償，損失超過保險金額時，以賠償保險金額爲限。美國的住宅及內部財物保單卽是如此。但就其他火災保單而言，則多附有各種限制性的條款，在某些情況下，保險人祇能賠償損失的一部分。而就我國火災保單而言，其第十七條規定：「損失發生時，保險標的物之實際價值高於保險金額者，本公司僅按保險金額與保險標的物實際價值之比例負賠償之責。倘保險標的物不止一項時，應逐項分別計算」。例如房屋與家具共保火險二十萬元，以後火災發生，房屋損失六萬元，家具損失三萬元，在損失時，房屋與家具之實際價值共爲三十萬元。保險金額與保險標的物實際價值之比例爲三分之二，因之，房屋損失祇能賠償四萬元（$=60000 \times \frac{2}{3}$），家具損失祇能賠償二萬元（$=30000 \times \frac{2}{3}$）。設如房

屋與家具分別列載保險金額，則依每類財產之保險金額與其實際價值的
比例，分別計算其可獲賠償之金額。除上述兩項極端外，有關火災保險
之其他限制性條款，約有下列各項:

第一目 共同保險條款

美國對於商業性房屋之火災保單，通常都在附屬保單內列載共同保
險條款，或簡稱之爲共保條款 (*Coinsurance Clause*)，大意爲被保人無
論何時須就每項財產之保險金額，至少達到在損失時實際現金價值的特
定百分比，否則，被保人依其短少部份所佔的比例，自行承當損失的一
部份。因之，保險人的責任，可依下列公式計算之:

$$賠償金額 = \frac{保險金額}{共保百分比 \times 損失時之財產價值} \times 損失$$

例如某人爲其房屋買有十萬元之火災保單，其中附有百分之八十共
保條款，以後火災發生，損失六萬元，經查損失發生時之房屋價值爲十
五萬元，依共保條款之規定，應有十二萬元之保險金額，始能獲得保險
人之全部賠償。但被保人之保險金額爲應保金額的十二分之十或六分之
五，因之保險人祇能賠償損失六萬元的六分之五，爲五萬元，被保人自
行負擔損失的六分之一，爲一萬元。

於此有兩項值得注意之點: (1) 倘如保險金額等於或超過應保金額
十二萬元，則其全部損失六萬元，可獲保險人之賠償。(2) 倘如損失金
額超過或等於應保金額，則保險人即照保險金額賠償。本例如房屋全部
損失或損失十二萬元，被保人即可獲得十萬元之賠償。

採用共保條款的目的，在求保險費率的公平與適當。這是因爲火災
發生的機會較小，而且多爲局部性的損失。依據美國經驗，因火災而遭
受全部損失的，不及全部火災案件的百分之二，而百分之八十以上的火
災，其所造成的財產損失，都在全部財產價值的百分之十以下。如果沒

有共保條款，一個意圖僥倖的人，可能祇願購買財產價值百分之十的保額，以與另一謹愼的人購買足額保險比較，前者所付保費祇及後者所付保費的十分之一，顯然有失公平。而且，保險費率通常是按平均損失計算出來的，如果沒有共保條款，則多數僥倖的人繳納的較少保費，將不足以支付實際的損失賠償，而使現行的費率變爲不適當。爲解決此一問題，亦可採用所謂滑動費率 (sliding scale of rates) 或分級費率 (graded rates)，卽按保險金額佔財產價值之比例，訂定不同之費率，比例愈大，費率愈低。然而，此一方法並不爲人所採用，因爲 (1) 每一保險案件均須先行估計財產價值，將使保險成本大爲增加。(2) 財產價值如在保險期內發生激烈波動，也使此一方法不能達到其原有之目的 (財產漲價，將使費率偏低；財產跌價，將使費率偏高)。

共保條款的採用，殆爲不定值保單下唯一較爲公平的解決辦法。保險公司按照不同的共保比率 (Coinsurance Percentage)，訂定不同的保險費率，被保人選擇較高的共保比率，卽可適用較低的保險費率，反之亦然。例如被保人爲享受較低的費率，選擇了百分之八十共保比率，則在損失發生時，其保險金額至少應等於損失時財產價值的百分之八十，否則，將受到共保條款的懲罰，亦卽祇能按照保險金額與應保金額的比例，獲得一部分損失的賠償，而由自己依其不足部分的比例，承當一部分的損失。此一方法，具有兩項重要的利益：(1) 被保人可依其自己的需要，自由選擇投保的金額，並各負擔公平而適當的費率。(2) 保險人祇須就少數發生損失的財產，估計其損失時的實際價值，從而大爲節省了保險成本。

採用共保條款的主要缺陷，是當財產價值易於波動的時期，常使投保時認爲符合共保比率的保險金額，到損失發生時變成不及應保金額，從而遭受共保條款的懲罰。對於這一問題的解決，通常可用下列幾種方

法: (1) 採用協議價值批註　(*agreed amount endorsement*)，卽由保
險人與被保人事先商定保險標的物的價值，以後發生的價值變動，不受
影響。(2) 對於動產保險，採用報告式保單，並就報告的財產價值全部
保險（卽爲百分之百的共保）。共保條款的另一缺點,是當發生小額損失
時，爲決定保險金額是否達到被保人選擇的共保比率，必須估計全部財
產的價值，每使估價的費用超過或等於損失金額。爲解決此一問題，保
單內可附財產淸單放棄條款 (*Waiver of Inventory Clause*)，保險人同
意於損失少於保險金額某一百分比時　（例如百分之二），被保人不必提
供全部財產淸單，卽可獲賠全部損失。

第二目　比例分配條款

火災保險採用總括式保單時，由於一個保險金額承保幾個地點的財
物或一個地點的不同財物，如不加以任何限制，則被保人爲節省保費,
勢將根據其中財產較多地點的財產價值，購買保險金額，而在任何地點
或任何財產遭受損失時，都可獲得充分的賠償。換言之，卽以較少的保
險金額，獲得較多財產的保護，對祇有一個地點的被保人而言，顯失公
平。因之，總括保單每多附有比例分配條款 (*pro rata distribution
clause*)，其大意爲本保單對每一建築物或每一地點的保險，係依每處財
產價值佔全部財產價值的比例定之。例如保險金額五十萬元承保甲乙丙
丁四個倉庫的財產，價值各爲十萬元、三十萬元、十五萬元及二十五萬
元，則依比例分配條款，各地點之保險金額分配如下:

	財產價值	佔總價值的比例	分配的保險金額
甲地點	100,000	10/80	62,500
乙地點	300,000	30/80	187,500
丙地點	150,000	15/80	93,750
丁地點	250,000	25/80	156,250
	800,000		500,000

玆假定乙倉失火，損失財產二十萬元，但因其分配之保額祇有十八萬七千五百元，保險人卽按此額予以賠償。總括保單通常允許各不同地點之財產，可以互相移動，而不影響保險的效力，因之附加比例分配條款後，其所發生之作用，有下列二項：（1）隨着各處財產之移動，能自動按其實有的財產價值，隨時調整其所分配的保險金額。（2）防止被保人以較少的保額獲得較多財產的保護，而使保費的負擔較爲公平。

有時候，總括保單除附有比例分配條款外，並另附共保條款，設如共保比率爲百分之八十，則前例保險公司之賠償金額爲

$$賠償金額＝200,000 \times \frac{185,700}{80\% \times 300,000}＝156,250元$$

第三目　四分之三損失條款

美國火災保單，有時列有四分之三損失條款（*three-fourths-loss clause*），規定保險人的責任，以每次損失的四分之三爲限。例如某甲買有五萬元的火災保單,附有四分之三損失條款，在遭受二萬元的損失時，可以獲得一萬五千元的賠償。然而，倘如遭受八萬元的損失，則祇能獲得五萬元的賠償，因爲這是保險人所負責任的最大限度。

採用這一條款的目的：（1）使保險人在實際上增加了具有較大危險標的物的保險費率。這是因爲保險人仍按表定費率（*manual rates*）計收保費，但却減少了損失四分之一的賠償責任。此一條款雖不常爲保險人所採用，但對缺乏救火設備的農村地區，頗多出賣此一條款之保單。（2）減少道德危險。因爲被保人如須自己承受每次損失的一部分，自會較爲小心的避免損失。

第四目　四分之三價值條款

在少數場合中，美國火災保單亦附有四分之三價值條款（*three-fourths-value clause*），規定保險人的責任以財產的現金價值的四分之

三爲限。例如某甲爲其十萬元的房屋買有火災保單八萬元，如果附有此一條款，則任何損失祇要在七萬五千元以內，都可獲得保險人的充分賠償。或以爲旣然如此，則十萬元的財產，自以購買七萬五千元的保額爲已足，何必爲額外保額多付保費。話雖如此，但要知道保險人的責任，是以損失時財產價值的四分之三爲準，如果在損失時財產價值增至十二萬元（並非財產的數量增加，而是財產的價值增加），則其四分之三爲九萬元，被保人卽可獲得保險金額八萬元的賠償。

　　對被保人而言，四分之三價値條款不及四分之三損失條款來得嚴重，但兩者的目的，都在減少被保人的道德危險。所不同的，前者對於財產價値四分之三以內之損失，都可獲得賠償，後者須由被保人承當每次損失的四分之一。無論爲那一條款，保險人都以保險金額爲其承當責任的最大限度。

第五目　三分之二空屋條款

　　空屋具有較大的危險性，美國標準火災保單除以空屋條款加以限制外，對於停用空屋條款之住宅火災保險，亦常使用三分之二空屋條款 (*two-thirds-vacancy clause*)，以減少保險人的賠償責任。此一條款有時規定在空屋或無人居住時期，保險人的責任，減少爲保險金額的三分之二。例如某甲爲其房屋買有火災保險九萬元,附有三分之二空屋條款，如在空屋期間發生火災損失，最多可以獲得六萬元的賠償，亦卽六萬元以下的損失，可以全部獲賠，損失超過六萬元時，祇能獲得六萬元的賠償。有些保單規定在空屋或無人居住時期，每一損失，祇能獲得三分之二的賠償,並以保險金額的三分之二爲限。前例保險金額爲九萬元時，損失六萬元，可以獲賠四萬元，保險金額爲四萬五千元時，損失六萬元，祇能獲賠三萬元。因之，在此一條款下，倘如損失的三分之二超過保額的三分之二，則以保額的三分之二爲賠償金額；倘如保額的三分之二超

過損失的三分之二，則以損失的三分之二爲賠償金額。

第四節　間接損失保險

火災發生後，除使保險標的物直接遭受毀損或滅失外，亦常造成重大的間接損失或從屬損失 (*Consequential losses*)，有時此種從屬損失的金額可以遠超過財產本身的損失。例如一家工廠發生火災或爆炸，僅使機器及廠房遭受部分損失，但在修復期間，不能進行製造工作，而使營業收入遭受重大損失。又如一棟出租的公寓住宅，在遭受火災損失後，不能出租，從而損失了原可收入的租金。再如一家報社於發生火災損失後，爲免發行中斷，必須設法繼續出刊，從而增加了許多額外的費用。火災保險公司對於這些從屬損失，亦可加以保險，通常是在火災保單之外，另附某種從屬損失保單或批單。換言之，從屬損失保險雖爲火災保險以外之另一保險，但以先有火災保險爲條件。玆將火災所致的間接損失及其保險名稱列示於次：

一、賺款損失─由於活動中斷所引起

　　1.營業中斷保險 (*Business interruption insurance*)

　　2.或有營業中斷保險 (*Contingent business interruption insurance*)

　　3.租金及租賃價值保險 (*Rent and rental value insurance*)

　　4.利潤及佣金保險 (*Profits and commissions insurance*)

二、額外費用─指必需的額外支出

　　1.拆毀保險 (*Demolition insurance*)

　　2.租賃利益保險 (*Leasehold interest insurance*)

　　3.額外費用保額 (*Extra expense insurance*)

4. 額外生活費用保險 (*Additional living expense insurance*)

三、其他間接損失

1. 溫度損失保險 (*Temperature damage insurance*)

2. 重置成本保險 (*Replacement cost insurance*)

第一目　營業中斷保險

營業中斷保險承保火災及其他危險事故發生後，由於業務停頓所致利潤 (*profits*) 與繼續費用 (*continuing expenses*) 的損失。其中又可分為兩種保單：一為賺款毛額保單 (*Gross earnings form*)，一為簡化賺款保單 (*Simplified earnings form*)。

一、賺款毛額保單　此種保單所承保的為停業期內減少的賺款毛額減去不繼續費用 (*noncontinuing expenses*) 後的餘額，由於

$$賺款毛額 - 不繼續費用 = 淨利潤 + 繼續費用$$

因之停業期內的實際損失，可由任一途徑求算而得，但實務上則採用式中左方所示的方法。然而，由於製造業與非製造業的不同，賺款毛額之求算仍有若干差異。就製造業而言，是以一定期間內產品銷售淨值減掉原料與物料成本後為其賺款毛額，非製造業則以一定期間內銷貨淨額減掉進貨成本後為其賺款毛額。此一區別甚為重要，因為非製造業所承保者為其販賣過程中斷所受的損失，製造業所承保者為其製造過程中斷所受的損失。設若一個製造廠商為全力銷售其已生產過多之產品，已自願暫時停止生產，則在此一期間發生火災損及製造設備時，如其可在自願恢復生產之前修復使用，該製造商即不能從營業中斷保險獲得任何補償。然而，另一方面，祇要是在保單滿期前發生火災等危險事故，縱然大部分的停業損失是在保單滿期之後發生，亦可獲得保險人的賠償。

此種保單通常附有百分之五十、百分之六十、百分之七十或百分之八十共保條款，共保比率所適用的價值，是停業開始後一年內可能損失

的賺款毛額。不繼續費用並不從中扣減，這是因爲在購買保單時難以估
計這些費用，同時可藉共保比率的大小調整此一影響保險金額的基數。
下列公式爲保險人決定賠償金額的算式：

　　　假定 (1)＝賠償金額

　　　　　(2)＝保險金額

　　　　　(3)＝共保比率

　　　　　(4)＝停業後一年內可能損失的賺款毛額

　　　　　(5)＝停業期內可能損失的賺款毛額

　　　　　(6)＝停業期內的不繼續費用

　　則　　$(1) = \dfrac{(2)}{(3) \times (4)} \times [(5) - (6)]$

爲說明此一公式的應用，假定某一製造商停業後一年內估計的財務情況
如下：

產品銷售淨值	800,000
原料及物料成本	300,000
普通薪工	200,000
其他薪工	100,000
其他費用	100,000

假定此一廠商由於火災停業三個月，在停業期內僅其他費用之一半不需
支出，則如購買二十萬元附有百分之五十共保比率之營業中斷保險，可
從保險人獲得之賠償金額爲

$$\frac{200,000}{50\%(800,000 - 300,000)} \times \left[\frac{1}{4}(800,000 - 300,000) - \frac{1}{4} \times \frac{1}{2}(100,000)\right]$$

$$= \frac{200,000}{250,000} \times (125,000 - 12,500) = 90,000 元$$

　　假如被保人依其選擇之百分之五十共保比率，購買相等於全年賺款

毛額一半金額之保單，則在全年營業較爲穩定的情況下，至少可以獲得六個月停業損失的保護。如果營業是有季節性的，則在營業旺季內遭遇火災損失，則不足以獲得半年損失的賠償；反之，如果停業期內每個月的損失較小，但停業時間則較長，亦可獲得超過六個月的損失賠償。因之，被保人在選擇保險金額時，須視下列四項因素而定：（1）停業的可能期間，（2）營業是否帶有季節性，（3）不繼續費用的比例，（4）較高共保比率的保費折扣。如果停業的可能時間較長，營業具有高度季節性，可能不繼續的費用較小，較高共保比率享受的保費折扣較多，則宜購買較多的保險金額，反之則否。

由於事先決定保險金額的困難，而被保人又不願由於保險金額過少以致遭受共保條款的懲罰，或是由於保險金額過多而多付了不必要的保費，他可採取下列方式之一加以補救：一是採用協議金額批註 (agreed amount endorsement)，由被保人與保險人就賺款毛額事先取得協議，於保單加以批註後，作爲將來理賠的基準。此一方法通常祇適用於商業性或非製造性的被保人，或較此更受限制。二是採用保費調整批註 (Premium adjustment endorsement)，被保人先依預期的最大賺款毛額，按其選擇的共保比率，計算應有的保險金額，並依此繳付臨時保費，於一年終了時，由被保人申報其實際賺款毛額，再行計算應繳保費，多退少補，但有最低保費的限制。

此外，尚可添附兩項重要條款，（1）被保人如爲提早恢復營業而須支付較多的額外費用時，保險人得於藉此減少營業中斷損失的範圍內予以賠付。（2）如爲適用於製造業的保單，保險人除於被保人將房屋及機器恢復至正常操作狀態之時間內，賠償其停業損失外，亦可將被保時間延至製造情況達到損失發生時之情況爲止。如爲非製造業的保單，則可將保險時間延至財產修復可以營業之後幾週或幾月，以使被保人得以恢

復火災發生時之營業情況。在延長期內營業減少所致的損失，可予賠償。

為適應被保人之個別需要，賺款毛額式的保單，亦可選擇下列兩項條款之一:

甲、普通薪工除外條款 (*ordinary payroll exclusion endorsement*) 所謂普通薪工是指高級管理人員及其他重要職員以外之其他一切薪工。不附此一條款時，祇要被保人商得保險人同意，可將普通薪工之全部或一部列為繼續費用。但如被保人認為在停業後必將削除此項費用或以不保此項費用為有利時，即可選擇此一條款，將普通薪工全部列為不保費用，從而可以減少保險金額或以一定的保險金額延長獲得保護的期間。其計算賠償金額之公式，仍如前述，但其中第 (4) 項應改為停業後一年內可能損失之賺款毛額減去普通薪工，第 (6) 項應改為停業期內之普通薪工及其他不繼續費用，其所適用之共保比率必須為百分之八十或百分之九十。倘如普通薪工是一為數較多的支出，則採取此一條款時，可將保險金額作相當削減（仍應達到共保比率所要求的水準），但亦因普通薪工絕對不保，而失掉其可保之彈性。因之，應否選擇此一條款，應就下列幾項因素加以考慮: (1) 普通薪工佔賺款毛額之比率， (2) 普通薪工在停業期間削減的可能性， (3) 不同共保比率對於保險金額的影響， (4) 保費支出的比較。

乙、普通薪工限制條款 (*ordinary payroll limitation endorsement*) 即被保人可以選擇承保九十日、一百八十日或二百七十日之普通薪工，通常亦須適用百分之八十或百分之九十共保比率。設依前例，被保人選擇九十日之普通薪工及百分之八十共保比例，其他金額依舊，則依公式計算，保險人之賠償金額應為八萬零三百五十七元。但如停業期間超過三個月，則在此一條款限制下，對超過期間的普通薪工不能獲得賠償。

$$\frac{200,000}{80\%\left[(800,000-300,000)-3/4(200,000)\right]}\times\left[\frac{1}{4}(800,000-300,000)\right.$$

$$\left.-\frac{1}{4}\times\frac{1}{2}(100,000)\right]=\frac{200,000}{280,000}\times112,500=80,357元$$

2. 簡化賺款保單　由於許多被保人害怕受到共保條款的限制，或不願洩露其財務上的資料，保險公司乃爲商業性或非製造業設計此種保單。其中不含共保條款，但被保人在停業期間任何一月可以獲賠的金額，不能超過保險金額的四分之一，因之停業期間如果超過四個月，祇當前四個月實際賠償總額不及保額金額的範圍內，才可繼續獲得保險人的賠償。例如保險金額爲十萬元，而前四個月的停業損失分別爲四萬元、三萬元、一萬五千元及一萬元，則共可獲得七萬五千元的賠償，尚有餘額二萬五千元，可用以賠償以後各月的停業損失。此種保單的保險費率，通常都較賺款毛額保單高出頗多，卽使被保人已按一個月內可能最大的損失購買四倍金額的保單，但若停業期間過長，亦難獲得停業損失的充分賠償，是其缺點。

第二目　或有營業中斷保險

被保人由於其所依靠的其他廠商在建築物、機器或存貨方面遭受實質損失，以致自已的營業爲之中斷而發生損失時，可從此種保險獲得賠償。如果被保人營業所需的貨物或勞務，係由他人提供，則此供應商的營業中斷，可以供應式保單 (a "contributing" form) 使被保人獲得保護，如果被保人的產品係由一個或少數人所購買，則此購買商的營業中斷，可以接納式保單 (a "recipient" form) 使被保人獲得保護。

此種保險所保護者，是對被保人的營業中斷所致的損失，而非其供應商或購買商的營業中斷所致的損失。設若供應商不顧其設備受損，而仍照常對被保人供應貨物時，則被保人的營業並未中斷，自無損失之可

言。或者供應商縱已暫停或減少貨物供應量，但若被保人仍有足够存貨維持正常營業，則亦無損失可言。另一方面，供應廠商遭受製成品的損失，但並未停止生產，祇要使被保人遭受營業中斷的損失，則被保人就可獲得保險人的賠償。

第三目　租金及租賃價值保險

一棟自用或出租的房屋，當有火災或其他危險事故發生時，在其修復期間不能使用，因而使房東或租戶遭致租金或租賃價值的損失，爲補償此種損失而設計的保險，謂之租金及租賃價值保險。

自用房屋的所有人，在房屋修復期間所受不能使用的損失，是以租賃類似房屋的費用來計算的，故稱之爲租賃價值。如爲出租的房屋，則情形較爲複雜。此可分爲兩種情形：一爲租約上對於火災發生後當事人的地位並無規定，但依慣例或一般民法，租賃契約多半因而解除，而使所有人遭受租金毛額減掉不繼續費用的損失。如果承租人須以較高的租金另租其他類似的房屋，則其支出的超額租金，亦爲租賃利益保險承保的利益（見下述第七目）。二是租約對於火災後不能使用的房屋有所規定，但亦不外三種情形，(1) 房屋不能使用時，租約自動終止，此與前述租約並無任何規定下之一般情況相同，不再贅述，(2) 房屋不能使用時，所有人有終止租約之權，如不終止租約，租金亦不退還。在此一情況下，祇有承租人具有可保利益。卽當租約繼續時，損失之租金爲其可保利益（係以承租人在不能使用期間另租他屋的費用計算，故實爲租賃價值保險承保的利益），如果租約終止，爲另租其他類似房屋必須付出較高的租金，則此超額租金部分，可從租賃利益保險獲得保護。(3) 房屋不能使用時，承租人有終止租約之權，而使所有人遭受租金毛額減掉不繼續費用的損失。

租金及租賃價值保險是在被保人由於房屋遭受火災或其他保險事故

而不能使用時，對其損失之租金或租賃價值予以補償的一種保險。但因房屋不能使用導致的費用節省（不繼續費用）應予扣減。此種保險由於承保的範圍不同，又可分爲三類：一爲全部財產不論損失時已否出租，在其修復期間所損失的全部租金。然而，沒有出租的房屋，是以保險事故如不發生而能出租的房屋爲限。此種保單附有百分之六十、百分之八十或百分之百共保條款，共保比率適用的金額，可指一年內可能收入的租金總額，亦可指最大可能修復期內的租金總額（費率較高），亦可不附共保條款，但每月補償金額，以保險金額的十二分之一爲限。二爲承保出租或自用的季節性財產，不論其修復期間的長短，就其實際損失予以賠償。惟承保範圍，或僅爲損失時正在使用的部分房屋，或指已使用的與未使用的兩部分。此種保單附有百分之百共保條款，保險金額必須達到當年租賃價值總額，否則，被保人將自行負擔損失的一部分。三爲承保租金並不事先確定而隨某些因素（如承租人的每年銷售額）變動的財產。此種保單附有百分之百共保條款，依被保房屋一年內預估的租金總額預繳保費，一年期滿，如依實際租金總額計算的應繳保費較已繳保費爲少，超收保費可予退還。但已繳保費如有不足時，被保人無需補繳，因在損失發生時被保人將受共保懲罰。

　　大多數買有前述營業中斷保險的人，並不另需租金或租賃價值保險，因爲租金與租賃價值的損失，通常乃爲保險人所需賠償之繼續費用。但在某些情況下，由於不同保險之費率結構不同，被保人可能發覺在營業中斷保險中將租金與租賃價值列爲除外不保費用，而另行購買租金及租賃價值保險，其所付出之保費可較少。

　　第四目　利潤與佣金保險

　　此種保險所承保者，或爲製造商的製成品由於火災毀損所致利潤的損失，或爲代理商基於上述貨物毀損而損失的佣金。由於火災保險通常

祇能賠償這些毀損貨物的實際現金價值，而不包括利潤在內；而製造商的營業中斷保險亦祇賠償火災發生後未能製造貨物所損失的利潤，而不包括製成品的利潤，因此乃有利潤與佣金保險的產生。此種保險僅適用於製造商及其代銷商（製造商的貨物火災保險，如以銷售價值計算製成品的損失金額，亦不需要另購利潤保險），批發商及零售商不須購買（可在營業中斷保險內獲賠）。對製造商而言，如其業務帶有季節性，而在巔峯時期到來之前，必須累積大量製成品供應需要，此時如果發生火災，已不可能爲了趕上季節需要而再加製造，如果此種物品具有特殊的式樣或品質，季節一過，銷路更減。再就代銷商而言，他們通常係在貨物賣出並收取貨款後，始由製造商給予佣金，如果由於製成品發生毀損而無法對已成交之貨物如期交付，卽將遭受佣金的損失。此種保單之所謂利潤，大致是指被保人可以獲得的賣價超過其所費成本後之餘額、減去不繼續費用、加上爲減少損失而支出的費用。

此種保單有兩種形式：一種形式是按貨物損失的比率決定保險人的責任。倘如貨物損失的程度爲其全部價值之百分之五十，則保險人的賠償金額，將爲這些貨物在未受損情況下出賣可能獲得利潤的一半。另一種形式是以實際利潤損失爲保險人的責任限度，亦卽不論貨物受損程度，須按實際利潤損失賠償。例如，一批爲供耶誕節行銷的貨物，火災損失輕微，但因時間迫促，已無法趕在耶誕節前修復應市，致損失全部可能獲得的利潤，保險人應按此一利潤總額予以補償。

第五目　拆毀保險

有些城市的建築法規，對於不符合現行房屋標準的舊建築物，當其損失超過某一百分比（多定爲百分之五十）時，卽須全部拆除重建。或者規定某些損失的修復，必須符合現行建築標準，例如木片屋頂受損時，必須以較爲費錢的禦火瓦片加以修復是。

承保直接損失的火災保險，僅對受損財產的實際現金價值加以補償，因之被保人仍須自己承擔：(1) 拆除房屋未損部分的費用。(2) 此一未損部分的實際現金價值。(3) 倘如重建的話，爲建築新屋所增加的費用；如爲修復，則爲符合規定標準所增加的支出。

拆毀保險通常係在火災保險契約之上另以批單方式加保。此種保險可有多種形式，較爲常用的有下列兩種：(1) 承保房屋必須拆除時所需拆除費用及拆除部分的實際現金價值。對重建或修復所增加的費用不予補償。(2) 承保由於法令規定而發生的一切從屬損失，但在此一火災保險契約下的全部補償金額，則以被保房屋的實際現金價值加上拆除費用爲限，並不得超過火災保單列載之保險金額。

第六目　額外費用保險

前述營業中斷保險附帶承保之額外費用，是在得以減少營業損失的範圍內予以補償。然而，有些營業如報紙、雜誌、牛奶配送商、公用事業、洗衣店等，不論增加多少費用，均須設法繼續營業。額外費用保險的目的，是對被保人在財產遭受實質損失後爲繼續正常營業所需的額外費用予以補償。例如牛奶配送商要求另一同業代爲配送牛奶，報紙發行人租賃印刷設備繼續發行是，因之，在許多場合下，額外費用保險代替了營業中斷保險。

此種保單有兩種形式：(1) 一種保單對於額外費用的補償，在時間分配上不加限制，以達於恢復正常營業情況爲止，但最長不得超過一年。(2) 另一種保單對於每月補償的額外費用加以限制，例如第一個月不得超過保險金額的百分之四十，頭兩個月不得超過百分之八十，頭三個月可爲百分之百。又如規定第一個月限額爲百分之四十，頭兩個月爲百分之七十，頭三個月爲百分之九十，頭四個月可爲百分之百。因之，第一個月如須獲得八萬元的額外費用補償，不管其以後情形如何，被保

人至少須有二十萬元的保額。加以限制的目的，是因火災或其他損失發生後，多半急需巨額之額外費用，如不加以適當之限制，易使被保人很快消耗其全部保險金額。

有些廠商可能同時需要營業中斷保險與額外費用保險。例如一家經營多種業務的公司，其中有些業務是可以中斷的，有些則否。另一些廠商在短期內需有營業中斷保險，但如不能在短期內修復營業，則寧願租用他人設備，以免營業長期中斷。為適應此種需要，乃有一種混合保單之設計，此種保單基本上為營業中斷保險，但以批單方式提供若干額外費用保險。例如祇要增加營業中斷保險費率百分之二十，就可以保險金額百分之四用於最初二十九日內額外費用之賠償，最初六十日內為百分之八，以後任何時期不得超過百分之十。亦可另訂較高的百分比。此種額外費用的補償，是在前述不增加保費，能在減少營業中斷損失的範圍內補償額外費用之外的另一種額外費用保險。

第七目　租賃利益保險

一個長期租賃他人房屋營業的人，其契約租金可能較其租賃價值（或使用價值）為小，兩者的差額，謂之租賃利益 (*Leasehold interest*)。設如租約內規定，房屋遭受火災或其他危險事故時，出租人可以終止租約，那麼承租人勢必以較高租金另租其他房屋營業，從而遭致此一租賃利益的損失，租約未滿期時間愈長，承租人所受的損失愈大。租賃利益保險是為承租人補償下列兩種時間內租賃利益的損失：（1）出租人終止租約時，其未滿期時間內可能損失的租賃利益。（2）出租人雖不終止租約，在房屋不能使用的時間內所將損失的租賃利益（假定房屋不能使用期內，停付租金，但承租人另租其他房屋時仍將遭受租賃利益之損失）。如果租約取消後另訂新約繼續承租，其所多付之租金，仍為承租人之實際損失。由於承租人是在按月支付租金時遭受租賃利益的損失，而保險

人則於發生火災終止租約時一次補償被保人的損失，故其實際補償金額，乃爲租約未滿期時間內每月租賃利益現在價值之總和。例如租賃價值爲每月一千五百元之房屋，實際每月租金一千元，承租人每月獲得五百元之租賃利益。在租約終止時尙有十年未滿，如按年息百分之四計算，今後十年內每年損失租賃利益六千元之現在價值應爲四萬八千六百六十五元。其計算公式爲

$$6,000 \times \frac{1-(1+0.04)^{-10}}{0.04} = 48,665元$$

　　但要注意的是，此種保單的保險金額是以購買保單時之未滿租期內租賃利益之現在價值爲準，有時亦爲未經折扣的租賃利益的總和。隨着保險時間的延長，保險金額逐月遞減，租約終了，保額遞減爲零。由於租賃利益時有變動，此種保單通常多爲短期，如一至三年，但可於期滿時另訂新約。此種保單並無共保條款，但如發生損失時保險金額未能等於未滿期時間的租賃利益，則按兩者的比例補償損失的一部分。由於保險人的責任，視租約內終止契約條款之規定而異，倘如房屋遭受火災或其他損失不及房屋價值百分之五十，出租人就可終止房屋租約時，保險人或將不願出賣此種保單。通常是按租約終止條款內損失比例的大小，調整保險費率。例如財產損失百分之二十五卽可終止租約時，保險費率可減少百分之十，財產損失百分之五十始可終止租約時，保險費率可減少百分之二十五，如租約內並無終止條款，則依當地之法律或習慣，而在保險契約內作適當之規定。

　　在有下列三種情況時，保險人不負賠償責任：(1) 租約之終止，係由被保人所選擇時，(2) 由於建築或修理法規導致租約終止時，(3) 由於任何營業執照之停用、到期或吊銷而致租約終止時。此外，保險人亦可加保下列三種情況下之損失：(1) 爲獲訂房屋租約，由承租人支付而不退還之押金。(2) 承租人預付而不退還之租金。(3) 承租人爲改善房

屋而支付之費用。上述這些項目的損失，必須是因保險事故發生導致租約終止而發生的，保險人之補償責任，亦隨下列因素而遞減：(1) 上述費用支付的時間。例如十年租約於訂約時支付押金一萬元，五年後因火災終止租約，保險人祇須補償此項損失五千元。而火災發生前剛已支付的改善費用，則可全部獲得保險人的補償。(2) 租約未滿期間的長短。換言之，隨着保險時間的延長，保險金額亦將比例遞減。

倘如實際租金超過對於承租人的租賃價值，則房東或出租人獲得了租賃利益，爲保護此項利益而購買之保險，稱爲租賃價值超過保險 (*Excess rental value insurance*)。關於保險金額及補償金額的計算，與上述租賃利益保險相同，但租約終止必須出自承租人的選擇，並由出租人獲得此項損失的補償。

第八目　額外生活費用保險

一棟自用房屋遭受火災損失後，在房屋修理或重建期間，所有人必須遷至他處居住，其所花費的生活費用，將遠大於平時或正常情況下所支付者。例如暫居旅社所需的房租，小孩上學所增加的交通費用，在餐館用饍比在家炊食所增加的開支等。額外生活費用保險對於上述情況下必需增加的費用予以補償，通常規定連續三十日內補償的金額，以不超過保險金額四分之一爲限。美國的住宅及內部財物保單，亦曾規定在火災或其他保險事故發生時，保險人得在房屋保險金額百分之十的範圍內，補償被保人在房屋修復期內所需的租賃價值。然而，超出此一範圍的租金及其他額外生活費用，仍有賴於額外生活費用保險予以補償。

至於租用他人房屋的人，如在房屋不能使用期間無需支付租金，自不需要租金部份的保險，但額外生活費用保險仍可補償其所增加的生活費用；如在房屋不能使用期內仍須支付租金，則此種保單所補償的額外生活費用，自亦包括房屋的租賃價值在內。

第九目　從屬損失保險

以上所述各項間接損失保險，都可說是廣義的從屬損失保險，本目所稱之從屬損失保險，則為火災保單內不需增加保費而可自動獲得的一種間接損失保險。其所承保的損失包括兩項：（1）火災或其保險事故發生後，由於溫度改變或其他物質情況變動所致物品的損失。（2）保險事故使一套物品的部分受到毀損，而使此物的他一部分所受價值減少的損失。

就第一種損失而言，倘如火災發生後電源切斷，而使冷藏庫、溫室、冰箱、噴灑器等之操作受到阻礙時，其所保護之物品必將由於溫度或濕度改變而遭受損失。通常在火災保單的附屬保單內，都以附加條款方式加以承保。應否另加保費或加收多少，則視不同情況而定。一般言之，如果這些電氣設備位於被保財產之同一處所內，則由因果連鎖關係視為火災或其他保險事故所致之直接損失，可由火災保單在不增加保險費率下予以承保。但不承保這些設備位於被保處所之外的損失，如需加保，另加保費。此種保險對於電氣設備非由保險事故導致的不當使用或不能使用所致的損失，不予賠償。

就第二種損失而言，在被保處所由保險事故損及一套衣服或一套器具的一部分，可使其他未受同一保險事故波及的另一部分衣服或器具，遭致價值減少或完全無用的損失，應否加收保費，則視場合而定。

第十目　重置成本保險

火災保險通常是按損失的實際現金價值賠償，即以損失的重置成本減掉折舊後之餘額為限。如須按照重置成本賠償，則須另購重置成本保險 (*replacement cost insurance*)。此種保險可在火災保單內以批單方式承保，亦可作為火災保險外之另一種保險，而以前一方式較為普遍。目前一般保險公司祇願就建築物承當此種保險，承保內部財物者尚屬少見。

　　此種保險能使被保人獲得超過實際損失的賠償，極易造成被保人的道德危險與心理危險，因之一般保單大多包括若干限制性的條款，以資防範：第一、附有百分之百的共保條款，保險金額必須等於新財產的重置費用，否則，保險人祇按兩者的比例，賠償重置成本的一部分。第二、受損的房呈必須在損失發生後合理時間內加以修復或重建。新建房屋可能完全不同，但保險人的責任，則以修復或重建的費用爲限。如被保人不在合理時間內完成修復或重建工作，祇按損失的實際現金價值予以賠償。第三、必須在被毀財產的同一地址重建，藉以避免因增進位置價值 (*location value*)，而故意造成房屋的損失。爲遷就實際需要，此項規定甚少嚴格遵守。

　　美國家主保單 (*Homeowner policy*) 雖以實際現金價值作爲賠償的基礎，但其中附有重置成本保險條款，對修復或重置費用，如在一千元以內並少於保險金額百分之五時，得不扣減折舊予以全數賠償。更普通的，則爲進一步規定，如房屋的保險金額達到損失時房屋全部重置成本的百分之八十，則修復或重置的全部費用（不扣折舊），可獲賠償。例如房屋的全部重置成本三萬元，保險金額爲二萬四千元，則損失的全部重置成本可獲賠償，但以保險金額爲限。但如保險金額祇有一萬八千元，則對少於九百元（爲保險金額的百分之五）的小額損失，可以全部獲賠。對於大額損失的賠償，則以全部重置成本的四之三爲限（爲保險金額一萬八千元與應保金額二萬四千元之比例），倘如依此計算的賠償金額少於損失的實際現金價值，仍按損失的實際現金價值賠償。如依前例，倘如損失的重置成本爲二萬元，實際現金價值爲一萬四千元，被保人可獲一萬五千元之賠償；倘如實際現金價值超過一萬五千元，則仍按實際現金價值賠償，但以保險金額（一萬八千元）爲限。

第十五章　海上保險

「海上保險」（*marine insurance*）一詞，顧名思義，應指與海上運輸有關財物的保險而言，其所承保的危險，亦應爲屬於海上運輸所特有的危險。然而，事實上，海上保險的貨物，早已由海上運輸擴及於陸上運輸，承保的危險自亦不以海上特有的危險爲限。除海上運輸外，內河與湖泊的運輸亦趨重要，十九世紀以後，更次第產生鐵道運輸、公路運輸及航空運輸。由於這些不屬於海上的運輸，亦多由承保海上運輸的保險人所承保，乃使「海上保險」一詞的意義，逐漸轉變爲「運輸保險」（*transportation insurance*）。並將所謂「海上保險」區分爲兩大類：一爲海洋運輸保險（*Ocean marine insurance*），專指眞正的海上保險而言，實際上，仍多擴及於承保一部分陸上危險。二爲內陸運輸保險（*Inland marine insurance*），專指內河、湖泊、鐵道、公路及航空等之運輸保險。在此一類別的保險中，有時更包括兩類特殊財產的保險：一是運輸或通訊設備（*Instrumentalities of transportation*），如橋樑、隧道、管線、碼頭、船塢、輸電設備、交通號誌、無線電及電視傳播設備等。二是各種流動財產，如工程用的機械、劇團道具、加工與寄售的貨物、安裝中的設備等。前者雖與運輸有關，但並非可以移動之物體。後者雖爲可以移動之物體，但亦同時承保靜止狀態中的危險。本章係就海洋運輸保險先加敍述。

第一節　保險契約的類別

海上保險最初並無一定格式的保單，每一保險人都可爲了適應顧客的需要，設計不同內容的保險契約。一七七九年英國勞依茲 (*Lloyd's*) 組織的會員，決議採取某一業經使用公認較爲完備的保單，並依當時習慣，報經國會核准，其後此一勞依茲標準保險單 (*Lloyd's standard policy*)，乃成爲海上保險契約的基礎。一九〇六年英國修訂之海上保險法，並將勞依茲保險單列爲附件之一，在法律上雖無強制採用之規定，但仍爲英國的海上保險業者普遍所採用。二百年來，其中古老的文字，絲毫未加修改，但其中一字一句，幾都經過法庭的解釋與判決，從事海上保險的人，無不了解它的內容與含義，故不感覺有用現代語言加以改寫的必要。最可笑的，此一保單在其右上角印有 *S. G.* 兩英文字母，迄今已無人知道其原意爲何。有人認此爲拉丁文 "*Salutis Gratia*" 二字之縮寫，與英文中之好運 (*good luck*) 二字意義相同；但也有人認爲 *S* 表示船舶 (*Ship*)，*G* 表示貨物 (*goods*)，而爲船舶與貨物使用之保險單，此爲今日大多數人的一種看法。

由於海上保險乃一帶有國際性的保險事業，而英國又爲近代海上保險發展最早及最具力量之國家，因之勞依茲保險單乃爲世界其他各國所採用，並仍保持其以英文書寫之形狀，惟在文字表達上，則以現代英文字句代替古老的用語罷了。然而，近代國際貿易發達，已遠非二百年前之情況，古老的勞依茲保險單自不足以完全適應國際貿易的實際需要，因此乃在保險業共同協議下，隨時增訂或修訂許多有關條款，添附於保險單內，最著名的爲倫敦保險人協會(*The Institute of London Under-writers*) 擬訂之各項條款，一般稱之爲協會條款 (*Institute clauses*)。

此一協會係由保險公司所組成，但實際負責條款標準化之機構，是其所屬之技術與條款委員會（*Technical and Clauses Committee*），它與勞依玆保險人協會（*Lloyd's Underwriters' Association*）及其他有關機構共同合作，但亦非自身創議採用新的條款或修訂原有條款，而是就有關協會提出之建議加以裁決而已。協會條款添附於保險單時，對於保險單內原有之條款，可有修改、補充或限制的效力，其重要性有時較保險單猶有過之。目前世界各國之海上保險，亦多採用此項協會條款，因使海上保險之國際性質益爲顯著。

然而，倫敦保險人協會鑒於向所使用之 *S. G. Form*，在文字與內容方面已難適應現代海上貨物保險之需要，已自一九八二年一月一日起設計採用新的海上保險單（*New Marine Policy Form*），其中文字部分僅有前文（*Preamble*）與簽署（*Signing*）兩項，其餘內容則採用表列（*Schedule*）方式，分列保險單號碼、被保人姓名、船名、保險航程或期間、保險標的、協定價值、保險金額、保險費、條款批註特約條件及保證事項等九項，並說明附隨條款及批單爲本保單之一部分。爲適用貨物保險之不同需要，另設計三種不同之協會貨物保險條款，分別以 *A*、*B*、*C* 加以區別，以代替舊條款之一切險（*All Riskes*）、單獨海損賠償（*W. A.*）及單獨海損不賠（*F. P. A.*）。每種條款均分爲承保危險、除外不保事項、有效期間、索賠事項、保險利益、減少損失、避免遲延、法律及慣例等八項，每項各包含一或數項條款，最後則以附註提醒被保人，須於知道被保事故發生時，迅卽通知保險人，其所享有之權利端視是否遵守此項義務而定。此外，倫敦保險人協會並同時修訂協會貨物保險兵險條款、協會貨物保險罷工險條款等。上述新的保單與新的條款雖自一九八二年一月一日起使用，但舊的保單與舊的條款仍可同時繼續使用至一九八三年三月底止，以後不再使用。接着，該會又將有關

船體及運費保險之各種條款加以修訂，並均自一九八三年十月一日起採用。

海上保險，因其保險內容或條件之不同，可就不同標準分成下述各種類別：

一、依標的物的種類，可分爲：

1. 船體保險單 (*Hull policy*) 有時亦稱爲船舶保險 (*Ship insurance*)，其所承保之財產，不僅可爲各種類型的船舶，如貨船、客輪、油輪、遊艇、漁船、渡船及駁船，而且包括船殼與船上航行所需之一切設備、屬具、燃料與糧食等。燃料與糧食亦可除外不保。

2. 貨物保險單 (*Cargo policy*) 其所承保的貨物自不包括違禁品及走私的貨物在內。而且一般係指供買賣的貨物而言，如爲隨身携帶之個人財物及其他貴重物品，非經特約，不予承保。

3. 運費保險單 (*Freight policy*) 運送人可於貨物交運時收取全部運費，如因不可抗力之原因而未能送達目的地，已收運費例不退還。在此一情況下，通常係由貨主在購買貨物保單時，將已付運費包含在貨物保險金額之內，如有損失，可獲賠償。反之，如運送人須於貨物運達後收取運費，則有事先購買運費保單之必要。又租船人包租 (*Charter*) 或臨時租用船舶，事先所付之租金，亦可視爲另一種形式的運費，可予保險。

二、依標的物之定值與否，可分爲：

1. 定值保險單 (*Valued policy*) 海上保險原則上應爲全額保險，在發生部份損失時，保險金額如低於損失時標的物的價值，保險人只就兩者的比例加以賠償。就海上運輸之貨物而言，如要事先確定其在損失時的價值，殊不可能，因之貨物保險均採定值保單，通常係以成交時之貨物價格加上運費及保險費後之總和，另加百分之十到百分之二十之利

潤，作爲標的物之價值（貨物以 *F. O. B.* 條件成交或以 *C. I. F.* 條件成交，在計算時稍有不同，但均不離上述原則）。船舶價值雖有其客觀標準，但事後決定仍有困難，故船舶保險亦幾全部採用定值保單，但其實際協議的價值，可能與船舶眞正的價值相距頗遠，但一經決定後，卽爲計算保費的基礎及日後理賠的依據。

2. 不定值保險單（*Unvalued policy*）如果標的物在損失發生時易於決定其客觀價值者，則保險人或被保人寧願採用不定值保單，此於運費保險最爲常見，少數船舶保險也是如此。

三、依特定之保險期間，可分爲:

1. 航程保險單（*Voyage policy*）卽以約定之一次航程或多次航程爲限而購買的保單。此多爲沒有固定航程之不定期船所採用，有季節性之貨物及非經常交易之貨物，亦多使用此種保險單。

2. 定期保險單（*Time policy*）事先約定保險之期限，通常爲一年，船舶保險多採用之。在保單內例須記載船舶航行的區域或路線，在保險期內依約定航線行駛的船舶，於每次航行時，不須報告保險公司，但若改變航行區域或路線時，須事先報經保險人之允許。

3. 港內危險保險單（*Port risk policy*）一艘船舶有時由於市場不景氣，或是必須停航修護，而須在港內停泊相當長的時間，此時卽可購買港內危險保險單。因爲港內危險遠較航行時的危險爲小，故其費率要較上述兩種保單爲少。此種保單允許被保船隻能在港內移動、更換碼頭或進船塢修理。中途停止契約時，並可退還一部分的保費。

4. 造船危險保險單（*Builder's risk policy*）爲造船人或所有人所購買，其保險期間自安放龍骨至建造完成並交船爲止。有時候可分兩段購買，一爲承保自安放龍骨至下水前一段時期，一爲承保下水試航後至交船爲止。保費依交船前萬一遭遇全損時保險人之最大責任計算。倘如

建造需時較預期時間爲長，可以延長保險時間；倘如提前建造完成，亦可中途終止契約，退還一部分保費。

四、依承保船舶的數量，可分爲：

1. 單船保險單（*Single ship policy*）一個輪船公司擁有的許多船舶，甚少在各方面完全相同，卽使構造與性能完全相同，在船齡與使用情況方面，亦可能仍有差別。站在保險公司立場，最好一船一單，如此可依承保船隻的個別情況計收保費，符合公平合理的定價原則。

2. 多船保險單（*Fleet policy*）卽以一張保單承保若干情況並不一致的船舶。此對被保人而言，常有下列幾項利益：⑴可能獲得較爲優惠的費率。因爲全部船隻係按平均情況採用單一費率計算，多半較單船保險下個別保費的總和爲少。⑵有些情況特別惡劣的船隻，如單獨保險，可能爲保險人所拒絕，如採多船保險，保險人在不願失去良好船隻的保險下，每不得不連帶接受情況較差船隻的保險。

五、依船隻有無指定，可分爲：

1. 指定船隻保險單（*Named policy*）裝載貨物的船隻，如在裝運前業已確定，可使保險人易於估計承保危險的大小，據以計算正確的保險費率，對於損失發生後之理賠亦多便利之處。

2. 未指定船隻保險單（*Unnamed policy*）通常是當進口商購買保單時，不知出口商究係交由那一船舶運送，甚至亦不知道運輸公司的名稱。在此種情況下，保險人所負的風險要較前一保單爲大，索取的保費可能也較前者爲高。

六、此外，尚有兩種屬於貨物保險的保單，使用最廣，亦最爲重要。玆分別列述如下：

1. 預約保險單（*Open policy*）此種保單具有下列幾項特點：⑴沒有一定的保險期限，契約簽訂後可無限期延續有效。任何一方均可隨

時取消契約，但應於三十日前通知對方。⑵保單內沒有保險金額及保險價額的記載，被保人於每批貨物裝船後，應將有關事項於合理期間內告知保險人（因此亦可稱爲報告式保單），卽以申報金額爲其保險金額，於發生損失時據實賠償。⑶保單內列有估價條款（*valuation clause*），規定保險標的物價值之計算方法，並附有費率表（*rate schedule*），作爲被保人申報保險價額及計算應繳保費之依據，通常每月結付保費一次。⑷爲減輕保險人之負擔，對每船貨物之責任限度（*the limit per bottom*）及裝船前每一意外事件之責任限度（爲*location clause* 所規定），都有規定。⑸附有船舶等級條款（*classification clause*），規定保險之貨物應裝載定期船（*liners*）或船齡在二十年以下而經船舶分級協會列爲最高等級之船，否則，費率另訂。⑹每次運送之貨物，均由保險人另對被保人發出保險證明書（*Certificate of insurance*），憑以辦理押滙等手續，並爲任何受貨人要求賠償損失之依據。

　　以上所述之預約保險單，係美國海上保險所使用者，估計貨物保險約有百分之九十使用此種保險單，有些保單已繼續使用五十年以上。英國的預約保險單，可爲無限期，亦可限定爲十二個月，其餘與美國保單同。但因沒有記載保險金額，不具備保險契約之要件，故不爲英國法律所承認，通常視爲榮譽保險單（*honour policy*）。

　　2. 流動保險單（*Floating or Blanket policy*）此種保單乃爲定期保單的一種，通常保險期間爲一年，被保人應按保險期內可能運送的貨物價值預繳保費存款（*premium deposit*），每次裝運後亦須隨時報告保險人，並自動獲得保險人之承保。保險期滿，統計貨物申報總值，據以調整已繳保費，多退少補。其餘事項，與前述預約保險單完全相同。

　　以上所述爲美國使用之流動保險單。英國所使用者與此稍有不同，卽是沒有固定的保險時間，但有固定的保險金額，每次貨物裝運後，保

險金額隨而遞減，保險金額用完時，保險效力隨而終止。此種有固定保
險金額之保單，因爲具備保險契約之要件，而爲英國法律所承認，但仍
不及預約保單使用之普遍。

第二節　承保的危險事故

海上保險承保的危險事故，至爲廣泛，現行條款採用兩種承保方
式：一是以概括方式承保，亦卽規定除列舉之各項不保事項外，承保其
他一切危險所致之損失；二是以列舉方式承保，卽其承保之危險事故，
以保單所列舉者爲限，但對除外不保之若干危險事故，仍可以加保方式
承保。新條款列舉之各項被保危險事故，視其承保的範圍而異，歸納言
之，約可分爲下列數種，並分別略加詮釋。

第 一 目　海河湖或其他航行水道之危險

海難（Perils of the sea）原爲舊的 S. G. 保險單承保之主要危險。
依英國海上保險法第一附件「保險單解釋規則」（Rules for Construc-
tion of Policy）第七項之解釋，「海難一詞僅指海的偶發事件或災害而
言，並不包括風浪之通常作爲」。其含義：(1)必須爲偶然發生之意外事
件，而非經常發生的或故意造成的。例如船在航行中因風浪經常侵襲而
造成的損耗（wear and tear），不能視爲海難。又如故意放進海水造
成船貨損害，亦非海難損失。但因人爲疏忽引起船舶碰撞、擱淺等海難
損失，並不免除保險人的賠償責任。(2)發生的意外事故必須與海發生密
切關係，或爲海上航行所特有，因之船上失火，只能視爲海上發生的危
險（peril on the sea），而非海上所特有的危險，不能視爲海難。由於船
舶航行的區域，並不以海上爲限，因之新條款擴大修改爲「海河湖或其
他航行水道之危險」（perils of the seas, rivers, lakes or other navi-

gable waters)，但其基本之含義應無變動。此種危險，又可分成下列幾種主要情況：

1. 擱淺或觸礁（*stranding or grounding*）「擱淺」是指船舶與水底、淺灘或岩礁接觸而牢固留住相當時間之情況而言，至其擱淺時間的長短，應視當時情況而定，並無一定的限制，但必爲事先未可預料發生之意外事件。因之經常易在某處發生之擱淺，港內退潮發生之擱淺，均爲可以預料之情況，而非保單承保之擱淺。然而，爲避免遭致全損而故意造成之接地（*beaching*），仍與擱淺相等。「觸礁」一詞，則並無時間上的限制，以前曾有「觸礁條款」（*Grounding Clause*），說明那些情況下之觸礁，不視爲擱淺，藉以免除保險人在「單獨海損不賠條款」下因擱淺而引起之賠償責任。新條款則將擱淺與觸礁均列爲承保危險，因之二者的區分已失其應有的意義。

2. 沈沒或傾覆（*sinking or capsizing*）「沈沒」係指船舶沒入水中已喪失航行能力而言，如仍可繼續下沉，或一部分浸水而仍有航行能力，均不得視爲沉沒。由過載而沉沒之船隻，保險人亦不負賠償責任。「傾覆」則爲船體翻倒或傾倒水中，其喪失航行能力自不待言。如爲貨物保險，並擴大及於陸上運輸工具之翻覆或出軌（*overturning or derailment of land conveyance*）。

3. 碰撞或接觸（*collision or contact*）「碰撞」是指被保船舶與他一船舶的猛力接觸（*forcible contact*），包括兩船的某一部分的碰撞在內。與外界其他固定或流動物體之猛力接觸，不得視爲碰撞。因之與他船之錨或鏈猛力接觸，可視爲碰撞，而撞及漁船之漁網則否。在狹窄河口一船擠迫（*crowding*）他船驅向岸邊所致之損失，亦不得視爲碰撞損失。與沉船撞擊可否視爲碰撞，須視情況而定。如沉船尚有撈救與修復航行之希望，可視爲碰撞；如無撈救及修復之希望，則僅與「殘

骸」(*wreck*) 相撞擊, 不得視爲碰撞。

上述碰撞一詞的解釋, 原在限制保險人在下述兩種情況下之賠償責任: 一是在貨物保險的單獨海損不賠條款中, 因碰撞等特定危險事故所致單獨海損仍須賠償之規定, 並不適用於此一解釋以外之碰撞。二是在船舶保險的碰撞條款中, 保險人對被保船舶因碰撞所致他船損失的賠償責任, 亦以上述解釋之碰撞爲限。惟今日之貨物保險, 已在新的協會貨物保險 B 及 C 兩套條款中, 規定「……船舶或駁船或運輸工具與水以外之任何外在物體之碰撞或接觸」所致的任何損失均可賠償; 船舶保險之協會時間或航程條款中, 亦將「與航空器或類似物體或從其墜落物體、陸上運輸工具、船塢或港口設備或設施之接觸」所致標的物之損害列爲賠償範圍, 因之碰撞一詞除仍在碰撞條款中保持其原有意義外, 對單獨海損之賠償已不具任何限制作用。

4. 水入船艙(*entry of sea lake or river water into vessel craft* …) 船艙進水, 損及貨物, 殆爲水上運輸所常見。如爲觸礁沉沒或碰撞所引起, 當可視爲其他危險事故所致之損害, 自可獲賠。惟在某些特殊情況下, 亦可單獨發生難以預料的海水損失。例如曾有一船在由拖船拖帶行進中, 由拖船尾部螺旋槳激起之浪花, 透過該船露出水面之接縫滲入船艙, 而使艙內貨物遭受損害, 亦可獲得保險人之賠償。貨物保險新條款擴大規定爲「海湖河水之進入船舶駁船封閉式運輸工具貨櫃貨箱或儲藏處所」所致之損害, 均可獲賠。

第 二 目 火災或爆炸

船貨失火, 亦爲海上航行常見之危險事故, 無論今日造船材料及防火設備如何進步, 一旦發生火災, 每每造成重大損失。海上保險承保之火災 (*fire*) 損失, 無論起於船長或船員之疏忽, 或因海水浸濕後之發熱自燃, 或爲其他不明之原因所引起, 均爲保險人之責任範圍。且一如

火災保險不僅補償因火而致焚燬的損失，而且包括以火爲近因所致其他的損失，如煙燻、烤焦以及救火所致之損害與費用。然而，在貨物保險方面，經由貨物的固有瑕疵或本質（*inherent vice or nature*）而引起之自燃（*spontaneous combustion*），保險人不負責任。例如潮濕的大蔴在運途中發熱而自燃，此爲大蔴的固有瑕疵所引起，如被保人知其潮濕而未告知保險人，更是隱瞞了有關保險的重要事實，保險人自可不予賠償。但若大蔴的受潮，是因在運途中遭受海水浸濕所致，或因船艙通風不良所引起，則保險人仍有賠償損失的責任。同時，如由自燃貨物之火引起同船其他貨物的損失，保險人亦應予以賠償，救火所致的損失與費用，且可當作共同海損處理。至於「爆炸」（*explosion*），如由火災所引起，自可以火災損失索賠，但非由火災引起之爆炸則否。新條款火災與爆炸並列，則勿論爆炸是否爲火災所引起，均可獲賠。

第 三 目　暴力窃盜或海上劫掠

舊保單原將「盜賊」（*theves*）列爲承保危險之一，但並不泛指一切的窃盜（*theft*），而是僅指暴力性或攻擊性（*violent or assailing*）盜賊而言。英國保險單解釋規則第九項亦謂：「盜賊一詞，並不包括暗中偷竊（*clandestine-theft*）或船公司任何人勿論其爲水手或乘客所爲之偷竊」。新條款改爲「船外人暴力窃盜」（*violent theft by persons from outside the vessel*），使其意義更爲明確。至於「海上劫掠」（*piracy*）一詞，依一九五八年日內瓦海洋公約（*Geneva Convention on the High Sea*）第十五條之規定，係指一條私船之水手或乘客在海上對另一船舶或其人員或財產進行暴力扣留或搶奪之任何不法行爲，而在任何國家管轄範圍以外之地點所發生者。舊保單原視「海上劫掠」爲戰爭危險，新條款則視爲「海事危險」（*marine risk*）。

第 四 目　地震、火山爆發或雷閃

地震 (*earthquake*) 可突然改變岸邊水域之深度而使離岸不遠之船隻擱淺，或因地震激起巨浪而使船貨遭受其他損失，故亦可視爲海難之一種。火山爆發 (*volcanic eruption*) 及雷閃 (*lightning*) 則可造成船舶與貨物的火災及其他重大損失。船體保險在舊的條款中，原已列有此三項承保危險，新條款照舊，但已刪除「適當注意」(*due diligence*) 的限制條件。新的貨物保險條款中，則爲新增加的危險。

第 五 目　投棄或波浪捲落

航行中的船舶在遭遇緊急情況時，爲減輕重量以圖解救脫險，故意丟棄一部分貨物或裝備，謂之「投棄」(*jettison*)。例如船舶擱淺時，爲減輕重量以使船舶浮起，而將一部分 貨物投棄 海中是。通常稱此爲共同海損犧牲，我們將在下節加以討論。所謂「波浪捲落」(*washing overboard*)，則指裝載甲板上的貨物爲波浪捲落水中，可視爲海難的損失。但應注意幾點：(1)貨物裝載艙面或甲板上，除非習慣如此，必須特別加保。否則，波浪捲落時不能獲賠。(2)除非保單另有規定，貨物因自身固有瑕疵而被丟棄，亦不能獲賠。例如航程因氣候惡劣而拖延過久，致肉類腐敗而被丟棄是。(3)貨物被投棄時，其所有權並無變更，日後再行撈獲時，原有貨主（或於賠付損失後取得代位權之保險人）只要付清其合理分攤之救難或其他費用，仍可對之主張所有權。

第 六 目　不法行爲或疏忽

舊保險單原將船長及船員的不法行爲 (*Barratry of the master and mariners*) 列爲承保危險。依英國保險單解釋規則第十一條之說明，「不法行爲一詞，係指船長或水手故意所爲有 害於船主或其他租船人之每一惡意行爲」。此種行爲通常包括：(1)丟棄船貨，(2)縱火焚燬，

(3)詐售船貨，(4)鑿沉海底，(5)違法走私而被扣押或沒收。保險人對於這些惡意行為的賠償責任，須以船主或貨主事先不知情為條件，如船長卽為船主，乃為被保人自為之損失，不能獲賠。但如船長僅為船舶共有人之一，則對其他不知情的共有人而言，已構成不法行為，在其所有權的範圍內，仍可向保險人要求賠償。新的船舶保險條款中，則同時承保「船長船員或引航人的疏忽」、「船長或船員的不法行為」及「修理人或租船人的疏忽」等幾項危險，在承保範圍上自較廣泛，但仍以被保人所有人或經理人並未缺乏「適當注意」為條件。貨物保險的新條款中，則無此項條款，但承保貨物一切險之甲種條款，應可獲得此種損失之賠償。

第 七 目　其他的意外事故

在新的貨物保險B種條款中，保險人也承保「在避難港卸貨時所致被保標的物之損害」及「整件貨物於裝卸船舶或駁船時失落或墜落的全損」。船舶保險新的時間與航程條款中亦承保「核子裝置或反應爐的破裂或其意外事故」、「貨物或燃料於裝卸或轉船時發生意外事故」及「鍋爐爆裂軸桿斷裂或機器或船體內任何潛在缺陷」所致被保標的物之損害。但最後兩項須以被保人所有人或經理人並非缺乏「適當注意」為條件。

第 八 目　協會條款加保的主要危險

一、戰爭險（兵險）　倫敦保險人協會最新修訂之「**協會兵險條款（貨物）**」(*Institute War Clauses-Cargo*) 將承保危險列為：

1. 由下列各項危險所致被保標的物的滅失或損害：

甲：戰爭 (*war*)、內戰 (*civil war*)、革命 (*revolution*)、謀反 (*rebellion*)、叛亂 (*insurrection*)、或其引起之內爭 (*civil strife*)、或交戰權力 (*belligent power*) 間之任何敵對行為 (*hostile act*)。

288 保　　險　　學

乙、由上項危險引起之捕獲 (*capture*)、劫奪 (*seizure*)、拘押 (*arrest*)、禁制 (*restraint*)、或扣留 (*detainment*)，及其結果或任何企圖。

丙、遺棄之地雷、魚雷、炸彈或其他遺棄之戰爭武器。

2.依運送契約及/或適用法律與慣例所理算或決定之共同海損與救難費用，而其發生是為防止或有關防止被保危險所致損害者。

上述危險中之「捕獲」一詞，通常係指敵人或交戰國家之擄掠，「劫奪」一詞則含義較廣，而可包括每一強力奪取之行為。「拘押」、「禁制」或「扣留」，則指政治或行政的行為，而不包括由暴動或通常司法程序引起之損失。這些損失的發生，且不一定與戰爭有關，卽在平時亦可發生。例如目的港或中途港的行政當局禁止帶有病疫之家畜或從病疫地區運來之家畜進港或起岸，其因而引起之損失，在舊的戰爭條款中，原可獲得保險人的賠償。但若船舶因債務糾紛而被司法當局命令扣留及出售，則係正常司法程序之結果，其所引起之損失不能獲賠。惟依新條款承保危險乙項之規定，非由甲項危險引起乙項危險所致之損失，仍不能獲賠。

關於不保事項，列有兩項條款：

1.一般不保條款　其中又分八項：

(1)可歸因於被保人故意失當所引起之滅失損害或費用。

(2)被保標的物之正常漏損、正常失重或失量，或正常耗損。

(3)被保標的物因包裝或配製不良或不當而引起之滅失損害或費用（所謂「包裝」包括貨櫃或貨箱內之裝載，但僅適用於本保險生效前已完成，或由被保人或其僱用人所完成者）。

(4)被保標的物因固有瑕疵或本質而引起之滅失損害或費用。

(5)以遲延為近因而引起之滅失損害或費用，而勿論此項遲延是否

爲被保之危險所引起。

(6)因船舶所有人、經理人、租船人或營運人無力償付或財務拖欠而引起之滅失損害或費用。

(7)由航程迷失或中止而引起之任何賠償要求。

(8)任何「敵意的」(hostile) 使用任何原子或核子武器或其他類似反應或放射力量或物質而引起之滅失損害或費用。

2. 不適航及不適運不保條款，其中分列兩條：

(1)本保險不承保因船舶或駁船的不適航及因船舶駁船運輸工具貨櫃或貨箱的不適安全運送所致被保標的物之滅失損害或費用，而被保人或其僱用人於被保標的物裝載時已知其爲不適航或不適運者。

(2)除爲被保人或其僱用人已知其爲不適航或不適運者外，保險人放棄任何違反船舶應具備適航及適運被保標的物至目的地之默示保證。

關於持續期間，亦在運輸條款中作下列各項規定：

1. 本保險僅自被保標的物及其任何部分被裝載於海輪後開始生效，而於下列二種情況之一最先發生時效力停止：（甲）被保標的物及其任何部分已在最終港口或卸貨地點卸下海輪。（乙）抵達最終港口或卸貨地點已滿十五日。效力終止後，如未在最終港口或卸貨地點卸下被保標的物，仍可迅速通知保險人及另付保險費，而於再度起航時恢復保險效力。

2. 如在被保航程內，海輪於抵達中途港口或地點卸下被保標的物，以便由海輪或飛機續運，或於避難港口或地點將貨物卸下輪船，則保險效力仍繼續至抵達上述港口或地點滿十五日爲止（必要時，須另付保費），此後，當被保標的物及其任何部分裝上續運海輪或飛機時，恢復保險效力。惟在貨物卸下未滿十五日期內之保險有效期間，被保標的物及其任何部分不能離開卸貨之港口或地點。又若貨物在上述十五日內續運或因

前述情況恢復保險效力時，如爲海輪續運，則依本條款之規定辦理，如爲航空續運，則現行空運貨物之協會兵險條款視爲本保險契約之一部分。

3.倘如運送契約內之航程，於約定目的地以外之其他港口或地點終止，則該港口或地點視爲最終卸貨港，保險效力之終止，依前述第一項之規定。被保標的物如於以後再運往原定或任何其他目的地，祇要在續運開始前通知保險人並另付保費，則視下列二種情況分別辦理：(1)如被保標的物業已卸下，則於標的物及其任何部分裝上續運輪船後恢復保險效力。(2)如被保標的物尚未卸下，則當該輪船從該被視爲最後卸貨港起航時恢復保險效力。

4.對地雷及遺棄之魚雷（飄浮的或潛沉的）之保險，亦可適用於從海輪接駁被保標的物或其任何部分之駁船，但不得超過自海輪卸下後六十日，另有約定者不在此限。

5.船舶所有人或租船人依運送契約之授權而駛離航道或變更航程時，祇要迅速通知保險人，並於必要時另付保費，則保險仍可繼續有效。

6.本保險開始生效後，如被保人變更目的地，祇要迅速通知保險人，並另洽定保費及條件，其保險效力不受影響。

二、罷工險　倫敦保險人協會最近修訂之「協會罷工險（貨物）」(*Institute Strikes Causes-Clargo*)，將承保危險列爲：

1.本保險除列舉之不保事項外，承保下列原因引起被保標的物之滅失或損害：(1)罷工者、閉廠之工人，或參與工潮、暴動或民衆騷擾之人。(2)任何恐怖分子或任何帶有政治動機之人。

2.本保險承保依運送契約及/或適用法律及慣例而理算或決定之共同海損與救難費用，而其發生是爲防止或有關防止被保危險所致損失

者。

關於除外不保事項，亦分列爲兩項條款：

1.一般不保條款　其中(1)(2)(3)(4)(5)(6)各項，與前述兵險一般不保條款中之各項完全相同，第(8)項即爲兵險一般不保條款中之第(7)項。其第(7)(9)(10)各項內容如下：

(7)由任何罷工、閉廠、工潮、暴工或民衆騷擾引起之任何工人缺勤、缺工或抵制所致之滅失損害或費用。

(9)任何使用原子或核子武器或其他類似反應或放射力量或物質而引起之滅失損害或費用。

(10)由戰爭、內戰、革命、謀反、叛亂，或其引起之內爭、或交戰權力間之任何敵對行爲所引起之滅失損害或費用。

2.不適航及不適運不保條款　與兵險同一條款之內容完全相同。

關於持續期間，亦有運輸條款等加以規定，其內容與協會貨物保單之同一條款完全相同，容後敍述。

三、船舶的戰爭與罷工險　以上所述的戰爭與罷工險，目前僅爲貨物保險所採用，船舶保險所採用者則爲一九八三年十月一日修訂實施之「船體時間保險——協會戰爭及罷工條款」(Institute War and Strilkes Clauses-Hulls-Time)。其承保之戰爭危險，即爲前述貨物戰爭險所列舉者。但其承保之「捕獲劫奪拘押禁制或扣留及其結果或任何企圖」，不必須由其他之戰爭危險所引起；其所承保之罷工危險，除前述貨物罷工險列舉之第一條第一項完全相同外，第二項增列「惡意行爲」(acting maliciously)之人，並增加「充公或剝奪」(confiscation or expropriation)一項。

關於除外不保事項，規定爲：

1.由下列各項原因所致的滅失損害或費用：

(1)原子或核子武器或其他類似反應或放射力量或物質的任何爆炸。

(2)無論宣戰與否，在下列任何國家間的戰爭爆發——英國、美國、法國、蘇俄、中共。

(3)徵用（*requisition*）或優先承購（*pre-emption*）。

(4)船舶所屬或註册國家之政府或任何公共或地方當局命令所爲之捕獲、劫奪、拘押、禁制、扣留、充公或剝奪。

(5)因檢疫法規或因違反任何海關或商業法規而遭拘押、禁制、扣留、充公或剝奪。

(6)因無法提供保證或支付任何罰金或任何財務原因所致通常司法程序之執行。

(7)海上劫掠。

2.依一九八三年十月一日**協會船體保險時間條款**（包括四分之三碰撞條款）承保或在無其第十二條款（指自負額條款）時可以獲賠之**滅失、責任，或費用**。

3.從其他保險可以獲賠或在沒有本保險時可從其他保險獲賠之任何金額。

4.由遲延而引起之費用，但在一九七四年約克・安特威浦規則下依英國法律與慣例可以獲賠之費用不在此限。

此外，本保險並附有終止通知及自動終止條款，規定双方可於七日前通知對方終止契約，如有下列情況之一，勿論通知與否，本保險自動終止：

1.當有不保事項第一項第一款所述任何核子武器發生敵意爆炸時，而勿論其在何地發生，亦勿論被保船舶是否牽涉在內。

2.勿論宣戰與否，在英國、美國、法國、蘇俄、中共之間發生戰爭

時。

　　3.被保船舶在權利或使用上被徵用時。

　　四、偸竊及未能送達險　現行貨物保險除概括承保之A種條款外，並不承保窃盜危險。再者，貨物在運途中亦常因各種原因發生短少或未能送達情事。這些運輸上的損失，如非由不可抗力所引起，運送人原亦有賠償責任，但運送人發出的提單，通常都爲免責價值（*released value*），而非充分價值（*full value*），即是損失賠償金額受到運送契約內規定金額所限制。在索賠手續上亦較麻煩及費時。貨主爲求損失時獲得充分的補償，乃有購買偸窃及未能送達保險的必要。此一條款簡稱之爲 *T. P. N. D.* 條款，其所承保之偸窃（*theft*），是指實際打開、破箱或整件貨物的偸走；挖窃（*pilferage*）是指自整件貨物中窃取部分的小偸窃；未能送達（*non—delivery*）則指整件貨物的漏裝、誤運及不明原因之短少而言。

　　保險人之責任，以損失貨物的裝運價值（*shipping value*）或保險價額（*insured value*）二者中較小者爲限。所謂裝運價值，係指貨物的原始成本，加上裝運及其從屬費用以及保險費用之總和。保險人於賠償後取得代位求償權，即使運送人對此損失並無責任，保險人仍應負責賠償。

第三節　承保的損失與費用

　　海上危險導致的損失，可以分爲全部損失（*total loss*）與部份損失（*partial loss*）。全部損失中，又可分爲實際全損（*actual total loss*）與推定全損（*constructive total loss*）；部分損失中，又可分爲共同海損（*general average loss*）與單獨海損（*particular average loss*）。而在遭遇危難的過程中，也可產生損害防止費用（*sue and labour charges*）

與救難費用 (*salvage charges*)。 倘如保險人承保一切危險產生的一切損失與費用， 則其索取之保費必然相當高昂， 而將減少其普遍的接受性。因之保險人可從兩方面加以限制： 一是縮小承保危險的範圍，若干危險的除外不保條款， 就是基於此一觀點而設計的， 但仍可加費承保。事實上，過分縮小承保危險的範圍，對被保人往往造成無可彌補的損失，故不為當今海上保險業者所採取。二是縮小承保損失的範圍，例如僅全損賠償， 或者縮小單獨海損之賠償範圍， 或者一定百分比下之單獨海損不賠。此為目前保險業採取之途徑， 因之而有各種不同條款的設計， 我們將在有關節目中分別敍論。本節僅就各種損失與費用的意義， 承保的條件及其賠償的方法， 先為論述。

第 一 目　全　　　　損

一、實際全損　依照英國海上保險法第五十七條之規定， 實際全損係指下列三種情況：

1.保險標的物完全毀損。例如船舶於碰撞後沈入海底， 全部貨物遭火焚燬等均是。

2.標的物遭受嚴重毀損， 已不復為所保之原物。例如船舶撞上岩礁後完全破裂， 煙草為腐爛之獸皮所沾污失其煙草風味。 兩者雖未完全滅失，但已失去其原有之作用， 故可當作實際全損處理。但有下列二例應予注意：(1)貨物抵達目的地後遭遇嚴重損壞， 但經重加整理後， 仍可減價出售。(2)貨物抵達目的地後嘜頭 (*markes*) 毀損， 不能辨識為何人所有， 但可於混合賣出後按保險價額分配與各受貨人。此二例之貨物均未失其原有之特性， 不能視為實際全損， 但可當作部分損失處理。

3.被保人被奪去其對標的物的所有權而不能收回。 此即因捕獲 (*capture*) 或刼奪 (*seizure*) 等危險而造成的損失， 標的物雖依然存在，但已永不再為被保人所擁有。

此外，英國海上保險法第五十八條規定，船舶失踪後經歷合理期間而杳無消息，亦「假定」其爲實際全損。通常英國勞依玆協會於接到關係人之請求後，可利用其全球通訊設備發覺眞實情況，倘無確定消息，卽在適當時侯"宣告失踪"（*posted missing*），並視爲海事危險（*marine perils*）所致之損失，當作實際全損予以賠償。

二、推定全損　依據英國海上保險法第六十條之規定，下列幾種情況發生時，被保人以保險標的物「委付」與保險人，得視爲推定全損，要求保險人按保險金額賠償。

1.標的物的實際全損似已無可避免，或從實際全損中欲加拯救，必須支出較拯救後價值爲多之費用。

2.被保人因被保危險奪去其對船舶或貨物的所有權，而(1)似不可能加以收回，或(2)其收回的費用超過收回後的價值。

3.在船舶遭受損失時，其修復費用超過修復後的價值；在貨物遭受損失時，其修復費用與繼續運往目的地的費用，超過其抵達時之價值。

以上爲英國的規定，美國法庭曾經判以修理費用超過修理後價值百分之五十時，卽可以推定全損索賠，但一般保險人在保險單內加列英國界說的條款，以避免採用法庭的解釋。事實上，被保人並不一定要以推定全損要求賠償，他也可當作部分損失處理，縱使此一部分損失的修理費用達到全部的保險金額。然而，被保人如果選定按推定全損索賠，就須先將保險標的物「委付」與保險人，以使後者能夠採取任何必要的保全行動。被保人向保險人提出委付通知書（*notice of abandonment*）後，如經保險人接受，則委付變爲不可撤銷，亦卽保險人已確定承允賠償全部損失。保險人由於接受委付對其並無實質上的利益，故多半予以拒絕，此時被保人卽須隨之採取法律程序，首先對保險人致送抗辯文件，此一文件發出時之情況，卽爲決定有無推定全損的依據。實際上，

由於拒絕委付極爲常見，爲節省被保人進行法律程序的麻煩與費用，保險人都在拒絕接受委付時附帶說明：拒絕日之情況，可爲決定有無推定全損的依據。如此，保險人與被保人或其代表人得以從容與友善地進行商討，終至和平解決而免於訴訟者極爲常見。

三、全損的賠償　全損的賠償，至爲單純。如爲定值保單，卽以保險金額爲其賠償金額；如爲不定值保單，卽以標的物的可保價值(*insurable value*)爲其賠償金額，但以保險金額爲限。

第 二 目　單獨海損

一、單獨海損的意義　英國海上保險法祇說：「單獨海損是保險標的物由保險事故所致不屬於共同海損的一種分損」。它有幾項特點：(1)是由保險事故偶然與意外而造成的。(2)爲特定利益(*particular interest*)的損失，而由具有此一利益的人或其保險人所承擔。(3)僅指損失的本身，不包括任何由此損失引起之費用。屬於單獨海損的例證甚多：例如船舶方面，或者由於巨浪衝擊而使船上設備受損，或者與海中物體相撞而損及螺旋槳，或者船上失火而造成嚴重的結構損失；貨物方面，或者由於海水入艙而受到浸濕的損失，或者由於船身顚簸而受到破碎的損失；運費方面，如因貨物未能送達或中途損毀，致損失了原可收取的運費等均是。惟保險實務上，保險人並不賠償一切可能發生的單獨海損，故有所謂「免賠額」(*franchise*)及「自負額」(*deductible*)之規定。所謂「免賠額」，又稱最小損失不賠，原爲海上貨物保險對單獨海損責任的一種最常見的限制。意謂一次意外事件的單獨海損，如已超過保險價額的某一百分比，全部損失均由保險人賠償，損失不及規定之百分比時，保險人不負賠償責任。所謂「自負額」，則指一次意外事件中的單獨海損，如未超過保單規定之金額或保險價額之某一百分比時，保險人不負賠償責任，超過規定金額或某一百分比時，亦祇賠償其超過部分。

現行貨物保險之條款中，已無免賠額或自負額之規定。但船體保險新的時間條款中，仍有「自負額」的規定，但將適用之範圍加以擴大，卽是一次意外事件中由被保危險所致之損失與費用總額（包括碰撞條款、共同海損及救難條款以及損害防止費用條款下之索賠金額），如未超過保單規定之金額，不予賠付，超過時亦只賠付其超過部分。但此一規定，並不適用於船舶之全損或推定全損或其有關之損害防止費用。而在運費保險時間條款中，則有「免賠額」的規定，保險人對百分之三以下非共同海損之部分損失(意卽單獨海損)，不予賠付，但因火災、沉沒、擱淺或與他船碰撞所致者，不在此限。如被保人認有必要，每一駁船可視爲單獨保險，亦卽可據以單獨計算上述之百分比。

　　二、單獨海損的賠償　海上保險必須爲全額保險。依英國海上保險法第八十一條之規定：保險金額如果不及標的物之可保價額或其約定價額（按指定值保單）時，被保人在其未保險之餘額內，視爲自己保險。爲說明方便起見，以下均假定在全額保險下，各項標的物發生單獨海損時的賠償處理：

　　1.船舶　在定值保險的情況下，發生單獨海損時，不論船舶實際價值爲何，按下列規定賠償：(1)在船舶業經修理的場合，賠償金額爲其合理的修理費用，但在任何一次意外事件中，不能超過保險金額。(2)在船舶僅有部分修理的場合，賠償金額爲其修理部份的合理修理費用，以及未修理部分的合理貶值（depreciation），但兩者總計不得超過全部損壞修復所需的費用。(3)在船舶尚未修理亦未在損壞狀態下出售的場合，賠償其因未加修理而引起之合理貶值，但不得超過修理損壞所需之合理費用。

　　此外，尚有下列值得注意之點：(1)保險人賠付之船舶修理費用，原有所謂「習慣上的扣減」，是指「新換舊」（new for old）的扣減而

言。扣減金額，依船齡及替置部位而定。但多年來，協會條款已改爲無論賠付單獨海損或共同海損，均無「新換舊」的扣減，新條款亦然。(2)在祇能作臨時修理或先作臨時修理較爲合算的場合，祇要臨時修理確爲必需且非僅圖船舶所有人之便利，則保險人除賠付永久修理外，並賠付此項臨時修理費用。(3)船舶受損後如必須移至他港修理時，其來回移動費用視同修理費用的一部分。移動費用雖可包括水手的工資與給養、燃料及機器房之耗料，但在實際修理期間，這些費用除修理工作實際耗用者外，不能從保險人獲得補償。(4)合理的修理費用通常指在正常時間（straight time）工作的支出，爲加速修理工作而多付的加班費用，除非能節省同額的其他修理費用，不能從保險人獲得賠償。(5)船舶受損後未經修理而出售時，其賠償金額爲估計的修理費用，但不得超過出賣所確定的損失金額。(6)船舶受損後之查勘費用及理賠費用等，雖亦由保險人所支付，但非修理費用的一部分，在計算自負額之百分比時，不能包括在單獨海損之內。(7)一次意外事件的賠償，固不能超出保險金額，但連續賠償數次損失的總額，可不受保險金額的限制。例如船舶經修理後復告沈沒，則修理費用及全部損失，均可賠償。(8)船舶遭受損失後未加修理，而在保險有效期內再遭全損時，保險人祇就全損加以賠償，而不賠償其未加修理之損失；如全損係由不保之危險所引起，則全損與未加修理之損失均不賠償。

　　2.貨物　貨物的單獨海損有兩種情況：一是部分貨物的完全滅失，二是貨物受到部分的損壞，兩者的賠償，在計算上亦有差別：

　　　(1)部分貨物完全滅失時　如爲不定值保單，賠償金額爲此損失部分的可保金額。如爲定值保單，又有數種情形：（甲）如果損失部分有其確定的保險價額，則按其確定價額賠償。(乙)如以一個保額承保一類貨物時，就損失部分的可保價額對全部貨物可保價額的比例加以賠償。

（丙）如以一個保額承保多類貨物時，須先就每類貨物之可保價額加以分配，再依損失部分的可保價額對同類貨物可保價額的比例加以賠償。

（丁）如以一個保額承保一類或多類貨物，而各類或各級貨物之原始成本無法確定時，應依各類或各級貨物之抵岸完好淨值（*net arrived sound value*）之比例加以分配，再依損失部分之可保價額對同類或同級貨物可保價額之比例加以賠償。

(2)貨物受到部分損壞，而在目的地以受損狀態交貨時　（甲）如為定值保單，是根據保單確定的保險價額，就抵達地之完好總值（*gross sound value*）與損後總值（*gross damaged value*）之差額與其完好總值之比例加以賠償。（乙）如為不定值保單，是根據貨物的可保價額就上述同一比例加以賠償。由於貨物保險均為定值保單，故就甲項列式於下：

$$賠償金額＝保險價額（或保險金額）\times \frac{完好總值－損後總值}{完好總值}$$

上式中之分數部分，即代表貨物的損失率，如為貨物的百分之十，則以保險價額的百分之十賠償之。但如貨物於損壞後全部出售，則式中之損後總值應改為總價金（*gross proceeds*）。再者，所謂「總值」（*gross value*），是指貨物的躉售價格，無躉售價格時，為其估計價格，兩者均包括已付運費，起岸費及關稅等在內。如在保稅倉庫出售時，則以保稅價格（*bonded price*）視為「總值」。所謂「總價金」，是指貨物出售時獲得的實際價格，其中自亦包括售貨人支付之一切銷售費用在內。何以要用「總值」作為計算的基礎，而不以「淨值」（即不包括運費、起岸費及關稅等）作基礎，那是因為以總值作基礎，其損失率不會因市價漲落而發生變動；如以「淨值」作基礎，則因這些費用多是固定的，如從貨物市價中予以減除，將使損失率隨著貨物市價漲落而不同，被保人基

於相同的貨物損失，而獲得金額不同的賠償，頗不合理。

於此要注意的，以此方法計算賠償金額，在保險金額大於貨物實際價值時，將使被保人獲得超過實際損失的賠償，似將違反財產保險遵守的「補償原則」(*principle of indemnity*)。然而，採用此一計算方法的理由：一是海上保險總是假定為全額保險，即使因貨價跌落而出現上一情況，亦屬少見。二是在航途中被保人對貨物已無控制力，不致因此而發生道德危險。

3.運費　船舶及貨物可由被保危險發生而遭受實際或實體上的折損 (*actual or physical depreciation*)，而運費則否。但運費的單獨海損，必因船舶與貨物遭遇某種損失而發生。運費的種類甚多，與單獨海損有關的僅為運費支付的方式：**有些運費是預付或保付的，即是在貨物交運時必須支付全部運費，或保證將來在不可抗力情況下未能運達時，亦須支付全部運費。**在此一場合下，運送人不可能遭受任何運費的損失，自無購買運費保險的必要。然而，並非運費不需保險，而是由支付運費的貨主，將已付運費包括在貨物保險金額之內，於貨物發生損失時，由貨主獲得已付運費的賠償。此為今日常見的情況，因在貨物保險中併為敘述，故不復贅。單獨需要運費保險的，是約定貨物運達後收取運費的場合。如果一部分貨物未能運達目的地，則將有同一比例的總運費 (*gross freight*) 不能收取，從而發生單獨海損。英國海上保險法規定其賠償金額之計算為：如為定值保單，為保單之固定金額（按即保險價額），如為不定值保單，為其可保價額 (*insurable value*)，均依損失之運費與全部運費之比例定之。依此規定，在定值保單下，如保單固定之金額大於全部運費，則被保人勢將獲得大於實際損失之賠償。惟英國海上保險單所用的協會運費條款，對於單獨海損的賠償，規定不得超過實際損失的總運費，因而已使定值保單與不定值保單的分別無關重要。

第 三 目 共同海損

共同海損雖爲今日保險人承擔的責任範圍，但在現代海上保險發生之前，卽早已有了共同海損觀念的存在。相傳在紀元前希臘城市羅德 (*Rhode*) 的法典中，就有關於共同海損的記載。此因當時地中海沿岸國家盛行海上貿易，船貨常在海上遭遇共同危難而受損失，如果此一損失是爲保全其餘船貨而自願造成的，自應由受益的各方面共同分擔。此一規則，演變至今，迄無改變。惟自海上保險興起之後，由於保險人承擔了此種損失的賠償責任，對於共同海損的條件與理算，自更有詳細規定之必要。且以海上運輸涉及國與國間之利益，如無共同協議，勢必滋長糾紛，國際法協會 (*International Law Association*) 乃經多次會議，終於形成今日使用的約克—安特威浦規則 (*York-Antwerp Rules 1950*)。目前各國際運輸契約中，雖多規定發生共同海損時，應依約克—安特威浦規則處理，但有關共同海損的規定，並非依靠運輸契約而產生，卽使運輸契約對此並無規定，在發生共同海損時，有關各方仍須依航程終止地之法律及規章辦理。

一、構成共同海損的條件　英國的海上保險法及上述約克—安特威浦規則，都有關於共同 海損的界說。我國海商 法第一五〇條亦規定:「稱共同海損者，謂在海難中船長爲避免船舶及貨載之共同危險所爲處分而直接發生之損害及費用」。依據一般之認定，能獲關係人分擔的共同海損應具備下列條件:

1.船貨必須處於眞實 (*real*) 而急迫 (*imminent*) 的危難中。如祇出於可能遭遇危難的恐懼，或誤以爲危險存在而實不存在，都不得視爲共同海損。

2.犧牲必須爲自願的 (*voluntary*) 或故意的 (*intentional*) 的行爲所造成，而非海事危險造成的意外損失。

3.犧牲或支出必須是合理 (*reasonably*) 爲之的。換言之，如爲犧牲，必須出之以謹愼；如爲費用的支出，必須公正而合理。

4.犧牲或支出，必須具有「非常的」(*extraordinary*) 性質。爲履行運送契約而必須遭遇的犧牲或費用，不得視爲共同海損。

5.犧牲或支出的目的，必須是在共同危難中保全財產，並至少使部分船貨因而獲救者。如僅爲某一特定利益而發生，不能視爲共同海損；如全部船貨終於滅失，亦不發生共同海損理算問題。

6.犧牲或支出須爲共同海損行爲直接的結果，而不包括由此行爲間接造成的損失。然而，在投棄行爲中，海水入艙損及貨物，則此受損的貨物與所投棄的貨物，同被視爲共同海損。

二、共同海損的計算　共同海損行爲 (*general average act*) 可以導至 共同 海損 犧牲 (*general average sacrafice*) 與共同 海損 費用 (*general average expenditure*)，兩者既可從關係各方獲得補償，則必發生兩大問題：一是可獲補償的共同海損是如何確定的，二是確定的共同海損如何由關係各方所分擔。後一問題留待下一部分討論，此地先行討論前一問題。關於共同海損 犧牲之計算，因保險標的物 的不同而異：

1.船舶　(1)爲其合理的 修理費用。以前曾有 「新換舊」 的習慣扣減，現已取消。(2)如在單獨海損之後發生共同海損，並將船舶予以廢棄的場合，則依船舶的完好價值扣減單獨海損的估計修理費用後爲其共同海損前的船舶價值，再以此一價值減掉出售船舶所得價款後的餘額爲其共同海損可獲補償的金額。

2.貨物　(1)投棄貨物或其他方式犧牲的貨物，爲其航程終止地卸貨日可能有的淨值 (*net value*)。是以貨物如不犧牲而到達時的價值減掉所須支付的各項費用， 例如運費 (倘非預付運費時)、折扣、關稅、起

岸費及銷售費用等。但若仍留船上之貨物呈損壞狀態抵達時，如其致損的原因亦將同等影響於被犧牲的貨物，則其可能遭受之損失，在計算共同海損時應予扣減。(2)在因共同海損犧牲而受損壞之貨物，其應予補償之金額，爲其如不損壞時之完好淨值與其賣得淨價之差額。(3)在正常狀態下易於漏損之貨物（如油與酒），在計算其可獲補償之共同海損時，對此正常漏損應予扣減。

　　3.運費　爲犧牲之貨物如不犧牲可能賺取之總運費(*gross freight*)，減掉任何原應支付但因貨物犧牲而不必支付之費用。倘在貨物犧牲後，在同一航程另裝其他貨物替補，則此替補貨物賺取之運費扣減爲賺取此一運費而支付之費用後，其餘額應從犧牲之運費加以扣減。

　　4.費用　在危難中爲維護共同安全而適當支付之一切非常支出，都爲可獲補償之共同海損費用。例如在船舶擱淺時，僱用駁船或人力卸除一部分貨物以減輕重量，或僱用拖船幫助擱淺之船舶重新浮起，這些行爲而支付的費用，都可列爲共同海損費用。關於入港避難費用，英國法律認爲船舶因共同海損受損而入港修理之進港、卸貨、存倉、重裝及出港等費用，均可當作共同海損處理；如因單獨海損爲共同安全而入港修理時，其進港及卸貨費用，可當作共同海損處理，其餘費用均屬單獨費用（*particular charges*）。但約克—安特威浦規則並不作此區別，而一律視爲共同海損費用。

　　三、共同海損的分擔　無論爲共同海損犧牲或共同海損費用，均須由共同冒險之有關各方，依其分擔價額（*Contributory value*）比例分擔之。三個主要分擔的利益爲船舶、貨物與運費；但郵件、船員用物及乘客行李等非提貨單所運送之物件，不在其內。於此應注意的，任何因犧牲而獲補償的標的物，亦須分擔共同海損；否則，犧牲的利益在獲充分補償後，將較未受犧牲而須分擔損失的利益居於較好的地位，自有背

於處理共同海損的公平原則。在進行共同海損分擔時，須先確定各方利益的分擔價額，然後據以計算其分擔之數額。

1.分擔價額的計算　原則上爲航程終止地剩餘財產之淨值加上可因共同海損獲得補償的總和，分項言之：

(1)船舶　(甲)於完好情況下抵達時，爲航程終止地對其所有人的價值，通常卽爲船舶之市價。但在若干情況下，船舶係爲特定商業而建造，或爲大型客輪，頗不易於評估市價，通常交由專業性的船舶估價師評定之。(乙) 如在損壞情況下到達時，則爲其完好情況下的價值，減去損失修理費用，加上任何因共同海損可獲補償的總和。

(2)貨物　爲航程終止地之完好或受損價值，減掉（交貨時支付的）運費、起岸費、關稅、代理費等（這些費用爲交貨時須由貨主所支付者），加上任何因共同海損可獲補償的總和。

(3)運費　(甲)爲航程終了時賺獲之總運費，減掉共同海損行爲後爲賺取此一總運費而支付的費用，如船員工資與港口費用等，加上因共同海損可獲補償的總和。事先已付的運費，通常包括在貨物價值之內，而爲貨主分擔價額的一部分。(乙) 未裝載貨物的包租船舶，放空駛向裝貨港，如在途中發生共同海損，則以包租運費 (*chartered freight*) 扣減賺取此一包租運費而支付之費用爲其分擔價額。(丙)載有貨物的船舶，在包租情況下駛向他港增裝貨物時，如在途中發生共同海損，則僅以載貨運費爲其分擔價額，包租運費可置勿論。

2.共同海損分擔的計算　知道共同海損數額及各關係人之分擔價額後，兩者比例卽爲共同海損損失率，以此損失率乘各關係人之分擔價額，卽爲每一關係人所應分擔共同海損之數額。玆假定船舶因擱淺遭受共同海損三十萬元，各關係人參加共同海損分擔所依據之分擔價額爲：

　　　　船舶　　　　5,000,000元

甲貨　　　　　500,000元（均假定爲一人所有，下同）

乙貨　　　　　200,000元

丙貨　　　　　200,000元

運費　　　　　100,000元

合計　　　　　6,000,000元

在上一情況中，共同海損損失率爲百分之五，因之船舶應分擔之共同海損爲 $(5,000,000 \times \frac{5}{100} =)$ 二十五萬元,甲貨爲二萬五千元,乙貨與丙貨各爲一萬元，運費爲五千元。茲再假定在共同海損中，甲貨佔有二十萬元，除應分擔自身之共同海損 $(200,000 \times \frac{500,000}{6,000,000} =)$ 16,667元外，其餘之183,333元可從其他關係人獲得補償。而前述二萬五千元之分擔額中，則應扣除自身之共同海損分擔額一萬六千六百六十七元，故甲貨所有人之實際損失仍爲二萬五千元。

3.保險人的賠償責任　茲以上述甲貨爲例說明之。假定甲貨保險價額爲六十萬元（大於分擔價額），在發生共同海損後，因其實際損失之比率爲五分之二，故保險人應賠償二十四萬元（大於實際損失）。又共同海損分擔額二萬五千元，亦可由保險人賠償，但因其中有其自身共同海損之分擔額一萬六千六百六十七元。已因保險人賠付全部損失，自應予以扣減，因之保險人之賠償金額應爲二十四萬八千三百三十三元。惟保險人賠償甲貨之共同海損後，取得代位求償權，可從其他船貨之保險人追回賠償金額十八萬三千三百三十三元，故保險人最後實付之賠償金額僅爲六萬五千元。

關於保險人之賠償,仍有幾項應加注意之點：(1)如爲共同海損犧牲,例由保險人一次賠償被保人之全部損失,取得代位求償權後,再由保險人與其他船貨之保險人進行理算。(2)如爲共同海損費用，通常係由船方支

付，但船舶保險人祇對船方應行分擔之數額加以賠付，故不發生代位求
償問題。(3)如爲共同海損分擔，保險人之賠償責任，應視保險金額與分
擔價額之比例而定。如前者小於後者，保險人祇按兩者比例，賠償分擔
額的一部分；如前者等於或大於後者，則賠償共同海損分擔額之全部。
(4)保險人賠付共同海損分擔時，係按保險金額與分擔價額之比例計算，
而此項分擔價額又係以到達時之淨值爲準，自不包括途中發生的單獨海
損在內，因之保險人賠付單獨海損之金額，亦應從保險金額中予以扣
減。祇有如此，在比較保險金額與分擔價額，以確定保險人的賠償責任
時，纔不致使任何不足額保險變爲曖昧不明。

第 四 目　損害防止費用

　　海上保險單都有「被保人責任條款」(Duty of Assured Clause)，
卽是舊保單之「損害防止條款」(Sue and Labor Clause)，規定在遭遇
任何損害或災難時，被保人及其受僱人與代理人必須採用合理之措施，
以避免或減輕其所保險之損害，在貨物保險中，並須確保其對運送人、代
理人或其他第三者之所有權利得以適當地保全與行使，保險人對其因而
適當而合理支付之費用可予補償。此項條款，乃爲保險契約之補充契約，
並不以標的 物之獲救爲其 補償之條件。因之，在防止無效而發生全損
時，被保人除依保險契 約獲得保險金額之全 部賠償外，並可依據本條
款，要求保險人補償所需支付之損害防止費用（如爲船體保險，不得超
過船體之保險金額）。惟可以獲賠之損害防止費用，仍受下列幾項條件
所限制:

　　1.必須爲避免或減輕承保的損失所引起。

　　2.應爲被保人及其受僱人與代理人所支付。

　　3.費用的支付必須是合理與適當爲之的。換言之，支付人應以「如
同未保險時」(as if uninsured) 之注意，善盡其保全與維護財產的責

任。

4.為共同安全而支付的共同海損與救難費用及在碰撞事件中之抗辯或控訴費用，不能依本條款予以補償。

5.保險人之補償責任，僅依保險金額與保險價額之比例定之（如為船體保險，當意外事件發生時，船舶完好價值如大於保險價額，則以完好價值為準），船舶保險所能賠付之損害防止費用，並不得超過船舶之保險金額。

第 五 目　救難費用

船貨在海上遭遇危難，由無契約關係之他人自願施救，依海事法之規定，應由被救財產支付的報酬，謂之救難費用（*salvage charges*）。如當事人對此救難費用不能協議，則由海事法庭決定之。在未獲保證支付前，救難人得對被救之財產行使留置權（*lien*）。構成救難費用，通常須具備下列幾項條件:

1.須為避免或有關避免承保危險所引起之損失。

2.須為無契約關係之第三者所施救。

3.僅為救護海上財產所引起。通常卽指船貨與運費而言。對於非商業性之個人財物之施救，不能以救難費用要求支付，亦不包括救人的報酬在內（救人的報酬，係由相互組織之保護及賠償協會所承保）。

4.救難而不成功時，卽全部財物仍遭滅失時，救難者喪失其要求支付報酬及補償其損失與費用之權利。

保險人對符合上述條件之救難費用，並不都有補償的責任。玆就此項費用在保險上之特點列述於次:(1)船舶因其本身的不適航（*unseaworthiness*）而遭遇危難時，施救者雖可要求被救之船貨關係人支付報酬，但不能獲得保險人之賠償。(2)救難費用通常應由被救之船貨依其在施救行為完成地之價值比例分擔，而保險人對此費用之賠償責任，則依保險

金額與此被救價額 (*salved value*) 之比例定之。此後船貨全損，並不影響保險人的賠償責任。(3)依船舶保單之姊妹船條款 (*Sister Ship Clause*)，對被保人之救難工作，係由被保人所有之另一姊妹船所提供時，保險人對此姊妹船要求支付之救難費用，仍有賠付之責任。

第四節　船體保險

新的船體保險也是採用 *New Marine Policy Form*，並依不同需要，分別附以不同內容之**協會條款**，其中最主要者為：(1)**協會船體保險時間條款** (*Institute Time Clauses—Hulls*)，其承保之危險採用列舉方式，但却承保由列舉危險所致標的物的一切滅失或損害，我國稱此為「全益險」保單。(2)**協會船體保險時間條款——全損、共同海損及¾碰撞責任**(*Institute Time Clauses—Hulls—Total Loss, General Average and ¾ ths Collision Liability*)，我國稱此為「平安險」保單。(3)**協會船體保險時間條款——全損** (*Institute Time Clauses—Hulls—Total Loss Only*)，我國稱此為「全損險」保單。此外，尚有為航程保險而設計之各種條款，除有關航程之條款外，內容與時間保險相同。

第一目　船體保險之承保條件

協會設計之各種保險條款，也可說是承保條件 (*conditions or terms*)，它們之間的主要差別，在於承保範圍的不同，至其他一般規定之事項多無差別。就其承保範圍而言，可分成下列三種：

一、全益險　又稱全保條件 (*full conditions or terms*)，為船體保險中之最為常用者，其承保範圍為：

1.由下列各項原因所致被保標的物之一切滅失或損害：

(1)海河湖或其他航行水道之危險事故。

(2)火災、爆炸。

(3)船外人之暴力竊盜。

(4)投棄。

(5)海上劫掠。

(6)核子裝置或反應爐之破裂或意外事故。

(7)與航空器或類似物體或其墜落物體、陸上運輸工具、船塢或港口設備或設施之接觸。

(8)地震、火山爆發或雷閃。

(9)貨物或燃料於裝卸或轉船時發生意外事故。

(10)鍋爐爆裂、軸桿斷裂、機器或船體內之任何潛在缺陷。

(11)船長、船員或引航人之疏忽。

(12)修理人或租船人之疏忽，但以其不爲被保人者爲限。

(13)船長或船員之不法行爲。

以上(9)至(13)項之滅失或損害，須非爲被保人所有人或經理人缺乏適當注意所致者。

2.救難、救難費用及／或共同海損之船舶分擔部分，在船舶遭受共同海損犧牲時，被保人可先獲得全部損失之賠償。

3.損害防止費用，但不得超過船舶之保險金額。

4.在碰撞條款下所承擔的對他船所受損害及延滯損失的賠償責任。

此種保單下之保險人責任雖較廣泛，但仍附有「戰爭除外條款」、「罷工除外條款」、「惡意行爲除外條款」及「核子除外條款」，對其列舉事項所致之損害、責任或費用，不負補償責任。

此外，亦有自負額（*deductible*）之規定，並有若干費用不予補償或受有限制，玆分述於下：

1.在每一意外事件中由被保危險所致損失與費用總額（包括碰撞條

款、共同海損及救難條款及損害防止費用條款下之索賠金額），如未超過約定之金額，不予賠付，超過時亦只賠付其超過部分。但船舶擱淺後爲檢視船底而合理支付之費用，縱無損害發現，仍可獲賠。本項規定，亦不適用於船舶的全損或推定全損及在同一意外事件中與全損有關之損害防止費用。爲增加被保人之獲賠機會，並規定在兩個接續港口間的一次航段（*a single sea passage*）中由暴風雨（*heavy weather*）所致之損害，視爲一次事件所致的損害。所謂暴風雨，也包括與浮氷的接觸在內。

2.除保單規定者外，對船底刮光、磨光及或表面處理或油漆之費用，不予賠付。

3.在共同海損以外之其他場合中，對船長船員及任何船上職員所支付的工資及維持費用，保險人不負責任。但如船舶必須移至另一港口修理承保之損害或爲此種修理而試航，僅在上述移動或試航期內所需之工資及維持費用，可以賠付。

二、平安險　是以限制條件（*limited condition*）承保，其承保之危險與全益險完全相同，但其損失賠償之範圍限於下列數項：

1.被保標的物之實際全損或推定全損。

2.救難、救難費用及/或共同海損之船舶分擔部分。

3.損害防止費用，但不得超過船舶的保險金額。

4.在碰撞條款下所承擔的對他船所受損害及延滯損失的賠償責任。

此外，在每一意外事件由被保危險所致損失與費用總額（包括碰撞條款及損害防止費用條款下之索賠金額），如未超過約定金額，不予賠償，如有超過，亦只賠償其超過部分，但不適用於全損或推定全損及在同一意外事件中與全損有關之損害防止費用。

關於除外不保事項，與全益險完全相同。

三、全損險　其承保之危險亦與全益險完全相同，但僅賠償被保危險所致之下列損失或費用：

1.被保標的物之實際全損或推定全損。

2.救難與救難費用之船舶分擔部分。

3.損害防止費用，但不得超過船舶的保險金額。

關於除外不保事項，與全益險完全相同。

第二目　其他重要條款

就船體保險時間條款而言，尚有下列各項重要條款：

一、航行條款（*Navigation Clause*）　包括下列三項：

1.在承保時間內，無論何時，亦無論船舶出航（無論有無引航員）、試航、或協助與拖曳遭難之船隻或駁船，均有保險。但須保證船舶不被拖曳，惟屬習慣性者、或在必須幫助時被拖至第一安全港口或地點者，不在此限。亦不得在被保人或所有人或經理人或租船人前所安排之契約下從事拖曳或救難服務，但不排除有關裝卸貨物時之習慣拖曳。

2.船舶受僱在海上從他船或對他船（非港內或沿岸之駁船）裝卸貨物，其所致滅失或損害或因此引起對任何其他船隻之責任，均不負責補償。但船舶從事此項活動，經已事先通知保險人，並已洽改保險條件及另付保費者，不在此限。

3.船舶為解體或為解體出賣而航行時（無論裝貨與否），對其後船舶遭受滅失或損害之任何賠償，僅以滅失或損害時船舶當作廢棄物處理時之市場價值為限。但如事先通知保險人並已洽改保險條件保險價額及所需保費者，不在此限。惟本項規定並不影響在碰撞條款或共同海損與救難條款下之賠償責任。

二、展延條款（*Continuation Clause*）　在保險期滿時，如船舶仍

在海上或遭難中或在避難港或中途港， 只要事先通知保險人， 則仍可依比例計算之月保費， 延保至抵達目的港爲止。

三、違背保證條款 (*Breach of Warranty Clause*) 如在貨物、貿易、地點、拖曳、救難服務或航行日期方面遇有任何違背保證之情況時， 只要在獲知情況後卽刻通知保險人並洽改保險條件及另加保費， 保險效力不受影響。

四、終止條款 (*Termination Clause*) 除非保險人以文字作相反之同意， 保險效力於有下列兩種情況發生時自動終止， 並按終止後未滿期日數比例退還保費：

1.變更船舶等級協會、或船舶之等級有所變更暫停終止撤銷或期滿時。倘如船舶仍在海上， 則延至船舶抵達次一港口時自動終止。但其等級之變更暫停終止或撤銷， 係因承保危險或其附加之協會戰爭及罷工條款承保危險所致滅失或損害而發生者， 則在船舶從次一港口未經船舶等級協會事先批准而起航時自動終止。

2.船舶之所有 權或國旗 有所變更、 管理權有所移轉、 或以空船出租、或船舶遭受征用時。倘如船舶裝有貨物並已從裝貨港起航或正放空行駛海上， 則當船舶繼續其原定航程時， 載貨船舶可延至抵達最終卸貨港、 放空船舶可延至抵達目的港時自動終止。但若船舶之征用未經被保人事先書面同意者， 則勿論船舶在海上或在港內， 將於征用十五日後自動終止。

五、轉讓條款 (*Assignment Clause*) 本保險或其權益或其可以支付之任何金額之轉讓， 除非將被保人或轉讓人簽署之具有日期之轉讓通知在保單上加以背書， 並在任何賠款支付或保費退還之前完成保單背書者， 對保險人無約束力或不爲保險人所承認。

六、污染危險條款 (*Pollution Hazard Clause*) 任何政府依其

權力預防或減輕直接由船舶遭受承保損害而產生之污染危險或威脅致使船舶有所滅失或損害時，可予賠償，但以政府當局之行為並非由於船舶之被保人所有人或經理人對預防或減輕此種污染危險或威脅缺乏適當注意所致者為限。

七、四分之三碰撞責任條款（¾*ths Collision Liability Clause*）

1.被保船隻因與他船碰撞致對下列損害負有法律責任而支付他人之賠償金額，保險人就其四分之三賠付與被保人：(1)他船或其所載財物之滅失或損害，(2)他船或其所載財物之延滯或喪失使用，(3)他船或其所載財物之共同海損、救難或契約救難之支出。

2.依本條款所為之賠償，係依其他條款賠償之外所增加者，並依下列規定辦理：(1)被保船舶與他船碰撞而互有責任時，除非一船或兩船之責任受有法律限制，其賠償金額應依互賠或交互責任原則（*Principle of cross liability*）計算。(2)在任何一次碰撞事件中，保險人依1、2兩項規定之賠償總額，無論如何不得超過船舶保險價額之四分之三。

3.被保人支付之法律費用、或被保人為抗辯責任或為限制責任而採取法律程序其所必須支付之法律費用，如先獲保險人之書面同意，亦可由保險人賠付其四分之三。

4.保險人對被保人支付有關下列各項之任何金額不負責任：(1)障碍物、船體殘骸、貨物或任何其他物體之清除或處理，(2)除他船或其所載財物以外之任何其他動產或不動產，(3)被保船舶所載貨物或其他財物或其所負之債務，(4)喪失人命、人體傷害或疾病，(5)任何動產或不動產或其他財物之污染（但與被保船舶碰撞之他船或其所載財物不在此限）。

上述碰撞條款之內容頗為複雜，茲就若干易滋疑惑部分再加闡釋於次：

查被保船舶與他船相撞，其自身遭受之實質損害，在無碰撞條款的情

況下，亦可獲得賠償，碰撞條款只是就被保船舶所致他船或其所載財物之損害及延滯損失，補償其四分之三。因之碰撞條款也可說是在船體保險以外之另一船舶責任保險。倘如被保船舶在碰撞中沉沒而仍對他船負有法律上的賠償責任，則保險人須同時賠付被保船舶的全損及對他船承擔的損害賠償責任。

查兩船相撞有三種情況：一是其中一船負有過失責任，二是兩船都有責任，三是兩船都無責任。第一及第三兩種情況毋待深論。至兩船都有責任即是發生雙方過失碰撞 (*Both to blame collision*) 的場合，在一九一一年海事公約法案 (*Maritime Convention Act*) 通過之前，無論兩船過失輕重，視為双方責任相等，因之每一方均須賠償對方損失之一半。一九一一年該法通過後，則就双方過失程度賠償，無法決定過失程度時，則認双方過失相等。惟美國迄未接受一九一一年公約之規定，於兩船互有過失時，仍視為双方責任相等。通常解決船東間的賠償責任，在法律上是以單一責任 (*single liability*) 作基礎，於按双方過失程度抵消双方賠償責任後，由一方以差額向對方作一次賠償支付，但如双方已有保險，則須按交互責任或互賠原則 (*Principle of Cross Liability*) 處理。

關於依互賠原則處理此一條款下的賠償問題，玆舉一例說明之。假定甲乙二船相撞，經確定甲船應負責任百分之六十，乙船應負責任百分之四十。查甲船於碰撞後，遭受損壞十萬元，延滯損失四萬元，乙船遭受損壞六萬元，延滯損失二萬元，依此甲船共計損失一十四萬元，應由乙船賠償五萬六千元。乙船共計損失八萬元，〔應由甲船賠償四萬八千元。如依單一責任解決，乙船應賠償甲船差額八千元。但因双方均有保險，就甲船可獲賠償而言，共有三筆：(1)獲得乙船補償之損失差額八千元，(2)甲船應賠乙船之損失四萬八千元的四分之三，為三萬六千元，可

由保險人處獲得賠償。(3)甲船自身之損壞十萬元，因在單一責任中已由乙船賠付四萬元，其餘六萬元，可由保險人處獲得賠償。三項合計，甲船共得賠償一十萬零四千元，尚有三萬六千元之損失未獲保險人之賠償，其中二萬四千元爲未獲補償之延滯損失，一萬二千元爲對乙船之碰撞責任。應加注意的是，甲船保險人雖不賠償甲船因單獨海損而自己遭受的延滯損失，但爲甲船支付其對乙船損失的賠款中，則已包括應賠乙船延滯損失的四分之三在內。

　　碰撞條款對双方過失碰撞採取「互賠原則」處理的理由，是在增加被保人之獲賠金額。因爲在碰撞場合中，被保人之損失，除自己船舶外，尚有修理期間不能使用之損失，如依單一責任處理，損失較少之一方，只就双方應賠損失之差額補償損失較大之一方，其自己船舶之損失，由對方補償不足部分，固仍可獲得保險人之賠付，但其延滯損失則完全沒有補償。如依互賠原則處理，則過失双方均可就自己全部損失依責任程度向對方索賠，而其賠償對方之金額，再從自己的保險人獲得全部或四分之三的補償。換言之，除船舶之損失可從對方及保險人獲得全部補償外，並由對方依其責任補償了一部分的延滯損失。茲舉一例說明之。假定甲乙兩船相撞，過失相等，甲船遭受損害二十萬元及延滯損失一十萬元，共爲三十萬元，乙船遭受損害六萬元及延滯損失三萬元，共爲九萬元。

　　如依單一責任處理，則乙船只就兩船損失差額之一半卽十萬五千元付與甲船，甲船依其兩種損失之比例分配，可從乙船收回延滯損失三萬五千元，仍有六萬五千元之延滯損失無法獲得補償。而乙船之延滯損失三萬元，則完全無法獲得任何補償。

　　如依互賠原則處理，則甲船將付乙船補償費四萬五千元，乙船將付甲船補償費一十五萬元。乙船所得補償費依其兩種損失之比例分配，可

從甲船收回延滯損失一萬五千元，只有一萬五千元延滯損失不能獲得補償。另一方面，甲船所得補償費依其兩種損失之比例分配，可從乙船收回延滯損失五萬元，只有五萬元延滯損失不能獲得補償。

以上係就双方責任未受法律制限下之情況而言。設若船主恐其對他船所負之責任超過其自己船舶的殘餘價值，他可提起責任限制 (Limitation of Liability) 之法律程序，使其所負責任僅以自己船舶受損後之價值加上船上可用物料及可賺運費爲限（勿論爲已收或未收）。通常祇要其自己的過失是因船長及船員之疏忽所致，而又沒有不適航的因素牽涉在內，則其責任限制可獲法庭許可，如此保險人亦只就其法律上之應負責任依碰撞條款予以賠償。

關於碰撞條款除外事項中，保險人對被保船舶所載貨物或其他財產不予賠償一項，亦有加以說明之必要。一般言之，船上貨物如因航行過失或錯誤（如因疏忽而引起碰撞）而有損失，船主並無賠償責任，但在兩船同有過失中，每一船上受損貨物之貨主，均可向他船要求充分賠償。因之甲船對乙船受損貨物的賠償，變成甲船的損失，而乙船對甲船受損貨物的賠償，變成乙船的損失，該項保險人不賠被保船舶所載貨物損失之規定，目的在使船舶保險人對於被保船舶付與他船有關本船受損貨物之賠償金額，不予補償。雖然如此，祇要船東參加另一互助保險組織之保護及賠償協會 (Protection and Indemnity Association)，前述保險人不保之各項損失，均可從該協會獲得補償。

此外，在碰撞事件中，受損船舶有時須由他人施以救助或爲共同安全而進入避難港，由此而發生之各項費用，依共同海損條款之規定，船上貨物亦須分擔一部分。多年以前，美國最高法院曾在一双方過失碰撞涉及共同海損的案件中，判決甲船上之貨物所須支付甲船之共同海損分擔部分，亦能向乙船請求充分補償，而乙船則可以之包括於自己的損失

中，而向甲船要求補償其百分之五十（美國係採責任相等原則，其他國家則依雙方過失輕重比例分擔責任，已於前述）。如此，則貨物分擔共同海損部分之半數，最後仍將由發生共同海損之船舶負擔。由於此一判決，美國航運公司之提貨單內多已列有「双方過失碰撞條款」（*Both to Blame Collision Clause*），規定：船主所須支付他船有關本船貨物之損失或其分擔之共同海損，須由貨主同意對船主補償之。然而，縱有此一規定，貨主支付之共同海損部分，仍可由其保險人予以補償。

八、姊妹船條款（*Sister Ship Clause*） 在船舶碰撞事件中，倘如甲乙二船均爲同一船主所有，則任何一船因其過失所致他船的損失，或因海難而受他船之施救，在法律上均無賠償或支付報酬之義務，因之兩船縱有保險，保險人亦可不予賠償。爲補救此缺點，協會條款中乃有姊妹船條款的列入。其大意爲：倘如與被保船舶碰撞或給以救難服務之他船，全部或部分屬於同一船東所有或在同一管理之下，被保人在本保單下之權利將與他船設爲被保人以外之他人所有或管理時完全相同。但其對碰撞之責任或支付之救難費用，應交由保險人與被保人同意之唯一仲裁人加以處理。

九、新換舊條款（*New for Old Clause*） 保險人賠付單獨海損與共同海損時，習慣上原有「新換舊」的扣減，本條款則使保險人放棄此一扣減權利，規定：無論爲單獨海損或共同海損，於賠償損失時，都不需有「新換舊」的扣減。

十、船舶費用條款（*Disbursement Clause*） 船舶爲載運貨物，必須先作各項準備，因而發生各項費用支出。如已購買運費保險，則保險公司對於運費損失之賠償金額中，自已包含此項爲賺取運費所支費用之補償在內。然而，有時船舶在實際載運貨物之前，卽已遭受嚴重損

失, 此時運費之保險利益尚未發生, 原不可能投保運費保險或從運費保險中獲得補償。爲顧及船主之實際需要, 乃有所謂船舶費用保險 (*dis-bursement insurance*) 的產生。此項保險多附有 *P.P.I.* (*Policy Proof of Interest*) 條款, 卽是被保人要求損失賠償時, 卽以保險單證明其有保險利益, 藉以避免向保險人提供費用支出之詳細說明。然而, 此種船舶費用保險每爲船東所濫用, 卽是在投保船舶保險時, 故意以較低金額購買「全益險」, 並另購買適當金額之船舶費用全損險。如此不僅可以節省鉅額保費, 且因船舶保險之金額低, 容易構成推定全損; 而且, 在船舶因推定全損而獲賠時, 船舶費用保險亦可獲得全部賠償。兩項保險之賠償金額合計, 卽可能等於甚或超過船舶之實際價值。由於上述特性, 故船舶費用保險被視爲 「船體超額價值保險」(*"excess value of hull" insurance*), 其實際包含的保險項目, 可爲費用、佣金、利潤、以及船體或機器的增值等, 無異爲船舶保險以外的一項補充保險, 而較船舶的充分保險具有更多的利益。

爲防止被保人濫用船舶費用保險, 船舶費用條款規定: 被保人爲船舶費用、佣金、利潤、船體或機器增值等所購買的費用保險金額, 不得超過船體保險價額的百分之二十五。此一條款也對時間保單承保之運費、租船運費或預期運費的金額, 限制爲不超過船體保險價額的百分之二十五, 但如已另有船舶費用保險, 應將之從運費保險金額中扣除。

第五節　貨物保險

第一目　貨物保險的承保條件

前已言之，倫敦保險人協會已自一九八二年一月一日起採用協會貨物保險 *A*、*B*、*C* 三套條款，每套條款之內容，大體上分別取代了我國俗稱之一切險（*A. R.*）水漬險（*W. A.*）及平安險（*F. P. A.*），也可說是三種不同的保險單，其主要區別在於承保範圍之不同，至其有關一般規定之事項，並無任何差異。除共通性之條款容於下節分別敍述外，玆將三套條款之承保危險及除外不保事項區別於後：

一、*A* 種保險單　此爲承保範圍最爲廣泛之保單，其承保危險規定爲下列三項：⑴除下述各項不保事項外，承保被保險標的物之一切滅失或毀損。⑵承保依據運送契約及／或適用法律與慣例所理算或決定之共同海損及救難費用，而其發生是爲防止或有關防止除不保事項以外之其他任何原因所致損害者。⑶對被保人依運送契約"双方過失碰撞"（*Both to Blame Collision*）所應負的責任額，亦依本保單可以賠付損失之同一比例予以賠償。在船舶所有人依前述條款要求賠償時，被保人應卽通知保險人，保險人得自付費用爲被保人就該項賠償要求進行抗辯。

關於除外不保事項，則有一般不保條款（ *General Exclusions Clause*）、不適航及不適運不保條款（*Unseaworthiness and Unfitness Exclusion Clause*）、戰爭不保條款（*War Exlusion Clause*）及罷工不保條款（*Strikes Exclusion Clause*），玆將各條款內容分述於後：

1.一般不保條款　列舉不保事項爲：⑴可歸因於被保人故意失當所引起之滅失損害或費用。⑵被保標的物之正常漏損、正常失重或失量、或正常耗損。⑶被保標的物因包裝或配製不良或不當而引起之滅失損害或費用（所謂"包裝"，包括貨櫃或貨箱內之裝載，但僅適用於本保險生效前

已完成或爲被保人或其僱用人所完成者）。 (4)被保標的物因 固有瑕疵或本質而引起之滅失損害或費用。(5)以遲延爲近因而引起之滅失損害或費用，而勿論此項遲延是否爲被保之危險所引起。(6)因船舶所有人、經理人、租船人或營運人之無力償付或財務拖欠而引起之滅失損害或費用。(7)使用任何原子或核子武器或其他類似反應或放射力量或物質而引起之滅失損害或費用。

2.不適航及不適運不保條款: (1)本保險不承保因船舶或駁船的不適航及因船舶駁船運輸工具貨櫃或貨箱的不適安全運送所致被保標的物之滅失損害或費用，而被保人或其僱用人於被保標的物裝載時已知其爲不適航或不適運者。(2)除爲被保人或其僱用人已知其爲不適航或不適運者外，保險人放棄任何違反船舶應具備適航及適運被保標的物至目的地之默示保證。

3.戰爭不保條款　列舉不保之危險，與前述戰爭保險承保之危險完全相同，惟對任何因素引起之捕獲劫奪拘押禁制或扣留均除外不保，海上劫掠（*piracy*）不在此限。

4.罷工不保條款　列舉不保之危險，與前述罷工保險承保之危險完全相同。

二、*B*種保險單　此種保單之承保範圍較*A*種保險單爲狹，除*A*種保險單承保範圍中之(2)(3)兩項仍可適用外，其第(1)項規定爲，除下述各項不保事項外，承保:

甲、可合理歸因於 火災或爆炸、船舶或駁船的 擱淺、觸礁、沉沒或傾覆、陸上運輸工具的 翻覆或出軌、船舶駁船或運輸工具與水以外任何外在物體之碰撞或接觸、在避難港之卸貨、地震火山爆發或雷閃等所致被保標的物之滅失或損害。

乙、因共同海損犧牲、投棄或波浪捲落、海水湖水或河水之進入船舶駁船封閉式運輸工具貨櫃貨箱或儲藏處所等所致被保標的物的滅失或損害。

丙、任何整件貨物於裝卸船舶或駁船時失落或墜落所致的全損。

關於一般不保條款中，除 *A* 種保險單所列各項外，對任何人員因不法行為所致被保標的物的故意損毀，亦不負賠償責任。此外，前述不適航及不適運不保款條、戰爭不保條款及罷工不保條款，均亦適用於 *B* 種保險單，惟戰爭不保條款中未將「海上劫掠」排除在外。

三、*C* 種保險單　此種保單之承保範圍又較 *B* 單為狹，除 *A* 種保險單承保範圍中之(2)(3)兩項仍可適用外，其第(1)項規定為，除下述各項不保事項外，承保：

甲、可合理歸因於 火災或爆炸、 船舶或駁船的擱淺、 觸礁 ,沉沒或傾覆、陸上運輸工具之翻覆或出軌、船舶駁船或運輸工具與水以外任何外在物體之碰撞或接觸、在避難港卸貨等所致被保標的物之滅失或損害。

乙、因共同海損犧牲、投棄等所致被保標的物之滅失或損害。

關於一般不保條款、不適航及不適運不保條款、戰爭不保條款及罷工不保條款，均與 *B* 種保險單相同。

第二目　其他重要條款

一、運輸條款（*Transit Clause*）　貨物保險之效力，原從貨物於起航港裝上海輪時開始，於貨物抵達終點港卸離海輪並安全着陸之時終止，陸上運輸危險及駁船駁運危險並不包括在內。然而，國際貿易中之貨物，其運輸開始地點，每在遠離起運港之內陸倉庫，並止於遠離終點港之內港倉庫。貿易及金融業 者都希望在貨物運 輸的全部期間，都能

獲得運輸保險的保護， 因之海上保險 單早就有了 「倉庫到倉庫條款」 (*Warehouse to Warehouse Clause*)，將保險人的責任從海上延伸至兩端之陸地及內河。現則稱為「運輸條款」，其內容如下：

保險效力始於貨物離開保單記載地點之倉庫或儲藏處所， 於通常運程 (*ordinary course of transit*) 中繼續有效，而止於下列三種情況之一，視何者最先發生而定：

(1)貨物已運交保 單所載目的地之 受貨人或其他 最終倉庫或 儲藏處所；

(2)貨物在保單所載目的地之前或在目的地運交任何其他倉庫或儲藏處所，而為被保人選擇用以 （甲） 在通常運程之外儲藏貨物， 或 （乙） 配置或分配貨物者；

(3)在最終卸貨港從海輪完成卸貨滿六十日。

倘如貨物在最終卸貨港卸下海輪後，於保險效力終止前，繼續運往保單所載以外之其他目的地，則保險效力繼續至為他一目的地起航之時為止。

該條款同時規定， 貨物因被保人 不能控制之原因 而遲延、 駛離航道、 被迫卸貨、重新裝運或轉船、及船東或租船人依運輸契約行使之航行變更 (*variation of adventure*)，本保險仍繼續有效。

二、運輸契約終止條款 (*Termination of contract of carriage clause*) 貨物在運途中， 有時由於被保人不能控制之原因，必須在原定目的地以外之港口或地點終止運送契約，或在運交貨物前必須終止運送時，保險效力隨而終止。但若迅速通知保險人， 並要求繼續保險時， 得加費繼續保險至下列二種情況之一發生時為止：

1.貨物在當地出售及交貨， 或於貨物運達當地滿六十日 （或其他約定日數），視何者最先發生而定。

2.在上述六十日（或其他約定日數）內，將貨物繼續運往保單所載目的地或任何其他目的地時，其效力終止時間，依前述運輸條款之規定辦理。

三、航程變更條款（*Change of voyage clause*）　所謂航程變更，是指在航程保單下，船舶原按被保航程起航，但以後自願改變其航行的目的地。依英國海上保險法第四十五條的規定，當有航程變更時，保險人將自表明決意改變航程之時起，解除其保險責任。因之在表明改變航程之後於船舶實際脫離原定航程前，如有損失發生，保險人仍可不予賠償。

航程變更條款規定：「本保險開始生效後，如被保人變更目的地，只要迅速通知保險人並另洽定保費及條件，則保險效力不受影響」。

於此應注意的，「變更航程」與「不同航程」（*different voyage*）及「駛離航道」（*deviation*）均有不同。「不同航程」是指船舶自保單所載以外之港口起航或駛往保單所載以外之目地港。在此情況下，保險自不生效，但應將已繳保費退還。「駛離航道」則指船舶離開了保單所載的航道（*course of voyage*），保單未有規定時，則為離開了習慣航道，但最後仍將駛向預定目的地，船舶如無合法理由（見英國海上保險法第四十九條）駛離航道時，保險人將從駛離之時起不負保險責任，但必有駛離之事實而非意圖始可。縱然駛離航道並未增加危險，或者仍在沒有受損的情況下重回原有航道，均不足以作為駛離航道的合法藉口。

四、保險利益條款（*Insurable interest clause*）　此一條款規定：

1.為獲得本保險之賠償，被保人必須於損失發生時，對被保標的物具有保險利益。

2.在本保險有效期內發生之損失，雖發生於保險契約簽訂之前，除非為被保人已知並為保險人所不知者，在符合前項規定下，被保人仍可

獲得賠償。

此因舊保單原有標的物"已損失或未損失"（*lost or not lost*）之語句，而依英國海上保險法 第六條第一款第二項，原可獲得保險人之賠償，故於新條款中加以明白之規定。

五、轉運費用條款（*Forwarding charges clause*）　本條款規定：如因本保險承保危險之發生，致被保標的物於非為所往之其他港口或地點終止運輸時，保險人將支付被保人因卸貨儲藏及轉運標的物至目的地而正當與合理發生之任何額外費用。上項規定不適用於共同海損及救難費用，並受前述各項除外不保事項之限制，且不包括被保人或其僱用人由於過失、疏忽、無力償付或財務拖欠所引起之費用在內。

六、推定全損條款（*Constructive total loss clause*）　本條款規定：被保標的物如因實際全損似已無可避免，或因回復、整理及運往目的地之費用超過抵達時的價值，則除非將被保標的物合理委付，不得以推定全損要求賠償。

七、增值條款（*Increased value clause*）　本條款有下列兩項規定：

1.如被保貨物已由被保人另購增值保險，則貨物之約定價額視為增至本保險及所有增值保險下保險金額之總和，本保險項下之責任，依所保金額佔上述保險總額之比例而定。索賠時，被保人須對保險人提供所有其他保險下保險金額之證明。

2.如本保險係增值保險，則貨物之約定價額等於主保險及所有增值保險下保險金額之總和，本保險項下之責任，依所保金額佔上述保險總額之比例而定。索賠時，被保人須對保險人提供所有其他保險下保險金額之證明。

增值條款原在船舶保險中出現，今亦列在為貨物保險條款中，以適應貨物在運途中增加價值之需要。惟為防止複保險下所將產生之流弊，

主保險 （*primary insurance*） 或增值保險之保險人，　均分別按其所保金額佔全部保險金額之比例，擔負賠償責任，以使全部賠償金額不致超過損失貨物之實際價值。惟依本條款之規定，　似不必在索賠前將其他保險之保險金額通知保險人。

八、無受益條款(*Not to inure clause*)　　運送人或其他受託人在與貨主訂立運送契約時，　每附有「保險利益條款」(*Benefit of insurance clause*)，　說明託運人如已將貨物保險，則運送人不負損失的賠償責任。保險人為使運送人不得享有此項保險之利益，　乃以無受益條款規定:「本保險非為運送人或其他受託人之利益而承保」。倘如運送契約與保險契約同時各有上述條款，則當發生應由運送人負責賠償之損失時，通常係由保險人先以貸款名義給付被保人，迨運送人賠償損失後，再由被保人歸還借款，如運送人不克賠償時，則將貸款改為保險給付。

九、被保人責任條款（*Duty of assured clause*）　　本條款規定:「在發生可以索賠的損失時，被保人及其僱用人及代理人有義務(1)採取合理措施,以避免損失或使損失減至最小,並(2)保證其對運送人、受託人或其他第三者之一切權利加以適當的維護與行使。保險人除賠償損失外,對被保人為履行上述義務而正當與合理發生之任何費用,亦須支付之」。

舊保單原亦有與此類似之受託人條款 （*Bailee Clause*），但對被保人為維護及行使上述條款規定責任所發生之費用並無規定，通常係依保單內損害防止條款 （*Sue and Labour clause*） 的規定，由保險人予以補償。依本條款之精神，　運送人或第三者對貨物之損失負有賠償責任時，被保人不得因有保險而放棄對之追訴的權利，否則，保險人不予賠償。

十、棄權條款（*Waiver clause*）　　本條款規定:「被保人或保險人為施救、防護或回復被保標的物而採取之措施，不得視為棄權或接受委

付或損害任何一方之權利」。

十一、合理速辦條款（*Reasonable despatch clause*）　本條款規定：「被保人在其所能控制的一切情況下，須作合理迅速之行動，以此作爲本保險之一項條件」。

此一條款之用意，似在提醒被保人在辦理與本保險有關之事項時，必須儘速爲之，以免損及保險人之利益，否則，保險人得不負其損失賠償的責任。

十二、英國法律及慣例條款　（*English law and practice clause*）本條款規定：「本保險準用英國法律與慣例」。此雖爲英國保險單之當然規定，但因英國保單及海上保險法仍爲世界其他各國所援引，且多在其自己的海上保險單中，列有關於賠償責任與理賠事項，準用英國法律與慣例之聲明，因之本條款之適用，自不僅以英國保單爲限。

第六節　運費保險

一、運費保險的性質　海上保險中的運費（*freight*）一詞，是指船主以船舶爲他人運送貨物可能賺取的報酬而言，但不包括旅客票價在內。這一預期獲得的報酬代表一種財務上的利益（*financial interest*），自可作爲保險之標的。然而，由於收取運費的方式及時間不同，每使運費保險的性質，較之貨物或船舶保險來得複雜。甚至有人懷疑運費保險有無必要。因爲建造船舶的目的，原在運送貨物以賺取利潤，而此船舶的價值，應爲使用期間所能賺取的運費總額，減掉爲賺取運費而支付的一切費用，再加上使用時期終了的殘餘價值。因之船舶保險也是船舶現時及未來賺款的一種保險。此種論調雖有相當理由，但以未來賺錢能力決定船舶保險價值，將使保險利益難以確定。在實務上，不如將船舶與

運費分開，前者僅指船舶在任何一定時候的市場價值，此一市場價值雖亦與其未來的賺錢能力有關，但原則上仍以其重置成本減掉折舊作爲估價的標準。至於運費，則指船舶可能賺取的報酬毛額而言，或稱之爲總運費 (*gross freight*)，其中包括了賺取總運費而支出的一切費用。至於減掉這些費用後之餘額，或稱之爲淨運費 (*net freight*)，纔是投資建造船舶應予收回的代價。運費保險的保險利益，是指總運費而言，因之在理論上也可說是船舶費用與投資利益的一種混合保險。

　　二、運費保險的標的　勿論爲提單運費 (*bill-of-lading freight*) 或租船運費 (*chartered freight*)，均有預收運費、保付運費及後收運費之別。依運輸慣例，承運人於預收運費後，如因不可抗力而未能將貨物送達目的地時，已收運費概不退還；保付運費雖未事先支付，但在上述同樣情況下，託運人仍有支付的義務。在此兩種情況下，通常均由貨主將已付或保付運費包括在貨物保險金額之內，船主自無另購運費保險之必要。唯有後收運費，爲船主可能遭受的一種損失，而爲可以保險的一項利益。在後收運費中，託運人雖未事先支付運費，但在貨物到達或呈損壞狀況到達時，仍有支付全部運費的義務（貨物未能運達或運達時貨物已非交運時之同一貨物，如水泥因海水浸濕而變爲石頭是，則貨主可免支付運費）。因之，貨主對其可能支付的運費具有保險利益，而可購買或有運費 (*freight contingency*) 保險。通常係在貨物保險金額之外加上此一運費保險金額，但其保險費率通常要較預付運費時包含在貨物保險內計收之費率爲低。

　　再者，船舶保單的種類，對運費保險的方式亦有影響：如船舶係以特定航程保險，則常以航程終了時可能收取之運費，加在船舶的保險價額內，換言之，單獨的運費保費卽無必要。另一方面，倘如船舶保險採用時間保單，則船主除於實際載運貨物時，可就提單運費中之後收

運費購買運費保險外，亦可就將來運費（*future freight*）與預期運費（*anticipated freight*）購買保險。前者是指船主已與貨主簽訂運送契約，但在實際裝載貨物前，因船舶遭受毀損而無法履行契約，其所致將來運費的損失，亦可成為運費保險之標的；後者是指船主並無實際的運送契約作基礎，但預期可在將來一段時間內賺取一定之運費。此種預期運費如經保險人認為眞實，亦可以時間保單予以承保。

　　三、運費保險的範圍　運費保險通常係以**協會**運費時間條款（*Institute Time Clause-Freight*）一套或**協會**運費航程條款一套，添附在船體保險單之內，其承保範圍與船體「全益險」完全相同，但其損失賠償的範圍，限於下列數項：

　　1.由被保危險所致被保標的物的滅失；

　　2.被保運費比例分擔之共同海損、救難及／或救難費用；

　　3.因船舶碰撞事件運費分擔他船損失四分之三中被保人依其運費佔全部運費保險總額（或碰撞時較大之總運費）之比例所須支付之金額，但在一項碰撞事件中不得超過運費保險總額四分之三的比例分擔部分。

　　但如有其他保險承保碰撞責任、或船舶保險可依碰撞條款負責他船碰撞損失者，不適用上項規定。

　　關於承保金額，通常為總運費加上保險費之總和。惟以時間條款承保之運費，因無實際的運送契約作基礎，而為預期運費性質，因之在損失賠償方面，具有下列幾項特點：

　　1.在船舶發生實際或推定全損時,不論其為全部或部分載貨航行放空航行或包租,保險人均須按約定保險金額全部賠償。此種賠償方式,因無確定的保險利益作基礎,僅憑「保險單證明保險利益,即承認具有充分之保險利益」（*policy proof of interest, full interest admitted*）而生效，具有榮譽保單性質。為防止船東濫用此種保險,故船體保險的費用條款中,

規定此種運費保險不得超過船體保險價額的百分之二十五，以杜流弊。

　　2.在船舶未發生實際或推定全損時，則任何其他場合的損失賠償，應就保險價額（指定值保單）或可保價額（指不定值保單），依損失之總運費與全部總運費之比例定之，並不得超過實際損失之總運費。例如保險價額為十萬元之保單，如其全部總運費為十二萬元，實際損失之總運費為四萬元，則保險人之賠償金額應為：

$$100,000 \times \frac{40,000}{120,000} = 33,333$$

設若保險價額為十五萬元，依前一公式計算，原可賠償五萬元，但因賠償金額不得超過實際損失之總運費，故保險人祇賠償四萬元。定值保單與不定值保單，對於部分損失之賠償，在保險價額或可保價額大於全部總運費時，都按實際損失之總運費賠償；而在保險價額或可保價額小於全部總運費時，都按實際損失之總運費與全部總運費之比例賠償；而在發生全部損失的場合，兩者都以保險金額為賠償金額。因之，就運費保險而言，定值保單與不定值保單並無實質上的差別。唯一不同的是，當保險價額或可保價額小於全部總運費時，其賠償金額可因保險價額及可保價額之不同而異罷了。

　　3.除共同海損外，運費保險對百分之三以下的部分損失，不負補償責任，除非此一部分損失係因火災、沉沒、擱淺或碰撞所引起。如被保人認有必要，每一駁船可視為單獨保險，藉以增加被保人獲賠的機會。

　　4.由海難或其他事故引起之「時間損失」(*loss of time*)，不予補償。

第十六章　內陸運輸保險

第一節　概　　說

　　內陸運輸保險係從海上保險發展而來，隨着各國經濟之發展與交通之改進，此一險種的發展至為迅速，且有侵及其他保險之趨勢。若干為其他保險所忽略之財產或危險，亦每由內陸運輸保險人所承保，其內容之複雜與範圍之廣泛，實非其他險種所能及。本章主要係就美國辦理此一險種之情況加以介紹，並祗擇其中若干重要之保單加以分析，藉以明瞭此一保險部門之概況。

　　一、發展的原因　內陸運輸保險雖起始於十九世紀末期，但因運輸機構對其承運之貨物亦有損失賠償之責任，故不認為有再加保險之必要。直至第一次世界大戰爆發，此一保險事業始趨快速發展。揆其原因有下列幾項：

　　1.大戰期間，歐洲各國多將鐵道運輸收歸國有，國營事業機關雖對承運貨物之損失，亦負有賠償責任，但因手續較繁，賠償較慢，漸為一般託運之貨主所不耐，因而轉向保險公司投保，以求獲得理賠問題的迅速解決。

　　2.汽車使用後，汽車貨運日趨重要，但汽車運輸業者一般並無雄厚的財力，足以保證在損失時合理解決賠償問題，因而貨主祗有藉運輸保險，以求獲得充分之保護。

3.隨着國民所得的普遍提高，若干貴重及流動性的財物，已爲社會一般大衆所使用。這些財物常不能從其他保險人獲得廣泛的保險，而爲內陸運輸保險人列爲承保的對象。

4.隨着商業活動的成長，若干營業用的設備、生產或買賣過程中的貨物，職業所需的用具，以及與運輸有關的財產等，在其運輸中、加工中、安裝中、甚或儲放中，都易發生各種意外事故，內陸運輸保險常爲這些財物的所有人，提供有效而廣泛的保護。

二、承保範圍的擴大 起始內陸運輸保險承保的損失，尚與所謂「運輸危險」(*perils of transportation*) 有關，以後逐漸擴大其承保危險的範圍，終至出賣承保「一切危險」(*all risks*) 的保單，而侵害及影響到其他保險業務的發展。美國保險業爲協調各類保險事業的平衡發展，曾就海上及運輸保險業之保險範圍加以界定，並經全國保險監理人會議接受，次第規定於各州保險法規之中。依此界定，凡與運輸有所關連的財產，都可列爲內陸運輸保險公司所得經營業務的範圍。事實上，若干可以移動之財物，雖終年不予移動，亦常爲內陸運輸保險的標的。目前，美國內陸運輸保險承保的財產，約可分爲下列五類:

1.由鐵路、捷運、郵政、卡車、飛機及部分水路運送之貨物。完全由水路運送之貨物，大多以海上條險單承保。但水運的各種危險，亦常與其他危險事故包括在內陸運輸保單之內。

2.與運輸或通訊有關的固定設備。如橋樑、隧道、碼頭、船塢、以及無線電及電視傳播設備等。

3.少數運輸工具。如小型船隻及鐵路車輛等，這是因爲大型運輸工具已有其他保險人承保，故不列在內陸運輸保險範圍之內。

4.在使用上常須移動之財產。例如營造商使用之設備，農場使用之機械，馬戲團使用之道具等。其中若干特定之財物，甚至並無經常移動

之必要，　如個人所有之珠寶與皮貨、　乾洗店與修理店置存的顧客財物等，只因歷史關係而爲內陸運輸保險人所承保。此類財物原可由火災或意外保險公司承保，但其承保的危險及地區，不及內陸運輸保險來得廣泛，故仍爲一般物主所歡迎。

5.爲運輸業者、倉儲業者、加工業者及其他代理人承保對於顧客財物之責任保險。

三、與海上運輸保險之比較　由於內陸運輸保險興起較晚，不獨已捨棄了海上保險單所習用的若干古老或曖昧的文句，且在實質與內容方面，亦具有下列不同之點:

1.「共同海損」較少重要性，通常祇在被保財產需要有一部分的水運或輪渡時始採用之。但對空運貨物而言，共同海損仍爲一項重要的規定。

2.甚少涉及「單獨海損」。倘如一定金額以下的部分損失除外不保，則保單內載有自負額條款　(*deductible clause*)，但一般並無所謂「免賠額」(*franchise*)　的規定。

3.海上保險中「保險金額必須接近貨物價值」的原則，仍予採用，但却以「共保條款」的方式加以明白規定。保險費率通常也是以全額保險爲假定而計算出來的。

4.內陸運輸保險中並無所謂「默示保證」(*implied warranties*)。祇要被保人不犯詐欺、隱瞞或誤告，卽無須對危險情況另負其他的責任。

5.被保人通常並無可以「委付」(*abandonment*)之權利。有些保單對此加以明白的說明，有些保單對此並無規定。在後一情況下，如被保人提出「委付」，保險人仍可予以拒絕。

第二節　貨物運輸保險

凡以貨物交與他人運送，而由貨主自己購買保單，卽屬此一保險之範圍。事實上，並無一項標準的保單可以適用於一切貨物保險，而是適用各種不同的情況與需要，而有各種內容不同的保單。就美國言之，通常係以內陸運輸保險單 (*inland transit policy*) 爲基本保單，就一般性之事項加以規定，並就各種不同之需要，添以附屬保單，對有關特殊事項加以詳細之規定。此與美國火災保險之情況極相類似。但在內陸運輸保險中，由於情況較爲複雜，附屬保單乃更具重要性。基本保單並未規定保險期限，而可採取一年式或預約式：如爲前者，須在保險開始時預繳保費，保單期滿時，再按全年運送貨物的總值核計應收保費，多退少補。如爲後者，則無終止日期，祇要雙方同意，契約可以繼續有效。但被保人須將每月運送貨物的價值向保險人報告，並依此計收保費。茲將幾種重要之保單分述於次：

一、全年運輸保險單 (*Annual transit policy*)

1. 承保的貨物　以在公共運輸業者 (*Common carriers*) 託運中的財產爲限。水運保險部分，並不適用於進出口貨物。陸運保險部分，進口貨物須至海上保險效力終止後開始生效，出口貨物則於海上保險開始生效時效力終止。許多保單甚至規定除非另有約定，對進出口貨物概不承保。

2. 承保之損害　凡由火災、雷擊、風暴、地震、山崩、運輸工具之碰撞、出軌或傾覆，橋樑之崩坍，整件貨物之失竊等所致之損失，均予承保，但不包括挖竊之損失。如果保單承保一部分之水運，亦包括海難有關之各種危險. 並賠付共同海損、單獨海損、救難費用及損害防止費

用等。甚多保單也承保一切危險所致的實質損失。

3.承保的地區與範圍　通常適用於美國大陸及加拿大。至於承保之運輸範圍，則有三種不同的規定：(1)使用最廣而最爲寬大的，是當財物經由鐵道、鐵路捷運業、卡車運輸業、接駁業及其他陸空運輸業者在運輸時遭受之損失，均予承保。(2)最受限制的一種，則僅以鐵道及鐵路捷運公司之運輸爲限，有時也包括沿海定期輪船的運輸。(3)較爲寬大的一種，則除上述第二種規定承保的範圍外，並延伸及於派人運送及空中運輸。

4.承保的時間　在保單規定之時間內，運送之貨物自離開起運地點之商店、倉庫或工廠之時起，在正常運程內繼續有效，直至同一貨物抵達目的地之商店或倉庫交貨爲止。

5.保險金額　在估價條款中，規定貨物價值爲其發票金額加上預付運費及其他運送費用、再加百分之五到十之替置費用貼補（指受損貨物之替置而言）。如被保人無須替置受損之貨物，此項貼補不能包括在內。

6.責任之限制　保險人之責任通常受有兩層限制：一爲對任何一地的損失賠償責任加以限制，二爲對任何一次意外事件的賠償責任加以限制。例如遲延的運輸可以使一個地點積壓超過多次運量的貨物，而一次颱風或洪水亦可造成數個地區的貨物損失。保險人爲減輕自己的賠償責任，而有此兩項限制。

7.不保的危險與財產　列舉不保的財產，計有帳簿、票據、通貨、契據、債據、貨幣及有價證券等。被受貨人拒絕或退回之貨物，亦不承保。至於除外不保之損失，則有：(1)戰爭，(2)核子，(3)罷工、暴動及民衆騷擾，但可加費承保。(4)非由承保危險所致之漏損、破損、外傷(*marring or scratching*)。(5)遲延、水濕、發潮。(6)非由承保危險所致之斑污、褪色、發霉、生銹、受凍、腐爛、發酸、蒸發或變味

等。

二、單程運輸保險單 (*Trip transit policy*) 承保一次或來回運輸之財產，通常為家具、重機械及參加展覽往返之貨物或家畜等。其承保之危險，與全年運輸保單大致相同，但每因承保財物之不同，而有若干特殊之規定。被保人通常於財物起運前以電話向保險代理人要保，由於承保時間甚短，往往在保單交付前即已發生損失，但因保險即時生效，故不影響被保人要求賠償之權利。保險費率隨運輸方式（汽車、鐵路或空運）而異，保費通常於要保時一次付清。

三、自有卡車保險單 (*Owner's truck policy*) 製造商或貿易商如以自己的卡車，運進所需的原料或用品，並運出銷售之貨物時，則以此種特殊之保單承保之。由於保險人於賠償損失後，不能如前二種保單可以從公共運輸業者要求賠償，故其保險費率高出甚多，並多含有百分之百的共保條款。

四、郵包保險單 (*Parcel post policy*) 美國郵局對承寄之包裹與信件亦可自行保險，但如郵寄數量足以超出民營保險公司規定之最低保費，則仍以民營保險的費率較為低廉，並可節省被保人每次到郵局辦理保險之麻煩。

此種保險單承保從郵局收到包裹時起至送交收件人為止之一切危險。但不承保戰爭危險及因檢疫或海關規定所致之扣押或銷燬，任何政府或公共當局命令之沒收，以及走私、非法運輸或貿易之危險。除外不保之財物為帳簿、票據、通貨、契據、債據、貨幣及有價證券等；易腐性商品，僅承保火災、竊盜、挖竊及遺失等危險。此外有下列各項情況之商品，亦不承保：(1) 寄售或求售之商品，但事先為受件人所要求或曾對之出售貨物者，不在此限。因為這些商品既非受件人所訂購，他們自不會重視甚或否認收到這些包裹。(2) 收寄人為暫居旅館之房客，但

貨物係以掛號郵件或政府承保郵件方式寄送者，不在此限。寄往被保人寄居旅館之推銷員，亦不受此限制。(3) 郵包外面載有列述貨物性質之標籤者，但爲郵局所規定者，不在此限。這是因爲包裹內容如已爲人知道，極易發生偷竊之損失。(4) 此外，對於地址錯誤或不全，包裝不良，郵資不足或未註明「回郵保付」(Return Postage Guaranteed) 字樣時，保險人亦可不予賠償。

　　保險人之責任亦有限制。如爲通常郵包或未掛號之郵件，每包責任限度爲美金一百元；如爲掛號郵件或政府承保之郵件，每包責任限度爲五百元。但以下述預約方式承保時，仍可增加責任限度。關於政府承保之郵包，保單規定，其每包價值在一百元以下者，郵局保險至少應佔實際價值百分之五十，價值超過一百元之包裹，郵局保險至少應爲五十元。

　　關於保險之方式，原有票券式 (coupon form) 與預約式 (open form) 之別。在前一方式下，被保人除保單外，另購票券一本（每本含有票券一百張、二百張、五百張，或一千張四種，每張須付美金五分），依郵包價值之等級，分別以一定張數之票券封入包裹內，如有損失，依規定手續要求賠償。由於手續過繁，今日已很少爲保險公司所採用。在預約方式下，被保人於送出每一包裹前，均須將有關事項記入登記簿（由保險人提供），每月終了，將郵包價值總額報告保險公司。保險開始時最少先付保費五十元，每月應繳保費從中遞減，但最低保費業已用完時，被保人須於每月報告郵包總值時繳交保費。

　　五、掛號郵件及捷運保險單 (Registered mail and express policy) 此項保險旨在承保價值較高財物在運送中的損失。例如金融機構爲業務需要，常須在各地之間運送大量貨幣與有價證券，這些財物通常係用掛號郵件、一般捷運或航空捷運方式運送，但運送機構對每一包裹的賠償金額，都有最高限額的規定（目前美國掛號郵包最高責任爲一萬元），

對價值較高的財物，乃另購此種保險，以應需要。其主要特點爲：

1.保險的財物 (1)債券、息券、股票及其他有價證券；郵票與印花票；郵政、捷運及其他匯票；存單、支票、匯票、本票、提單、倉單及其他商業文件等。(2)金銀條塊、白金及其他貴金屬。(3)通貨(包括紙幣與鑄幣)、珠寶、手錶、項鍊、手鐲、寶石、貴重及半貴重之石頭，以及其他類似之有價物品。

2.被保險人 限對有信譽之個人、商號或公司承保，通常爲銀行、信託公司、保險公司、證券經紀商及投資公司等。被保之財物可以爲它們自己所有，亦可爲其顧客所有。

3.保險的地區 美國保單的保險地區，可以限於美國大陸，也可限於北美大陸地區，甚至可及於北美大陸與世界任何地點之間的運送。

4.保險的時間 有預約式及單程式兩種：預約式無截止日期，被保人須定期向保險公司提出報告，並依報告之運送價值計收保費。單程式係以每次運送之財物個別投保，但保險費率較前者爲高。個人有此需要時，不如委託有預約保險之金融機構代爲辦理較爲合算。每次運送之財物，自離開被保人之處所開始生效，直至交與收件人爲止，如經退回，則延至財物再行返抵被保人之處所爲止。此較前述郵包保險以在郵局保管期間爲保險期間者自爲寬大。

5.承保的危險 此種保險承保由一切危險造成之財物滅失與毀損。但有兩項除外不保：(1)內戰，(2)劫掠、走私、非法運輸或貿易，因檢疫或海關規定所致之扣押或銷燬。

6.保險的金額 任何一天內寄往收件人的財物價值，以美金五百萬元爲限，貨幣與珠寶一次寄送的金額，以二十五萬元爲限。如一日內寄送財物必須超過上述限額時，必須於運送前通知保險公司。此外，尚有兩項值得注意之點：(1)具有流動性的證券、通貨及其他財產，可按其

充分價值承保，非流動性的財產則以其重獲或替補費用爲限。例如記名債券或股票滅失後，可以申請發行公司補發，所需補發之費用，可由保險人予以補償，通常以其價值百分之十到三十爲限。(2) 每項財物之賠償金額可以超過保險生效時之價值。因爲保單規定財物損失後到賠款支付期間，如有任何增值，可獲保險人補償。但其增加的價值通常不得超過保險生效時財物價值的某一百分比。

第三節　運輸設施保險

美國可由內陸運輸保險公司辦理的運輸設施保險 (*Instrumentalities of transportation insurance*)，其承保的財產約可分爲二類：一是少數可以移動之財產，如鐵路車輛、馬匹與馬車、家畜、小型船舶，二是固定的設備，如橋樑、隧道、廣播與電視傳播塔、輸電線路、管線、交通燈號、堤防、碼頭、船塢、臺階、乾塢及海用鐵道等。這些設備原可由非海險業所承保，但當業主要求更廣泛的保險時，祇有海險業者願意承保。今日列爲內陸運輸保險的一部分，實亦歷史演變的結果。

這些財產多採「一切險」的方式承保。但依美國「全國海事界說」(*Nation-wide Marine Definition*) 之規定，關於橋樑、隧道及其他運輸與通訊設施的保險，不能僅以火、颶風、灑水器漏水、氷雹、爆炸、罷工及或民衆騷擾等爲限。換言之，祇要在這些危險之外，加上任何一項其他之危險，卽可成爲內陸運輸保險承保的標的。關於堤防、碼頭、船塢及臺階之保險，則須將上述各項危險除外不保。此雖係美國之特殊情況，亦可見內陸運輸保險與其他保險部門之界限，頗難絕對劃分清楚。

第四節　商業流動財產保險

流動財產 (*floater*) 一詞，在內陸運輸保險中並未賦予嚴格的界定。其最好的解釋應為，凡在價值與地點方面經常發生變動的財產而無法以特定保險承保者，都可屬於流動財產保險的範圍。然而，雖有移動和運輸的可能，但非卽有移動和運輸的必要，因之有些流動財產保險承保的財產，甚是難得一動的。

此種保單可分總括式 (*blanket form*) 與表定式 (*schedule form*) 兩類：前者係以一個保險金額承保保單內概括說明之一切財物，後者則須列舉每項財產名稱與保險金額。保險公司如要明白限定自己的責任，並使保險金額與其財產價值相稱時，以採用表定式保單為宜；倘如財產項目時有變動，或分項列舉有嫌麻煩時，則可採用總括式保單。

商業流動財產保險在種類上雖頗複雜，但大致可分三類：一為財產受託人購買之保險單 (*Bailee policies*)，二是財產所有人購買之保險單 (*Owner's policies*)，三是貿易商總括保險單 (*Deakers' block policies*)

第一目　受託人保險單

以財物置於他人照顧或保管之下，卽已建立所謂「受託」(*bailment*) 關係。例如以衣服送與乾洗店清洗，以電視機送與修理店修理，以白布送與漂染廠漂染，則乾洗店、修理店與漂染廠，均為受託人 (*bailee*)。受託人對他人信託之物，依我國民法規定，應以善良管理人之注意為之，如因疏忽或過失，致生損失於受託之物時，對委託人 (*bailor*) 應負損害賠償之責。然而，受託人為了兩項理由，寧願承當受託物損失之全部責任：一是避免發生損失時為確定法律責任而與委託人發生糾紛，二是藉此提高自己的信譽以吸引更多委託人的光顧。受託人為受託物購買保險，就

是由此而產生的。要注意的是，此與受託人責任保險 (*Bailee's liability insurance*) 不同，後者是以受託人在法律上所負的賠償責任爲其保險標的，範圍較狹，將在本章末節說明之。受託人保單通稱爲受託人顧客保險單 (*Bailee's customers policy*)，其所承保的，則不以受託人的法律責任爲限，卽使受託人對受託物之損失可以完全不負法律責任，祇要爲保單承保之危險所造成，保險人仍可予以賠償。而且有了此種保險後，保險人變爲負責之一方，在有賠償糾紛時，如受託人不予控訴，委託人亦可直接控訴保險公司以求賠償。反之，保險公司亦保留與被保人之顧客直接解決賠償問題之權利。

此種保險可因被保人之不同而可分爲許多不同的種類，但其使用之基本保單大致相同。依其規定，保險自受託人接受財物之時起生效，而於交還委託人之時終止。凡在有關運送過程中及在受託人保管中由被保危險所致之損失，均可賠償。通常列舉之危險事故爲：火災、雷擊、爆炸、碰撞、竊盜、搶劫、颱風、旋風、風暴、自動灑水器漏損、洪水、地震、罷工、暴動、民衆騷擾、各項運輸危險、以及由上述各項危險所致財物的混亂。也有承保一切險之保單。除外不保之危險爲：(1) 受僱人之不誠實，(2) 由不良工人所致之損害，(3) 非由承保危險所致之物品混亂。其他不保事項，則隨被保人之行業而有不同。

保險金額，除財產價值外，通常也包括受託人爲委託人支付的費用在內。保險費率係以受託人處所之火險費率爲基礎，另依承保之其他危險增加費率。保險契約多採報告式，根據被保人之受託收據總金額，每月繳付保費一次。下面爲兩種使用最廣之保單：

一、皮貨商顧客保險單 (*Furrier's customers policy*)，在溫暖季節爲顧客保管皮貨，除專業皮貨商外，尚有百貨公司、倉庫及乾洗店。在彼此競爭之下，都以購買此種保單爲顧客提供完全的保護。當他們收到

保管的皮貨後，對顧客給予收據，並在收據內說明保險的限額，通常都較實際價值爲低。有時候，倘如損失是因保管人的疏忽而發生的，顧客亦常得到超過收據所定價值的賠償。這一可能發生的超額責任，也可在保單內以批註方式加費承保。在保管期間，並得爲顧客進行修補，洗滌或更改，儲藏與修補費用，也可以批註方式加費承保。有些皮貨商可以對顧客發出保險證明書，與主保單給予同樣之保護，但其保險時間繼續一年，而不以皮貨商受託期間爲限。

二、加工者保險單 (*Processors' policy*)　一項產品的製造，涉及許多方面的分工，而使「加工」成爲工業重要之一環。一個專業的加工者可爲許多製造商從事某項產品的加工，從製造商接來部分完成的產品，經加工後，或者送回給製造商，或者送往另一加工者。由於貨物在他們之間經常移動，極易發生各種意外事故，故而亦有購買此種保單之必要。保險金額除保單所載該項財產之價值外，通常也包括加工者之勞務及材料費用。保單可採報告式或固定保費式。如每月或按期報告保險價值有所困難，則可依據該一處所一年內之平均損失金額，計收一定之保費。

第二目　所有人保險單

所有人爲其自己的財物購買保單，可分兩種情況：一是當財物置放他人處所時，二是當財物爲自己或其僱用人所使用時。在第一種情況下，所有人寧願自己購買保單之原因：(1) 受託人縱有保險，往往祇以法律責任爲限，或者有其一定的限度，萬一發生鉅額損失，其保險金額並不足以充分賠償。(2) 受託人縱有保險，亦不能保證該項保險永遠有效。例如保單滿期時是否續保，有無違反保單之條件，是否按期支付保費，保險人是否中途取消契約等，均無把握，不如自己購買保險來得可靠。其保險之內容與由受託人充分保險時相同，故不贅述。其中較爲重

要的有下列幾種:

一、衣服製造商保險單 (*Garment contractors' floater*)　爲成衣製造商承保衣服在送往與來自加工者之運送途中及在他們處所的短暫停留期中所發生的損失。在加工者處所承保的危險，有火災、水濕、雷擊、强竊與搶劫，並可加費承保竊盜、暴動、罷工、惡意行爲及鍋爐以外之爆炸。在運送途中所承保的，則爲一切險。也可另行加保從屬損失。例如成套衣服之製造商可將上衣與褲子分別送往不同的加工者加工，倘如上衣遭受毀損，則與之配對的褲子將祗有很少的價值，加保此種從屬損失時，保險人將就成套衣服的價值與剩餘部分價值的差額加以賠償。

二、分期付款交易保險單 (*Installment sales floater*)　分期付款交易已佔今日零售交易之重要部分，銷售契約中雖可規定購買人須就此項財產保險，以便於發生損失時可以保險人之賠款支付貨價之餘額，但很少爲購貨人所遵守。售貨商與融通資金之金融機構，都可藉購買此種保單以保護自己的利益，在有其他特定保險存在時，則本保單變爲超過保險（卽祗賠償其他保單賠付不足之部分）。承保之危險爲:　火與各項附加危險（通常爲風暴、冰雹、爆炸、暴動及民衆騷擾、爲航空器與車輛所撞損、煙燻）以及運途危險。保險期間自貨物出賣後開始至貨款全部付清時爲止。

此種保單有兩種型式:　一是祗就貨款之未付餘額保險，被保人須於每月底向保險人申報全部未付餘額。另一爲所謂「雙重利益式」(*"double-interest" or "dual-interest" form*)，卽就貨物之全部價值予以保險，其中含有貿易商與顧客兩者的利益，其相對金額則隨未付餘額之變動而異。每一顧客並須另給保險證明單一紙，作爲損失發生時要求賠償其利益部分之依據。此種雙重利益式的保單，已爲家具及家具設備零售

商普遍所使用，因爲在原物發生損失後，能使顧客再以保險給付金額向原貿易商另購相同之物替補，故極爲顧客所歡迎，並可藉以增加貿易商之營業量。

三、**營造商設備保險單** (*Contractors' equipment floater*)　建造房屋、修築道路及其他從事各項土木工程之營造商，其所使用的設備常須在各工地搬運和移動，此種保單承保其在移動期間及停留工地因所保危險發生的任何損失。在運輸期間承保的危險有：火、雷擊、風暴、洪水、運輸工具的碰撞或出軌或傾覆、橋樑的崩坍等；在任何工地承保的危險，則爲火與雷擊，有時亦加保其他危險。除外不保的事項爲：在建造過程中任何建築物內支架或支柱之崩坍、被保人之不忠實、任何機械之負荷過重、已成任何建築物常置部分的財物。

四、**設備安裝保險單** (*Installation floater*)　有些行業須爲顧客安裝其所出售之設備或產品，在安裝完畢前，產品所有權仍未轉移與購買人，例如冷氣機、重機械、或暖氣設備等均是。此項保單承保之時間，自財產離開售貨人處所開始直至在購買人處所安裝完畢並移轉所有權時爲止。承保之危險，可爲一切險，亦可僅爲若干列舉之危險，如火及其附加危險、強竊及竊盜等。承保之範圍：可爲一次安裝，多用之於重機械或大型生產設備之保險；亦可爲報告式，就一段時間內之全部安裝予以承保，多爲家用設備安裝保險所採用。

第三目　貿易商總括保險單

美國內陸運輸保險中有所謂 "*block*" 保險單，此字係從法文 *en bloc* 一詞演變而來，相當於英文之 "*all together*"，此處譯爲「總括」，易與 "*blanket*" 一字之譯文相混，應特別注意。但其眞實意義有二：一是指其爲 " 一切險"之保單，二是指其包括自己的與受託保管的他人財產。

目前購買此種保單的，多爲珠寶商、皮貨商、設備貿易商、器材貿

易商、照相器材商及樂器貿易商等。玆以珠寶商總括保險單 (*Jewlers' block policy*) 為例略加說明。所謂珠寶業包括從事珠寶生意的零售商，當舖經紀人、製造商、批發商、零批商、進口商及百貨公司的珠寶部門。它們需要這種廣泛保險的保單，因其具有下列各項特點:

一、承保手中的一切珠寶，包括自己所有的及他人委託的，但對其他珠寶商委託珠寶的保險金額，以被保人在法律上應負的責任或實際預付的價款為限。

二、承保的地區，為美國大陸及加拿大境內被保人的處所、他人的處所、以及往來途中，並依此類別分別規定保險人的責任限度。

三、承保一切危險，但被保人或其僱用人的不誠實、戰爭、地震、洪水、加工不良及神秘失踪等危險，除外不保。此外零售商櫥窗陳列之珠寶，可加費承保竊盜損失。

四、有下列情況之一時，亦不承保: (1) 郵寄而非以第一類掛號郵件寄送時，(2) 捷運而非鐵路或航空捷運時，(3) 交由鐵路、水運及航空運輸業者而不給以旅客包裹收據時，(4) 汽車運送而非裝甲車輛或非以顧客包裹送達方式寄送時，(5) 分期付款交易下貨物交與買主使用時，(6) 為被保人及其家屬或僱用人所穿戴時，(7) 置於無人照顧汽車之內時，(8) 用於公共展覽時。

五、雖無共保條款，但被保人在要保時須提供詳細的珠寶清單，並依保險金額與珠寶價值的比率適用不同的保險費率。

六、被保人對於珠寶的交易與變動，必須維持詳細的記錄，並維持保險人認為滿意的保護設施。

第五節　個人流動財產保險

亦如商業流動財產保險，可以適應被保人的個別需要，而有許多不同形式的保險單。其中較重要的有：

一、個人特定財物保險單 (*Personal articles floater*)　用以承保特定財物的一切危險，通常購買此種保單的財物爲：珠寶、皮貨、照相機、樂器、藝術品、銀器、郵票與錢幣、考爾夫用具等。它們可以分別投保，亦可在一張保單之內承保多類物品，但每類物品仍各適用其特定之費率。玆以藝術品一類爲例說明其特點於次：

1. 藝術品保單的購買人，可爲任何收藏藝術品或古物之個人或機構。

2. 當被保物品在被保人處所及任何時候送往美國或加拿大境內任何地點時所發生之一切危險，均予承保。

3. 保單爲表定式，通常應將每項物品列在保單之內，如有不便，亦可另行列表存查。

4. 易碎物品之破裂，除非係由列舉之事故所引起（如火、風暴、惡意損毀等），不予承保，或可加費承保。

5. 保險人之責任，以保單內所載該項物品的價值爲限。

6. 保險費率，係以火災保險費率爲基礎，另依物品種類加費計算，但可隨保險金額之增加而減低附加費率。

二、個人行李保險單 (*Personal effects floater*)　對旅行者携帶之一切物品，承保一切危險。這些物品可爲被保人之妻子或與其永久同居之未婚子女所有，但必在被保人永久居所以外發生損失。貨幣、證券、文件、脚踏車、汽車、船舶、家具、動物、假牙與義肢、汽車設備及營

業用財產等，均除外不保。珠寶及皮貨之承保金額，僅以保險總額百分之十爲限，每件賠償金額亦不得超過美金一百元。從無人照顧之汽車被竊之財物，僅當汽車門窗鎖閉而爲竊賊强行進入時始予賠償，但以保險總額百分之十爲限，最高並不得超過兩百五十元。此一限制亦可於另付保費十元時取消。學生在宿舍或學校之財物，僅以承保火險爲限。

三、個人財產保險單 (*Personal property floater*)　爲被保人承保其全家常用財物在任何地點遭受之一切損失。今日已因家主第五號保單 (*Homeowners Form NO-5*) 可以提供幾乎相同之保護（並包括其他保險在內），已使此種保單較少重要性。

承保之財物，爲被保人及其同居家屬以及爲其服務之佣人所有所用或所穿戴之一切財物。被保人於要保時須分類說明其大概價值，除少數貴重財物（如珠寶、皮貨及藝術品等）須個別規定其保險金額外，仍以一個總金額總括承保。保單並無共保條款的規定，但保險人要求保險金額不得少於上述各類財物總值的百分之八十。

保險金額受有四項限制：(1) 經年留在被保人主要居所以外其他居所之財物，其保險金額不得超過保險總額百分之十。(2) 未予特別列載之珠寶及皮貨之損失，每件以賠償美金二百五十元爲限。(3) 任何一次貨幣的損失，賠償金額不得超過一百元。(4) 郵票、證券、文件及車票的損失，賠償金額不得超過五百元。

事實上，此種名義上承保一切財產及一切危險之保單，仍列舉甚多除外不保之財產與危險。此地限於篇幅，不擬列述。其保費之計算，係分兩個步驟：首先，依主要居所承保內部財物之火險費率，計算全部保險金額所需之保費。然後再依地區表，分別加算其他地點之附加保費。保險金額越多，則附加費率越低。其次，就特別列舉之重要財物，依其各別之費率計算保費。以第一項計算之總括保費加上第二項計算之特定

保費，卽爲此一保單應收之保費總數。通常在附有五十元或一百元之自負額時，可以減少保費。

<h2 style="text-align:center">第六節　商業責任保險</h2>

　　運輸業者亦可祇就對顧客應負之法律責任購買保險，但眞有此項保險之需要者，亦祇爲卡車運輸業者，捷運公司及航空公司等。鐵路運輸業者由於自身財力雄厚，亦甚少發生巨災事件，且不須藉此號召顧客，故一般並無購買此種保險的必要。茲擇要說明於下：

　　一、公共卡車保險單 (*Public truck policy*)　美國從事州際運輸的卡車業者，依法必須爲其承運的貨物投保責任險，至少每車二千元，每一意外事件五千元。此一金額並非承運人實際負責之限度，在實際損失大於保險金額時，自仍須另負賠償責任。被保人購買此項保單後，須向州際商業委員會 (*Interstate Commerce Committee*) 提交保險證明書，並說明在損失發生後，卽使被保人並未履行保單之規定條件，保險人仍須直接對託運人賠償損失。在此情況下，保險人就其賠付之金額，可依法向被保人進行追償。目前各州對不受州際商業委員會管轄的車輛，也有必須購買最少金額責任保險之規定，並以此作爲核發營業執照之條件。此種保單祇承保被保人所負之法律責任，對因包裝不當所致之破損及不可抗力 (*Acts of God*) 之損失，不在承保範圍之內。承保之危險爲：火、爆炸、風暴、卡車傾覆、橋樑或溝管崩坍、以及碰撞等；竊盜與搶劫，如卡車裝有警報系統，亦可加費承保（倘如承運低價值之物品，亦可不需警報系統）。

　　二、其他受託人責任保險單　他如洗衣店、旅館、倉儲業、修理店等，均可各別購買有關的責任保單。但要注意的是，此種保單所承保

的，不是財產本身的損失，而是被保人對此損失所負的法律責任。而第四節第一目所述受託人顧客保險單，則不論受託人有無法律上的責任，對被保危險事故所致顧客財物的損失仍予賠償。

第十七章　汽車保險

　　自汽車普遍使用後，由汽車意外事件而造成的損失，漸受社會及政府所重視。尤以車禍所致他人身體的傷害或死亡，更已形成嚴重的社會問題，各國政府莫不採用各種手段，或積極地減少車禍的發生，或消極地使車禍受害人及其家屬得到適當的照顧。以美加等國為例，它們早就有了所謂「財務責任法」(*Financial Responsibility Law*)，凡發生車禍的車主或駕駛人，必須依照規定提供某一最低數額的財務保證，以待責任鑑定或法庭判決。否則，可以吊銷車輛登記或駕駛執照。對於犯有嚴重違反交通規則者及不能在限期內遵守法庭判決者，亦須進一步證明他在未來可能發生的意外事件中具有履行財務責任的能力。所謂財務責任的保證，不外現金存款、提供「確實保證」(*surety bond*) 或其他足以履行財務責任的證明，而購買汽車責任保險公認為最實用而恰當的一種保證方式。此種汽車責任保險應否強制投保，各方意見不一，美國目前仍有廿五州未實施強制性汽車責任保險。但歐洲各國及日本、南韓、菲律賓、新加坡等國，均為強制保險方式。

　　近年以來，大家認為以車主或駕駛人在車禍中有無過失作為應否賠償受害人損失的條件，仍不足以照顧受害人及其家屬的生活，因之應仿照工人補償保險 (*Workers' Compensation Insurance*) 的方式，實施無過失汽車保險 (*No-fault Automobile Insurance*)。美國經過多年的醞釀與辯論，現已有二十四州、哥倫比亞特區及波多黎各採行無過失汽車保險，其中十三州及哥倫比亞特區並採強制保險方式，但在內容與金額

方面，彼此頗多歧異之處。

　　我國汽車保險大體上仿照美國，但汽車保險單之內容不及美國保單之詳盡與完備，且只有一種流行的格式，在適用上較爲單純。近年來，由於汽車失竊案件急遽增加，已將汽車綜合損失險與汽車竊盜損失險分開承保，並各別適用不同的費率。至於第三人責任險改採強制投保方式，經多年爭論後，已自民國八十一年四月起實施。

　　汽車保險在財產保險市場之佔有率，如以直接簽單保費佔全部保費收入之比例爲標準，則已躍居首要之地位。以美國爲例，1985年在其財產保險直接簽單保費之總收入中，汽車責任保險及車體損害保險之保費收入，卽高佔百分之四一‧二（其中自用汽車爲百分之三二‧八，商用汽車爲百分之八‧四），爲各項財產保險之冠。我國近年來汽車保險之保費收入，亦已超越其他各項產險。

第一節　企業汽車保險

　　美國汽車保險單有多種格式，使用最廣的則爲企業汽車保險單（*Business Auto Policy*），簡稱 *BAP*，及個人保險單（*Personal Auto Policy*），簡稱 *PAP*。兩者在內容上頗多相同之處。茲先就企業汽車保險加以介述。

　　BAP 可使被保人獲得五種保護，卽(1)實物損失或財產保險，(2)責任保險，(3)醫療費用保險，(4)未保險駕駛人保險，及(5)個人傷害保險。上述第五項保險只在實施無過失保險之各州始有需要。

　　一、財產保險　此爲對被保人使用車輛之損失保險，可就下列被保之危險加以選擇：

　　　1.列舉之特定危險。包括火、爆炸、竊盜、風暴、冰雹、地震、

洪水、破壞、以及運輸汽車之任何運輸工具之沉沒、焚燬、碰撞或出軌。

2.綜合危險。卽指碰撞或傾覆以及列舉不保危險以外之其他一切危險，但明白規定由下列危險所致之損失，不視爲碰撞損失，而可得到保險人之補償：飛彈、墜落物與鳥獸的碰撞。玻璃破碎不論因何原因所引起，亦不視爲除外不保之碰撞。被保人選擇此項綜合保險時，卽不須購買前項所述之特定危險保險。

3.碰撞或傾覆。在綜合保險下不視爲除外不保之碰撞損失，也可以視爲碰撞保險下之碰撞損失。例如磚塊墜落引起之損害，可列爲綜合損失，亦可列爲碰撞損失。因之只有綜合保險或只有碰撞保險時，都可獲得賠償，但如同時有兩種保險，則只能擇一要求賠償。由於碰撞保險多有自負額的規定，而綜合保險則否或只有較小的自負額，故被保人通常都以綜合損失要求賠償。

4.因任何原因所致私用轎車不能使用而引起之拖車費用及勞務費用。由於其承保之最大可能損失較小（每次爲二十五元），故不是一項重要保險，且易對保險人產生逆選擇。

除外不保之危險爲車胎爆破與刺孔、磨損、機件與電氣故障、凍損等，除非這些損失係由承保之危險如竊盜或破壞所引起。由上述除外危險引發被保危險如因機件故障引起之碰撞危險，則並非除外不保。其他除外不保之危險，則爲戰爭、核子武器爆炸及放射性污染等。

關於被保之財產，卽承保何種汽車及其設備，被保人亦可加以選擇。所謂汽車，係指陸上行駛之機動車輛、拖車、或用於公共道路旅行之半拖車。下列各項不視爲汽車：(1)開路機、動力劃、掃街機與起重機等專用設備，(2)非以公用道路使用爲目的之車輛。

被保人可就下列各項汽車加以選擇：(1)僅限自有汽車。(2)僅限自有

私用轎車。(3)僅限私用轎車以外之其他自有汽車。選擇以上三種車輛保險時，被保人必須自有五輛以上之汽車始可。(4)僅限列舉之自有汽車。被保人自有汽車在五輛以下時使用之。(5)僅限租用或借用之汽車。惟被保人從其僱工或僱工同居任何家屬租用或借用之汽車，不予承保。

在上述前三項之選擇下，對保單生效後獲得之同型自有汽車，均可自動承保。在上述第四項選擇下，新獲得之汽車如滿足二項條件，亦可承保，卽(1)保險人業已承保所有被保人之自有汽車，或是新汽車係用以替代前已保險之汽車。(2)被保人須於新汽車獲得後三十日內告知保險人。

汽車內之個人財產不予承保。特別列舉除外不保者爲：(1)錄音裝置或其他音響複製設備，而非永久裝設汽車之內者。(2)錄音帶、唱片及其他音響產製設備。(3)任何音響接收設備，如民用電波收音機或移動式對講機等，除非永久裝置於通常用以裝置收音機的支架內。

對被保險汽車具有可保利益之人，通常卽爲保單指名之被保人。

本保險以承保直接損失爲限。唯一例外，則爲承保特定危險或綜合保險下被保私用轎車因竊盜而引起之額外運輸費用。依保單規定，保險人可每天支付十元運輸費用，於竊盜後四十八小時開始支付，當汽車業已找回或於賠付失車損失時支付終止。每一竊盜事件最多以支付三百元爲限。

保單內雖已記載主要車庫之地點，只要汽車是在美國領域、波多黎各或加拿大使用時，都有保險。墨西哥由於行車情況及修理設施大不相同，已在原有承保區域內刪除。有些保險人係以批註方式加保。被保人通常則在邊境向墨西哥保險人購買墨國境內之保險。

保單期限通常爲一年，於起始日指名被保人地址標準時間上午十二時一分生效，而於契約終止日之同一時間效力終止。契約內列有典型之取消條款。但在若干行政區域內，對所有續保契約及對新被保人承保六

十日後，保險人僅能基於特定之理由終止契約。大多數有此法律規定之各州，規定保險人如不願續約時，須在原契約終止二十天以前通知被保人。

關於補償金額，除非以批註方式明定保險金額，保險人之賠償金額，僅以下列兩項金額中之較小者爲準：(1)損失時受損或失竊財產之實際現金價值。(2)以另一種類與品質相同之財產替換受損或失竊財產或其修復所需之費用。

碰撞保險可有並常有自負額的限制。由於小額碰撞損失之頻率頗高，自負額可大爲減低碰撞保險之成本。綜合保險也可有自負額的限制，但不適用於火災或閃電所致之損失。最常用的自負額，係採直線扣減法，卽就每一個別損失扣減一定金額，例如二五〇元。

倘若被保自有汽車之損失，也是其他保險承保之損失，則由指名被保人之保單先賠；倘如爲一被保非自有汽車之損失，也爲其他保險所承保（如爲指名被保人租用汽車之所有人所購買之保險），則由其他保險先賠。倘如多家保單都以同樣基礎承保，則指名被保人之保單，僅依其責任限額（按卽未有他保時所須單獨賠償之金額）佔所有保單責任限額總和之比率賠償之。

二、責任保險　*BAP* 之責任保險部分，其承保危險乃是被保人在法律上負責的意外事故。所謂「意外事故」包括但不限於對相同情況繼續或重複出現的危險，而使受害人遭受既非預料亦非故意所致之身體傷害或財產損失者。

承保的責任，來自被保汽車的所有、維護或使用。被保人可就下列汽車選擇一項或多項加以保險：(1)任何汽車，卽包括下述二、六、七各項承保之汽車以及未經列舉除外不保之任何其他汽車。(2)僅限自有汽車。(3)僅限自有私用轎車。(4)僅限私用轎車以外之其他自有汽車。(5)僅

限特別列舉之自有汽車。(6)僅限租用或借用之汽車，但從任何僱工或其任何同居家屬租用或借用之汽車不予承保。(7)僅限僱工或其同居家屬自有之汽車，但僅為指名被保人業務或個人事務所使用時為限。

在上述各種選擇下，載重量在二千磅以下主要於公共道路旅行之拖車與半拖車，亦可不另加費承保。

BAP 對下列各項責任，不予承保：(1)因任何契約而承當之責任。(2)對被保人之僱工在僱用過程中遭致身體傷害、疾病或死亡之責任（無法享受工人補償保險之家用僱工不在此限）。(3)對被保人自有或運輸或由其照顧、保管或控制之財產發生損害之責任。(4)在財物放入或裝上被保汽車前或於卸離或移出被保汽車後由裝卸引起身體傷害或財物損失之責任。(5)由刺激物或污染物之傾棄、洩放或脫離所致身體傷害或財物損害之責任，但其傾棄、洩放或脫離為突發及意外性者，不在此限。(6)依法律規定也將被保人在核子能責任保險單承保之責任除外不保。

指名被保人乃是任何被保汽車的被保人。此外，在獲得指名被保人之允許下，凡使用指名被保人所有，租用或借用之被保汽車的任何他人，除兩項例外，也為被保險人。這兩項例外是：(1)使用指名被保人從其任何僱工或其同居家屬借用之汽車時，(2)當其從事汽車之販賣、加油、修理或停車等業務而使用被保汽車時。例如停車場看管人在停放指名被保人之汽車時撞毀另一車輛，則保險人對此停車場員工或其僱主並不提供保護，但在指名被保人負有法律責任時給予保護。除上述指名被保人及獲其允許使用被保汽車之他人外，對任何被保人之行為負有法律責任之任何他人亦可受到保護。例如某一公司指派某一僱工為某一地方慈善機構分送包裹，則此一公司汽車之保險人，對此三方面均可保險，但若此一被保汽車是指名被保人從他人所租用或借用，則此一汽車的所有人或出借或出租之他人，不能獲得保險人之保護。

被保的主要損失，則是被保人在無保險時必須支付的法庭判決金或調解金。此外，保險人也將支付有關賠償的調查費用、辯護費用及某些補助費用，但不爲被保人支付任何罰款。

被保之地區與時間，與財產保險部分完全相同。

補償金額，通常規定爲一次意外事件可予補償之法庭判決金或調解金之限額。亦可分別規定身體傷害與財產損害之補償限額。辯護與調查費用，不受此一限額支配。保釋保證費用以二五○元爲限。被保人應保險人要求而出庭作證時，可補償其收入損失每日五十元。保險人也可支付有關訟案所需之上訴保證與解除扣押保證所需之保費、對被保人課徵之費用、上訴期間應付判決金之利息（以責任限額爲限）以及被保人應保險人要求而支付之其他合理費用。

自負額甚少採用，但亦可適用於投保多數車輛之工商企業。

如有其他保險承保同一損失，其責任分擔規則與財產保險部分相同，但有一項例外。即是承保之拖車由另一車輛拖帶時，如若他一車輛爲指名被保人所有，則指名被保人之保單爲主要保險；如若他一車輛爲非自有汽車，則指名被保人之保單爲超額保險。

三、醫療費用保險　承保醫療費用係以批註方式增加的一種健康保險，與被保人的法律責任並無關係。任何人當進入、乘坐或離開被保汽車發生意外事故後三年內支付之一切合理醫療與喪葬費用，均可由保險人予以補償。

被保人可就下列各類汽車選擇一項或多項予以保險：(1)僅限自有汽車。(2)僅限自有私用轎車。(3)僅限私用轎車以外之其他自有汽車。(4)僅限列舉之自有汽車。

被保之汽車如因故障、修理、保養、滅失或毀損而無法使用時，其代用之汽車自動承保。

對下列之人不予承保：(1)任何被保人將車輛當作居所使用時。(2)指名被保人之任何僱工在其受僱過程中遭致傷害時（未有工人補償保險之家用僱工不在此限）。(3)任何被保人當其從事汽車之銷售、修理或停車業務時。或(4)並無合理相信其有權利使用被保汽車之任何人。

此一保險項目下之醫療給付，並不減少保險人在責任保險下之補償責任。因之，當被保人對其乘客遭受的醫療費用負有法律責任時，該一乘客可從保險人就其醫療費用獲得兩次補償。對被保人之補償有影響的僅為另一汽車的醫療費用保險。當有另一醫療費用保險也承保此一損失時，則依責任保險部分之規則處理。例如指名被保人如因乘坐他人汽車而受傷害，則他人汽車之醫療費用保險為主保險，指名被保人之 *BAP* 為超額保險。但如他人對此損失負有法律責任，則保險人在此醫療費用保險下並無代位求償權。

四、未保險駕駛人保險　此亦為以批註方式增加的保險。在此一保險下，任何乘坐被保汽車之人，如因無保險駕駛人或肇禍逃逸駕駛人之疏忽而遭受傷害時，可向保險人要求補償。應加注意的是，除非未保險駕駛人或肇禍逃逸駕駛人行為疏忽，被保受害人不能獲得補償。另一方面，被保人在尋求補償前並不須先經法庭判決。通常是由被保人與保險人經由協議決定未保險駕駛人有無疏忽。如不能協議，則依美國仲裁協會之規定以仲裁方式解決之。倘保險人已對被保人加以補償，則有代位求償權對未保險駕駛人進行追訴。

此一保險下之承保汽車與醫療費用保險下的承保汽車完全相同，但增加一項，即指名被保人可將保險限用於須受強迫性未保險駕駛人法所約束之自有汽車。

五、個人傷害保護　在已實施無過失給付法之各州，承保指名被保人自有汽車之*BAP*必須依州法規定提供無過失醫療費用及收入或服務替

代給付。舉例言之，在明尼蘇達州，保險人依法必須為"合格之被保人"提供某些無過失給付。這些合格的被保人包括：(1)指名被保人或其任何同居親屬當其乘坐任何機動車輛時受有傷害，或在行走時為任一機動車輛撞擊時。(2)任何他人當其乘坐被保機動車輛受有傷害，或在行走時為此種車輛撞傷。(3)任何他人當其乘坐非指名被保人或其同居親屬所有但非公共或出租之機動車輛而因指名被保人或其親屬駕駛而遭受身體傷害時。上述第二類或第三類之受害人如也是另一個人傷害保護批單下之指名被保人或其親屬，則不能獲此給付。給付金額為：醫療費用；不能工作損失收入的百分之八十五，最高可達每週二百元；為替代必要服務而支付之費用，每天可達十五元；喪葬費用可達一、二五〇元；死亡人遺屬遭受收入或工作損失每週可達二百元。每一合格被保人其最大醫療費用給付金額為二萬元，所有其他損失最大給付金額共為一萬元。

第二節　個人汽車保險單

　美國的個人汽車保險單（*Personal Auto Policy*，簡稱 *PAP*）是為家庭使用而設計的，但獨資企業之業主亦可以之承保營業用之私用轎車。非營業用之輕便貨車、客貨兩用車、或鑲板卡車亦可保險。*PAP* 也包括(1)財產保險，(2)責任保險，(3)醫療費用保險，及(4)未保險駕駛人保險四部分。個人傷害保險或無過失保險有必要時亦可以批註方式加保。*PAP* 與 *BAP* 有許多相同之點，以下只扼要敍述之。

　一、**財產保險**　除列舉除外不保之危險外，*PAP* 承保一切危險。碰撞除非特別聲明，除外不保。即使碰撞除外不保，但飛彈引起之玻璃破碎與碰撞損失、墜落物、與鳥獸接觸、火災、竊盜、爆炸、地震、風暴、冰雹、洪水、破壞、暴動或民眾騷擾等均非除外不保。其他除外

之危險，則與 *BAP* 相同。

承保之財產，主要爲保險單聲明欄內記載之自有車輛、小貨車（已於前述）、拖車（爲私用轎車所拖帶者）、農用貨車或農場用具，但僅當私用轎車或小貨車所拖帶時爲限。在保險期間內，由指名被保人或其配偶新獲得之任何汽車或拖車，只要在獲得後三十天內要求保險，亦可承保。

隨車携帶之個人財物不予承保。*BAP* 有關音響複製及產製設備之除外規定，亦適用於 *PAP*。

承保之人，爲指名被保人及其同居之配偶，倘如指名被保人死亡，其法定代表人亦予承保。

承保之損失，與 *BAP* 完全相同─即是承保汽車於受損或失竊時之修理或替置費用。如爲失竊，並可加上所需之額外運輸費用。

承保之地區與時間，與 *BAP* 完全相同，但有較寬之解約規定。如爲新契約，則因不付保費或於保單生效六十天內通知解約時，保險人須於十日前通知被保人。其他情況則需二十日前通知。保險人解約之原因，限於被保人不繳保費，或是指名被保人或其配偶或任何爲指名被保人駕車或慣於使用被保汽車之他人當其駕照及車輛登記在保險期內停用或撤銷。保險人如在保單期滿後不願續保，也須在保單滿期二十日前通知指名被保人。

保險金額大致與 *BAP* 下所規定的相同。其主要不同之點是，因爲 *PAP* 財產保險部分不承保任何非自有汽車，故其保險總是屬於主保險。倘有其他保險承保同一損失，則 *PAP* 祇就其責任限額佔全部責任限額之比例加以賠償。

二、責任保險 其承保之危險應爲一種意外事故。其承保責任之來源：(1)財產保險部分承保之自有汽車或拖車因其所有、維護或使用而產

生者。(2)由指名被保人及其配偶或任何「家庭成員」所有維護或使用之其他汽車及拖車而產生者。所謂「家庭成員」，係指與指名被保人或其配偶有血統婚姻或收養關係而同居之人而言。

對自己所有、租用、使用、運輸或供其使用之財產損失，不予承保。但有兩項例外：第一、此一除外不保不適用於對非自有住宅或私人車庫所造成的損失。第二、不適用於私用轎車或拖車，除非它們是為指名被保人或其配偶或任何其他家庭成員所有或供其經常使用者。因之，倘如指名被保人偶爾駕駛友人汽車因疏忽而使該車受損失，仍可獲得保險人之賠償。

其他除外不保之責任為：(1)對僱工在僱用過程中所遭受的傷害責任（未有工人補償保險之家用僱工不在此限）。(2)收費載運人員或財產所引起的責任（分擔費用的 *car pool*，不在此限）。(3)所有、維護或使用摩托車或其他三輪以下之其他車輛而引起之責任。(4)任何人因從事汽車銷售、修理、加油、保管或停放等業務所引起之責任。

被保之人，除指名被保人及其配偶及任何家庭成員外，其餘則視涉及之汽車而定。如為被保之自有汽車或拖車，則其他被保人為：(1)除竊賊（或其他不能合理相信其有權利使用此一車輛之人）外，任何使用汽車或拖車之人。(2)對使用汽車負有法律責任之任何人或機構。如為其他汽車，則除為指名被保人或其配偶或任何家庭成員使用時可有保險外，對使用汽車負有法律責任之任何他人亦可承保，但以汽車或拖車非他人自有或租用者為限。因之，倘如指名被保人租車到夏威夷旅行，則指名被保人可以承保，而出租車輛之人則否（出租車輛之人應有其自己的責任保險單，承保出租人與租車人兩者）。指名被保人及其配偶當其使用某一其他家庭成員所有或供其經常使用之汽車，而此家庭成員並無此種保險時，亦可承保。但若使用之汽車為指名被保人或其配偶自有或供其經常

使用但未經特別聲明者，不予承保。

承保之損失與 *BAP* 下的完全相同，即由保險人支付判決金與調解金、調查與辯護費，各項補助費用如保釋保證費、及被保人應保險人之請求為訟案辯護所損失之收入與合理花費等。

承保之地區與時間，與財產保險部分所規定的完全相同。

有關補償金額的條款，基本上與 *BAP* 的規定相同，即每一意外事件有一責任限額，並規定對於非指名被保人或其配偶所有汽車的責任保險，乃是一種超額保險。

三、醫療費用保險　*PAP* 與 *BAP* 的醫療費用保險有兩項主要的不同：第一、指名被保人或其任何同居親屬不須乘坐被保汽車亦可獲保。即當其上下或乘坐任何非除外不保之汽車而受傷害時，均有保險。又若他們在行走時為汽車所撞，亦可獲得保險人之補償。第二、在此一保險項目下賠付之任何金額，如可同時在責任保險項下或未保險駕駛人保險項下支付時，應予扣減。換言之，受傷害人不能在同一保單下就相同醫療費用獲得兩次給付。

四、未保險駕駛人保險　與 *BAP* 的有關規定大致相同，惟指名被保人或其任何同居親屬不須乘坐被保汽車，亦可獲保。

五、個人傷害保護　此一無過失保險部分，係以批註方式加保，與 *BAP* 提供的保護完全相同。

第三節　我國的汽車保險

我國的汽車保險單，原係參考美國的汽車保險條款，加以簡化與濃縮而成。非僅保單種類只有一種格式，在承保的範圍方面，亦遠較美國保單為狹。近年由於竊盜事件不斷發生，過去將竊盜損失包含在一般車

身損失保險之內，並合併計算保費之規定，已使保險公司出現不當的虧損，為改變費率結構，乃將汽車竊盜損失列為單獨承保，並單獨計算保費。因之，汽車保險單承保範圍現已分為三部分，即：(1)汽車綜合損失保險，(2)汽車竊盜損失保險，及(3)汽車第三人責任保險。被保人可選擇其中一項或多項分別訂立契約，但未購買汽車綜合損失保險者，習慣上不得單獨購買汽車竊盜損失保險。在承保範圍方面，亦與美國汽車保單有幾項主要不同之點：(1)無非自有汽車之規定，保險人之責任，均以被保險汽車之損失或其造成之損失為限。(2)對被保汽車之解釋較為嚴格，例如臨時代用汽車，被保人在保險期內新獲得之其他汽車，均未提及，即不包括在被保汽車之內。(3)除責任保險外，其他兩種保險之被保險人，均以保單記載之被保人為限。對他人使用被保險汽車之責任問題亦未提及。(4)即就汽車責任保險而言，我國保單雖規定「被保險人」應包括經被保險人許可使用或由法律上對保險汽車之使用應負責之人，但未如美國保單包括與指名被保人同居之任何人。(5)無醫療費用保險及無保險駕駛人保險，在承保範圍上不及美國保單。(6)我國保單雖有汽車綜合損失險，但其承保之危險，仍為少數列舉之危險。而美國保單之綜合損失險，卻包括碰撞損失及少數列舉不保危險以外之一切損失，對被保人之保護較為完全。(7)我國汽車第三人責任險仍採用自由投保方式，而美國若干州則已採用強迫保險方式。茲再就我國汽車保單之內容略加敍述於次：

一、基本條款　為各種保險共同適用之條款，其較重要者計有下列各條：

關於自負額，規定承保範圍內之任何一項損失，被保人均須先負擔所約定之自負額。被保險汽車重複保險時，按一個自負額計算。任一事故同時發生汽車綜合損失險或汽車竊盜損失險或賠償責任時，應分別扣除其自負額。

關於被保險汽車，規定除特別載明者外，係指保單所載之汽車或其附掛之拖車，包括必要且固定裝置於車上之零件及配件。保單內被保險汽車不止一輛時，保險人對每一汽車，依照保單規定各別負賠償之責（例如每輛汽車均須扣除自負額）。但被保險汽車附掛拖車者，於發生汽車綜合損失險或汽車竊盜損失險承保範圍內之毀損滅失時，被保險汽車與拖車視爲個別之車輛，於發生汽車第三人責任險承保範圍內之賠償責任時，則視爲一輛。

關於保險期限，規定最長以一年爲限，如保險期間不足一年，或被保人中途要求退保，應按短期費率計收保險費。

關於中途更換汽車，規定更換汽車啣接投保時，以另簽發保單承保爲原則，原保險單未滿期間之保險費，按日數比例退還；如以批單方式辦理時，其保險費之增減，亦按日數比例計算之。

關於契約之終止，規定如因被保人之申請而終止者，其已滿期之保險費，應按短期費率計算並不得少於規定之最低保費。保險人亦得以五日爲期之書面通知，送達要保人終止契約，其已滿期之保費按日數比例計算之。

關於除外不保之損失，規定爲下列各項：(1)因敵人侵略、外敵行爲、戰爭或類似戰爭之行爲（不論宣戰與否）、叛亂、內戰、軍事訓練或演習、或政府機關之徵用、充公、沒收、扣押或破壞所致者。(2)因核子反應、核子能輻射或放射性污染所致者。(3)因罷工、暴動或民衆騷擾所致者。(4)被保人或被保險汽車所有人、使用人、管理人或駕駛人之故意或唆使之行爲所致者。(5)被保險汽車於修理時，因汽車業之使用或管理所致者。(6)被保險自用汽車因出租與人或作收受報酬載運乘客或貨物等類似行爲之使用所發生者，但使用性質之變更經保險人書面同意者，不在此限。(7)被保險汽車因供教練開車或參加競賽或爲競賽開道或試驗效

能或測驗速度而發生者。

關於汽車之他保，規定被保險汽車因意外事故發生毀損滅失或賠償責任時，如同一汽車訂有其他保險契約，不問其由何人所為，保險人對該項毀損滅失或賠償責任，僅負比例分攤之責。但由於要保人或被保險人故意或意圖不當得利而為複保險者，本保險契約無效。

關於損失之通知，規定被保險汽車遇有承保範圍內之毀損滅失或賠償責任時，被保險人應立即報請當地憲兵或警察機關處理，並於四十八小時內將發生事故之有關資料以書面通知保險人。倘確非因被保人之故意或疏忽而未能於期限內通知者，亦應檢具證明於五日內通知保險人。被保險人未依上述規定辦理者，保險人不負賠償責任。

二、汽車綜合損失險條款　關於承保之危險，規定為碰撞、傾覆、火災、閃電、雷擊、爆炸、拋擲物、墜落物或第三者之非善意行為所致之毀損滅失。

關於續保加費，規定為被保險汽車在過去一年內發生賠款，其金額或累計額超過該車汽車綜合損失險原收保險費者，於續保時，應按下列加費規定辦理：(1)凡發生賠款一次者，按基本保險費（下同）加收百分之十。(2)凡發生賠款二次者，加收百分之二十。(3)凡發生賠款三次者，加收百分之三十。(4)凡發生賠款四次者，加收百分之四十。(5)凡發生賠款五次或以上者，加收百分之五十。

關於續保減費，規定為被保險汽車於續保前一年或連續數年無賠款者，於續保時，應按下列規定辦理：(1)滿一年者按基本保險費（下同）減收百分之二十。(2)連續滿二年者減收百分之三十五。(3)連續滿三年或以上者減收百分之五十。上項規定之減費，按每一車輛分別計算之，如被保人更換新車啣接投保時，視為同一車輛。

關於除外不保之事項，規定為：(1)被保險人因被保險汽車之毀損滅

失所致之附帶損失包括貶值及不能使用之損失。(2)被保險汽車因窳舊、腐蝕、銹垢、鼠嚙、或自然耗損之毀損。(3)非因外來意外事故直接所致機件損壞、或電器及機械之故障。(4)置存於被保汽車內之衣物、用品、工具、未固定裝置於車上之零件或配件之毀損滅失。(5)輪胎備胎（包括內胎、外胎、鋼圈及輪帽）單獨毀損或受第三人之惡意破壞所致之毀損滅失。(6)被保汽車因載重逾量，或裝載貨物高度寬度超過規定或使用過度所致之毀損滅失。(7)被保汽車被其他運輸工具運送或裝卸時所發生之毀損滅失。(8)被保汽車在租賃、出售、附條件買賣、出質、設定留置權等債務關係存續期間所發生之毀損滅失。但經保險人書面同意者，不在此限。(9)被保汽車因颱風、地震、海嘯、冰雹、洪水或因雨積水所致之毀損滅失。(10)未經被保險人許可或無照駕駛或超級駕駛之人，駕駛被保汽車所致之毀損滅失。(11)受酒類或藥物影響之人，駕駛被保汽車所致之毀損滅失。(12)從事犯罪或唆使犯罪或逃避合法逮捕之行為所致之毀損滅失。(13)被保汽車因偷竊、搶奪、強盜所致之毀損滅失。

　　關於重大損失之賠償，規定為被保汽車遇有承保範圍內之毀損滅失，而其修理費用達保險金額四分之三以上時，保險人按保險金額乘以下列賠償率後所得之金額賠付之：(1)本保險年度經過月數（下同）在三個月或以下者，賠償率為百分之九〇。(2)在三個月以上至六個月者，賠償率為百分之八十五。(3)在六個月以上至九個月者，賠償率為百分之八〇。(4)在九個月以上至十二個月者，賠償率為百分之七十五。

三、汽車竊盜損失險條款

　　關於承保之危險，規定為偷竊、搶奪及強盜所致之毀損滅失。

　　關於自負額，規定為被保險人發生承保範圍內之損失時，對於每一次損失，應負擔百分之二十之自負額。

　　關於重大損失之賠償，規定為被保汽車發生實際全損、或其修理費

用達該車保險金額四分之三以上時，保險人先按保險金額乘以下列賠償率所得之金額再扣除百分之二十自負額後賠付之。(1)本保險年度經過月數（下同）在三個月或以下者，賠償率爲百分之九〇。(2)在三個月以上至六個月者，賠償率爲百分之八十五。(3)在六個月以上至九個月者，賠償率爲百分之八〇。(4)在九個月以上至十二個月者，賠償率爲百分之七十五。

關於除外不保之損失，其(1)(2)(3)(4)(7)(8)各項與前汽車綜合損失險除外不保之(1)(2)(3)(4)(8)(9)各項完全相同。其餘規定爲：(5)輪胎備胎（包括內胎、外胎、鋼圈及輪帽）非與被保汽車同時被竊所致之損失。(6)裝置於被保汽車之零件、配件非與被保汽車同時被竊所致之損失。(9)因被保險人、使用或管理被保汽車之人、駕駛被保汽車之人等及其同居家屬或其受僱人之竊盜行爲所致者。

關於賠償之時間，規定爲被保汽車遇有竊盜損失時，自被保人通知保險人之日起逾四十五天仍未尋獲者，被保人於完成規定之手續後，始能獲賠。賠付後經尋獲者，被保人得於知悉後七日內領回被保汽車並退還原領之賠償金額。逾期保險人得逕行辦理標售尋回之標的物，其所得之價款，保險人按自負額約定之比例攤還。

四、汽車第三人責任險條款

關於承保範圍，規定爲傷害責任險與財損責任險兩項，凡被保人因所有、使用或管理被保汽車發生意外事故，致第三人死亡或受有體傷或其財物受有損害，依法應負賠償責任而受賠償請求時，保險人對被保人負賠償之責。

關於被保險之人，規定除保單記載之被保人外，並包括經被保人許可使用或由法律上對被保汽車之使用應負責任之人。

關於保險金額，規定爲保單所載「每一個人」之保險金額，係指在

任何一次意外事故內，對每一個人體傷或死亡個別所負之最高賠償責任
而言。如同一次意外事故體傷或死亡不只一人時，保險人之賠償責任以
保單所載「每一意外事故」體傷或死亡之保險金額爲限。並仍受「每一
個人」保險金額之限制。而保單所載「每一意外事故財物損失」之保險
金額，係指保險人對每一次意外事故所有財物損失之最高責任額而言。

除第三人體傷必需之急救費用外，其他任何費用非經保險人書面同
意不得擅自承認、要約或給付賠償金。

被保人如受有賠償請求或控訴，保險人得應被保人之要求，以其名
義代爲進行和解或抗辯，其所需費用由保險人負擔。

關於除外不保之事項：(1)未經保險人同意，被保人以契約或協議所
承認或允諾之賠償責任。(2)因尚未裝載於被保汽車或已自被保汽車卸下
之貨物所引起之任何賠償責任。但在被保汽車裝貨卸貨時所發生者，不
在此限。(3)被保汽車除曳引車外，拖掛其他汽車期間所發生之賠償責
任，但經保險人書面同意者，不在此限。(4)乘坐或上下被保汽車之人死
亡或受有體傷或其財物受有損失所致之賠償責任。(5)被保險人、使用或
管理被保汽車之人、駕駛被保汽車之人、被保人或駕駛人之同居家屬及
其執行職務中之受僱人死亡或受有體傷所致之賠償責任。(6)被保人、使
用或管理被保汽車之人、駕駛被保汽車之人、被保人或駕駛人之同居家
屬及其執行職務中之受僱人所有、使用、租用、保管或管理之財物受有
損害所致之賠償責任。(7)被保汽車因其本身及其裝載之重量或震動，以
致橋樑、道路或計量臺受有損害所致之賠償責任。(8)未經被保人許可或
無照駕駛或超級駕駛之人，駕駛被保汽車所致之賠償責任。(9)受酒類或
藥物影響之人駕駛被保汽車所致之賠償責任。(10)從事犯罪或唆使犯罪或
逃避合法逮捕之行爲所致之賠償責任。

第十八章　航　空　保　險

　　航空保險係隨航空事業發展而日趨改進。今日已進入超音速飛機及
太空旅行時代，對未來航空保險事業的發展，又已激起更大的挑戰。目
前航空保險並未構成一種獨特的保險類型，而祗是綜合其他多種保險，
應用於航空運輸方面，尤以汽車保險與航空保險頗多類似之處。分析言
之，航空運輸約需下列各項保險：

　　一、財産保險　卽對飛機機體之保險。

　　二、責任保險　其中又可分爲下列不同之對象：

1. 對乘客傷亡之責任。

2. 對乘客以外之他人。又分：（1）對飛機駕駛員傷亡之責任，（2）
　對飛機場傷亡人員之責任，（3）對飛機庫管理人員傷亡的責任。

3. 對他人財產損毀的責任，包括：（1）對飛機內載運行李或貨物之
　責任，（2）對飛機外財產所致損毀的責任。

　　三、意外保險　由空勤人員、學習人員或飛機乘客所購買，用以補
償自己所受的傷害。

　　四、其他各種保險　如勞工保險、僱主責任保險及產品保險等，因
非航空事業所特有，故不贅述。

第一節　飛機機體保險單

　　一、飛機種類　按其用途分爲：（1）私用與商用飛機，但不包括出

租飛機在內，(2) 營業用飛機，包括出租飛機在內。所稱飛機，除機體外，並包括推進器、引擎及其他附屬設備在內。使用與可能使用飛機之駕駛人，必須列單添附保單之內，並祗承保他們駕駛飛機時所生的損失。飛行地區，亦有限制，以美國保單爲例，通常包括美國、加拿大或墨西哥，如須擴大飛行地區，須另加費承保。

二、承保之損失　在發生全損或全毀時，通常都按保單內所載之價值賠償。

如爲部分損失，則其損失的賠償又分兩種情形：在被保人自行修理的場合，賠償金額爲下列各項金額之總和：(1) 材料與零件的實際費用；(2) 勞動工資，但不包括加班所增加的工資；(3) 共同費用及加班費用，按實付工資百分之百計算；(4) 將飛機或其部分運至修理地點並於修理後運回出事地點或國內機場（以較近者爲準）所需最少之運輸費用。如爲被保人以外之他人修理，則其賠償金額爲所付修理費用加前述運輸費用的總和。但無論爲那一情況，部分損失之賠償總額，不得超過如爲全損時所將賠付的金額。每次損失發生後，保險金額隨而遞減，一俟完全修復，保險金額自動恢復，並不另收保費。

三、承保之危險　有「指定危險」及「一切危險」兩種保單。爲輕型飛機而設計的特別機體保單，通常承保指定危險，其地面意外事故除火災、竊盜、爆炸及運輸所致者外，有自負額之規定（美國爲五十元或一百元）。如爲移動中之意外事故，則自負額之金額更高（美國爲二百五十元）。但輕型飛機亦可購買一切危險保單。

一切危險保單，除保單列舉之除外不保事項外，承保其他一切危險所致之損失。由於保護程度的不同，又有三種類型：

第一類型，承保一切危險，包括墜毀或碰撞 (*Crash or Collision*) 在內。對地面及空中飛機均予承保。飛機如以自有動力移動時，每次損

失的賠償金額通常須扣減被保價值的百分之二‧五、或百分之五、或百分之十。由墜毀或碰撞所致的火災或爆炸損失，視爲移動中之損失，適用上述自負額的規定。另一自負額可以適用於飛機停止時發生的損失，但不適用於火災、雷擊、爆炸或竊盜損失，以及飛機於拆卸中與被運輸時所發生的損失。有時候，採用參與性自負額，而由被保人自負每一損失的某一百分比。

第二類型，承保「不在飛行時的一切危險」(*all risks while not in flight*)。凡在飛行中的墜毀或碰撞、空中火災、因飛行時碰撞所致的火災與爆炸等危險，均不承保。亦不承保飛機自開始起飛至完成着陸滑行時之任何其他可能發生的損失。此種保單通常亦有自負額的規定。

第三類型，承保「不以自有動力移動時之一切危險」(*all risks while not in motion under its own power*)。有時亦有自負額之規定。

四、除外不保事項: 下列損失，不予賠償:

1. 飛機用於保單所載以外之任何用途時所生之損失。
2. 飛行時違反航空法規所致之損失。
3. 因磨損、機件故障或結構失靈（除非爲被保之危險事故所引起）、戰爭、入侵、類似戰爭行爲、罷工、暴動、民衆騷擾、以及因飛機負責人員侵佔所致之任何損失。
4. 爲任何政府或陸海或篡奪權力捕獲、劫奪、拘押、禁制、阻留、或任何奪取所致的損失，亦不承保。

第二節 飛機責任保險單

一、國際公約之演進 飛機所有人對操作飛機所致身體傷害與財產

損毀的責任，除國內航運部份應受各國法律所約束外，國際航運部份多由國際協定予以規範。1925年舉行第一屆民用航空法國際會議，開始對國際規範進行商討， 1929年於華沙 (*Warsaw*) 舉行第二屆會議，製定民用航空規則，後經二十九國批准實施，通稱爲華沙公約 (*Warsaw Convention*)。1933 年再於羅馬 (*Rome*) 舉行另一會議，就飛機於地面對第三者所致的損失，商獲若干一致性的規則。該二公約制訂的有關飛機責任的規則，可歸納爲下列數點：

1. 對地面人員之身體傷害，華沙公約並無規定，但羅馬公約規定運送人對此應「絕對負責」。1952年後，每人限制爲美金三萬三千元，每一意外事件爲三十三萬元。運送人爲滿足此項要求，必須提供保險或其他保證。此外，羅馬公約同時規定對地面財產之損毀，亦應負絕對責任。

2. 對旅客之傷害，華沙公約規定運送人應負責任，但如能證明運送人爲避免傷害已採一切必要之措施，或不可能採取任何可以保全財產之措施，或受害人之疏忽亦爲造成傷害的原因時，則亦可不負法律責任。運送人之責任限額定爲每人美金八千三百元。

3. 對所載貨物及行李之損失，運送人亦應負責。但如證明其已加必要之照顧時， 可以免責。 其責任限額定爲登記行李每磅美金九點零七元，未登記行李每人四百元。但已申報價值並就超額價值繳納保費者，不在此限。

美國雖曾參加華沙公約，但對其責任限度規定過低深表不滿。1955年於海牙(*Hague*)舉行國際會議, 產生所謂海牙公約 (*Hague Protocal*)，將乘客傷害之責任限度提高爲美金一萬六千六百元。批准此一公約的有五十個國家，但不包括美國在內。1965年，美國退出華沙公約。1966年，依蒙特婁協定 (*Montreal Agreement*)，國際空運協會 (*International Air Transport Association*) 接受美金七萬五千元之限額規定及絕對責

任，卽是放棄了華沙公約所允許的合法抗辯。近年又已產生瓜地馬拉公約 (*Protocal of Guatemala City*)， 建立新的嚴格責任制度， 並將責任限額提高爲美金十萬元，以後並可自動增加。

二、責任保險　飛機責任保險亦如其他責任保險一樣，承保飛機因所有、維護或使用所致他人身體傷害與財產損毀的責任。此外，保險公司並同意支付於意外事件發生時必需的緊急救護費用，調查依保單申報的所有意外事件，爲被保人進行抗辯，並支付有關司法程序所需之一切費用。

1. 承保範圍　保險項目計有下列四類，並各有其不同的費率:

(1) 承保乘客以外的身體傷害　卽對乘客以外其他公衆之傷亡負責賠償。所謂乘客 (*passengers*)，是指乘坐及上下飛機之人，但爲被保人僱用之駕駛員、服務員及其他空勤人員，不在其內。此種保險對每人及每一意外事件，均有限額之規定。

(2) 承保乘客身體傷害　卽對乘客之傷亡負責賠償。每一乘客坐位有一限額，每一意外事件之限額，則爲坐位限額乘以坐位數目之積數。

(3) 承保財產損毀　卽對他人財產的損毀（包括使用的損失）負責賠償。但下列財產除外不保: (1) 屬於被保人或由被保人或其僱工看管或控制之財產。(2) 租用及由被保人負有法律責任之財產，(3) 由被保飛機載運的財產。每一意外事件有一規定之限額。

(4) 承保單一限額的身體傷害與財產損毀　卽以此項保險代替前述三項保險。前述三種損失情況下每一意外事件的損失，均適用相同之限額。

2. 被保險人　在許多方面，航空責任保險與汽車責任保險之規定頗相類似。例如航空責任保單之被保險人，不僅爲保單記載或指名之個人或公司，而且包括任何乘客、任何經指名被保人允許駕駛飛機之駕駛人

員 (但不包括學習人員及租用飛機之駕駛員)、以及對操作飛機負有法律責任之任何他人。

3.除外不保事項 (1)在任何契約下由被保人承當，或依勞工補償法應由被保人承當之責任。(2)經被保人同意爲非法目的而使用時。(3)在保單規定地區以外使用時。(4)不依保單規定之用途使用時，但經保險人所同意者，不在此限。(5)爲保單所未記載之駕駛員作任何操作時，但爲有執照之駕駛員或機械員發動引擎及滑行時，不在此限。(6)有關製造、修理、販賣、租賃或導航活動所引起之任何責任。(7)違反航空法規所致之任何責任。

第三節　其他責任保險單

一、貨物責任保險單　承保飛機所有主或經營者對載運他人貨物所致損毀的賠償責任。要注意的是,貨主亦可就航運貨物購買保險單,於飛機失事而致貨物遭受損毀時，要求保險公司賠償。但此種貨物保險屬於內陸運輸保險範圍,保險人於賠償貨主之損失後，取得代位求償權,如航空運輸公司對此貨物之損失應負法律責任，即可對其要求損害賠償。如果航空運輸公司買有貨物責任保險單，又可由保險公司代負賠償責任。

二、非自有飛機責任保險單　包租或租用他人飛機從事運輸業務時，即須購買此種保險單，如他人飛機發生任何損失時，可由保險公司代負賠償責任。

三、飛機場責任保險單　爲飛機場的業主或經營者承保因飛機場之所有、維護或控制所致他人身體傷害或財產損毀時依法應負的賠償責任。在本質上，也是一種業主、地主及租戶的公共責任保險單。此一保單對使用飛機所引起之責任以及由機場經營者自有飛機所致的損毀，並

不承保。

　　四、飛機庫責任保險單　　爲飛機庫的所有人或承租人承保因照顧、看管、修理或爲他人飛機加油所致他人飛機損毀的賠償責任。此一保單並不適用於飛行中之飛機，對飛機中之個人行李或貨物之損失，亦不承保。

第十九章　竊盜保險

第一節　概　說

　　個人或企業因他人犯罪或不誠實行爲而遭受財物的損失，不外由下列幾條通路所造成: (1) 强竊 (*burglary*)，(2) 搶劫 (*robbery*)，(3) 竊盜 (*theft*)，(4) 僞造 (*forgery*)，(5) 其他不誠實或詐欺行爲。本章擬就前三項之保險加以敍述。由於各項類似名詞每每具有廣狹不同的含義，因之特先加詮釋於次:

　　强竊，是指强行進入或脫離某一處所非法取走他人財物之行爲。美國商品强竊保單將之解釋爲當營業處所停止營業時，以實際暴力非法進入，而在進入地方之處所外部，留有工具、爆炸物、電力或化學物品所致之可見痕跡者。此外，亦指非法强行脫離該一營業處所，而在處所內部留有同樣之痕跡者。其唯一限制，是該營業場所當强竊發生時必須停止營業，至於是在白天或夜間發生，在所不論。因之鑰匙被偷後啓開房屋門戶而遭受的偷竊損失，不在其內。

　　搶劫，是指暴力或暴力威脅當面取走他人財物的行爲。依搶劫保險單的解釋，凡用下述四種方式從財物管理人奪取財物者，均爲搶劫: (1) 利用暴力，(2) 利用其對暴力之恐懼，(3) 當面利用其他非法行爲，(4) 殺死或使財物管理人失去知覺。因之，暗中偷竊與欺騙詐取，因被害人當時並不知有此非法取走之行爲，均非保險之所謂搶劫。

竊盜，通常是指非法取走他人財物之一切行為。美國對 *Theft* 一詞並無法律上的解釋，但與法律用語 *Larceny* 一詞之意義大致相同。在保險用語上，此兩名詞每每相互替用，因其包含較廣，故當保單也承保竊盜行為時，對強竊與搶劫二詞的意義往往不加解釋，因為竊盜行為也包含了強竊與搶劫行為在內。

竊盜保險，每因適應不同的需要設計出許多不同的保單。就美國而言，大體上可作下述之分類:

一、商業竊盜保險 包括: (1) 商品強竊保險單 (*Mercantile open-stock burglary policy*)，(2) 商業搶劫保險單 (*Mercantile robbery policy*)，(3) 安全櫃強竊保險單 (*Safe burglary policy*)，(4) 發薪人搶劫保險單 (*Paymaster robbery policy*)，(5) 銀行強竊與搶劫保險單，(6) 店主強竊與搶劫保險單，(7) 貨幣與證券廣式保險單 (*Money and securities broad-form policy*)。

二、個人竊盜保險 包括: (1) 廣式個人竊盜保險單 (*Broad-form personal theft policy*)，(2) 個人竊盜保險單 (*Personal theft policy limted, form*)，(3) 銀行安全箱保險單 (*Safe-deposit- box policy*)

以下僅就若干重要之保單加以敘述。

第二節　商品強竊保險單

此一保單為工商業承保因強竊而發生的商品損失。購買者可為零售單，批發商或製造工廠。所稱之商品，亦不論其放在桌上、架上、或鎖在櫃內，均可承保。

一、承保的損失 (1) 因強竊而喪失之財產，(2) 因實際或企圖強竊而遭受的損毀，(3) 在被保處所內對看守人的搶劫。遭受損毀的財

產，可為商品、被保處所內之裝置或設備、或房屋本身，但以被保人自有或對損毀負有責任的房屋為限。保單內所載的房屋並不包括公共通道、大廳、樓梯間，以及不直接與房屋內部相通之陳列櫥窗。然而，美國保單對建築物內之外面貨櫥，每個可予承保損失美金一百元。

　　二、承保的財產　為被保人自己所有，或為其所持有之財產。因之為被保人受託寄售之貨物，已售尚未交貨之貨物，或暫時置放之貨物，均可承保。

　　三、除外不保的危險與損失　(1) 被保處所發生火災時的竊盜損失。(2) 員工或被保人偷竊或試圖偷竊所致之損失。(3) 被保人未能維持貨物進出紀錄，以致無以確定損失數量時之損失。(4) 由於危險情況改變而發生的損失。

　　四、責任限度　除以保單規定之保險金額為最大責任限度外，並不得超過損失財產在損失時之實際現金價值或其修復或替置的實際費用。保險公司亦可選擇自行修理或替置任何受損失之財產。被保人為製造商時，亦可以批單方式加保利潤保險。

　　美國保單對任何一件珠寶的損失，以賠償五十元為限；對被保人持有當作貸款抵押物之物品，以貸款時所記載的價值為限。如其價值並無紀錄，則以貸款之未付餘額及其應付利息為保險人之責任限度。

　　五、共保條款　此一保單之共保條款，有共保比率 (*Coinsurance percentage*) 與共保限額 (*Coinsurance limit*) 的雙重規定。共保比率與火災保險下的意義相同，但隨保險地區而有不同之比率。即在治安良好地區，其共保比率較低，而在竊盜猖獗地區，其共保比率較高。至於共保限額，則隨行業而異，凡商品輕便而價值較高之行業，有較高之共保限額，通常略與該一行業一次竊盜可能發生的最大限度損失的金額相當。保險人對每次損失之賠償金額，即依保險金額與下列二數中較小者

之比例定之：（1）共保比率乘以損失時財產實際現金價值之積數，（2）共保限額。

　　玆舉一例說明之。假定被保人買有保險金額六萬元之商品强竊保險單，共保比率爲百分之四十，共保限額爲八萬元。下表爲各種不同財產價值下損失一萬元之賠償金額：

財產價值	賠償金額
60,000	$\dfrac{60,000}{0.4 \times 60000} \times 10,000$（賠）10,000元
100,000	$\dfrac{60,000}{0.4 \times 100,000} \times 10,000$（賠）10,000元
150,000	$\dfrac{60,000}{0.4 \times 150,000} \times 10,000 = 10,000$元
175,000	$\dfrac{60,000}{0.4 \times 175,000} \times 10,000 = 8,571$元
200.000	$\dfrac{60,000}{80,000} \times 10,000 = 7,500$元
250,000	$\dfrac{60,000}{80,000} \times 10,000 = 7,500$元

值得注意的是，如財產價值在十五萬元以下，則損失一萬元均可全數賠償，如財產價在二十萬元以上，則均祇賠償七千五百元。如財產在十五萬元與二十萬元之間，則賠償金額隨損失時之財產價值而異。然而，此一共保條款之規定，並不適用於前述已有賠償限度的物品（如珠寶及貸款抵押物），其他竊盜保單也難得使用此種共保條款，而以「數量折扣」代替之。

　　六、保單的形式　倘如被保人有數個營業或工作處所，則可採用總括式保單，卽以同一保險金額承保幾個處所的財產，沒有共保限額與共保比率的規定，但保險金額至少須等於其中一地之最高保險限額。然

而, 被保人亦可購買表定式保單, 卽每一處所有其個別的保險金額, 並適用不同的共保限額與共保比率。

七、保險費率　共保比率與共保限額, 雖可影響保險金額與保險人的責任, 對費率高低並無關係。費率高低決定於下述三個因素: (1) 地區, (2) 行業, (3) 保險金額。如有警鈴系統及看守服務, 亦可給以費率折扣。依美國保單規定, 如在房屋關閉時候有人看守, 但無按時服勤之紀錄者, 可減費百分之十; 如在地層以上建築物內保有完全之防盜警鈴系統者, 可減費百分之七十。在此低限與高限內, 視實際情況而有多少不等的折扣。

第三節　店主強竊與搶劫保險單

此一保單係爲小型零售商店店主設計的一種整批保險 (*Package insurance*)。由下列七種原因發生的損失, 都可獲賠: (1)商品強竊, (2)安全櫃強竊, (3) 屋內搶劫, (4) 屋外搶劫, (5) 店主屋外被擄, 被迫打開店舖, (6) 從送金員 (*messenger*) 家中或銀行之夜間存金櫃強竊金錢與證券, (7) 由實際或企圖搶劫或強竊所致財產的損毀。被保人必須就此七種損失之保險整批購買, 不能有所選擇, 其保費通常較分別購買時之總保費爲低。每次賠償金額不能超過每項損失之保額, 但保險金額並不因每次賠款支付而減少。

第四節　銀行強竊與搶劫保險單

此一保單分爲兩部分: 甲部分承保屋內安全櫃因強竊或企圖強竊, 以及因故意破壞與惡意行爲所致貨幣、證券與其他財產之損失或損毀。

乙部分承保屋內搶劫或企圖搶劫以及因故意破壞與惡意行為所致貨幣、證券與其他財產之損失或損毀。上述甲乙二項保險內都包括故意破壞與惡意行為，可使被保人無須證明是否曾有強竊或搶劫之企圖。

第五節　個人竊盜保險單

美國對非商業性的竊盜保險，有兩種保險單：一為廣式的竊盜保險單 (Broad form)，一為普通竊盜保險單。前者承保範圍較廣，亦較為流行。茲分述於下：

一、廣式保險單

1.保險地點　此種保單將保險區分為兩部分，卽屋內與屋外，每一部分有其個別的保額。因為屋外保險是任意的，故可僅有屋內保險而無屋外保險，但不能祇有屋外保險而無屋內保險。

屋內保險，包括：(1) 被保人之住所，(2) 非被保人所有，但為其使用或租用之住宅，(3) 公共場所、如倉庫、銀行、信託公司等。因之在朋友家遺置之外衣被偷，或從銀行私用安全箱偷走珠寶，均可獲賠。

屋外保險，則指世界任何地方，但不包括郵件之內。然而，在地點、危險事故及財產等方面，仍有相當限制，例如商業用的財產，卽不包括在內。送交洗衣店或縫紉店之財產，僅承保強竊與搶劫兩種危險。

2.承保財產　將承保財產分為兩類：一為珠寶與皮貨，二為一切其他財產。屋內保險之每類財產，可以分別有其保險金額，亦可採用總括保險方式。此種保單並無共保條款，故不須當心保險金額與財產價值之關係。屋外保險總是採取總括保險方式，但如同時買有屋內保險並有其個別之保額時，則屋外保險亦須受此個別保額的限制。除外不保之財產，有家畜、鳥類、飛機、汽車、摩托車及拖車等。

3. 被保人　屋內保險之財產，可屬於被保人及其同居之家屬、家用雇工、賓客、或僅為被保人使用之其他財產。搭伙或付租之非親屬，不視為被保人。至於屋外保險之財產及銀行私用安全箱保險之財產，必須屬於被保人及其永久同居之家屬所有或使用者，或為家用雇工之財產。

4. 被保之危險　本保單所稱之「竊盜」 (*theft*)，包括任何偷竊 (*stealing*) 行為在內，並延伸及於任何神秘的失踪。對個人動產或其房屋的故意破壞，亦予承保。屋外保險不包括貴重或半貴重寶石之神秘失踪在內，但證明其為實際竊盜所致者，仍可賠償。

5. 特定保險　此一保單也能用以承保貴重之特定物件，但須另以附表載明每項物件之名稱及其各別之保額。郵票、錢幣及銀器等，可各別集體承保。其保險成本要比總括保險時為低，但通常祇用於高價值物件的保險，在適用上並不普遍。

二、普通保險單　與廣式保單比較，有下列幾項特點：(1) 未將屋內與屋外保險加以劃分，亦卽屋內保險與屋外保險適用相同之規定。(2) 特定物品雖可個別保險，但珠寶與皮貨之保險必須與所有其他財物之保險分開，而無總括保險之規定。(3) 雖其保險範圍，包括「任何偷竊行為」(*any act of stealing*) 但不延伸及於神秘失踪之危險。(4) 不適用於宿舍、兄弟會或姊妹會之房屋，而廣式保險單則可。(5) 遺置無人看守車輛中之物件，不予承保，但以暴力進入已鎖車輛之竊盜損失，不在此限。而廣式保單對於遺置敞車座位之外衣失竊，亦可賠償。

第二十章　保證保險

第一節　概　　說

　　保險公司也常爲他人辦理保證（*Bond*）業務，我國稱爲「保證保險」。實則保證與保險並不相同，以「誠實」爲例，我可保證某人是誠實的，但不能說保險他是誠實的。因爲他既誠實可靠，那有危險可保。有險可保的，乃是他的不誠實，因此「誠實保證」亦可稱爲「不誠實保險」。外國有些保險學教科書，將誠實保證與竊盜保險併章敍述，因爲兩者所承保的都是他人不道德行爲引起之損失，所不同的：竊盜損失是由不相干的外人所造成的，而不誠實的損失則爲自己的員工所造成，併加敍述，自無不可。本書則以誠實保證乃爲保證業務之一環，且與保險業務仍有其不同之處，故將各種保證業務併爲一章敍述之。

　　一、保證與保險　保證與保險比較，有下列幾項不同之點：

　　1.保險契約僅是一種兩造契約，即爲保險人與被保人之間的契約。而保證契約的關係人則有三方面，即保證的一方，稱保證人（*surety*），受保證的一方，稱權利人（*obligee*），對受保證一方具有某種義務之人，稱被保證人（*principal*）。如爲保險，當保險事故發生，而被保人遭受財產損失時，保險人即須予以補償。如爲保證，則當保證之事故發生，而權利人遭受財務損失時，僅在被保證人不能補償此項損失時，始由保證人代爲補償。本質上，「保證」祇是保證人對權利人擔保，倘如被保

證人不能履行其對權利人之義務，致生損害於權利人之時，由保證人代負補償之責。

2. 在保證契約內規定，被保證人對保證人為其支付權利人之任何補償，仍有付還保證人之義務。換言之，保證人為被保證人支付權利人之任何補償，仍有權利向被保證人追回。而在保險契約下，保險人並無此項權利。卽使保險人依其代位求償的權利，得向造成損害之第三者進行追訴，但係以被保人之名義行之，而非以保險人之名義行之。被追訴者，更非被保險人，而為負有損害責任的第三者。

3. 一般言之，保證的保費，係由被保證人支付，而由權利人獲得保護。而保險的保費，則由被保險人支付，並由被保險人自己獲得保護。

4. 保證契約下的被保證人，可以故意地造成損失，而保險契約下的損失，則必不是被保人所故意造成的。

5. 保證契約的保證人，並不預料一定承當某種損失，因為保證人如果認為損失一定或可能發生，就會拒絕為被保證人作保證，或在出賣保證保單時，反需被保證人提供現金或證券作擔保。而保險契約下的保險人，則預料被保險的一群，必有某種程度的損失發生，因之，保險的保費，必須包含對於預期損失的補償。而保證的保費，則不一定如此。

二、保證的類別　保險公司出賣的保證契約，大體上分成兩類：一是誠實保證(*fidelity bonds*)，二是確實保證(*surety bonds*)。

誠實保證契約通常是對僱主保證，如其雇用之員工因不誠實行為而使僱主遭受損失時，可由保證之公司代為賠償。僱主為權利人，員工為被保證人。而確實保證契約則對業主或其他擁有某種權利之人保證．其權利關係人如無力或不願履行其應盡之義務而使前者遭受損失時，可由保證之公司代為賠償。兩者不同之點有：(1) 誠實保證涉及僱主與員工之間的關係，而確實保證則否。(2)誠實保證承保之危險，限於員工的不誠

實；而確實保證承保之危險，乃爲被保證人履行一定義務之能力或意願，而與不誠實無多關係。（3）誠實保證可由被保證人購買，亦可由權利人購買，如爲後者，已深具保險性質，故又稱爲不誠實保險。而確實保證必由被保證人自己購買，故與保險之區別至爲顯著。

第二節　誠實保證契約

一、誠實保證之演進、在保險公司或保證公司出賣此種保證契約之前，任何社會都有類似此種契約之保證行爲。今日我國仍流行此種非買賣性的保證，保證人或爲個人、或爲企業、或爲其他之團體，基於其與被保證人的特殊關係，而自願無代價的提供此種保證。自專業保證機構興起以後，爲人提供保證變爲一種商業性的行爲。首先，仍以個別保證爲主，並由被保證人支付保費。保證人在接受保證之請求時，通常須先對被保證人加以調查，如不可靠，即予拒保。今日盛行商業性保證之國家，此種保證方式仍佔相當地位。以後感覺個別保證方式頗嫌煩瑣，且亦增加了被保證人的負擔，乃逐漸改爲集體保證，其間又有顯著之變化。起初是將每一被保證人的姓名表添附保單之內，每人可有不同的保額。雖不須每人個別簽訂契約，但仍須提出各別之要保書，說明對保證人爲其支付之賠償金，仍有如數返還之義務。以後又有所謂「職位保證」，祇須列出每一職位之人數及其各別的保證金額，而不列舉每一被保證人的姓名，何人擔任何種職位，即何人得到該一金額的保證。近來又有所謂「總括保證」，每一員工均可自動獲得保證公司的保證，但其保證金額則無差別性的規定。

在進入集體保證以後，保證的性質已漸與保險性質相近。其理由：（1）集體保證例由權利人支付保費，並由權利人獲得保護，此與保險之

由被保人支付保費並由被保人享受保護者已無區別。(2) 集體保證下之被保證人，已非契約之一方，卽使提供個別之要保書，亦多流於形式，事先亦不經保證公司之詳細調查。如爲職位保證或總括保證，連個別要保書亦不需要，保證契約完全變爲權利人與保證人之間的契約行爲，此與保險契約已無二致。(3) 保證公司因事先對被保證人不加調查，故在出賣保證契約時，已預料可能發生某一程度的損失，而在計算保費時加以包含，雖有向被保證人追償賠款的權利，但與竊盜保險下之追贓同樣看待。有此數因，集體方式之誠實保證，與其稱爲保證，不如稱爲保險。

　　二、誠實保證承保的危險　美國誠實保證契約通常都承保由下列原因所致財產或金錢的損失：*"Larceny, theft, embezzlement, forgery, misappropriation, wrongful abstraction, willful misapplication, or other fraudulent or dishonest act or acts"*。歸納言之，祇有詐欺與不誠實二種危險，其他名詞祇爲此二種行爲的註脚，而非意義的增加。分析言之，可作下列不同之解釋：

　　竊盜 (*Larceny*)，意爲以不誠實企圖，不用暴力非法拿走他人財物。

　　侵占 (*Embezzlement*)，意爲將他人所有而由自己保管之財物據爲己有。

　　僞造 (*Forgery*)，意爲以詐欺手段僞造票據或其他文件，或將其加以重大之更改。

　　私用 (*Misappropriation*)，意爲非法拿走他人財物供己使用。

　　非法挪用 (*Wrongful abstraction*)，意爲未經物主同意或知悉，擅自將其資金，移供別人使用。

　　故意誤用 (*Willful misapplication*)，以損害他人爲目的，故意將

他人財物用於他所不欲之用途。

　　由上述各項因素造成之僱主損失，都可獲得保證人的補償。至員工本人是否因其不誠實行為而獲有利益，無關緊要，卽使他因上述行為而圖利他人，對保證人的責任並無影響。

三、誠實保證的特點

　　1.承保範圍有廣狹之別　有些保單祇承保竊盜及侵佔兩種危險，有些保單則承保一切詐欺與不誠實的行為。

　　2.個別保證與集體保證　有些保單，必須查明犯罪之個人，保證人始負賠償責任；而總括保證不須查明究為何人犯罪，祇要確定發生損失，卽可賠償。

　　3.自動承保　有些集體保證之契約，對新進員工可以自動承保。

　　4.承保之財產　有些保證契約不僅承保權利人自己所有的財物，並可承保僱主當作質押物持有、或以受託人或代理人身份持有之他人金錢及其他財物，而不論僱主在法律上對此損失有無責任。

　　5.發現時間　由於員工的不誠實行為可能遠在僱主發現之前卽已發生，因之幾乎所有誠實保證都以承保保證期內因員工不誠實行為所致的損失為限。但以不誠實之員工將儘量隱匿其犯罪行為，為使僱主保有相當的發現時間，保證契約都有關於發現時間之規定。最短為保證契約終止後六十日，也有長至三年者，凡在此一期內發現而在保證期內發生之損失，均可獲賠。然而，每年期保證契約在其續保期間，不受上項規定所限制，而從契約最後終止日起算。僅有一種保證契約規定，凡在保證期內發現之損失，不論其在何時發生，都可予以賠償，故常稱之為「發現保證」（*discovery bond*）。

　　6.接替保證　由於上述發現時間之規定，自以在同一保證公司繼續投保較為安全。倘如更換保證公司或同一公司重訂保證契約，將使僱主

因發現時間屆滿而失去保障。爲補救此一缺陷，新的保證契約內通常附有「接替保證條款」(superseded suretyship rider)，規定在前一保證契約下發生的任何損失，如在該一保證契約繼續有效時可以獲賠，則新保證契約亦可賠償。

7.責任限額之不變性　在保證契約繼續有效之情況下，每一員工之保證金額繼續不變。換言之，同一員工如在繼續保證的多少年內連續發生若干次不誠實行爲，在發現時累積的損失金額已超過保證金額，則保證人的責任仍以當年的保證金額爲限。例如某一員工的保證金額爲伍萬元，在過去連續保證的五年內每年侵佔四萬元，在發覺時共已侵佔二十萬元，但保證公司仍祗按保證金額賠償五萬元。這是說，每年的保證金額並不是累加的，今年不用，不能加到明年保證金額之內。另一方面，某一員工如經發覺犯有不誠實行爲，不論是否在保證期內發生，關於該一員工之保證卽時停止。

8.追償金之處理　由於上項規定，每使僱主實際獲得的補償較其損失爲少，因之又有關於追償金 (salvage) 的規定。所謂追償金，是指保證公司從被保證之員工追償所得的金額。有些保證契約規定，此項追償金應先用以補償僱主所未獲得賠償的損失，直至全部損失完全收回爲止。有些保證契約則規定此項追償金，應依僱主尚未收回的損失金額與保險公司支付的賠償金額比例分配。

四、誠實保證的分類　誠實保證大致可分成三類：一爲承保特定個人之保證，二爲承保特定職位之保證，三爲總括保證。每一類別中又可分成若干小類。玆分別簡述於下：

1.指名保證

(1) 個人保證　卽以特定之個人爲被保證人，僱主遭受損失時，必須證明確爲此一特定員工單獨或與他人串謀所造成，始能獲得保險公司

之補償。此種保證契約通常係由被保證之員工支付保費。

(2) 表定保證　其與個人保證不同之點，是同一契約承保二人以上的員工，每人有其各別的保額。實際上，祗是將若干個人保證契約合併為一個保證契約而已。

2. 職位保證

(1) (單一) 職位保證　卽承保某一職位之若干被保證人，而不論其爲何人擔任此一職位。此於員工流動性較大之場合多採用之。擔任同一職位的每一員工，都按保單規定的保證金額承保。倘如此一職位的員工人數增加，必須在規定期內告知保險公司 (如六十日)，否則，保險人之責任卽按未承保人數與全部實際人數之比例予以減少。此又分兩種情形: 一是按此比例減少每一損失之賠償金額，二是按此比例減少每人的保證金額。例如此一職位原有員工四人，在損失發生時員工增爲五人，如依前一規定，任何損失均須減少賠款五分之一，並不得超過保證金額; 如爲後一規定，則保證金額減少五分之一，在此限度內之損失，仍可全部獲得賠償。

(2) 職位表定保證　卽同一保證契約承保幾個不同的職位，每一職位有其各別的保證金額，其餘與前相同。要注意的是，在訂約後新增加的職位，亦可自動承保，但須在特定期內 (六十日或九十日) 告知保險公司，自動保證期間之保證金額，通常亦有一定之限制。

3. 總括保證　總括保證承保僱主之所有正式員工，其優點有三: (1) 不須爲決定那一職位或那一個人需要保證而煩惱; (2) 自動承保任何新進員工，不須報告保險公司，亦不須在當年內增加保費; (3) 在個人保證與職位保證下，通常僱主在獲得賠償前，必須證明損失係由何人所造成。而在總括保證下，祗要確認損失必爲不誠實之員工所造成，卽使不知何人造成損失，亦可獲得保險公司賠償。有此數因，總括保證已成

爲誠實保證中最爲流行的一種，但其缺點則爲每一員工不論職位高低，承保同一金額。爲補救此一缺點，有些企業除購買總括保證外，並另購個人或職位保證，以爲超過保證。

總括保證又可分爲商業總括保證 (*primary commercial blanket bond*) 與職位總括保證 (*blanket position bond*) 兩種。主要區別在於保證限額之不同：前者規定每一損失之賠償限額，後者規定每一賠償案件中每人的賠償限額。由於不誠實行爲大多爲個別的，故商業總括保證要比職位總括保證來得普遍，玆列表比較於下：

損 失 金 額	涉及人數	賠 償 金 額	
		職位總括保證50000元	商業總括保證100000元
案件一 120,000	1	50,000	100,000
案件二 120,000	2	100,000	100,000
案件三 120,000	3	120,000	100,000

第三節　確實保證契約

確實保證種類甚多，最普通的可分三類：(1) 契約保證，(2) 司法保證，(3) 特許保證。此外，尚有許多其他保證，雖頗重要，但不普遍，故不贅述。

一、契約保證 (*Contract bonds*) 卽保證被保證人能履行他與權利人簽訂之契約。其中又可分爲下列幾種：

1. 建築保證 (*Construction bond*)　其中又可分爲：(1) 投標保證 (*bid bond*)，保證投標人在得標後，會與業主簽訂建築契約並提出履行保證。(2) 履行保證 (*performance bond*)，保證建築商會依建築契約

之規定完成工程，通常也保證建築商會支付一切勞動與材料費用，但未受支付之工人及材料商無權直接對保證人提起訴訟。有時候，也保證權利人在特定期間內不致因工程缺陷而遭受任何損失。

2. 供應保證 (*Supply bond*)　保證供應商能依約定之條件供應技術、材料、物品、甚至安裝設備。有時並附帶保證這些材料或設備維持某種標準。美國各級政府在採購材料與設備時，每需供應商於得標後提供此項保證，因之大供應商爲免每次提供保證之麻煩，常向政府提供一年期的投標及供應保證，承保一年內發生的供應業務。

3. 維持保證 (*Maintenance bond*)　保證供應之材料或建築之房屋能在特定期間內符合某種標準。例如保證屋頂在五年內不會漏水，保證油漆在三年內不會脫落，或保證地下室之防水工程永不滲水。如前所言，此項保證有時包括在建築保證或供應保證內，但其保證的時間較短；如需更長時間的保證，或在沒有供應或建築保證的情況下，即可購買單獨的維持保證。

二、司法保證 (*Judicial bonds*)　即因法律程序而引起之保證，其中又可分爲下列幾類：

1. 訴訟保證(*Litigation bond*)　即當原告或被告要求法庭爲其利益採取某種行動而又可能傷害另一方之利益時，法庭通常就會要求提供某種訴訟保訟。其中又可分爲：(1) 保釋保證 (*bail bond*)，即保證不被扣押之被保證人須隨時出庭應訊，否則將由保證人支付罰款。(2) 扣押保證 (*attachment bond*)，即當原告要求法庭扣押被告的某一財產，以確保於勝訴後得據以取償時，法庭每要求提供此一保證，俾於原告敗訴時得由保證人補償被告因臨時扣押財產而遭受的損失。(3) 禁令保證 (*injunction bond*)，如原告要求法庭命令阻止被告採取某一行動（如將約定賣與原告之產品賣與他人是）時，即須向法庭提供此種保證，以

便被告因此禁令而受到不當之損害時，得由保證人予以補償。(4) 上訴保證 (*appeal bond*)，卽當上訴法庭維持下級法庭之判決時，保證上訴人能够支付原判決金額及其利息以及訴訟費用。

2. 受託保證 (*Fiduciary bond*) 保證經由法庭命令爲他人利益管理財產之人得以忠實盡責。需要提供此種保證的被保證人，包括「遺產處理人」，缺乏完全行爲能力者之「監護人」、「破產管理人」、或「財產受託人」。在若干場合下，如被保證人缺乏爲人管理財產之經驗，保證人往往以與被保證人共同管理財產爲其出賣保證契約之條件。

三、特許保證 (*License and permit bonds*) 爲從事某一活動或經營某一行業而申請各級政府發給執照或許可證時，每需提供此種保證。其中最常見的又有兩類: (1) 保證領照人如因違反政府法令或其行爲本身之瑕疵致生損害於政府或公衆時，應負損害賠償的責任。(2) 保證領照人將依其加工或販賣之產品繳納規定之租稅。關於第一類保證中，有些契約允許受害之一方得直接對保證人進行控訴，有些契約則祇允許公共當局就其自己或公衆損害有對保證人直接控訴的權利。或者附帶規定，倘如領照人違反某種法規，縱使並未造成損失，亦將依保證金額賠償。購買此類保證的行業，多爲美容院、電氣行、殯儀館、拆屋業、水管業、加油站以及私家偵探等。又如從事挖掘、裝置招牌、屋外堆置材料、或以炸藥爆破等活動，亦須提供此種保證。需要購買第二類保證者，多爲經營娛樂、汽油、酒類、人造奶油或煙草等行業之製造商、批發商或零售商等，它們都有繳納某種特殊租稅之義務。

第二十一章　責任保險

依現代法律，個人或工商業的行爲，如因疏忽或過失，致對他人之利益有所損害時，即須對受害人負損害賠償責任。責任保險的目的，即是事先爲個人或企業承保此種法律上的責任，於受害人發生損失時，爲被保人負賠償之責。

責任保險大致可作下述之分類：

一、商業責任保險　包括：(1) 業主、地主及租戶責任保險，(2) 製造商及營造商責任保險，(3) 產品或完工責任保險，(4) 契約責任保險，(5) 業主及營造商預防責任保險，(6) 綜合公共責任保險，(7) 汽車責任保險，(8) 航空責任保險，(9) 其他責任保險（如超過責任保險）。

二、職業責任保險　包括：(1) 醫師、外科醫師及牙科醫師責任保險，(2) 醫院責任保險，(3) 眼科醫師責任保險，(4) 藥劑師責任保險，(5) 美容院及理髮廳責任保險，(6) 律師責任保險，(7) 會計師責任保險，(8) 董事及負責職員責任保險，(9) 其他職業責任保險。

三、個人責任保險　包括：(1) 綜合個人責任保險，(2) 汽車責任保險（指由個人購買者），(3) 航空責任保險，(4) 個人超過責任保險。

責任保險通常係以標準保單規定有關共同事項，再依責任保險種類，添加附屬保單。由於種類繁多，內容不一，無法一一詳述。其中若干責任保險已在有關章節中敍述，亦不再贅。本章擬先述責任保險之若干共同特點，然後選擇少數重要之保單略加介紹。

第一節　責任保險的共同規定

一、承保之範圍，被保人對第三者造成的損害，不外身體傷害與財產損毀，因之保險人承保之損害，亦以此兩者爲限。

身體傷害 (*bodily injury*)，不僅指身體的有形毀損，也包括腦力損害、痛苦、疾病、喪失工作及死亡等。但不包括下列各項精神上的損害，如錯誤拘禁、誹謗或中傷、非法闖入或逐出。但仍可以批單方式加保。

財產損毀 (*property damage*)，包括有形財產的損毀、受損財產的喪失使用，甚至及於未受損毀財產的喪失使用。

保險的身體傷害與財產損毀，並非以「意外」作基礎 (*on an accident basis*)，而是以「事件」作基礎 (*on an occurrence basis*)。因之由工廠不斷放出廢水而造成附近居民的某種疾病，或因隣近工廠機器經常震動而引起的牆壁龜裂，都是因某種原因反覆作用導致的「事件」，而非突然發生的「意外」。

醫療費用也可加保。在此一保險下，受害人因保單所述之某種危險遭受傷害而急須送醫救助時，有時被保人對此傷害並無法律上的責任，保險公司仍須負責支付此項急救費用，但以緊急的與必要的爲限。

此外，保險公司尚須負擔下列各項費用：

1.爲被保人進行訴訟或負擔訴訟費用，縱然事後發覺此項訴訟是無理由的、錯誤的或詐欺的。

2.被保人應保險人之要求，幫助保險人進行調查與抗辯所需之一切合理費用，包括損失之賺款在內，但每日以一定金額爲限。

3.保險公司爲調查、抗辯或解決賠償案件所需支付之一切費用。

4. 經法庭判決後之賠償金額，在保險公司以其責任限度內之金額繳存法庭前所須擔負的利息。例如法庭判決被保人應賠償受害人一萬元，但保險公司之責任限額為五千元，在保險公司以五千元繳存法庭前，須支付一萬元自判決後至繳存日之應有利息。

5. 為解除財產扣押提供保證所需之保費，但不得超過保單規定之限額。

6. 進行上訴時，為提供上訴保證所需之一切保費，其數額並無任何限制。

二、除外不保之事項

1. 被保人對其僱工傷害或死亡之責任，不論僱工已否參加勞工補償保險，均不承保。又在受傷之僱工控訴他人，他人復向被保人追償的場合，亦除外不保。

2. 凡由被保人所有、佔有、使用或租賃之財產，或由被保人照顧、看管或控制之財產，或正由被保人實際控制之財產，對其損毀之責任，不予承保。然而，除非財產係由被保人所有、佔有或租賃，此一除外條款，不適用於由書面鐵道支線契約所承當之責任；除非財產係由被保人所有、佔有、租賃或使用，此一除外條款，亦不適用於使用電梯所引起之賠償責任。

3. 汽車、飛機或（在被保人處所以外發生意外事件時）船舶因所有、保養、使用、裝卸而引起之責任。但在被保人處所 (premises) 因停放不屬於被保人所有、借用或租用之汽車，不在此限。

「移動設備」(mobile equipment) 因保養、使用、操作、裝卸而引起之責任，如無下列情況，亦可承保：(1) 此一設備正由被保人所有、駕駛、租用或借用之汽車運輸時。(2) 此一設備正用於事先安排之某種比賽或其他絕技表演時。所謂「移動設備」係指至少符合下列四項

398 保　　險　　學

條件之一的地面車輛: (1) 不須辦理動力車輛登記者, (2) 專用於指名被保人所有或租用處所 (包括靠近宅地之道路) 之上者, (3) 主要係在公共道路之外所使用者. (4) 僅爲移動下述設備而持有者: 動力起重機、鏟子、空氣壓縮器、發電機、以及屬於車輛附件之服務設備。

4. 製造、販賣、分配或供應酒類, 因違反有關法令而引起之責任。

5. 因洩放黑烟、蒸氣、煙垢、臭氣、酸味、鹼味、毒物、液體或瓦斯、廢物或其他刺激物、污染物等而引起之責任, 但其洩放爲突發與意外者, 不在此限。

6. 可由職業責任保單承保之危險所引起之責任 (因另有職業責任保險承保)。

7. 可由原子能責任保單承保之危險所引起之責任。

8. 有形的財產並非受到實質上的損毀, 但因 (1) 履行契約之遲延 (例如未依時完成房屋的建造) 或因 (2) 被保人的產品或工作未能符合指名被保人所宣示的各項水準 (例如在成形、品質、適合或耐用各方面), 所致不能使用的責任。

三、被保人　保單內所稱「被保人」, 如未冠以「指名的」字樣, 則當被保人爲法人時, 可指該一法人之任一負責職員或董事, 如被保人爲一合夥組織, 則可指任何合夥人。有時候, 對一法人或合夥組職提起訴訟時, 有關職員或合夥人個人也連帶爲人控告, 責任保單除保護法人或合夥組織外, 也對有關之個人給予保護, 但保險人之給付總額, 仍不得超過保單規定之限額。倘如指名被保人爲一個人, 其配偶亦予承保。

四、賠償請求人　責任保險本質上爲被保人與保險公司之間的一種兩造契約 (*two-party contract*), 賠償請求人通常並非契約之一方, 他們的權利也不因保險契約之存在而受影響。然而, 在被保人經法庭判決 (或經被保人、賠償請求人及保險公司三方面之協議) 應對某人賠付一

定之金額後，則有權獲得該一賠款之人，可直接從保險公司獲得賠償。被保人之破產或喪失償付力，並不使保險公司解除其對受害一方支付任何賠款之義務。

五、責任限度　對身體傷害之賠償，通常有每人限額及每一事件限額之規定，但對保險期內可以獲賠之事件次數，則無限制。在美國，每人之標準最低限額為五千元，每一事件之標準最低限額為一萬元。對每一事件中財產損失之賠償，其標準最低限額亦為五千元。無論為那一限額，均可另加保費予以提高。

1973年，美國之公共責任保險單已將每人限額廢除。現時僅有每一事件限額，另對保險期內產品及完工責任保險規定「累積限額」(*aggregate limit*)，每一事件最低限額已提高為二萬五千元。

六、檢視　責任保險單內通常都有一項條款，允許保險公司得於保險期內任何合理時候派員檢視保險標的物。保險公司不僅藉此可以事先設法阻止意外事件的發生，有時亦可發覺被保人管理不當或疏於管理，而非良好之承保對象。對被保人而言，可從保險公司得到寶貴的指導與服務，得以避免可以不必發生的損失，從而維持良好的公共關係。被保人如不接受保險人的建議加以改進，保險人可以隨時中途終止契約。

七、理賠的程序　在任何意外事件發生後，不管其程度如何，被保人均須儘快書面通知保險公司，俾使保險公司能迅速調查事實真象，並作必要的抗訴準備。被保人於受賠償請求或被控告時，亦須將所收通知、傳票或其他文件，迅即轉知保險公司。被保人也須與保險公司合作，從事抗辯、應訊、作證、邀請證人及進行調解等工作。在未獲保險公司同意前，不得承當任何責任或支出任何費用，但在意外事件發生時所需緊急的醫療救護，不在此限。

第二節　業主、地主及租戶責任保險單

此一保單（簡稱O.L.&T.）承保被保人因所有、保養或使用其處所（包括電梯）而致他人遭受身體傷害及財產損毀之責任。新獲得的處所或新增加的營業，祇要在三十日內通知保險公司，亦可自動承保。涉及的意外事件，不僅可發生在被保人處所之上，亦可因被保人經營業務而在其處所之外發生。例如顧客在一商店購物時，不慎在地板上滑倒受傷，或者送貨員將家具擡進顧客家中時，不慎撞傷人行道上之小孩等，均爲此種保單承保的範圍。此外，凡因其他活動如接送貨物（不包括汽車的裝卸貨物）、裝置、修護、移動，以及因置放的工具、未安裝的設備、棄置或未用材料等而引起之任何責任亦均包括在內。

下列情況，除外不保:

1. 被保人因任何契約而承當之責任。但因使用其處所而連帶發生的契約，不在此限。關於後者，包括房地產之租約、地役權契約，因市政法規而承擔的賠償責任、鐵道支線契約、或電梯保養契約等。

2. 因變更房屋結構（如變更房屋大小或移動房屋）、新建或拆毀等活動而引起之責任，不論爲指名被保人自已所爲，或爲獨立之營造商所爲，均除外不保。

3. 產品責任、完工責任，或營造商之責任等，均除外不保（有關這些責任的涵義，容後再述）。

4. 在指名被保人所有、租用或控制之被保處所以外之其他處所之上或從其操作而引起之責任。

5. 於指名被保人隔離不用之處所造成之財產損失。

電梯碰撞保險，可用批單方式加保。然此並非單純的責任保險，因爲保

險公司所賠付的，包括電梯本身、與電梯相撞之任何財產，以及由電梯運載之任何物件的損失。

保費之計算主要係以土地面積爲基礎，卽每百平方英呎收費若干。但亦可適應不同之行業，採用其他收費的標準，如一次容納人數，全年總收入、房屋寬度、或主要營業用具的數量等。

第三節　製造商及營造商責任保險單

此一保單（簡稱M.&C.）與上一保單頗相類似，但係爲製造商與營造商之需要而設計者。O.L.&T.保單祗承保指定之處所及有關活動而引起之責任，而M.&C.保單則承保任何地點之任何活動，甚至這些地點分布全世界，或經常在變動之中，均無影響。任何新獲得的處所，不須通知保險公司，均可自動承保。但亦可就營造商之某一特定工作，或製造商之某一特定地點加以承保。

此一保單並不排除因新建或拆除房屋而引起之責任，但必須爲被保人自己之僱工所爲者。由其他營造商所爲不涉及新建或拆除之保養、修理與變更等之責任，仍可承保。此一保單亦不排除爆炸、崩坍與地下損失，但對若干具有較大危險之特定行業，仍除外不保。

在保險限額方面，O.L.&T.保單祗有每人及每一意外事件之限額，而M.&C.保單則除有每人及每一意外事件之限額外，並有保險期間之累積限額。

保險費之計算，通常係以全年員工薪資爲基礎，卽每百元薪資繳費若干。有少數場合，係以全年總收入爲基礎，卽每百元收入繳費若干。通常先按估計保費繳納，於保險期間終了時，再由保險公司派員稽核全年薪資數額，以決定應繳的正確保費。

第四節 綜合公共責任保險單

此種保單承保被保人於任何地點因任何行為與活動所致他人身體傷害與財產損毀應負之法律責任，但保單特別列舉之除外事項，仍不承保。事實上，此種保單除承保前述*O.L.&T.*保單及*M.&C.*保單下承保之一切危險外，尚包括下列幾項主要之責任：

1. 契約責任(*Contractual Liability*) 是指因契約規定而使契約一方承擔某些情況下（不論法律如何規定）引起之責任。較主要者有：**(1)** 由地役權契約所承擔的責任，但不包括涉及鐵路平交道之契約責任。**(2)** 因市政法規必須在契約內規定承當之責任，但不包括為市政當局工作而承當之責任。**(3)** 因房地產租賃契約而承當之責任。**(4)** 因鐵路支線契約而承當之責任。**(5)** 因電梯保養契約而承當的責任。事實上，上述各項責任，也是*O.L.&T.*及*M.&C.*兩種保險所承保的範圍。如需其他契約責任的保險，則須特別說明，並加付保費。

2. 產品或完工責任(*Products or Completed-operations Liability*)「產品責任」是指製造、販賣、處理或分配的貨物，在被保人放棄其所有權後，並在被保人處所以外的地方發生意外事件的法律責任。此種意外事件或者起於產品本身，或者起於盛放產品的容器。而受害人要求損害賠償，可以基於被保人的疏忽，亦可基於被保人違背了一種明示或默示的保證。但在若干情況下（如藥品製造商），即使被保人並無疏忽，法庭仍可認為被保人應負法律責任。

要注意的是：產品必須脫離被保人或其代表人之手並在被保人處所以外發生意外，是因缺乏這種條件時的法律責任，可由*O.L.&T.*及*M.&C.*兩種責任保險所承保。但就若干行業而言，如餐館與酒吧，可用批單

規定，祇要產品脫離被保人之手，卽使是在被保人處所發生意外事件，保險人仍負賠償責任。

所謂「完工責任」(*Completed-operations Liability*)，是指一項工程或活動於完工或放棄後，在被保人處所外發生意外事件。例如辦公室之隔牆於木匠完工後又告倒塌，傷及兩旁桌椅及人員是。此一責任保險並不包括因工具、未安裝設備及棄置或未用材料而引起之意外事件。在作業完成後運走或交貨時發生的意外事件，亦不承保（這些除外責任仍可在 *O. L. & T.* 及 *M. & C.* 保險下承保）。

此種保險承保的意外事件，祇要在保險期內發生，而不論其是在何時製造、販賣或首次使用。因之保險公司於出賣保單後，卽對所有尚在使用的產品負有責任。但要注意兩點：(1) 產品或已完工作因意外事件所致自身的損失，並不承保。(2) 由於產品或工作的已知或可疑缺點，而從市場將之撤回的費用，亦不承保。（但可另購 *Recall or Recapture insurance* 承保之）。

3. 業主及營造商預防責任 (*Owners' and Contractors' Protective Liability*) 又稱獨立營造商責任 (*Independent Contractors' Liability*)。一個獨立的營造商或其轉包的營造商，於工程進行期間或於工程完成後，由於工程的疏忽或缺陷而發生意外事件，卽使業主對獨立的營造商或原始營造商對其轉包的營造商的疏忽並無責任，但仍每爲受害人追訴的對象。如果工程或施工方法違反法令，或是未盡法律所不允許賦予他人的責任，或是工程本身具有危險從而導致意外事件的發生，則其工程縱由營造商或分包營造廠所作爲，業主或原始營造商更是難逃法律上的損害賠償責任。業主及營造商預防責任保險卽爲被保人提供此一方面的需要。但對獨立營造商所爲並未涉及房屋新建或拆毀之保養、修理或變更，並不承保，以免與 *M. & C.* 保單下之承保事項有所重覆。

4.個人傷害責任 (*Personal Injury Liability*) 爲被保人承保因某些特定理由所致他人身體傷害以外之損失之賠償責任。其中包括錯誤的拘禁、扣留或惡意控訴；誹謗或中傷；非法闖入或逐出或侵犯隱私等。此種責任保險規定保險期內每人的累積限額及全部累積限額，並常規定被保人對每一損失賠償的參與比率（通常爲百分之十五）。有些保單更規定被保人所應分擔訴訟費用的百分比。

綜合公共責任保單之保費，通常係各項「已知危險」個別保費的總和加上「不知危險」應收的保費。有時候，先按預估保費繳納，保險期間終了時，再依實際情形核計最後保費，多退少補。

第五節　職業責任保險單

職業責任保險通常排除於其他責任保險之外，如有此種危險時，必須依其職業種類另購職業責任保險單。有時候，也可在其他責任保單內以批單方式加保。但無論爲那種職業責任保險，其所承保的都是被保人在提供職業服務時，由於不當、疏忽或錯誤，或是由於未能提供適當的職業服務而依法應負的損害賠償責任。職業責任保險由於種類複雜，無法於此一一詳加敍述，但歸納言之，其與其他責任保險通常具有下列重要不同之點：

1.大多數職業責任保險單都對每一賠償要求 (*per claim*) 及每一意外事件 (*per occurrence*) 分別規定保險人的責任限額。有時候，一個人的身體傷害，可以引起幾方面的賠償要求。而且，對於身體傷害與財產損毀的賠償，亦不加以區別。

2.職業責任保險單都以「事件」作基礎，即因「故意行爲」(*deliberate acts*) 而發生的「意外結果」(*unexpected results*)，亦可承保。

3. 除若干有關產品責任的保險外，職業責任保險並不承保各種商業責任保單或公共責任保單下所承保的各種損失。因之，職業責任保險之被保人，如醫院或藥劑師等，對其他種類的公共責任保險仍有需要。

4. 職業責任保險所承保的，是在保單期間內因完成或應完成某種服務而引起之賠償要求，縱使意外事件是在保單期滿之後發生，亦須賠償。

5. 多數職業責任保險單，都不允許保險公司隨意解決賠償案件。這是因為承當一項法律上的責任，可以影響被保人的聲譽與生計，故保險公司在與原告解決一項賠償案件時，必須商得被保人的同意始可。

第六節　綜合個人責任保險單

綜合個人責任保險單 (*Comprehensive personal liability policy*) 承保由於個人行為所致他人損害的賠償責任，其中包括僱主責任及由書面契約所承當的其他責任，但以與被保人營業無關的契約責任為限。被保人亦放寬解釋，如被保人未以自己的住宅營業，則可包括其配偶以及被保人及其配偶之同居親屬。

主要不保事項：(1) 所有或使用飛機、汽車、或在被保人處所以外發生意外事件時的遊樂動力車輛（不包括考爾夫球用車）、五十四馬力以上的動力船舶、或長度在二十六英呎以上之帆船。(2) 商業活動，但與使用被保人處所有連帶關係者，不在此限。(3) 提供任何職業服務。(4) 為被保人所有、租賃或控制之非承保處所，因作為或不作為而引起之意外事件。(5) 故意所致的傷害。(6) 對受勞工補償保險之員工所致之傷害。(7) 對被保人所有、佔有、使用、租賃、或在其照顧、看管或控制之下的財產的損害。然而，火災（包括爆炸與煙燻）責任保險，却包括在內。

保單所指的「處所」(*premises*) 一詞，意爲: (1) 一棟單家或兩家住宅、公寓房屋、基地及私用通路。(2) 任何其他建築物當作住宅使用的部分。但用於商業目的（包括農業）的任何部分，除外不保。所謂住家處所 (*residence premises*) 可爲: (1) 保單內所記載者，(2) 在保單期內由指名被保人或其配偶所獲得者，(3) 不屬於任何被保人所有，但爲被保人臨時所居住者，如租用夏季別墅、朋友之家、旅社或學校等均是。

承保的責任，除與上述住宅或處所有關者外，也包括被保人的一切個人行爲，但不包括前述除外事項中之有關部份。例如被保人不愼以保齡球擊傷他人，被保人之小孩在嬉戲時傷及另一小孩，或者被保人的惡犬咬傷送信之郵差等，均爲此一保單承保之範圍。

僱主責任保險僅承保被保人因自有或租用住宅僱用他人而引起之責任。由於勞工補償保險並不適用於家用工人，僱主僅對家用工人之疏忽負有責任。如被保人有二名以上之專職家用僱工，須另加保費。

美國的綜合個人責任保險單有兩項重要特點:

1. 包含五百元的醫療費用保險。任何人經被保人的許可進入被保人處所或在某些情況下在「他處」發生之意外傷害，不管被保人有無法律責任，在保險限度內，可由保險人支付醫療費用。本質上，此一醫療費用保險乃一單獨的健康保險，而非責任保險的一部分。所謂「他處」之條件，是指被保人及其子女、家用僱工、以及自有或照顧之家畜等因其活動而在他處引起之責任。此一醫療保險並不適用於被保人自己或與其經常同居之他人，也不適用於商業上的賓客。

2. 包含二百五十元對他人財產損害的自動額外保險。卽由被保人損毀的任何他人財產，不論被保人有無過失，在上述限額內，可由保險人代爲補償。但由13歲以上之人之故意行爲（13歲以下之人之故意行爲，

仍可承保）及對被保人自有或租賃財產的損失，除外不保。像前述醫療費用保險一樣，亦屬「無過失保險」。

　　此一保單之標準限額為每一事件二萬五千元，同時適用於身體傷害與財產損毀。每年保費因住宅所在地區而不同，並視額外住處之多寡，是否兼作營業使用，有無高動力船舶、大型帆船及雪地車輛，以及超過專職家用僱工二人以上之人數等因素，增加保費。

第二十二章　多重選擇的住宅保險

　　一個家庭，無論其如何美滿，總會在許多方面遭遇各種意外事故。人的身體，免不了疾病和死亡，固無論矣，卽在保有的財產方面，也可能遭受各種意外的災害或損失，因之而有前述的火災保險、汽車保險與竊盜保險。甚至由於家庭成員的疏忽與過失，對他人的身體與財產造成損害，因之又有供家庭購買的責任保險單。然而，要一個家庭同時購買多種不同的保險單，不僅感到麻煩與不便，也可能由於承保的危險仍屬有限，並不一定就能得到充分的保護。近幾十年來，保險業為迎合社會的需要，曾發展出各種承保多種危險的保險單，前述的個人汽車保險單，將車身損害、身體傷害及意外責任等保險冶於一爐，就是此一發展的最佳例證。住宅方面的保險，則遲至二次世界大戰以後，始逐漸採取多種危險的整批保險方式，並已逐漸取代過去的一些單一危險保險單，形成住宅保險的主流。以美國為例，1950年代，才開始採用承保多種危險的所謂「家主保險單」(*Homeowner's Policy*)，其中又分為五種不同的格式 (*Form*)，每一格式各有其承保範圍，以適應各種不同的需要。1975年以後，這些家主保險單又經過文字上的修改，使其內容更為明確易懂，在內容上則只有很少的改變，他們稱之為 *Homeowner 76*。新保單仍有五種基本格式，卽是格式一（名為基本格式）、格式二（廣式）、格式三（特別式）、格式四（內部財物廣式）與格式五（綜合式）。凡一個或二個家庭供其私人住家使用之住宅（包括附帶用為事務所的房屋），每家寄儲人不多於二人者，其房主使用人可購買一、二、三及五

各種格式。其他住宅之房主使用人及住宅租賃者只能購買格式四。格式三為最普遍使用之保單。茲先將四種主要格式承保之財產與危險列表於后，藉資比較：

保　單　種　類		承保的財產與危險（註）	
號碼	名　　稱	建　築　物	個　人　財　產
1	基本保單	有限的列舉危險	有限的列舉危險
2	廣式保單	廣泛的列舉危險	廣泛的列舉危險
3	特別保單	"一切危險"	廣泛的列舉危險
5	綜合保單	"一切危險"	"一切危險"

（註）每一格式的保單均承保個人責任與醫療費用

　　以下即就第三種格式之家主保險單詳加分析，再將其他格式之保單說明其與第三種格式主要不同之點。

　　我國亦於民國六十二年六月起實施住宅綜合保險，亦擬就其主要內容併加扼要之敍述。

第一節　美國特別（格式三）家主保險單

　　此種保單分為二部分：第一部分涉及財產保險，第二部分涉及責任保險，被保人必須同時購買此二部分保險。茲分別述之。

　　一、財產保險部分： 承保之危險，為被保人住宅及其他結構物（例如獨立之車庫）除列舉不保危險以外之一切危險。除外不保之危險包括：地動（由地動引起之火災、爆炸、竊盜或玻璃破碎仍須承保）、洪水、戰爭、核子意外事故（由此引起之火災仍須承保）、磨損、機件故

障、生銹、發霉、濕腐或乾枯、污染、固有瑕疵、潛在缺陷或損壞，鳥、害蟲、齧齒動物、昆蟲或家畜，從水管、煖氣或空調系統或從家用設備繼續或反覆滲水或蒸氣一段時間者。走道、天井、地基、牆壁、屋頂或天花板均不承保沉澱、爆裂、龜縮、膨脹或擴張。水管、煖氣或空調系統或家用設備之凍損，在空屋期間亦不承保，除非被保人已合理注意維持屋內溫度及放乾設備水分者。圍牆、走道、天井、游泳池、地基、護岸或船塢，亦不承保其結凍、溶解、水或冰之重壓所造成之損失。倘如住宅空達三十天以上，亦不承保其由任何原因所致之破壞（Vandalism）與玻璃破損。

　　另一方面，個人財物則僅承保許多特定的危險：火災、雷閃、風暴、冰雹、爆炸、暴動、民眾騷擾、航空器、車輛、煙燻、破壞、竊盜、墜落物（包括樹木）、冰雹與霰的重壓，建築物全部或部分崩坍，住屋的玻璃破碎，蒸氣或熱水系統或空調系統或熱水爐的突然與意外的撕裂、爆破、焚燒、或膨脹，水管、煖氣或空調系統、或家用設備的意外溢放水或蒸汽，上述系統或設備的凍損，以及由人造電流所致的突然與意外傷害。個人財物也像住宅一樣，並不承保地動、洪水、戰爭與核子意外事故。每一項特定危險的保險，也受到危險的界定所限制。例如風暴或墜落物的損失，除非屋頂或外牆先受損失，並不承保。由農用燻火或工業操作所致的煙損，亦除外不保。竊盜危險包括企圖行竊與財物可能失竊處所的財物損失。被保人自為的竊盜損失，除外不保。房屋無人居住時，由水管、煖氣或空調系統或家用設備受凍所致的損失不予承保，除非被保人曾予合理注意維持屋內溫度、關閉水龍頭及放乾這些系統或設備的水分。從水管、空調或煖氣系統或從家用設備的意外溢放水或蒸氣，如其損失是由受凍所引起，亦不承保。

　　承保的財產包括：(1)住宅，(2)其他結構物如獨立車庫等，但不包括

營業用之財產或私用車庫以外其他租用或出租與同居房客以外他人之財產。(3)樹木、灌木、花卉與草地，但不承保其由某些特定危險如風暴、冰雹或由同居人自有或使用車輛所致的損失。(4)個人財物。住宅一項包括置於或靠近住所供建築變更或修理住宅所用之材料與物品。所有通常與住宅連帶使用之個人財物，除少數特定不保者外，均予承保。例如所有機動車輛（僅為住所使用而無行駛執照之車輛不在此限）如汽車與雪車，均除外不保。營業用之財產或魚鳥等動物，亦不承保。置於汽車上的任何音響製造或接收設備而由車上的發電所操作者，以及與這些設備連帶使用之任何錄音帶、唱片或其他媒體，亦不承保。

被保之人，包括指名被保人及其同居之配偶與雙方親屬以及由上述諸人照顧年在二十一歲以下之任何他人。此外，倘如指名被保人或其配偶死亡，其法定代表人亦予承保。倘如被保之人使用他人如友人或鄰居所有之個人財物，則此財物亦有保險。經指名被保人或其配偶之請求，對放置被保人住所縱非供被保人使用之他人財物，保險人亦可承保。而且，經指名被保人或其配偶之請求，對任何賓客或同居僱工之個人財物，當其置於被保人所居住之任何處所如旅館房間內，保險人仍予承保。

承保之損失，包括直接的、間接的與淨收入的損失。除賠付替換或修理受損或失竊的財物費用外，也承保指名被保人或其配偶當其住宅修理或替換期間所必須增加的各種生活費用。此外，對殘餘物之清除費用，指名被保人負擔之救火費用、以及房屋出租他人或可以出租部分因無法居住而損失之合理租賃價值，亦予承保。

承保之地點，擴及世界任何處所，但有少數例外。例如置於被保人通常出租或等待出租他人公寓內之個人財物，不予承保。竊盜損失亦有若干不保之規定，例如從住宅之外無人照顧之未鎖汽車之失竊損失不予

承保，除非此一汽車爲公共運輸工具，或者除非被保人將其汽車停放在公共車庫或停車場之內而將鑰匙交與看車人。從住所外無人照顧之私用船舶之失竊，除非發生於安全上鎖之房間內，亦不承保。住所外船舶或拖車之失竊，亦除外不保。

　　契約之期間通常爲三年，保費按年支付或分期支付。保費分期支付時，可每年加以調整。契約終止條款較一般規定爲寬大，如被保人不付保費，保險人可在通知後十天終止契約。如爲新保單，生效未滿六十天，則保險人可在通知後十日以任何理由終止契約。倘如保單爲續保契約或新保單生效已超過六十天，則保險人能在通知三十天後終止契約，但僅以下列兩項理由之一爲限：(1)被保人在其要保書內有重大誤告者。或(2)保單發出後，危險已有重大改變者。然而，倘爲一年以上之保單，保險人能在保險滿一年時以任何理由終止契約，但須在三十天前通知被保人。倘如保險人不願續約，則無需任何理由，但須在三十天前通知被保人。

　　在發生被保之損失時，被保人可以獲賠之金額，則有數項限制性的規定。被保人一旦選定了住宅保險金額，則其他財產之最低保險金額卽固定爲住宅保險金額的某一百分比。例如：其他結構物爲百分之十（有些保單規定在沒有其他結構物時，住宅保險金額亦可增加百分之十），個人財產爲百分之五十（亦可增加或減少爲百分之四十），額外生活費用爲百分之二十。通常放置在保單記載住所以外其他任何被保人住所的個人財物，其保額爲一千元或爲個人財物保額的百分之十，以大者爲準。然而此一特別限額並不適用於新獲得之住所，除非指名被保人或其配偶已將這些財物搬入達三十天以上。

　　此外，某些財物每次損失的補償限額亦有規定：貨幣一〇〇元，帳簿、契據、手稿及其類似物五〇〇元，手錶、珠寶及皮貨失竊五〇〇

元，銀器金器或錫鉛合金器的失竊一〇〇〇元，大型掛鐘五〇〇元，鎗一〇〇〇元，船舶五〇〇元，拖車五〇〇元，樹木灌木花卉與草地為住宅保額的百分之五，但樹木灌木或花卉每株不得多於二五〇元。救火隊費用則以二五〇元為限。

重置成本條款規定在某些情況下，被保人對各項建築物之損失可獲得較其實際現金價值為多之補償。即保險人之補償，以下列二者之較大者為準：(1)損失的實際現金價值，(2)依下列公式計算之金額：

$$\frac{建築物之保險金額}{80/100 \times 建築物的重置成本} \times 受損部分的重置成本$$

因之，只要保險金額等於或多於全部結構重置成本的百分之八十，（不計地下挖土、地下管線、陰溝及地基等的費用）則所有建築物的損失，都可在保額範圍內依其重置成本獲得補償。倘如損失部分的重置成本超過一千元或該一建築物保額的百分之五，則除非實際加以修理或重置，保險人仍只補償其實際現金價值。

由各種危險所致之每一損失事故，都有一百元的自負額，但不適用於額外生活費用的補償或救火部門索取之服務費用。

二、責任保險部分：包括三項各別獨立的保險：(1)責任保險，(2)對他人的醫療費用保險，(3)對他人財物的實質損失保險。在責任保險下的危險事故，乃是被保人應負法律責任的損失事件。

第一、關於責任保險。被保人的法律責任可由未經特定除外不保之任何來源所產生。指名被保人或其配偶當作住宅之所有處所，只要已在要保書內說明，都予承保，其他與住宅連帶使用的房屋與私用進道亦然。商用或出租財產（不包括被保人住宅之臨時出租與住宅或車庫在某些特定情況下之出租）與農場不予承保。其他承保之宅地，尚有個人或家庭墳場或地下墓園，被保人臨時居住之非自有房屋如夏季別墅，及為被保

人所有或租賃之非農用空地（包括正爲被保人建築一戶或二戶式住宅所
用之土地）。

　　由於營業或職業性之活動除外不保，故只承保個人活動引起之法律
責任。其除外不保之重要個人活動，則爲任何被保人自有或駕駛或租用
或借用之機動車輛，其所有、維護、使用或裝卸。然而，放置住所的娛
樂用機動車輛（如雪車）仍予承保。專用於宅地上不須行車執照（如動
力除草機與劃雪機）或在屋內久藏不用之機動車輛，亦予承保。而且，
機動之卡爾夫球車當在屋外使用時，亦予保險。

　　其他重要之除外事項，則爲被保人自有或租用之船舶，其有五十匹
以上之馬力或船長在二十六英呎以上者。由自有船外引擎發動之船舶，
其聯合馬力在二十五匹以上時，除非馬達是在保單發出後所獲得者，亦
除外不保。所有航空器亦不承保。由被保人預期或故意造成之傷害或損
失，被保人在任何非書面契約下所承當的責任，以及由被保人使用租用
或照顧之財產所發生的損失，均不承保。然而，由火災、爆炸或煙燻所
致之損害，而被保人負有法律責任者，保險人仍可賠付。對家用僱工之
僱主責任，仍可承保，但其僱工人數在二人以上時，須在要保時聲明。
有工人補償保險時，亦不承保。

　　被保之人，除指名被保人外，尙包括其同居之配偶及雙方親屬以及
年在二十一歲以下由被保人照顧之任何他人。

　　承保之損失，可分爲下列幾類：(1)對他人之身體傷害與財產損失，
由被保人依其法律責任應予賠付之所有金額。(2)在意外事故之現場提供
緊急救助而由被保人支付之費用。(3)爲被保人進行辯護及支付提供各項
保證之保費及訴訟費用，以及補償被保人出庭所損失之收入每日最多五
〇元。

　　承保之地區與時間，與財產保險部分之規定相同。

第二、關於他人醫療費用保險。保險人對他人在意外事件發生後三年內發生之醫療費用與喪葬費用都予賠付。此爲健康保險，而非責任保險。被保人無須犯有過失，只要意外事件是在下列情況之下發生即可獲賠：(1)受害一方得被保人允許進入其宅地時，或(2)受害一方雖在宅地以外之他處，但其傷害是由下列原因所引起時：a.由被保人之宅地所引起，b.由被保人之行爲所引起，c.爲被保人僱用之同居僱工所引起，或d.爲任何被保人所有或受其照顧之家畜所引起。保險人並不承保對於指名被保人或其配偶或其同居僱工以外常居宅內之任何他人之傷害。同居僱工倘在屋外發生意外事件，除非傷害是因受僱被保人所引起，不予承保。倘如受害人可由工人補償保險或強迫性的臨時喪失工作能力保險獲得補償，則不能接受本保險的任何給付。受害人獲得醫療給付後，亦不減少其在責任保險下控告被保人所能獲得的補償金額。

第三、關於他人財產損失保險。保險人同意支付由被保人所致他人財產毀損的補償金額。除外不保的損失，包括：(1)由所有維護或使用機動車輛航空器或船舶所引起之損失。(2)由任何被保人、指名被保人之任何同居人、或被保人之任何租賃人所有或租用之財產損失。(3)由十三歲以上之被保人故意造成之損失。值得注意的是，上述除外規定並不排除由被保人照顧保管或控制之非自有或非租賃財產之損失，但若已有本保單第一部分之保險，則由該一部分保險負責補償。

第二節　美國其他格式之家主保險單

上節所述，爲美國家主保險單第三格式之內容，以下再就其他格式之保單內容，申述其主要不同之點。

格式一　又稱基本保單，其與格式三保單不同之點有二：第一、住

宅與個人財產都只承保所列舉的特定危險，而且，列舉承保的危險要較格式三保單個人財產保險部分承保的危險為少。若干兩種保單都可承保的危險，在格式一內亦只有較狹的界定。格式一只承保火災、雷閃、風暴、冰雹、暴動、民眾騷擾、爆炸、航空器撞損、車輛撞損、煙燻、破壞、住宅玻璃破損及竊盜等。然而，蒸汽鍋爐的爆炸除外不保。車輛撞毀的損失，如果車輛是由被保住宅之居住人所駕駛的，亦不承保。煙燻損失，限於保單記載之宅地內加熱或烹飪器具操作不當而引起者。竊盜危險包括企圖竊盜，但未提及已知處所在可能失竊情況下發生之財產損失。第二、額外生活費用以住宅保險金額的百分之十為限，而非百分之二〇。

格式二　此一種類的保單與格式三主要不同之點為，住宅與個人財產兩者都只承保格式三下個人財產保險部分列舉之危險，其範圍較格式一所列舉的危險為多。不久之前，格式二仍是美國使用最廣之家主保險單。

格式四　此一種類的保單是為住宅租賃者或不合格購買其他格式者提供保護。除無住宅或其他結構物之保險外，其他與格式二完全相同。被保人可選擇個人財產的保險金額，但有最低金額之限制。額外生活費用的保險，以此一保險金額的百分之二〇為限。此外，如指名被保人對專門供其使用住宅部分所為之改進、變更或增建有任何權益，則此改進與改良部分之保額，亦可達於個人財產保險金額的百分之一〇。

格式五　此一種類的保單為家主保險單中之最為寬大者，其與格式三不同之點，是其住宅與個人財產均為一切危險的保險。

附加條款　家主保險單也能透過附加條款加以限制、修正或擴張其保險之範圍。例如：

1. 可將自負額增加至二五〇或五〇〇元。

2.可容許被保人表列某些個人財產。例如皮衣、鑽戒或樂器等。由於保單內僅對珠寶、手錶、皮貨、銀器、金器、錫鉛合金器及其他某些項目限定其個別保險金額，因之以表列方式加以擴張，可迎合被保人之不同需要。每一表列項目就其表定金額承保一切危險。

3.被保人倘在主要住宅內設有事務所，亦可透過附加條款將「個人財產」的範圍擴大包括事務所之傢俱與設備，並包括與事務所有關之責任保險（但非職業責任保險）。

4.可將格式二、三及四各種保單下之竊盜保險，擴大到無人照顧之船舶機動車輛或拖車內之財物。（格式五已有此種保險）。

5.可使被保人依其個人財物之重置成本價值獲得補償。

6.另一定名爲「通貨膨脹保護條款」，則將第一部分之保險限額以遞進方式增加。例如三年期保單之前十季，每季增加保額百分之一，第十一季終了再增加保額百分之二，共可增加保額百分之十二。

近年來，爲迎合不同的需要，保險人又已發展出格式六與格式八兩種保單。

格式六是爲公寓式集合住宅之所有人而設計的，可稱爲集合住宅所有人保險（*Condominium-unit-owner's insurance*）。它所承保的危險，與承保承租人的格式四相同。但集合住宅所有人並非承租人，故格式六在其他方面有其不同之規定。例如：(1)額外生活費用保額爲個人財產保額的百分之四〇（格式四定爲百分之二〇）。(2)屋主在其持分內改建及增建部分，可按重置成本補償，並以一千元爲限。改建部分之保險乃爲整棟房屋保險外之超額保險。(3)多種危險條款則將這些改建部分由特定危險保險變更爲一切危險保險，並增加其保險金額。此一條款也能用以允許房屋無限制地出租他人，在額外生活費用保險下補償其實際租金損失，並對被保人單獨所有房屋內之附屬私用結構物亦予承保。(4)透過附

加條款提供之損失分攤保險，對集合住宅社團所未保險之財產與責任損失應由被保人分攤的部分，保險人亦予賠付。

格式八爲格式一之修正，其所承保之住宅，爲其重置成本遠大於其實際現金價值，致使重置成本失其對被保人損失之有效評估者。其主要修正就是刪去重置成本條款，所有損失均依實際現金價值理賠。這種保單也在其他方面多所限制，例如宅外失竊損失的保額限爲一千元或爲個人財產保額的百分之十，以較大者爲準。

第三節　我國之住宅綜合保險單

我國住宅綜合保險自民國六十二年六月推出以來，並不爲社會廣泛所接受。有些保險公司於開辦後又復中途放棄，目前究有多少業績，因無可靠統計數字，難以臆測。揆其原因，似有數端：(1)我國住宅綜合保險單只有一種形式，不似美國保單有數種格式，以迎合不同被保人的需要。(2)我國保單雖名爲「綜合」保險，實則僅承保少數列舉之危險與損失，雖相當於美國格式一之家主保險單，但其承保之危險仍不及美國保單爲多。事實上，美國目前最爲流行的家主保險單仍爲格式三，卽其建築物承保一切危險，個人財產承保相當廣泛的多種危險。(3)我國保單在損失賠償方面多受到嚴格限制，每種損失的給付限額亦多較美國保單爲低。(4)保費偏高與宣傳不够以及保險公司在承保時的過於謹愼，恐亦爲此種保險不易迅速發展之原因。茲就此一保單之要點縷述於后：

一、承保對象　爲專作住宅之建築物及置存在內之傢俱衣李。

二、承保範圍　包括下列三部分：

　1.直接損失　因下列危險事故所致保險標的物之毀損或滅失：(1)火災。(2)閃電及雷擊。(3)爆炸。(4)航空器或其墜落物之碰撞。(5)機動車

輛或其裝載物之碰撞。(6)罷工、暴動、民衆騷擾。(7)竊盜。(8)颱風、颶風、暴風、旋風、或由於上列事故引起之海潮氾濫、或河川水道湖泊之高漲氾濫、或水庫水壩堤岸崩潰氾濫造成之洪水。

2.臨時生活費用　因火災、閃電及雷擊、爆炸、航空器或其墜落物之碰撞、機動車輛或其裝載物之碰撞、罷工、暴動、民衆騷擾等危險事故所致保險標的物受損而引起之臨時生活費用。

3.人身死亡或殘廢責任　因前述承保危險事故所致保險標的物、或置存保險標的物之建築受損，而使被保人之受僱人或其他第三人遭受傷害，於事故發生後十日內死亡或成爲殘廢，依法應負之賠償責任。

三、保險及賠償金額　本保險爲定額保險之不定值保單，保險人之賠償責任，依保額金額與保險事故發生時保險標的物的實際價值的比例計算之，並另有下列限制：

1.竊盜所致損失每一件物品之賠償金額，以新臺幣一千元或傢俱衣李之保險金額百分之二，以其較小者爲限。每一事故之賠償總額則以新臺幣二萬元爲限。

2.由颱風及由颱風引起之洪水所致損失每一事故之賠償金額，先從損失金額扣除新臺幣五千元後，就超過部份賠償百分之五十。

3.臨時生活費用，按其賠償金額百分之十計算，且不得超過新臺幣二萬元。

4.人身死亡或殘廢之責任保險，其每人賠償金額按保險金額百分之五計算，且每一事故之賠償金額以新臺幣二萬元爲限。

5.承保範圍中颱風及由颱風引起之洪水危險，如加批除外不保時，則其所致被保人應負責之人身死亡或殘廢之賠償責任，亦不在承保範圍之內。

四、除外不保之項目

1. 除外不保之財物，有下列各項，但得以特約方式另行加保：(1)寄存之財物。(2)金銀條塊及其製品、珠寶、玉石、首飾、古玩、藝術品。(3)文稿、圖樣、圖畫、圖案、模型。(4)貨幣、股票、債券、郵票、印花稅票、票據及其他有價證劵。(5)各種文件、證件、帳簿或其他商業憑證帳冊。(6)爆炸物。(7)圍牆、籬笆（均包括門）。(8)機動車輛。

2. 除外不保之危險，有下列各項，且不得以特約方式予以加保：(1)不論任何原因，各種放射線之輻射及放射能之污染。(2)不論直接或間接因原子能引起之任何保險事故。(3)戰爭（不論宣戰與否）、類似戰爭行為，叛亂或強力霸佔、徵用、沒收等。(4)要保人、被保險人或其法定代理人或其家屬之故意或違反法令之行為。但被保人之家屬非企圖使被保險人獲得賠償金者，不在此限。(5)地震。(6)政府命令之焚燬或廢棄。(7)不論意外與否，由於森林叢樹、平野、曠野或叢草之焚燬，或以火燎地面。(8)火山爆發、地下發火。(9)要保人或被保險人駕駛或所有之車輛或其裝載物之碰撞。(10)行駛中之車輛所引起磚石、污水等之飛濺。(11)由其他承保危險事故發生時所遭受之竊盜或遺失。(12)保險標的物置存於露天或未全部關閉之建築物內所遭遇之竊盜。(13)置存保險標的物之建築物連續七十二小時以上無人居住或使用時所遭遇之竊盜。(14)事故發生後六十日內未能發現之竊盜損失。(15)水壩、水庫洩水所造成之洪水。(16)因溝渠下水道溢流或倒灌、或建築物之任何部分包括邊道、通道、地基所溢流滲漏之水。(17)在翻修或修建中之被保險標的物，因外部門窗及其他開口缺乏完善之防風、防雨設備而遭遇之颱風、洪水。

第二十三章　輸出保險

第一節　承保風險與經營型態

對外貿易常遭遇下列四種風險: (1)信用風險 (*Credit risks*)，指因輸出契約之買方破產或延不履約，致不能支付貨款，而使輸出廠商遭受損失之風險。(2)政治風險 (*Political risks*)，指因輸入國家發生戰爭，致中止貨物進口; 或因輸入國家實施進口或外滙管制，對輸入貨物加以限制或禁止; 或因本國變更外貿法令，對輸出貿易有所限制或禁止，致不克將貨物運往輸入國。其因上述各種原因而使契約無法履行所致損失之風險。(3)災害風險 (*Catastrophic risks*)，指因各種災害之發生，如海難、火災、地震、洪水等，致輸出貨物遭受實質損失之風險。(4)商業風險 (*Commercial risks*)，指輸出廠商因經營不善或估計錯誤，致投資成本無法收回或不能獲致預期利益之風險。近年來由於多數國家實施浮動滙率，輸出廠商如以外幣計價，亦常因滙率變動而遭受損失，此亦爲一種新的商業風險。輸出保險，通常係指(1)(2)兩項風險之承保而言。災害風險，可由運輸保險獲得保護。經濟風險，因不合可保風險之條件，通常應由輸出商自己承當，惟其中滙率風險一項，目前亦有少數保險公司承保。

由於輸出保險之特殊性質，一般國家多由政府專設保險機構經營之。此一專設機構，或爲政府主管對外貿易機構之一部門，如日本（由

通商產業省貿易振興局輸出保險課承辦); 或由政府另設國營之輸出保險機構, 如英國與澳大利亞 (英國並另有民營之貿易保險公司); 或由輸出入銀行兼辦輸出保險業務, 如大韓民國與我國; 或採公私合營方式辦理, 如美國。

單就美國而言, 由於其對外貿易與海外投資均甚龐大, 故其有關的保險業務亦頗複雜。第一、關於輸出貿易保險部分, 原由五十五個私營保險公司合設國外信用保險協會 (Foreign Credit Insurance Association) 統籌辦理, 其中政治風險部份, 則轉由國營之輸出入銀行 (Export-Import Bank) 承保。由於國外信用保險協會承保此種風險, 曾一再遭受重大虧損, 要求解除保險責任, 現已由輸出入銀行單獨承當信用風險與政治風險兩方面的承保責任。第二、關於國外投資部分, 美國設有海外私人投資公司 (Overseas Private Investment Corporation), 承保在指定開發中國家從事新投資的政治風險, 其承保的風險, 包括徵用、國家化、戰爭、革命及其投資與收益不能滙出等風險。1974—1978年, 私營保險公司又聯合成立海外投資保險集團 (Overseas Investment Insurance Group), 與海外私人投資公司同時承保政治風險, 但前者爲基本保險, 後者則爲超額保險。1978年以後, 海外投資保險集團又爲海外投資再保險集團 (Overseas Investment Reinsurance Group) 所取代, 此一機構爲美國及外國之保險公司聯合所組織, 僅辦理再保險業務。第三、美國也有六個私營保險組織 (勞依茲及五家美國公司) 對海外投資提供政治保險, 但均爲海外私人投資公司所未承保之業務。

至於我國的輸出保險業務, 原由國營的中國產物保險公司經營, 但業務一直無法順利開展。民國六十八年元月中國輸出入銀行成立後, 於同年四月一日接辦輸出保險業務, 雖仍採自由投保方式, 但因輸出入銀行可以輸出保險作爲輸出貸款或海外投資貸款的附帶條件, 自易促成保

險業務的發展。如再經由保險業務的擴大，得以消除以往發生的逆選擇（即出口商只擇危險較大的貿易投保，而增加了保險公司的賠償率）與降低保險費率，則必將隨着我國對外貿易的發展，而使輸出保險躍居重要之地位。

　　關於輸出保險之種類，依財政部前訂之輸出保險辦法，計分(1)普通輸出保險，其保險標的爲以信用狀方式輸出貨物之貨款；(2)寄售輸出保險，其保險標的爲以寄售方式輸出貨物之貨款；(3)輸出貸款保險，其保險標的爲輸出貸款銀行無法收回之貸款；(4)付款交單（D/P）輸出保險，其保險標的爲以付款交單方式輸出貨物之貨款；(5)承兌交單（D/A）輸出保險，其保險標的爲以承兌交單方式輸出貨物之貨款。其中第一種保單承保之出口貨物，因有信用狀爲保證，風險甚小，出口商爲減輕出口成本，多不願購買保險。第二種保單承保之寄售輸出貨物，幾不爲我國出口商所經營。而銀行對出口商之貸款，多須另有其他更可靠的擔保，輸出貸款保險並非貸款之有效條件。而付款交單與承兌交單均爲託收性質之輸出，風險較大，亦不爲我國出口商所歡迎，保險公司承做此種保險亦較爲謹愼。過去中國產物保險公司經辦輸出保險時，即因上述這些原因而無法開展業務。有人認爲輸出保險應改採强制及全面保險方式，但未爲政府所採納，其他輸出保險國家亦多未如此辦理。自中國輸出入銀行接辦輸出保險後，在業務上已較前增加頗多，揆其原因，似爲(1)將金融與保險冶爲一爐，相互支援，故業務較易開展。(2)改進保單種類，如停辦普通輸出保險與寄售輸出保險，另開辦中長期延付輸出保險及海外投資保險。並將 D/A、D/P 兩種輸出保單合併改爲託收方式輸出綜合保險。今後如能配合我國出口貿易之改進而隨時開發新的保單，使其眞能適應出口商的需要，相信我國的輸出保險仍有甚大的發展潛力。以下擬就我國輸出保險現有的保單種類，分別加以扼要之介紹。

第二節　我國現有之輸出保險單

中國輸出入銀行辦理之輸出保險，目前集中在三方面：卽輸出貨物、海外投資與輸出貸款。最近由於我國貨幣對外滙率時有較大的變動，輸銀並擬開辦輸出滙率變動保險業務。此雖爲一新的構想，但在其他輸出保險仍待發展之前，貿然開辦其他先進國家尙不敢辦理之業務，實屬危險之至；如條件過於苛嚴，則又不易發展，聊備一格，似無多大意義。茲略述該行現有下列五種保單之內容。

一、託收方式（D/A、D/P）輸出綜合保險單

1.承保標的　爲一年期以下付款交單（*D/P*）或承兌交單（*D/A*）方式輸出之貨款。

2.要保人及被保險人　出口廠商。

3.保險範圍　被保人在保險責任期間內，因發生下列信用危險或政治危險所致之損失：

(1)信用危險：甲、進口商宣告破產。乙、國外受託銀行爲付款之通知，或於提示承兌或通知付款時，進口商行踪不明，經當地政府機關證明屬實。丙、進口商不依約付款。丁、進口商不依約承兌。

(2)政治危險：甲、輸出目的地政府實施禁止或限制進口或外滙交易。乙、輸出目的地國家或地區發生戰爭、革命、內亂或天災，以致中止貨物進口或外滙交易。

4.保險責任期間　自輸出貨物裝船日起至貨款收回日止。

5.保險價額與保險金額　以輸出滙票金額爲保險價額，保險金額以不超過保險價額之百分之九十爲限。輸出滙票金額以外幣表示者，其保險價額與保險金額，按裝船日之外滙銀行收盤買入滙率折算爲新臺

幣。

6.保險費率　按付款條件（D/A、D/P）、保險期間長短、進口地區政治經濟情況等厘訂基本費率。另依據進口商之信用狀況，按基本費率訂定增減費率。同時，爲鼓勵出口商投保本保險，若同一出口商在同一年內投保之件數及保險金額累計達到一定標準，且該年度無賠案發生者，則對其保險費率給予若干折扣。

7.賠償金額　以承保範圍內之實際損失金額爲準，按保險金額與保險價額之比例計算之。於被保人或保險權益受讓人辦妥請求賠償手續後二個月內給付賠償金。

二、中長期延付輸出保險單

1.承保對象　以一年期以上分期償付價款方式輸出整廠設備、機器、產品、或其他資本財，或提供技術與勞務，而於貨物裝船或技術勞務提供前，收取總價金百分之二十以上預付款，並持有買方銀行之付款保證（L/C 或 L/G），或輸出契約當事人爲國外政府機構之輸出交易爲其保險對象。

2.要保人及被保險人　出口廠商。

3.保險標的　爲輸出貨物之延付貨價或提供技術或勞務之價款。

4.承保範圍　保險人對於被保人依輸出契約或技術與勞務提供契約，輸出貨物或提供技術與勞務後，因發生下列信用危險或政治危險，致不能收回貨款或提供技術與勞務之價款而遭受之損失，負賠償之責。

(1)信用危險　甲、簽訂契約之對方於本保險成立後宣告破產。乙、簽訂契約之對方遲延履行其債務在六個月以上者，但以不可歸責於被保人之事由爲限。

(2)政治危險　甲、輸出目的地政府實施禁止或限制外滙交易或貨物進口。乙、輸出目的地國家或地區發生戰爭、革命、內亂或天災，

以致中止外滙交易或貨物進口。丙、輸出目的地國家或地區以外，與本保險所承保之交易有關之政府實施禁止或限制外滙交易。丁、輸出目的地國家或地區以外，與本保險所承保之交易有關之國家或地區發生戰爭、革命、內亂或天災，以致中止外滙交易。或輸出目的地國家或地區以外，與本保險所承保之交易有關之國家或地區發生戰爭、革命、內亂或天災，以致輸出貨物中止運輸至目的地。

5. 保險期間　依照輸出貨物裝船日或開始提供技術或勞務之日起至延付貨款或價款結帳日期止，另加上貨款或價款實際收回之預計期限訂定之。

6. 保險價額與保險金額　輸出貨物總價或提供技術或勞務價款總額經扣除預付款或裝船時可收取貨款後，以其分期償付部分之金額爲保險價額。保險金額以保險價額之百分之九十爲限。

7. 保險費率　按保險期間長短、進口地區政治經濟情況及是否具有付款保證等訂定基本費率與扣減費率。另亦訂有「多件折扣」規定，以鼓勵出口商投保。

8. 賠償金額　以承保範圍內之實際損失金額爲準，按保險金額與保險價額之比例計算之。保險人於被保人辦妥請求賠償手續後二個月內給付賠償金。

三、輸出融資綜合保險單

1. 承保對象　以出口商憑不可撤銷跟單信用狀向銀行辦理之融資金額爲保險標的。

2. 要保人及被保險人　爲辦理融資之外滙銀行。

3. 承保範圍　銀行依規定對出口廠商憑不可撤銷跟單信用狀辦理輸出融資後，因政治危險或國外信用危險發生，致使融資不能收回而遭受損失時，保險人負賠償之責。但不可撤銷跟單信用狀之開發或保兌銀

行須爲銀行認可之世界主要銀行，或爲該行曾承作其信用狀押滙，來往在一年以上、且未曾對合乎信用狀條件而不償付致引起糾紛者。

4.保險責任期間　以融資銀行撥付輸出融資日起至融資到期日止。

5.保險價額與保險金額　以融資銀行實際貸放與出口商之每件輸出融資金額爲保險價額，以保險價額之百分之九十爲保險金額。

6.保險費率　依「保險期間長短」與「裝船前、裝船後」之別訂定費率結構。

7.賠償金額　以承保範圍內之實際損失爲準，按保險金額與保險價額之比例計算之。被保人於知悉輸出融資有無法收回之虞或已無法收回時，應立即通知保險人會商保全措施，並於被保人辦妥請求賠償手續後二個月內給付賠償金。

四、海外投資保險單

1.承保對象　以報經政府核准之對外投資案件，並取得被投資國許可者爲承保對象。

2.要保人及被保險人　爲符合上述承保對象規定之本國公司。

3.保險標的　爲海外投資之股份或其股息或紅利。

4.承保範圍

(1)被保險人作爲投資之股份或其股息或紅利之請求權，被外國政府或其相當者以沒收、徵用、國有化等行爲所奪取。

(2)被保險之投資企業因戰爭、革命、內亂、暴動或民衆騷擾而遭受損害，或不動產、設備、原料等物之權利、礦業權、商標專用權、專利權、漁業權等權利或利益爲其事業經營上特別重要者，被外國政府侵害遭受損害，而發生下列任一情事者：甲、企業不能繼續經營。乙、破產或其類似情事。丙、銀行停止往來或類似情事。丁、停業六個月以

上。

(3)滙款危險。

5.保險期間 自滙付投資股份之日或輸出機器等之日起算，以不超過七年爲原則，但經保險人同意者，得延長爲十年。被保險人於上述期間內，得自由選定保險期間之長短。

6.保險價額與保險金額

(1)股份之保險價額: 以被保險人滙付被保險投資之金額或輸出機器等之價額作爲股份之投資金額爲其保險價額。

(2)股息或紅利之保險價額: 以股份之保險價額之百分之十爲準。

保險金額在保險價額九成之範圍內，由被保險人自由訂定。

7.保險費率 按「保險金額之多寡」(新臺幣一億元以上或以下)與「投資地區之類別」分別訂定保險費率。

8.賠償金額 以實際損失金額之九成，按保險金額與保險價額之比例計算之。原則上，保險人於被保險人辦妥請求賠償手續後四個月內給付賠償金。

五、中長期輸出滙率變動保險單

1.承保對象

(1)簽訂契約輸出者 所稱「輸出契約」係指輸出設備及其零組件、附屬品，可包含下列範圍者: 甲、整廠設備與產業機械。乙、工具機。丙、資訊及電子工業設備。丁、汽車、船舶、貨櫃、航空器、遊艇等單項設備。戊、政府核定非消費性之策略性工業產品。

(2)簽訂技術及勞務提供契約者 所稱「技術及勞務之提供」係指可包含於下列範圍者: 甲、工業財產權之讓與。乙、技術勞務之提供。丙、營建工程之承包。

2. 要保人及被保險人　為簽訂「設備及其零組件、附屬品」之輸出契約或簽訂「技術及勞務」提供契約之出口商。

3. 保險標的　為輸出價款因滙率下跌（新臺幣升值）所致之損失。

4. 承保範圍　輸出價款符合下列條件，因滙率下跌所致損失，由保險人負賠償責任。

　　(1)輸出價款以美元、英鎊、西德馬克、法國法郎、瑞士法郎、日圓表示者。

　　(2)輸出價款清償期在一年以上、十二年以下者。

　　(3)滙率下跌幅度超過百分之三，而在百分之二十以下者（含百分之二十）。

5. 保險期間　自申請訂立保險契約之日起至輸出價款最後一期清償期屆至日止，但以十二年為限。

6. 賠償金額　以「收回外幣金額」乘以「訂立保險契約日之滙率」，再乘以「賠償率」所得新臺幣金額，為其賠償金額。賠償率以實際損失率減百分之三為準，但最高以百分之十七為限。（卽實際損失率超過百分之二十部分不予賠償）。

7. 滙率利益之繳付　出口商收回之輸出價款因滙率上升（新臺幣貶值）而享有利益時，應將「收回外幣金額」乘以「要保日滙率」，再乘以「差益率」所得新臺幣金額繳付保險人。差益率以利益率減百分之三為準，但最高以百分之十七為限。（卽利益率超過百分之二十部分，歸被保人所有）。

8. 保險費率　每六個月為百分之〇・六（餘期未滿六個月者，按六個月計收）。

9. 保險金之給付　於被保人辦妥請求給付保險金手續後二個月內給付保險金。

第二十四章　健康保險

第一節　健康保險的類別

健康保險 (*health insurance*)，可依各種不同的標準，加以分類。

一、以承保危險的性質爲標準，可分爲：

1. 傷害保險 (*accident insurance*) 承保由於意外體傷直接與獨立地引起之各種損失。有些保單規定傷害須由意外途徑 (*accidental means*) 所引起，如照字面解釋，則造成損失的事件，不僅發生意外的結果，且須經由意外的途徑。例如被保人可能因舉起重物而扭傷背部，在「意外傷害」(*accidental injury*) 的規定下，被保人可獲賠償，但如規定須因意外途徑所引起，則被保人不能獲賠，因爲舉起重物並非造成背部扭傷之意外途徑也。至於「獨立地」引起損害之規定，是在排除預有損傷或疾病導致意外事件之賠償案件，或在預有損傷或疾病大爲增加損失嚴重性的情況下，保險人得以減輕其責任之負擔。然而實際上，意外事件雖非發生損失的唯一原因，祇要是其主要或有支配力之原因 (*dominating cause*) 時，通常仍可獲得保險人的賠償。

2. 疾病保險 (*sickness insurance*) 通常承保購買保單十四日後因約定疾病而引起之損失。規定十四日之試保時間(*probationary period*)，是在排除預有疾病以及減少不利於保險人的逆選擇。

二、以承保損失的種類爲標準，可分爲：

1.收入保險 卽當被保人因傷害或疾病而喪失工作能力(*disability*)時，由保險人每週給以約定收入。如爲部分喪失工作能力，則其每週給付金額要較全部喪失工作能力之時爲少。如被保人遭受某種骨折(*fractures*) 或脫臼 (*dislocations*)，傷害保單大多規定被保人可在一次給付與收入給付之間作一選擇，如選擇一次給付，就不須爲按期領受給付而提供全部或部分喪失工作能力之證明。有些保單更寬大規定，任何選擇的給付方式乃是最低限度的基本給付，如事後發覺每週給付可獲較多之賠償金額時，仍可領受較高之金額。

喪失工作能力之收入給付，可以是短期的，也可爲兩年以上之長期給付，但長期收入給付尚未獲得應有之重視。以美國爲例，在獲得短期收入給付的四人中，祇有一人同時承保長期收入給付。

2.死亡與殘廢保險 傷害保險單通常規定，被保人如在意外事件中死亡或發生斷肢或失明等殘廢情況時，都可獲得一定金額的給付。但疾病保險並無死亡給付，故須同時購買人壽保險單，而人壽保險單對傷害或疾病所致之死亡，均可獲得保險公司的賠償。

3.醫療費用保險 健康保險單承保的醫療費用，可爲單純的住院費用（通常爲醫院病房費與饍食費外加一定百分比之雜費），亦可包括手術費、看護費等。更可爲主要醫療保險單 (*major medical policy*)，承保傷害或疾病所需一切醫療費用中之絕大部分。

醫療費用保險可以是表定的，亦可是總括的。如爲前者，對各項承保費用之給付，都有最高金額的規定；如爲後者，則祇規定一個最高的承保金額，在此一金額內，保險人可以支付一切必需的醫療費用，而無種類上的限制。傷害保險單承保的醫療費用多採總括保險方式，而疾病保險單承保的基本醫療給付，則多採表定保險方式。

三、以保單能否繼續爲標準，可分爲:

1. 不可撤銷保險單　在此種保單下，祗要被保人願意，可以依照事先規定之費率，續保至保單規定之最高年齡爲止。由於保險公司不能中途增加費率，亦不能在規定期內拒絕續保，故其保費通常要比其他保單爲高，承保標準亦較爲嚴格，在保險給付方面，且多不賠之規定，尤以收入保險爲然。

2. 保證續保保險單　其與前者不同之點是，被保人雖有權力要求續保至某一規定之高齡（通常爲六十五歲，亦有保證終身可以續保者）爲止，但保險公司得視損失經驗調整保費。然而，保險公司不能僅爲被保人一人變更費率，而須就同一類別中之全部保單調整費率始可。由於以後可以調整費率，故在出賣保單時之初期費率，通常要較不可撤銷保單之費率爲低。有些保單將固定保費與可調整保費合併使用，卽在年滿六十五歲之前，採用固定保費之續保方式，六十五歲以後，如要續保，須按調整費率計算。收入保險與費用保險，均可採用此種保證續保保險單。

3. 任選續保保險單　大多數健康保險單都規定保險人有拒絕續保之權利。在被保人要求續保時，保險公司可以拒絕續保，或是加添限制性的條款，或是增加保費。由於上述特質，故其保險費率亦最低。

4. 可終止（取消）保險單　有些保單規定，在保險期間終了前，保險人得隨時取消契約，但須於一定時間前通知被保人。如無此項規定，則爲不可終止的保險單。

5. 定期保險單　乃是旣無續保規定又無終止條款的保險單，保單效力於規定期間屆滿時自動終止。在飛機場出賣的旅行意外保險單卽其典型的例子，此種保險單不能爲另一旅行而續保，而須另購新的保險單。

第二節　健康保險的承保範圍

典型的健康保險單可就下列各項加以分析:

一、危險事故　健康保險單承保的危險事故，爲身體傷害與疾病兩項，但仍受多方面的限制。例如傷害保險通常將自殺及故意自毀，列爲除外不保；有些保單的疾病保險，並不承保精神病、妊娠、生育與流產。美國有些醫療費用保險單規定，如被保人能依勞工補償或類似法律獲得補償，或從政府所有或經營之醫院獲得醫療服務，則保險公司對其因傷害或疾病而發生的費用不予賠付。

二、損失　健康保險承保醫師、外科醫師、醫院、看護及醫藥費用，以及因傷害或疾病而損失或推定損失的賺款。因意外事故而死亡、失明或斷肢，亦予承保。如爲主要醫療保險單，對某些損失如牙齒治療、眼睛檢查、配鏡、助聽、美容外科或塡充外科等，均除外不保，但爲復健或減輕身體傷害所必需者，不在此限。救護車輛費用，除當地所需者外，其他旅運費用，亦可不保。

三、被保人　健康保險基本上僅承保保單所載之被保人，但在許多場合下，醫療費用保險也擴大承保被保人之合格家屬，通常僅指被保人之配偶，特定最低與最高年齡間（如十四歲至廿一歲）之未婚子女。有些保單對在學子女之最高年齡且予提高。

四、地點　一般而言，健康保險對地點並無限制，但亦有若干保單對特定區域以外罹患之傷害或疾病除外不保。揆其理由：(1) 有些地區之疾病率，較通常有的爲高。(2) 有些地區的政治情況較不穩定，易於引起較多之傷亡事件。(3) 有些地區的生活費用較低，喪失工作能力收入保險每爲造成道德危險的誘因。

　　五、時間　通常多爲一年期保單，但在保險人之同意下可以續保。保險起訖期間以被保人所在地之時間爲準。但也有許多保單附有續保條款，祗要被保人願意，可續保至約定年齡爲止（通常爲六十五歲）。

　　大多數保險單也不承保預有病患，亦卽承保之傷害與疾病必須在保單有效期內發生。爲預防起見，若干保單內含有「試保期間」，承保之疾病須在保單生效若干日後（通常爲十四日）發生。生育給付通常亦須在保單生效十個月後方爲有效。在保險期內發生但延至保單期滿仍未痊癒之疾病，仍可承保。如在保單有效期內發生而於保險期滿後九十日內因繼續完全喪失工作能力而實施外科手術者，亦可獲得保險人之給付。

　　六、除外不保之危險　由下列危險所致之傷害或疾病，除外不保：(1) 戰爭與戰爭行爲，無論宣戰與否。(2) 被保人於軍中服役期間遭受之傷害或疾病。(3) 非商業性航空活動。近年來頗多刪除此項規定者。(4) 在傷害保險方面，因身體或心理殘障、疝氣、屍毒、細菌感染、疾病、醫事或外科手術（但不包括因傷害引起之發炎，如受傷後血液中毒是）等引起之傷害。(5) 在疾病保險方面，因意外性身體傷害引起之疾病，或任何時間內因意外傷害已獲賠償的疾病。

第三節　喪失工作能力收入給付

　　喪失工作能力 (*disability*) 又分全部喪失工作能力 (*total disability*) 與部分喪失工作能力 (*partial disability*)。由於兩者的保險給付並不相同，因之任何保單都對這些名詞加以解釋。可惜的是各家保險公司的定義並不一致。一般言之，被保人如在一定期間內（例如一年或五年）完全喪失其從事正常職業的能力，或在此一特定期間過後，如被保人仍完全不能從事其訓練與經驗足以使其適合擔任的任何其他職業，均

可稱爲完全喪失工作能力。至於部分喪失工作能力，則指被保人無能力完成其正常職業的大部分日常工作而言。有些保單則又解釋爲被保人無能力完成其正常職業的一項或多項主要工作。

保險公司對於完全喪失工作能力與部分喪失工作能力的每月收入給付，通常涉及三方面：卽每月給付金額、最長給付時間、與等待期間 (*waiting period*)：

1.每月給付金額　在同一保單內，傷害保險與疾病保險對喪失工作能力的每月給付金額，通常完全相同。如另有部分喪失工作能力給付之規定，則其每月給付金額通常祗爲前者的百分之四十。

2.最大給付期間，隨喪失工作能力的種類與性質而異，例如有些保單規定傷害所致者爲終身給付，疾病所致者爲二年給付。另一些保單則又規定傷害所致者爲五年給付，疾病所致者爲一年給付。有些傷害保單規定：倘被保人不能從事其自己的職業，可以給付一年，倘如一年以後仍不能從事其敎育、訓練或經驗足以使其擔任的任何有收入的工作，則可延長爲終身給付。有些保單規定：某些損失如兩腿不能使用，縱使被保人仍能繼續從事原有職業，亦可視爲完全喪失工作能力。有些疾病保單對非臥床疾病可以給付一年，如爲臥床疾病，可以終身給付。部分喪失工作能力的最大給付期間，通常要比完全喪失工作能力的最大給付期間爲少。

3.等待期間　又時又稱免責期間 (*elimination period*)。傷害保險單通常並無此一規定，但疾病保險單則多規定爲七日、十四日、三十日、六十日或九十日，在此規定期間內繼續完全喪失工作能力，保險人亦無給付之義務。對於復發性的喪失工作能力，保單往往亦有規定：倘如被保人已恢復其正常職業滿六個月，則以後由於同一原因再度發生的喪失工作能力視爲新的喪失工作能力，被保人有權再度適用最大給付期

間，但須再受等待期間的限制。倘如恢復其正常職業後不滿六個月而又再度喪失工作能力時，則其最大給付期間不能重行開始，但亦不受另一等待期間所限制。

第四節　殘廢與死亡給付

美國保單並無殘廢字樣。有人將保單中之 *disability* 譯爲殘廢，並不妥當。因爲無論爲傷害保險與疾病保險，均可發生 *disability* 之情況，卽爲喪失工作能力的意思。在傷害事件中，如果發生斷肢 (*dismember-ment*)，骨折 (*fractures*) 或失明 (*loss-of-sight*)，自將暫時或永久、全部或部分喪失工作能力，但喪失工作能力，尚有其他原因，故疾病保單亦有喪失工作能力收入保險。本節爲說明方便起見，姑依我國習慣將傷害保險中之斷肢、骨折或失明統稱爲殘廢。對此發生之給付，稱爲殘廢給付。

有些保單，將斷肢與失明給付，規定爲若干週的完全喪失工作能力每週收入給付，例如兩手喪失爲208週，一手喪失爲104週，任何一手之拇指與食指喪失爲52週是。有些保單將這些給付規定爲意外死亡給付的某一百分比。

對骨折與脫臼，則多規定其一定的賠償金額，例如大腿骨折給付美金八百元，膝關節脫臼給付四百元是。這些給付也可以若干週的每週給付總額表示之。

在傷害保險下，通常亦有死亡給付的規定。被保人如在意外事件發生後若干日（通常爲九十日）內死亡，其受益人卽可享領死亡給付，通常與全殘（卽喪失兩手或兩脚、喪失一手及一脚或雙目失明）給付相等，例如爲每週收入給付208週之金額。亦有不以每週收入給付爲計算單位，

而任意規定一定之適當金額者。

第五節　醫療費用給付

此一給付，可分三方面加以說明：一爲基本醫療費用保險單之規定，二爲主要醫療費用保險單之規定，三爲綜合醫療費用保險單之規定。

第一目　基本醫療費用保險單

此種保單多將醫療費用分類規定其給付限額，而無總保險金額之規定。通常係分成下列三類：

一、住院費用　通常規定每日病房及饍食最高金額（不加劃分），並以多少天爲限。有些保單並無每日金額的限制，但却限制其一定之等級，並依此充分支付其饍宿費用。必需的住院額外費用，則以約定之最高金額爲限。生育給付可以另訂限額，有時定爲每日住院與饍食費用的十倍，按此總額一次給付。如因意外傷害在醫院接受緊急治療，但不限爲某一病床登記之病人時，有些保單規定祇要是在意外事件發生後24小時以內接受治療，其住院費用可提高至每日住院費給付金額之若干倍（普通爲 3 倍）。有些保單也提供看護費給付，但多規定以住院發生者爲限。近年已逐漸擴大及於家庭看護。

二、外科費用　通常都在保單列表規定各項外科手術的給付限額。從最高給付項目依次比例遞減。在美國，有多至35種手術以上者，例如從頭顱打開或切除一肺之最高給付，降至傷口縫合給付祇有最高給付的百分之十是。

三、醫療費用　係指外科醫師以外其他醫師之診療費用。有些保單可在沒有喪失工作能力情況下給付此項費用，有些保單規定祇當被保人

喪失工作能力時始可給付。有些保單更規定祇當被保人住院治療時，始可給付。醫療費用保險可有下列一項或多項限制：(1) 對最初若干次之醫師治療除外不保，(2) 對每次或每天治療金額加以限制，(3) 對保單期內就診費用之累積金額加以限制。大多數醫療費用保險對表列各種診斷費用亦可給付，或以總括方式承保，但限制其累積金額。

第二目　主要醫療費用保險單

此種保單並不分別規定各項醫療費用的給付金額，但仍在其他方面加以適當之限制。玆分項說明於下：

一、自負額　可適用於每一家人，亦可適用於整個家庭。然而，在前一情況下，倘在同一意外事件中有二人以上的家人發生醫療費用，通常僅以自負額適用於全部醫療支出。自負額可爲給付年 (*benefit-year*) 之自負額，即是在連續12個月內之任何時候，當其累積之醫療費用達於自負金額時，即由保險公司給付以後的醫療費用。有些保單則規定每一喪失工作能力之意外事件有一自負額。有些保單的自負額，並非適用於連續12個月的醫療費用，而是以某一曆年（即至12月31日爲止之一年）的累積金額作基礎。爲使許多家庭按月保持家庭預算，有些保單採用每月扣減一定金額之計劃。

二、給付期間　保險人給付之金額，可以僅爲超過自負額後一年內發生的醫療費用，但期滿後被保人仍在住院時不在此限。給付期滿後，自負額重新開始計算。有些保單的給付期間可以長達兩年或三年。有些保單不用給付期間，而以規定最大給付金額作爲控制保險人責任的手段。

三、最大責任限額　保單通常都有責任限額的規定，例如每次喪失工作能力的給付限額爲美金一萬元或二萬元是。有些保單的最大限額適用於一年醫療費用，而非一次喪失工作能力。當有此種情況時，又可規

定爲一個曆年，或是一個給付年。有些保單更有終身最大限度卽所謂累積限額的規定。在這些計劃下，被保人在接受一定金額的給付後，如能證明當時具有可保能力，則可恢復此一累積限額。累積限額的規定要較每年限額爲多，但却不及每一喪失工作能力限額的規定來得普遍。

四、**參與規定**　此種保單通常規定有百分之二十到二十五的參與額。卽是被保人對承保費用超過其自負額以上部分須分擔此一百分比，其餘百分之七十五到八十則由保險公司賠付。例如自負額爲二百五十元，參與額爲百分之二十五，最高給付限額爲二萬元之保單，倘如實際醫療費用爲一萬六千二百五十元，則被保人須自負四千二百五十元（等於自負額二百五十元加一萬六千元的百分之二十五爲四千元之總和）。由於此種參與規定對發生巨額醫療費用的被保人構成嚴重困難，故若干保險公司將參與規定限用於超過自負額以上最初五千元的費用部分。如仍爲前例，則被保人將祇自負一千五百元，卽爲自負額二百五十元加上五千元之百分之二十五卽一千二百五十元之總和。

五、**承保的費用**　以每一家人必需的醫療或外科治療、看護、或經治療醫師處方的藥品而直接供家人所需的合理費用爲限。所需輪椅、特製病牀或鐵肺等費用，僅按其租金數額支付。妊娠併發症的治療費用，亦可承保，但僅以超過如無併發症亦將支付的妊娠費用的以上部分爲限。

六、**特殊疾病**　有些保單規定，倘如某一家人在保單有效期內罹患表列特殊病症之一種，保險公司將在初次治療日起三年內支付全部承保的醫療費用，但不得超過最大責任限額。換言之，給付時期展延爲三年，並放棄了自負額及參與規定。以正常商營飛機或鐵路將病人送往合格之醫院或療養院進行必要的初步治療所需的運輸費用，亦可支付。

第三目　.綜合醫療費用保險單

此種保單介於前述基本保單與主要保單之間，基本上，它是一種帶

有較低自負額（例如二十五元或五十元）的主要醫療費用保險，同時又摻雜了基本醫療費用保險的成分。例如它對基本的住院及外科費用規定一定的給付限額。此外，並支付下列兩種費用的某一特定百分比：(1)超過基本限額以上的住院及外科費用。(2)超過特定自負額（如一百元）以上的其他醫療費用，直至保險人的支付金額達於某一金額爲止（例如一萬元）。此種保單對中高級所得的家庭而言，雖不及主要醫療費用保險具有吸引力，但以其有效地揉合了基本的與主要的兩種醫療費用保險，已證明其具有高度的行銷性。

第二十五章　人壽保險

第一節　概　　說

　　生、老、病、死，為人生四大問題，我國古聖先賢早已認識這些問題的重要性，並以為這些問題如能獲得妥善的解決，就能使人類進入他們所稱的「大同世界」。禮記禮運篇大同一章，曾對此提供原則性的說明，也是我國政治哲學的最高境界。幸運的是，今天世界各國有一明顯的趨勢，就是或多或少都以致力解決這些問題作為它們施政的目標，在自由國家內稱為社會安全制度或國民保險制度。事實上，在近代社會安全制度推行之前，人們就已自己利用人壽保險的方法，為共同面臨的災害和不幸，獲得適時和適度的補救。即使在已建立了社會安全制度的國家，這種民間自由經營的人壽保險事業，也仍受到相當的重視，並繼續保持其重要的地位。本章所要討論的，即指此一部分的保險事業而言。

　　人壽保險一詞，相當於英文的 *Life Insurance*，也可譯為「生命保險」。擴大一點的說，應為「人身保險」(*Personal Insurance*) 的一部分。我國保險法第十三條第三款規定：「人身保險，包括人壽保險、健康保險及傷害保險」。又依同法第一〇一條之語意，人壽保險則又包括死亡保險與生存保險二者。就一個自然人而言，死得過早，固易使依他維生的親屬陷於困境；活得太久，也易使自己老年的生活失其依靠。死亡保險，為的是要解決前一問題，生存保險，為的是要解決後一問題。在死

亡保險中，又可依據保險時間的久暫，分爲定期保險與終身保險。至於純粹的生存保險，目前係以年金方式辦理，卽由一次給付改爲分年給付。然而，將死亡保險與生存保險結合一起的「生死合險」(*Endowment insurance*) 或「混合保險」(*Mixed insurance*)，已在人壽保險中逐漸居於重要地位。再者，隨着保險技術的改進及迎合人們的實際需要，保險業者更已設計出許多特殊的保單，其中不僅有其本人的終身保險，亦包含其家屬的定期保險；不僅有一次給付的死亡保險，也附帶有按期給付的收入保險。其他形形色色，不一而足，因使人壽保單之種類益趨複雜。本章擬將定期保險、終身保險、生死合險及年金四者，列爲基本保險契約，其他結合上述四種基本保險或其他形式的保險，則列爲特種保險契約，並均屬於普通人壽保險契約之範圍。

此外，在保險實務上，尚有所謂團體人壽保險、簡易人壽保險與次標準保險 (*Substandard insurance*)，本書均倂列爲特種人壽保險範圍。關於三者的定義，將在以後有關節項中加以說明。玆再進而列表分類如下：

　　一、普通人壽保險

　　　　1. 基本保險單

　　　　　　甲、定期人壽保險

　　　　　　乙、終身人壽保險

　　　　　　丙、生死合險

　　　　　　丁、年金

　　　　2. 特種保險單

　　二、特種人壽保險

　　　　1. 團體人壽保險

　　　　2. 簡易人壽保險

3. 次標準保險

第二節　普通人壽保險的基本契約

第一目　定期保險

定期保險 (*Term insurance*)，是在約定期間內，被保人不幸死亡，保險人卽依保險金額給付之一種保險契約。其保險期間可爲一年，也可保到年滿六十五歲爲止，通常則爲五年、十年、十五年或二十年。保險期滿，如被保人仍然生存，則保險人免除給付義務；如爲十五年以下之定期保險，通常也無所謂「現金價值」(*cash value*)退還與被保人。由於此種保險容易發生所謂「逆選擇」(*adverse selection*)，保險人在承保時較爲小心，或在保險金額方面加以限制，或規定其滿期之最高年齡，或在逾越一定年齡後不得續保，或作其他之限制。

定期保險之保費較其他保險爲低。盡管爲防止逆選擇及負擔比例較大之承保費用，而有較多之附加保費 (*loading*)；但因保險人並不在老年時期出賣此種保單，其所承保的祇是一種或有事故 (*a contingency*)而非一種確定事故 (*a certainty*)，故其純保險成本遠較其他保險爲低。然而，被保人購買定期保險的理由，並不全在貪圖保費較少，而是多半由於年輕時收入不足，難以負擔其他保險所需支付的較高保費。因之，保險單內大多附有兩項可以選擇的條款:

一、續保條款　所謂續保 (*renewable*)，是指定期保險契約於滿期時，被保人可以不經體檢 (*medical examination*) 或提供其他可保能力 (*insurability*) 證明，而有要求續保的權利。其每次續保期間，通常與定期保險的期間相同，但有最高年齡的限制。續保之保費，按續保時達到之年齡計算。如續保期間超過一年，則每年仍按平衡保費繳納，

因之，在有若干次續保時，卽有若干次不同水準的平衡保費，但後一階段之續保費率必較前一階段爲高。各階段之續保費率，都載明於原保險契約內，祇要保單繼續有效，原定費率不得更改。

從保險公司的立場而言，續保條款易於導致强烈的逆選擇，而且被保人的年齡越大，逆選擇的可能性越高。這是因爲健康情況良好的人，往往看到續保費率增加而不願意續保，祇有健康情況不良的人，才不願意放棄續保的權利。爲補救此一缺點，保險公司可以採取兩方面的措施：(1) 如爲參與性保單 (*participating policy*)，可藉紅利 (卽分配與被保人的紅利) 的調整，以抵消死亡率增加的損失，但必先有較高的保險費率才能如此。(2) 限制續保達到的最高年齡，通常爲六十歲，或最遲爲六十五歲。如爲一年期的續保，則限制更嚴，通常爲十年或十五年。有時候，則爲十五年或六十五歲，視何者最先發生而定。

二、調換條款　所謂調換 (*convertible*)，是指被保人得以定期保險契約更換爲終身保險契約或生死合險契約，同樣地，也不需要被保人提供可保能力證明。此一條款的目的有二：一是使暫時無力購買終身保險或生死合險的人，先行購買定期保險，以便在將來力量足够之時，得以調換爲保費較高的他種保單。二是有些人對是否購買長期性的保單，一時不能遽作決定，如能暫時購買短期保單而又保留將來可調換爲長期保單的權利，自能迎合他們的需要。

調換生效的時間，有兩種規定：(1) 從調換之時生效，新契約的費率依調換時的年齡計算。原保單如有任何現金價值，得以之抵付一部分新契約之保費。(2) 追溯自定期保單開始之時生效，但須於原契約訂立後五年內爲之。新契約之費率，亦按原契約訂立時之年齡計算，雖其費率要較實際調換時之年齡所需者爲低，但仍較原契約下之費率爲高，從原契約開始之時起少付之保費，須由被保人一次加算利息補足。倘如新

契約下在追溯生效日後的時間內曾有紅利分配，也可以之抵付一部分補
繳之保費。有些保險公司也以兩種保單應有責任準備金之差額加上一定
百分比之利息，作爲被保人補繳保費的數額。

　　就被保人的立場言之，如果他在調換時的健康情況並不良好，他必
不會選擇「追溯法」，以免補付一筆保費的差額，這是前述被保人何以
須在原保單訂立後五年內爲之的原因。卽使被保人選擇所謂「現年法」
(*"attained age" method*)，通常也多規定定期保單如爲十年以下，可隨
時申請調換；如在十年以上，則須於契約到期前某一時期內爲之，例如
十五年的定期保單，通常須於原保單生效後十二年內爲之，二十年的定
期保單，須於原保單生效後十五年內爲之。雖然如此，經驗所示，調換
保單的被保人，仍較正常情況下的死亡率爲高，因之附有調換條款的定
期保單，其保險費率通常要比不附調換條款的定期保單爲高。

　　可以調換的定期保單，通常也規定須在六十歲或六十五歲以前爲之。
也有些保單規定，須在最後一次可以續保的期間終了前某一時間內爲之。
但無論爲那一規定，如在限期外申請調換，祗要提出可保能力證明，亦
可允許。

第二目　終身保險

　　終身保險(*Whole life insurance*)，是指被保人無論何時死亡，保險
人均以保險金額給付的一種人壽保險契約。由於繳納保費的方式不同，
又可分爲：

　　一、終身繳費的終身保險 (*Ordinary life insurance*) 此種保險的保
費通常都是分期繳納（每月、每季、每半年或每年一次），被保人在其
有生之年，必須按期繳納保費，如有間斷，除保單另有規定外，將使保
險契約失其效力。此種保單由於具有下列幾項特點，而爲今日最爲流行
的一種保單：

1. 永久的保護 祇要被保人按期繳納保費, 或一次付清全部保費, 保險契約永遠有效, 而無中途續保或調換之麻煩, 亦不必耽心健康情況轉壞或年老時無人承保。依現行保單規定, 被保人生存達於一百歲時, 保險人也以保險金額一次給付, 因而也可說是一種以百歲爲期的生死合險。

2. 最低的保費 無論爲那一繳費方式的終身保險, 在同一年齡購買的終身保險, 其一次躉納的純保費都是一樣, 但在分期繳納時, 其分期繳納的時間越長, 每次應繳的數額越少。終身繳費的保費最低, 即指此而言, 因之一元保費能較其他方式的終身保險可以購買較多的保額。

3. 具有投資(或儲蓄)成分 由於終身保險終必給付全部的保險金額, 故就全體被保人而言, 保險人所收的全部純保費及其投資收益, 必須等於將來全部的死亡給付, 因之隨着保險時間的延長, 被保人的投資成分亦越大(此即保險公司應予提存的責任準備金, 見第十一章)。此爲被保人之「不喪失價值」(*nonforfeiture value*), 而可作下述各種不同方式的運用。

4. 具有高度伸縮性 由於保單內附有「不喪失價值任選條款」(*non-forfeiture options*), 被保人如無能力繼續繳納保費, 原保單固將因之失效, 但其儲蓄成分並不因之而喪失, 且可自行作下列各項選擇: (1)領取現金, (2) 改爲一次繳納保費而保額較少之終身保險, (3) 改爲一次繳納保費而保額不變的定期保險. (4) 改爲終身或定期年金或退休收入保險。此外, 被保人也可中途改換爲其他種類的保單; 如果新保單的保費較原保單爲高, 且不須提供可保能力證明。

二、 限期繳費的終身保險 (*Limited-payment life insurance*) 即是規定分期繳納保費的期間, 通常規定爲十年、 十五年、 二十年、 二十五年或三十年, 也有限定在某一年齡(如六十五歲) 達到前付清保費者。

付清保費的時間越短，則每次繳付的保費越多，而現金價值的累積亦愈快，因之在緊急或老年退休時期，可有較大的基金以供使用。另一方面，如被保人過早死亡，其所付出的保費總額，則較購買終身繳費之保單爲多；反之，如被保人在付清保費後生存越久，則其付出的保費總額，又遠較購買終身繳費之保單爲少。兩種保單並無好壞軒輊之別，要視被保人斟酌自己情況善加選擇爲是。此外，關於前述終身繳費保單之其他優點，亦仍爲限期繳費之終身保單所具備，故不贅述。

終身保險除因繳納保費方式之不同，而可分爲上述兩種保單外，亦可由於承保人數的多寡，分爲 (1) 單一人壽保單 (*single-life policy*) 與 (2) 聯合人壽保單 (*joint-life policy*)。人壽保險契約通常多以一人爲被保人，如有二人以上聯合購買一張保單，並以最先一人之死亡爲給付條件，則可稱爲聯合人壽保單。要注意的，此與團體人壽保險 (*group life insurance*) 不同，容後再述。如以最後一人之死亡爲給付條件，則可稱爲 (3) 最後生存者保單 (*last survivor policy*)，此種保單甚爲少見，不擬具論。

聯合人壽保單之被保人數，多爲二人，亦有多達三人或四人者。除爲終身保險外，亦可爲生死合險。通常多爲夫婦二人購買. 因爲彼此相依爲命，任何一人之死亡，均將爲另一人帶來經濟上的損失，故以最先一人之死亡爲給付條件，可使繼續生存的人有所依靠。有時候，也可爲合夥企業的合夥人共同所購買，而以最先死亡者之給付金額，用爲購買其合夥權益的資金。惟以任何一人死亡，保險契約即已終止，其餘生存者必須另購同樣之保單，才能使合夥企業繼續獲得保障，反不如每人分別購買終身保單爲得計，因之而有合夥保險 (*Partnership insurance*) 之設計，因係個別保險，且屬事業人壽保險範圍，暫不具論。

　　第三目　生死合險

　　生死合險 (*Endowment insurance*) 乃死亡保險與生存保險的混合，有時又稱混合保險。在約定之期間內，如被保人不幸死亡，保險人固須給付保險金額；在約定期間屆滿，如被保人仍然生存，保險人亦須給付保險金額。生死合險依其到期日 (*maturity date*) 表示之不同，可分兩類：一是以特定年齡為到期日，例如被保人達於六十五歲仍然生存，則契約期滿，保險人即有給付義務。二是以特定年數終了為到期日，即契約訂立後經過一定之年數，而被保人依然生存，保險人即有給付義務。兩者在到期日之前，如被保人死亡，保險人於給付保險金額後，同時終止保險契約。購買此種保單之主要目的，不外兩方面：一是以養老為主要目的，希望在老年退休之時，能有一筆收入頤養天年，故多採取第一種形式之保單，其期間多較長。二是以儲蓄為主要目的，例如為配合償債需要或子女教育需要而購買之保單，多在時間與數額方面與之配合。在保費繳納方面，亦如終身保單一樣，可在契約期間內分期繳納，如為時間較長之保單，亦可限期繳納。同時，也可有數人聯合購買之保單，通常都以第一人死亡或契約期滿為給付條件，視何者最先發生而定。

　　生死合險之保費，要較單純之生存保險或死亡保險為高，因之而有兩種不同之看法：一是認為被保人必有所得，因為無論期前死亡或期滿生存，保險人均須給付，故所繳保費不致落空。二是認為被保人必有所失，因為被保人如在契約滿期前死亡，則生存保險部分所付之代價，勢將喪失；如在契約滿期時依然生存，則死亡保險部分所付之代價，亦將喪失。被保人既不可能獲得兩方面的給付，則必有一方面的保費等於白費。**根據此一理念，有人認為被保人如在契約到期日前死亡，保險人之給付，應為保險金額加上生存保險部分累積之準備金。較為正確之看法，則以生死合險並非純粹生存保險與保額不變的定期保險相結合，而是保額遞減的定期保險與遞增的投資相結合。就契約的投資部分而言，**

並非純粹的生存保險，因爲純粹的生存保險，在被保人於到期日前死亡時，保險人並無分文給付。而生死合險下的投資部分，則當作被保人的儲蓄，永遠歸被保人所有，且隨契約年數的增加而不斷遞增；而其加上的定期保險部分，則隨契約年數的增加而不斷遞減。被保人在契約期內無論何時死亡，其所獲得的給付金額，永遠等於投資部分的金額加上定期保險部分的金額。如被保人在第一年死亡，則其給付金額幾全爲契約的保險部分；反之，如被保人在到期日仍然生存，則因保險部分遞減爲零，故其給付金額乃完全爲被保人之投資部分。以上係從生死合險契約的經濟觀點而言，如果基於數理觀點，則生死合險的保費，仍是定期保險與純粹生存保險兩者各別保費的總和。

　　關於生死合險的投資成分，亦有三種不同的想法：(1) 主要以累積一定之資金爲目的，保險成分祇視爲附帶的作用。此種想法，尤以短期的生死合險爲然。因之如以最後獲得的一定資金，按照市場利率計算每期應予繳納之保費，必覺實際繳納之保費顯得過高，或者說，依此實際繳納之保費，應能獲得更多的投資利益。此一看法忽略了生死合險的保險成分，由此一成分所付的保費，並非投資，而是消耗，因而不免誤認生死合險祇是一種收益較低的投資方法罷了。(2) 與前一看法相反，而將生死合險的全部保費減掉在同樣年齡購買同一年數的定期保單所需保費後之餘額，視爲保費的投資成分。殊不知生死合險下的保險部分，乃是一種保額遞減的定期保險，而非保額不變的定期保險，平均保險金額僅爲保險面額的半數（如期初保險金額爲一千元，期末遞減爲零，則平均金額爲 $\frac{1000+0}{2}=500$）。故此一想法不免高估了保險成本，而使想像中的投資利益較實際的爲高。(3) 較爲正當的計算方法，應是從每年繳納的保費中，減掉同一保額一年期保險的保費，然後計算以其餘額累積爲到期日之保險面額時所需的複利率，此一複利率即爲投資部分實際的報酬

率。可以下列算式求之。以 A_1、A_2、……A_n 代表各年實繳保費減掉一
年期保險保費（與年俱增）後之餘額，則

$$保險金額＝A_1(1+i)^n+A_2(1+i)^{n-1}+……+A_n(1+i)$$

求其中 i 值，卽爲投資部分之實際報酬率。這一看法，固甚正確，但仍
不能以此計算出來的投資報酬率與一般投資市場的報酬率相比較，以確
定孰優孰劣。這有下列幾點理由：

1. 保險的投資是比較安全的。不獨保險公司有其保障的最低利率，
而且在投資作業上遠較個人投資爲安全可靠。

2. 透過保險的投資較易維持久遠。被保人非至萬不得已，甚少中途
解約而撤回投資。個人投資則不然，每因缺乏毅力而中途停止，甚至動
用過去已有的儲蓄。

3. 保險的投資，可以節省個人投資所花的時間與精力。個人投資的
利益，必須扣掉此項節省的無形成本後，才能與保險的投資利益相比較。

4. 保險的實際投資利益，通常都較其表面的投資利益爲高。這是因
爲一般保險公司在計算保費時的保證利率不過爲一種保守的最低利率罷
了，其實際投資收益，通常都較此一保證利率爲高，此一高出的部分，
每以紅利名義分配與被保人，而使被保人實際獲得的投資利益，要比表
面上的投資利益爲多。

5. 一般國家對繳納保費部分的所得，免課所得稅，發生保險給付時，
亦祇以其超過所繳保費的部分課征所得稅。如爲個人直接投資，用於投
資的所得以及投資所得的報酬，均須征課所得稅。

6. 以保險的現金價值改購老年年金時，保險人不須加收其他費用（
卽沒有附加保費），而使每一元的現金價值獲得較多的年金收入。如以個
人投資的收益改購年金，則不能如此。

　　第四目　年金

　　年金 (*Annuity*) 一詞, 是指於約定或或有日期 (*at a stated or contingent date*) 起開始按期支付一定之金額, 直至某一固定時期終了或某一指定之人或數人之生命終了之時爲止。以其生命時間支配年金給付時間的人, 謂之年金受領人 (*annuitant*)。事實上, 年金受領人有時並不一定自己受領年金給付。而年金收入也不一定是每年支付一次的, 事實上, 反以半年、一季或每月支領一次者爲多。

　　年金可說是純粹生存保險 (*pure endowment*) 的一種變則, 兩者同以被保人或年金受領人之生存爲給付條件, 但前者係於受領人達到一定年齡後分期給付, 後者則爲被保人達到一定年齡時一次給付而已。但就一般保險與年金比較而言, 前者的主要目的, 是在創造整筆資金, 後者則在分解整筆資金 (此一整筆資金是如何創造的, 在所不論)。雖然如此, 兩者仍有其相同的基本原理: (1) 同爲預防收入的損失。其他人壽保險是在預防因早死而造成的收入損失, 年金則爲預防因生存過久而造成的收入損失。(2) 同爲互助精神的發揚。其他人壽保險是以活得較久的人多付的保費, 補貼死得較早的人所少付的保費。而年金則反是, 是以死得較早的人多付的保費, 補貼活得較久的人所少付的保費。(3) 兩者在計算其保險的代價時同以生命表 (*mortality table*) 中生存或死亡的或然率爲基礎 (但兩者所用的生命表, 並不完全相同)。(4) 兩者在計算其保險的代價時, 同以保險公司可能賺取的複利率爲依據 (即就將來可能發生的給付, 依一定複利率折算爲現在價值, 或就此一將來給付的現在價值, 依一定複利率折算爲將來分期應收之保費)。

　　關於年金的類別, 可依各種不同的標準, 分成各種不同的年金。實際上, 一項年金可同時包含多方面的特性。茲分別敍述於次:

　　一、依其包含的人數, 可分爲:

　　1.單人年金 (*single-life annuity*) 即爲一人單獨購買的年金契約,

並以其自己的生存爲受領給付的條件。

2. 聯合年金 (*joint annuity*) 卽爲多人共同購買之年金契約，而於最早一人死亡時停止年金給付，此種契約甚屬少見。如規定僅於最後一人死亡時停止年金給付，則可稱爲最後生存者年金 (*joint-and-survivor annuity*)。前一方式下的年金，多爲共同生活之二人（如姊妹或兄弟）所購買，他們原有的收入祇够維持一人生活，故須購買此種年金以補充之，如其中一人死亡，卽不須再靠年金生活。而後一方式下的年金，亦多爲共同生活之二人所購買，但他們並無其他可靠之收入，而純靠年金以維生活。習慣上，原定年金數額並不因其中一人之死亡而減少，但近來認爲最後生存者所需之生活費用，不及二人同時生存時爲多，因而乃有所謂「聯合及三分之二年金」(*joint-and-two-thirds annuity*) 及「聯合及二分之一年金」(*joint-and-one-half annuity*)。前者於第一人死亡後，年金給付減爲三分之二，後者則減爲二分之一，故其購買價格要較年金維持不變時爲少。

二、依其給付的起期，可分爲：

1. 卽期年金 (*immediate annuity*) 卽第一次之年金給付，於購買年金後之次期開始，如爲月付年金，則從購買一月後開始給付，如爲年付年金，則從購買一年後開始給付。此種年金總是以薹繳保費購買，購買者以一次繳付的價格，換取保險人分期給付的承諾。於此應注意的，在年金術語上，尚有所謂期初年金 (*annuity due*) 與期末年金之別，前者是指購買年金後卽時開始第一次給付，事實上，並無此種年金。所有卽期年金都是於購買後「隔期」或「期末」開始第一次給付，因之卽期年金卽指期末年金而言。

2. 延期年金 (*deferred annuity*) 卽購買年金後，須經一段較長的時間（通常都在幾年或十年以上），才開始第一次的年金給付。購買此

種年金的人，多是在其有工作能力時安排年老退休後之生活，故採分期繳付保費的方式，以期於退休時累積一筆較大的基金，以供此後分期領受年金之代價。故多稱之爲退休年金 (*retirement annuity*)。

三、依保費繳付的方式，可分爲:

1. 躉繳保費年金 (*single-premium annuity*) 卽是一次繳付年金的購買價格，通常亦爲卽期年金的繳費方式。例如某人於退休時獲得一筆較大的退休金，卽以此作爲購買卽期年金的代價。由於一次繳費過多，不易爲購買人所願或所能負擔，故以下一方式較爲普遍。

2. 分期繳費年金 (*periodic premium annuity*) 卽在年金開始給付前，由購買人分期繳付保費，直至年金開始給付之時爲止。前述之延期年金卽多採取此種繳費方式。

四、依保險人的責任性質，可分爲:

1. 純粹年金 (*pure annuity*) 是指年金於開始給付後，祇要年金購買人繼續生存，卽可繼續分期領受年金給付，至其死亡之時給付終止。不論給付次數多少，概無保證給付次數或退還部分購買價格之規定。有時又稱此爲終身年金 (*straight life annuity*)。此種不退費性質，如適用於延期年金，則在年金開始給付前，如年金領受人卽已死亡，在理論上亦可不必退還已付保費。但一般年金契約，則仍規定在有此種情況時，保險人仍須加息或無息退還其已繳付之所有保費。

2. 退款年金 (*refund annuity*) 此不外兩種情況: 一是除繼續給付至年金領受人死亡之時爲止外，並保證一定或最少之給付次數。二是於年金領受人過早死亡時，以其尙未用完之購買價格退還與其指定之受益人。此種年金較能迎合購買人之心理，故爲現時最爲流行之年金方式。隨其退款方法之不同，又可分爲下列各類:

甲、保證一定之給付次數者，可稱之爲最少給付終身年金 (*life*

annuity with minimum guaranteed return) 或確定期數終身年金 (*life annuity with installments certain*)。或簡稱爲確定終身年金 (*life annuity certain*) 或確定與繼續終身年金 (*life annuity certain and continuous*)。其基本性質，乃是由確定年金 (*annuity certain*) 與純粹延期終身年金兩部分所組成。其中不論年金受領人死於何時而能給付一定期數之部分，屬於確定年金性質；在保證給付期數終了後，祇要受益人仍然生存，仍可繼續給付之部分，則又具有延期終身年金性質。此種形式之年金價格，隨保證給付期數的多寡而定，保證給付期數越多，則其購買價格越高。

乙、保證付還全部購買價格者，其中又分兩種情形：一稱分期退款年金 (*installment refund annuity*)，卽當年金受領人於分期給付尚未等於全部購買價格前卽已死亡，則其指定或法定受益人仍可繼續享領分期給付，直至全部購買價格付還爲止。反之，如受領人受領之分期給付總額已達購買價格時仍然生存，自可繼續受領分期給付至其死亡之時爲止。二是現金退還年金 (*cash refund annuity*)，與前一年金比較，除購買價格與死亡前已領分期給付之差額，係以現金一次付還外，其餘相同。

也許有人懷疑，保險公司旣要保證付還全部購買價格，何以仍能對繼續生存者作超過其購買價格以上之給付？答案在於複利率。因爲保險公司所保證付還的，祇是購買價格，而全體年金購買者支付的全部購買價格，當其尚未全部付還前，其投資所生的利益，足以彌補此項超額給付的緣故。

五、依年金給付的金額，可分爲：

1. 定額年金 (*constant annuity*) 習慣上。年金的每期給付金額都在購買年金時卽已確定，在給付期內繼續維持不變。今日仍以此種年金居多。

2.變額年金　(*variable annuity*)　由於年金給付時間頗長，而物價總是不斷上漲。尤以在延期年金之下，年金購買人在其累積時期 (*accumulation period*) 分期繳付的保費，經物價不斷上漲後，如其領受的每期給付仍保持原定金額，則不獨年金購買人遭受貨幣貶值的損失，且使年金領受人難以維持原定的生活水準。爲迎合購買人的需要，而有變額年金的設計。此種年金目前幾全爲延期年金方式，在累積時期繳納的保費（亦常稱爲存款）用於購買所謂「累積單位」(*accumulation units*)，例如最初定爲每一累積單位爲十元，第一期保費卽依此一價格購買若干累積單位。此後保險公司利用年金保費所購證券市值的變動，每月對每一累積單位重新定值一次。投資證券所得的紅利，可定期分配與參加年金的人，用以購買更多的累積單位；亦可不予分配再作投資，並藉此增加每一累積單位的價值。每次所繳保費，除一部分用爲保險公司的費用外，其餘卽按繳納時之累積單位價值，換算爲若干累積單位。在累積時期年金資產（多爲股票）的價值變動（包括已實現與未實現的投資利得或損失），都反映爲累積單位的價值變動，而非累積單位的數目變動。

在年金給付時期 (*liquidation period*) 開始時，將累積單位換算爲年金單位，購買人所能獲得年金單位之數目，依保險公司假定的生命表、紅利率、費用及年金資產的市場價值等因素而定。基本上，是以購買人所有累積單位的貨幣價值，除以當時年齡購買一單位終身年金所需的現在價值（此一年金單位的時值，視每月給付金額的多寡而定），卽得每期領受的年金單位數目。在年金給付開始後，每期給付的年金單位保持不變，但每一年金單位的價值則每年重新定值一次，使其足以反映年金資產的市場價值，以及上一年的死亡、投資與費用經驗。而以每期給付的年金單位數乘以每一年金單位的時值，卽爲領受人每期實際可以獲得的

年金收入。在年金給付時期，股票的市值愈高及紅利越大，則領受人每期獲得的年金收入越多；而在年金累積時期，股價越低越有利於年金購買人，因爲他以每期一定的保費支出，可以獲得較多的累積單位。

第三節　普通人壽保險的特種契約

本節所稱之特種契約，並非在基本原理上與前述普通契約有何區別，所不同的，是在結合兩種或三種基本保單（如定期與終身），或以特殊方式分配保險給付，或在保費繳納方面有所特殊罷了。較重要的，有下列幾種：

一、家庭收入保險單　(*Family income policy*) 這是所有特種保單中最爲流行的一種。一個年輕人當其收入不足以購買保額較高的普通保單，而又耽心在他遭遇不幸後的子女生活時，即以購買此種保單較爲適合。

此種保單規定，如被保人於購買保單後特定期間（通常爲十年、十五年或二十年）內不幸死亡，則從死亡之時起至該一特定期間屆滿爲止，可按保險金額一定之百分比（如百分之一或百分之二），按月付與指定之受益人，期滿再以保險金額一次給付。如被保人在特定期間屆滿後死亡，則僅即時給付保險金額。例如某甲購買一萬元二十年家庭收入保險單，每月給付金額爲保險金額百分之二或二百元。設如某人於購買保單二年後死亡，則其受益人在此後十八年內每月可得收入二百元，十八年期滿，再獲保險金額--萬元。設如某甲在購買保單五年後死亡，則在此後十五年內，其受益人每月可得收入二百元，十五年期滿，再獲保險金額一萬元。倘某甲係在購買保單二十年零一天後死亡，則其受益人祇能即時領取保險給付一萬元。

　　家庭收入保險單在結構上，乃是終身保險與遞減定期保險的結合。終身保險部分，不論被保人於何時死亡，都能獲得保險金額的給付；而其定期保險部份，則爲特定收入期間可能支付的收入總額。此一可能支付的收入總額係隨被保人之繼續生存而逐漸減少，超越特定期間後遞減爲零。實際支付之收入，一部分來自終身保險給付在延付期間應得之利息，一部分則由加收保費所得來。至於選擇收入時期之長短，應視子女達到成年時之年數而定，有時在購買保單後又有子女出生，則對家庭收入的需要，可能超出原定期間之上。爲適應此一情勢，通常規定定期保險部分可轉換爲普通的終身保險或生死合險，而被保人不須提供可保能力證明，但其轉換金額以轉換時定期保險部分的剩餘金額爲限，或規定爲此一剩餘金額的百分之七十五或八十，通常須於定期部分終了前若干年內爲之，始爲有效。

　　二、家庭維持保險單（*Family maintenance policy*）此一保單與前一保單不同之點，在於被保人如於特定期間內死亡，則從死亡之日起開始家庭收入給付，直至領滿同一期間的家庭收入爲止，屆時再一次給付保險金額。倘如被保人於特定期間屆滿後死亡，則祇卽時給付保險金額，而無任何家庭收入。因之，以前述保單爲例，如被保人於購買保單十九年後死亡，可從死亡之時起二十年內，每月領取收入二百元，期滿再可領取保險金額一萬元。然而，倘如被保人於購買保單二十年零一天後死亡，則祇能卽時領取保險金額一萬元，而無分文家庭收入可領。

　　此種保單乃爲終身保險與保額不變的定期保險的結合。所謂保額不變的定期保險，是指在購買保單後的特定期間內，如被保人在任何時候死亡，均能連續每月受領一定之家庭收入，其收入給付期間均與此一特定期間相等。換言之，祇要被保人在特定期間內死亡，則其收入給付期間係從死亡之日開始計算，而在家庭收入保單下，則其收入給付期間係

從購買保單之時開始計算。

　　家庭維持保險單對購買保單後新出生之子女較有保障，但在並無此種情況下的家庭，如被保人在特定期間內之末期死亡，而家庭收入給付期間維持不變，就已長大成人之子女而言，似無必要，但却因此而增加了保費支出，宜其不及家庭收入保險單之受人歡迎也。

　　三、家庭人壽保險單 (*Family life insurance policy*) 於1956年由美國保險公司首先設計採用，目前大為流行，雖因保險公司不同，而有若干變化，但其基本特點，則是以一張保單為全家人提供保護。通常當家之丈夫為終身保險，妻子與兒女則為定期保險。丈夫終身保險以五千元為一單位，每一單位的終身保險，配以妻子之定期保險一千元，以達於六十五歲為止；每一子女亦有定期保險一千元，以達於某一特定年齡（如十八歲、二十一歲或二十五歲）為止，並自動及於將來出生或收養的子女，但多以達於十四歲為限。通常出生後未滿十五日不保，出生六個月內減少保額。關於妻子的保額，且有各種變化，例如妻子年齡小於丈夫年齡時，其定期保險金額可以大於一千元，大於丈夫年齡時，其保險金額可以小於一千元。或者將妻子保額規定為丈夫保額的某一較大或較小的百分比。

　　此種保單通常附有保費放棄條款，規定丈夫死亡或變為完全喪失工作能力時，可免繼續繳付保費，此外，在其家屬達於定期保險屆滿之年齡時，亦可轉換為保費較高之其他保險，而不須提供可保能力證明。通常每一千元之定期保險，可以獲得終身保險五千元。

　　四、退休收入保險單 (*Retirement income policy*) 此種保單與前述退休年金不同之點，是不僅對購買人提供退休收入或年金，並在購買人於收入給付前死亡時，按退休收入每十元給以若干死亡給付，例如每十元退休收入獲得一千元之死亡給付是。而退休年金之購買人，在同樣

情況下，　祇能退回已繳保費或現金價值（以較大者爲準）。　設被保人早期死亡，　則退休收入保單下之死亡給付，　當遠較退休年金退回的保費爲多。

另加的死亡給付可算是一種遞減的定期保險。其保險成分卽爲死亡給付金額超過其現金價值的部分。由於現金價值隨着繳納保費次數的增加而增長，　則其保險部分自必隨而不斷遞減，　於現金價值等於死亡給付時遞減爲零（通常在卅五歲購買退休收入每月爲一百元，死亡給付爲一萬元之退休收入保險單，　在年達五十七歲時，　其現金價值卽與死亡給付相等）。　如被保人於年金給付開始後死亡，　則無死亡給付，而與普通之退休年金契約相同。

五、生存年金（*Survivorship annuity*）有時又稱繼承年金（*Reversionary annuity*），　實際上，　乃是一種附有年金約定之終身保險。卽是被保人如先於受益人死亡，　保險人須按期以特定金額付與受益人，直至後者死亡之時爲止；反之，如受益人先於被保人死亡，則無任何給付。由於受益人領受之終身給付，與其在購買保單時之年齡有關，而被保人購買保單時之年齡，則又影響其將繳納保費之次數，因之，被保人與受益人之年齡，同爲決定保險費率之重要因素，故此契約亦不允許可以變更受益人。

此種保單，有兩項優點：⑴在被保人死亡時，　祇要受益人仍然生存，則不論其當時年歲多少，均能按期獲得一定金額的終身給付。⑵如在購買保單時，　被保人年齡較輕而受益人年齡較大，　則其所需之保費亦較其他類似之保單爲低。至其缺點亦有：⑴絕對缺乏彈性。因爲在購買保單時指定之受益人，不論在被保人死前或死後，均不得加以變更。⑵保險給付，祇有指定之受益人才可享受，而不能及於其他依被保人維生之人。例如丈夫購買此種保單，指定其妻子爲受益人，設如夫死後不

久妻亦死亡，則其子女均不能享受任何給付。(3)沒有任何現金價值，如
受益人於開始領受給付後不久死亡，保險契約即告終止，而無任何現金
價值可以退還。但如受益人在被保人之前死亡，祇要被保人具有可保能
力，通常仍可獲得其他之保險。

　　六、終身收入保險單（*Life income policy*）此為補救上述保單之
缺點而設計者。它與生存年金不同之點，僅在被保人死後，不論受益人
已否領受年金給付，都保證一定期間按期給付約定之收入。如在約定期
間屆滿後受益人仍然生存，則收入繼續領受至其死亡之時為止。因之此
一保單乃為終身保險與延期生存年金兩者的混合。前者的金額，依保證
給付金額之現值計算之；後者則為此一保證給付終了後開始之終身年
金。倘如受益人先於被保人死亡，則延期生存年金部分隨而終止，但終
身保險部分繼續有效，而可用以保障其或有受益人（如為丈夫購買，通
常多以妻子為受益人，妻如先於丈夫死亡，則其子女當為或有受益人）
之生活。並可就其年金部分終止後所節餘之成本減少保費。終身保險部
分也有解約價值，但須終止全部契約時始能獲得。保證分期給付部分之
受益人亦可由被保人加以改變。如受益人先於被保人死亡，通常也允許
或有受益人就其保證給付部分之現在價值一次領取現金。

　　七、保費修正人壽保險單（*Modified life policy*）為適應年輕人
之需要，保險公司可使契約初期之保費減少，而保險金額維持不變。此
又可分兩種情形：一是以定期保險原則納入終身保險之中，例如最初五
年按定期保險計收平衡保費，以後則按定期保險終了時之年齡計收終身
保險之平衡保費。最初五年之保險並無解約或現金價值，以後則為純粹
之終身保險。另有一種設計，係以保險初期（例如十年）之第一年按定
期保險收取保費，以後各年，則定期保險金額遞減，而終身保險金額遞
增，期滿以後，即全按終身保險計收平衡保費。在前一時期內之各年保

費，則隨終身保險部分之遞增而不斷增加。二是採用保費重分配辦法，而不滲入任何定期保險成分。例如最初三年或五年內之保費恰爲以後每期應繳保費的一半，或爲其百分之七十等。但不論採用那種方式，應使此一特定期間屆滿後之保費，雖較購買保單時之平衡保費略高，但較此一時期終了時已屆年齡下的平衡保費略低。而且，此種保費重分配後的現在價值，應恰好等於購買保單時按平衡保費計算的現在價值。

八、收入及本金保險單（*Income and principal policy*）此一保單規定於被保人死亡時，對第一受益人付以特定金額的終身收入，而於第一受益人死亡時，再以保單面額給付第二受益人。倘如第一受益人先於被保人死亡，則於被保人死亡時，以保單面額直接給付第二受益人。此種保單實爲終身保險與生存年金的結合，最後付與第二受益人之給付，係由終身保險部分所提供，而此一給付部分在被保人死後至其付出期間預期獲得的利益與第一受益人終身年金之差額，則爲生存年金部分所提供。此種保單增加之保費，視被保人及第一受益人之年齡而定，倘如第一受益人先於被保人死亡，因生存年金部分終止，故其保費可依終身保險之費率予以減少。

九、幼少年保險單（*Juvenile policy*）技術上，幼少年保險是指爲出生後至年滿十四歲或十五歲之人承保之人壽保險，通常由其父母之一或對其生活敎養負有責任之人所購買，以其具有高度之儲蓄成分，能爲幼少年準備他日敎育所需之資金，故已逐漸變爲人壽保險重要之一環。最初保險公司認爲幼少年的可保價值有限，如無任何限制，易於導致投機或謀殺事件，因之在初辦時對於年齡與金額加以種種限制。我國保險法第一○七條則根本禁止以十四歲以下之未成年人爲被保險人而訂立死亡保險契約，似又有矯枉過正之嫌。實則幼少年對其父母確有保險利益存在，祇要加以適當的限制，仍可防止流弊發生。以美國爲例，目前幼

少年之保險，多用下列幾種保單：⑴二十年繳費六十五歲到期之生死合險，⑵二十年繳費八十五歲到期之生死合險，⑶二十年期的生死合險，⑷六十五歲繳清保費的終身保險，⑸十八歲到期的教育生死合險等。這些保單大多附有付費人利益條款（*Payor benefit clause*），規定付費人如在被保人達於某一特定年齡（通常爲十八歲、廿一歲或廿五歲）之前死亡或完全喪失工作能力，可以免繳保費，直至被保人達於此一特定之年齡爲止。附有此一條款之保單，必以付費人具有可保能力爲條件。關於幼少年之年齡，有些公司規定出生一日後卽可保險，有些則規定至少須滿一個月。有些州法規定未滿五歲前，保險金額須受限制；有些且將限制年齡延伸至十歲或十五歲，並依年齡分級，遞增其保險金額；有些乾脆規定在特定年齡前死亡，僅加息退還已繳之保費。對未有州法限制之各州，通常於年滿一歲後死亡，卽可依照保單面額賠償，但如在零歲（卽不滿一歲）購買之保單，其第一年之死亡給付，通常限制爲每千元保額僅賠付二百五十元。

於此值得一提的，是美國近年設計的幼少年跳躍保險單（*Jumping juvenile policy*），通常須在十五歲以前依限期繳費方式購買。年達二十一歲時，保險面額躍爲原面額之五倍，但保費照舊不變。自然，此種保單之保費，在保額增加之前，必較同額保險之普通保單爲高，但在保額增加之後，又較同額保險之普通保單爲低，頗能適合一般家庭之需要，故爲近年一種頗爲流行之幼少年保險單。

十、全能人壽保險單（Universal life insurance） 此爲美國用以替代終身保險而於1979年採用之保險單。各保險公司所用之保單並未標準化，但仍具有若干共通之特點。它與終身保險相同之處，是其在同一契約內結合了定期保險（終身保險也可說是以百歲爲期之定期保險）與儲蓄（或稱現金價值）。而基本差異則是全能人壽保險單明白確認⑴定

期保險部分與儲蓄部分之個別金額，(2)儲蓄部分或現金價值之報酬率。此一報酬率是其保證的報酬率（百分之三或四）加上一額外報酬率，後者則依某一短期貨幣市場的報酬率而定，並只適用於超過美金一千元的儲蓄。

　　死亡給付通常由下列二法之一決定之：(1)由被保人選定死亡給付數額。此一金額每年也可由被保人增減保費而加以調整，但增加死亡給付金額通常須提供可保能力證明。(2)由被保人選定定期保險金額。任何一年之死亡給付，即為此一定期保險金額加上當年之現金價值。

　　全能終身壽險之另一特點，是其每期保費支付之時間與金額具有伸縮性。只要現金價值足以支應當期死亡成本，則投保人可以減少或缺繳保費，甚或可以提取若干現金價值。反之，投保人亦可增加保費繳納之次數與金額，從而增加其現金價值或儲蓄成分。

　　第三項特色，則為保險人須將有關計算之資訊告知投保人。說明書須說明其保險金額、現金價值、對現金價值支付的利率，以及保費中有多少用於購買定期保險、有多少增加儲蓄成分、有多少用以支付保險人之各項服務費用。

　　十一、非常人壽保險單（*Extraordinary life insurance*）此為美國相互保險公司近年開發之新保單。被保人購買特定金額之終身壽險所需保費，只有終身壽險原有保費的三分之二，故又稱為「經濟計劃」（*econoplan*）。其保險金額包含兩部分：(1)由每期支付保費通常所能購買之終身壽險金額。(2)以終身壽險每年支付之紅利為保費、購買「繳清保險」（*paid-up insurance*，即一次躉繳保費之保額）及一年定期保險之聯合金額。隨着時間增加，繳清保險增加之金額逐年成長，直至不再須以一年定期保險作為填補死亡給付金額（即保單載明之保險金額）與終身壽險金額之差數為止。此後之紅利分配，可以現金支付，或用作紅

利任選條款規定之其他用途。

十二、此外，尚有「變額人壽保險」(*variable life insurance*)、可調整人壽保險 (*Adjustable life insurance*) 及所謂 *Flexible premium variable life insurance* 等保險單，均已於本書第三章第三節中略有敍述，故不再贅。

第四節　普通人壽保險的主要條款

人壽保險單為規定契約雙方的權利與義務，通常載有許多條款。有些條款是政府法令所規定的，必須包含在保險契約之內；有些條款則是保險公司自由決定，在文字與內容上可以各不相同。然而，由於公會的協議或同業的競爭，這些雖非法令強行規定的條款，亦有逐漸標準化或一致化的趨勢。其次，有些條款所規定的事項極為單純，被保人並無任何選擇的餘地。也有一些條款就某一事項作多種規定，而使被保人或其受益人有所選擇。本節仍以美國保單為例，就各項重要條款加以闡述：

一、**不抗辯條款** (*Incontestability Clause*) 此一條款規定：在被保人生存期間，契約生效滿二年後，除非不繳保費，本保單變為不可抗辯。所謂不可抗辯，是指保險公司不得以被保人在要保書上之誤告或隱瞞事實為理由，而主張契約無效或拒絕賠償。後來法庭更採寬大解釋，即使被保人有所詐欺，訂約二年後，亦不得作為抗辯之理由。依照一般的法律觀念，不顧詐欺的協議有違公共政策，通常都認為是無效的，因之此一不抗辯條款，算是人壽保險的一項特殊規定。揆其理由，不外認為在保單發出若干年後，被保人之健康情況自有變化，如保險人可因某些理由終止契約，則人壽保險將變得毫無意義；況且如在被保人死後，要受益人為其生前之誤告隱瞞或詐欺而負責任，不獨收集證據困難，亦且有違人道。此與財產保險不同，因為財產遭遇意外損失之危險，並不與時俱增，中途終止契約後，被保人仍可在他處獲得相同之保險，對其享受

之權益並無影響。故財產保險可由契約雙方隨意終止契約，而人壽保險則否。

二、年齡與性別誤告條款(*Misstatement of Age and Sex Clause*)
上述不抗辯條款並不適用於被保人年齡與性別之誤告，因為年齡與性別乃為人壽保險訂定費率之主要因素，保險人雖不能以年齡與性別誤告為理由而主張契約無效，但仍可依其實付保費與應付保費之比例調整保險給付金額。例如年已三十歲之某甲，於購買一萬元之終身保單時，將其年齡誤告為二十五歲，在死亡後發現年齡錯誤，其受益人祇能獲得死亡給付八千七百四十元，這是依其實付之保費在三十歲時所能購買之保險金額。倘如某甲原為女性，除年齡誤告外，並誤以男性身份購買上一保單，則調整後之給付金額應為九千一百四十元。由於此一規定，可以挫敗被保人故意少報年齡之不良企圖，並鼓勵他們對保險人與受益人提供真實年齡之證據。要注意的是，如將年齡多報，或將男性誤報為女性，則被保人實繳保費多於應繳保費，因之調整後之給付金額將較保單所載之保險金額為多。

三、寬限期條款(*Grace Period Clause*)　每一人壽保單都在當期保費到期後規定有三十日或三十一日之寬限期，在此寬限期內繳納保費，保單仍將繼續有效。換言之，被保人如在寬限期內死亡，仍可獲得保險人之賠償，但須從死亡給付中扣繳欠付之保費。另一方面，如在寬限期屆滿後仍未繳納當期保費，則契約因之失效，但在具有現金價值之情況下，通常可因保單之其他規定，改為保費繳清保額減少之原種保險，或改為保費繳清保額不變之定期保險，視被保人選擇而定。

四、復效條款(*Reinstatement Clause*)　保單因欠繳保費而失效後，倘如被保人並未放棄保單領取現金，則仍可在保單規定之復效期內加息補繳到期保費，並提供滿意之可保能力證明，以使保單恢復其原有效

力。復效期間之長短，保險公司規定不一，通常爲三年到五年。倘如保單失效未久，被保人祇須說明健康情況卽可，無需提供可保能力證明；否則，提供身體檢查證明書，殆爲申請復效的一項必要條件。

五、貸款條款(*Loan Provision*)　倘如被保人急需資金而又不願終止契約，他可在其保單具有之現金價值內，向保險公司申請借款。此爲被保人的一項權利，保險公司不得拒絕。欠付之借款利息，加算在本金之內，如本息合計之債務總額等於或超過保單之現金價值，則被保人於接到保險人通知後三十日內如不付清利息，將使保單效力隨而終止。初視之，被保人在其自己的儲蓄（卽現金價值）範圍內向保險人借款，似無給付利息的理由。實則保險公司在計收保費時，已將此一儲蓄的投資收益考慮在內（卽因此一預期的投資收益而減少了所收的保費），故卽使爲被保人自己利用此一儲蓄，亦須補償保險人所損失之投資收益。在保單失效前，借款之全部或一部，可於任何時候償還，當被保人死亡時，則從保險金額給付內扣還此一借款。

六、保費自動貸款條款(*Automatic Premium Loan Provision*)　此一條款祇在被保人要求時始行添附。依其規定，倘如被保人未能按期繳付保費，保險人應在其保單具有之現金價值範圍內自動代爲繳付，並以此作爲對被保人之貸款，有關貸款之其他事項，與前項貸款條款同。

七、延付條款(*Deferment Clause*)　爲避免在經濟蕭條時期，由於被保人紛紛要求保單貸款或領回現金價值，而使保險公司在財務周轉上發生困難，乃以延付條款規定，保險公司對於保單貸款或現金價值之支付，得酌予延期，但最多不得超過六個月。此一條款，並不適用於保費自動貸款及死亡給付，但依賠款解決任選條款保留生息之死亡給付或保證之分期給付，仍得適用延付條款之規定。

八、自殺條款(*Suicide Clause*)　此一條款規定，被保人如在購買保

單後兩年內（有些保單規定為一年）故意自殺死亡（不論當時神智清醒與否），保險人之責任，以退還已繳之保險費為限。如無此一條款，則窮極無聊之人可於決意自殺後購買保單，以解除其死後家屬無以維生之顧慮。何以規定一或二年之後仍可賠償，則有兩點理由：一是人之自殺，多半出於一時之衝動，被保人甚難在自殺前一或二年內，為自殺而去購買保單。二是基於公共利益，不能使無辜之受益人在保單經過一或二年之後頓失依靠，而陷生活於絕境也。

九、航空條款（*Aviation Clause*）一般言之，保險公司並不願意使用航空除外條款，而寧願以增加保費方式承保此種較大的危險。然而，美國保單內仍可發現四種不同內容的航空條款：(1) 除定期航線的旅客外，所有航空死亡除外不保；(2) 僅軍機致死除外不保；(3) 飛行員或學習飛行員及空中服務人員除外不保；(4) 軍事演習之航空死亡除外不保。(1) 與 (3) 兩種規定，甚少規定於保單之內；和平時期，很少有 (2) 與 (4) 兩種規定。

十、戰爭條款（*War Clause*）此一條款的用語差別甚大，有些規定為軍中服役除外不保（有些規定為國外軍中服役除外不保），有些規定為戰爭致死除外不保，但無論如何應將已繳保費或責任準備金予以退還。也有些保險公司僅視軍中服役為具有較大危險之職業，從而適用較高之費率，或限制其保險金額，而無所謂戰爭條款。而且，戰爭條款多於戰時或有戰爭威脅之時期採用之，一俟戰爭時期結束，此項條款即予取消。

十一、受益人條款（*Beneficiary Clause*）本條款規定：除非日後變更，以要保書內指定之受益人與或有受益人為準；倘如受益人先於被保人死亡，則以或有受益人為受益人；如無任何生存之指定受益人，則視保單所有人為受益人；受益人如有二人或二人以上，除非另有規定，任何死亡給付平均分配或付與最後之受益人。

受益人經指定後，有可以撤銷的與不可撤銷的兩種：如爲前者，保單所有人（可同時爲被保人）保有隨時變更受益人之權利，不僅可變更最初指定之受益人，也可變更其已變更之受益人。通常祇需以書面通知保險公司，並將保單送回批改卽可。倘如變更不可撤銷之受益人，則須事先獲得受益人之同意。此外，除非獲得受益人同意，不得請求保單貸款，亦不得以保單轉讓他人。倘如被保人不繼續繳納保費，受益人可以行使不喪失價值任選條款，亦可代爲繳納保費以使保單繼續有效。

十二、保單轉讓條款 (*Assignment Clause*) 人壽保單之轉讓與財產保單之轉讓不同，財產保單之轉讓，通常卽爲被保人之變更，由於被保人與財產之危險關係密切，故多規定保單之轉讓，必須先得保險人之同意方爲有效。然而，人壽保單之轉讓，並非同時發生被保人之變更，而僅由受讓人承擔繳納保費之義務並取得獲賠之權利而已，因之人壽保單之轉讓並不一定須獲保險人之同意。但轉讓條款規定：保單之轉讓，除非並直至轉讓文件或其副本送達保險公司總管理處時，保險公司不受約束。關於任何轉讓之有效與否，保險公司亦不負責。此一規定之含義，是指保險人於接獲轉讓之通知前，如將保險金給付原定之受益人，保險人不負任何責任。但在保險人接獲轉讓之通知後，則有義務以所發生之死亡給付給與受讓人本人或其所指定之受益人。然而如前所述，倘如原受益人爲不可撤銷的，則須事先獲得受益人之書面同意。

受讓人於受讓保單後，一方面取得原保單賦予之一切權利，另一方面也須承當原保單下設定之各項義務。例如尙未淸償之保單借款與保費自動貸款，均自動轉由受讓人承當，不得異議。

保單之轉讓，可於被保人生前爲之，亦可於被保人死後爲之。在後一情況下，卽爲受益人以其享受保險給付之權利轉讓他人，並不須事先獲得保險人之同意。

十三、不喪失價值任選條款 (*Non-forfeiture Options*) 除定期保險外，其他保單在生效一或二年後（有時定爲三年），即有現金價值。此爲被保人之儲蓄，不因保單失效而放棄其要求現金價值之權利，故又稱爲「不喪失價值」。不喪失價值任選條款，規定被保人於欠繳保費後三個月內，可以書面要求就下列三項規定擇一辦理：(1) 放棄保單，領取現金，(2) 改爲保費繳清而保額較少之原種保險，(3) 改爲保費繳清而保額不變的定期保險（通稱爲展延定期保險）。倘如被保人未作選擇，則按第三項規定，改爲展延定期保險 (*Extended term insurance*)

十四、紅利任選條款 (*Dividend Options*) 出賣參與性保單 (*participating policy*) 之保險公司，都以一部分紅利分配與被保人。保險合作社及相互保險公司的保單，可說都是參與性的，被保人不僅分配分紅，也可參與管理。這些又是被保人享有所有權的必然結果。至於一部分商營的保險公司，也以出賣參與性保單爲號召，實際上祇是以一部分盈餘 (*surplus*) 分配與投保人，有人譯爲分紅保單，反覺近乎事實。但要注意的是，此一可以分紅的盈餘，並非投資人應獲的投資利潤 (*profit*)。在計算保險費率時，已將法定的投資利潤計算在內，此爲投資人應有的報酬，自不會分配與被保人。然而，保險公司在計算保險費率時，必須根據預定的死亡率、利率及費用率等因素。如果實際的死亡率較預定的死亡率爲低，則可產生死亡差益 (*gain from mortality*)；如果實際的投資收益較預定利率爲高，則可產生利息差益 (*gain from interest*)；如果實際的費用較預定的費用爲少，則可產生費用差益 (*gain from loading*)。再者，保險人付出的解約價值，亦較保單實有的現金價值爲小，故又產生解約利益 (*gain from forfeitures*)。上述這些利益，顯然爲被保人多付之保費，所謂紅利分配，實爲保險公司多收保費之退還。通常保單內載有紅利任選條款，允許被保人對保險公司分配之

紅利, 依下列規定擇一辦理:

1. 付以現金　實際上, 祇當保險單變爲「繳淸保險」(*Paid-up insurance*) 時, 才以現金付與被保人。

2. 抵繳保費　在被保人分期繳納保費的場合, 此爲最常用之方式。

3. 累積生息　是將紅利存放保險公司, 按保證利率生息累積, 如保險公司實際獲得的利息較高, 仍可依較高利率計算。

4. 添加繳淸保險　卽以所分紅利作爲躉繳保費, 計算所能購買原種保險之保額, 以增加原保單之保險金額。由於保險公司未將附加保費計算在內, 故一元紅利可以購買較多之保額。而且, 被保人在以當期紅利作此選擇時, 不需提供可保能力證明。

5. 一年定期保險　卽以紅利爲保費, 購買一年定期保險, 並同樣享受上項所述之優待。但所能購買之最大金額通常以該一保單之現金價值爲限, 如有剩餘紅利, 可選擇其他方式辦理。

6. 加速達成生死合險　卽以紅利直接撥充保單之準備金, 當其累積至與保單面額相等時, 保險人卽提前給付保險金額, 猶之如生死合險到期給付一樣。此一方式與累積生息不同。後一方法係將累積紅利與保險分開, 於被保人死亡時, 保險人除給付保險金額外, 並須退還累積紅利之本息。本項方法則因將紅利加在保單準備金之內, 故能「加速」保單之到期也。

十五、賠款任選條款 (*Settlement Options*) 在通常情況下, 當被保人死亡或於生死合險到期時, 係以保險金額一次給付。但若認爲分期給付對受益人更有利益, 被保人可於生前就下列各項解決方式擇一辦理, 倘如被保人未作選擇, 而受益人亦不願一次領取死亡給付時, 亦有相同之選擇權利:

1. 存儲生息　卽將死亡給付留存保險公司, 按投資收益按期給付利

息, 並不得低於一定之保證利息。

2. 固定期間之分期支付　即先固定分期（一月、一季或一年）支付之期數, 然後按保險金額及其保證利息所決定的每期支付金額, 分期支付與受益人。事實上, 即為確定年金 (*Annuity certain*), 如受益人於分期支付屆滿前死亡, 則繼續付與或有受益人。

3. 固定金額之分期支付　即先固定每期給付之金額, 然後依保險金額及其保證利息所決定之支付期數, 分期支付與受益人。在 (2) 及 (3) 兩項方式下, 如有紅利可以分配, 則前者可用以增加每期支付之金額, 後者則可用以延長分期給付的期間。

4. 終身收入　即以死亡給付購買終身年金, 保險公司按期以一定收入付與受益人, 直至受益人死亡之時為止。通常保險公司亦可保證一定期數之支付, 如受益人期滿仍然生存, 則繼續支付至受益人死亡之時為止。

5. 聯合及最後生存年金　當有二人以上之受益人時, 可保證分期支付一定之收入至最後一人死亡之時為止。有時候, 可將最後生存者的每期給付金額, 減至聯合生存時給付金額的三分之二, 但可藉以增加每期支付的金額。

第五節　特種人壽保險

本節所述的特種人壽保險, 與前述普通人壽保險下之特種保單不同。在保險業務上, 通常將普通人壽保險、團體人壽保險與簡易人壽保險, 並列為人壽保險的三大部門, 後二者無論在保單內容上或保險技術上, 均有其獨特之處, 而概以特種保險稱之。尤以團體人壽保險又為團體保險之一環, 而團體保險則為一種起步較遲而發展最快之保險事業, 目前已

有許多專著對此詳加論述，本書限於篇幅，祇就團體人壽保險略爲涉及。再者，次標準保險 (*Substandard insurance*) 雖不佔重要地位，但亦具有不同之特性，因亦列爲本節討論之範圍。

一、**團體人壽保險**　具有下列幾項特點：

1. 承保對象　顧名思義，係以一個團體內之成員爲其承保之對象。或爲一個雇主下之員工，或爲工會或其他團體的會員，或爲金融機構的債務人，或爲分期付款下的購買者。通常係由僱主或團體出面與保險人訂立保險契約，故祇有一張總保險單 (*master policy*)，但每一被保險人都持有一張保險證明書，憑以行使其應有之各項權利。

2. 被保人數　通常都有最低人數的限制，而且此一最低人數隨團體種類或性質而有不同的規定。以美國爲例，單一僱主應有員工二十人以上，單一工會應有會員二十五人以上，單一債權人每年應有新參加者一百人以上。在員工不需分擔保費的非分擔計劃 (*Noncontributory plan*) 下，一個團體內之合格人員，須全部參加保險；在員工分擔部分保費的分擔計劃 (*Contributory plan*) 下，至少須有百分之七十五的合格人員參加保險，均不須提供可保能力證明。所謂合格人員，就一個僱主而言，爲其全部或某些類別的正式與專職員工，兼職與季節工人通常不予承保。此一規定的目的，一在排除逆選擇，二在減低保險費用。

3. 保險期間　通常爲沒有現金價值之短期保險（通常多爲一年），但因附有續保條款，期滿可以申請續保，保險人不得拒絕。在保險有效期內，被保人因疾病、請假或暫時解僱，祇要繼續繳納保費，保險繼續有效。如被保人永久離職，則保險繼續至離職後滿三十一日爲止。在此暫保期間內，可另購個人保險，亦可從另一團體得到團體保險，而不致使原有保險爲之中斷。

4. 保險金額　此種保險的特徵之一，就是要排除個人選擇，即每一

被保人不能自由選擇其保險金額。但可依照事先決定的類別或等級，分別訂定不同的保額，在同一類別內的員工，保險金額必須一致。分類的標準，或爲薪資、或爲職位、或爲服務年資、或爲這些因素的混合。亦可不予分類，所有被保人均以相同之保險金額承保。關於每人之保險金額，通常有最低與最高的限制。在分類規定不同保額的情況下，一個員工如由某一類別轉到另一類別時，可以調整保額，但一般規定不作向下之調整。

5.保險給付　團體人壽保險通常並無除外條款，被保人因任何原因（職業的與非職業的）死亡，甚至自殺死亡,都可獲得保險金額的給付。而且，此種保單多半規定被保人在年滿六十歲前全部及永久喪失工作能力時，祇要在離職後繼續保持此一情況，不論時間多久，仍可於死亡時領取死亡給付。事實上，即爲附有放棄保費條款之終身保險。

6.其他權利　被保人在兩種情況下，可以不必提供可保能力證明，而能將團體定期人壽保險調換爲終身保險或生死合險：一是中途離職後三十一天以內，被保人可就原有保額之全部或一部調換爲其他保險，於上述優惠期間終了時起生效，保費則按調換生效時之年齡計算。二是原團體保險繼續滿五年後終止契約時，被保人得於原契約終止後三十一日內，申請調換爲其他保險，保額以原有團體保險下之保額爲限，並不得超過某一規定之金額。加以這些限制的原因，是恐若干企圖不良的僱主爲其不具可保能力的員工購買團體保險後再予終止契約，以使他們獲得較爲永久與大額的其他保險。

二、簡易人壽保險　英文之 *Industrial Life Insurance*,原係以低收入者的產業工人爲對象的一種保險,由於他們收入過少,並不適合購買普通保險下之各種保單，乃由保險公司設計此種保險，以滿足這些低收入者的需要。我國譯爲簡易人壽保險，對被保人而言，尚稱適當，但

就保險人而言，非但並不簡易，有時且較其他保險爲費事也。其一般之
特點爲：

　　1.保單種類　通常爲限期繳費的終身保險或二十年期的生死合險。
終身繳費的終身保險及定期保險，雖無法律上的禁止，但因不爲低收入
者所歡迎，故不採用。

　　2.保額限制　對每一保單或每一被保人的保險金額，都有最高的限
制，通常要比普通人壽保險爲少。

　　3.保費繳納　通常爲每週或每月由保險公司派員於被保人之住所或
工作場所收取之（對保險公司實不簡易）。

　　4.出賣保險方式　並非像普通保險以若干金額爲一保險單位。例如
美國以一千元爲一保險單位，出賣一萬元的保單，卽是出賣十單位的保
額。而簡易人壽保險是以按期繳納若干單位的保費，據以計算可以得到
的保額。這一方式，可使被保人易於負擔每期保費之繳納，且可便利保
費之收取與記帳工作。但近年以來，已有若干出賣此種保單的公司，對
較爲大額的保單，採取以保額單位計算保費數額之方式。

　　5.被保人數　並不一定採用一單一人之保險方式，而是可將全家人
之保險包括在一張保單之內。美國規定出生後至六十五歲或七十歲之每
一家庭成員，均可參加保險。這對近年美國盛行的家庭保單，不無先導
作用。

　　6.不需體檢　此因保險金額過少，不值得花費體檢費用，故祇根據
要保書的陳述及保險代理人的說明，作爲核保的依據。爲防止流弊，通
常都在不抗辯條款內附帶規定，倘如保單發出前二年內，被保人曾因重
病接受醫療或外科手術而爲保險人所不知者，保險人得在抗辯期內撤銷
保險契約。

　　7.不含自殺條款　此亦因保險金額過少，不需有此條款以防自殺圖

賠的危險。

8.其他有關保險事項，多與普通保險大同小異，故不贅述。

三、次標準保險 係指被保人之身體或職業情況，具有較正常人為大之死亡率，因而須有較高費率之保險。保險公司為保護自己的利益，通常採用下列各種方式，予以承保:

1.適用較高年齡之費率 例如被保人為二十五歲時，如列為次標準保險，可依其身體與職業情況，按三十歲或其他更高年齡之費率計算保費。此一方法通常祗適用於年輕時購買終身保險或時間較長的生死合險。否則，其由死亡率差別引起之成本增加，並不大得使此一方法增加保費為值得也。

2.按標準死亡率加算百分比 例如某一保險公司將次標準危險分為十級，每級死亡率為標準死亡率的百分比列如下表:

等　　級	死亡率（百分比）	等　　級	死亡率（百分比）
A	125	F	250
AA	$137\frac{1}{2}$	G	275
B	150	H	300
C	175	J	350
D	200	L	400
E	225	P	500

但要注意的是，次標準保險的費率並非依上述死亡率的百分比，就同一年齡之表定費率按同一比例加算。還有兩點原因: 一是表定費率是總保費的費率，包括附加保費在內，而次標準保險加算之費率，除佣金及保費稅捐外，並不包括其他之附加保費在內。二是上述額外死亡率之百分

比，係以實際的死亡率爲準，而標準保險純保費所根據之死亡率，係以生命表之死亡率爲準（對年青與中年時的死亡率常有高估），因之由額外死亡率所增加的純保費，亦每較標準保險下所應增加的純保費爲少。

3. 加收固定的額外保費　卽不論被保人之年齡，按其危險增加的程度，每千元保額加收一定的保費。在美國，通常爲千元保額可增加額外保費二・五元至十元不等。由於非定期保險下的純保險成分逐年遞減，故每年增加的保費理應隨而逐年減少，但爲避免逐年調整之麻煩，仍按平均增加之危險，每年增加固定之數額。有些保險公司並按保險種類而異其額外保費，例如購買生死合險之額外保費，卽較終身保險爲少。再者，此一加收之額外保費，祗能視爲危險增加的代價，故其儲蓄成分與紅利分配，均與標準保險下之同一保單相同。

4. 延付死亡給付　卽是不用上述任何一法，而當被保人於特定期間終了前死亡時，將保險給付全部或一部，留置保險公司至特定期間屆滿爲止。有時基於危險成分遞減的理論，而使實際留置的數額，隨此特定期間之縮短而逐年減少。此一方法在美國甚少採用，但却廣泛用之於英國與加拿大。

5. 其他方法 (1) 對額外死亡率之程度較小或不十分明瞭之次標準危險，不另增加保費，僅依實際死亡經驗予以調整每年給付之紅利。(2) 對可能延至中年或老年之額外死亡率，亦可不另增收保費，但須限購生死合險或限期繳費之終身保險。(3) 絕對禁購定期保險。

附錄　人壽保險之解約價值

————美國範例之研究————

一、保費的構造與投保人的儲蓄

　　購買終身保險、生死合險或長期壽險（通常爲十五年以上之定期壽險）等保單的投保人，在繳納保費一定期間（通常爲二年）後，如因故解除保險契約，通常都可從保險公司獲得一定數額的解約價值（Surrender Value）。有人以爲此項解約價值當然來自投保人過去繳納之保費，但懷疑十五年以下的定期保險，投保人亦曾繳納保費，何以他們在解除保險契約時不能獲取任何解約價值？另一方面，也有人認爲保險公司收取保費，是要以之支付死亡賠償金及各項營業費用，中途解約的人，如可獲得解約價值，豈不影響了保險公司的賠償能力？爲解答這些問題，首先必須明瞭保費的構造。保險公司每年向投保人收取的保費，實際上包含兩部分：一部分是純保費，依據生命表所示的死亡率計算而得，用以支付保險契約規定的死亡給付金。一部分是附加保費，用以支付保險公司的營業費用及股東的合法利潤，此與解約價值無多關係，暫置勿論（實際上，第一年的巨額費用，仍可影響解約價值的數額，容後申述）。就純保費而言，又有自然保費（Natural premium）與平準保費（Level premium）之別，前者係隨被保人之年齡而不同，由於年齡越大而死亡率越高，故每年繳納之純保費，是隨年齡的增加而增加的。但

事實上，除開始投保時係按被保人之年齡適用不同的保險費率外，至投保人每年繳納之純保險費，通常都保持一定數額，此即所謂純平準保費。既然如此，則一個購買終身保險的人，他在年輕時繳納的純平準保費，自須提高到純自然保費之上，才能抵補年老時純平準保費少於純自然保費的不足部分。此種純平準保費制度，能夠產生投保人的儲蓄，而為解約價值的唯一來源。為進一步說明起見，我們可從投保人全體及投保人個人兩方面再加分析。

從投保人全體來看，一群在同一年齡購買終身保險之人，他們生前繳納之純保費，終必能夠支付他們每人的死亡給付金。惟在保險初期，他們每年繳納的純平準保費總額，不僅超過了每年的死亡給付金，而其剩餘部分，亦可投資生息，從而構成了投保人全體的儲蓄。不過，每年的儲蓄數額，則隨年齡的增加而逐年減少。因為每年繳納之純平準保費隨著生存人數之遞減而逐年減少，每年所需支付之死亡給付金，則隨死亡人數之遞增而逐年增加。雖然如此，祇要平準保費仍在自然保費之上，此一投保人全體之儲蓄總額，仍可逐年按遞減的速率累積增加。即使在達到平準保費等於自然保費的某一年齡後，起初由於儲蓄部分的利息收入，尚可抵補死亡給付超過保費收入之不足部分而有餘，此一累積的儲蓄總額，仍可繼續增加。等到保費收入加上累積儲蓄的利息收入，已不足支付當年的死亡給付金，則投保人全體的儲蓄額始趨減少。例如根據美國一九五八年ＣＳＯ生命表及百分之二‧五之利息假定，三十五歲時購買之終身保單，在投保後之第二十五年，其純保費收入剛可抵付死亡給付金，此後若干年累積儲蓄之利息收入，亦仍可抵補純保費收入之不足部分而有餘，故投保人全體之儲蓄總額仍可繼續增加。然而，從第三十一年開始，每年死亡給付金超過保費收入與利息收入之和，而使此一投保人全體所有之儲蓄開始減少。換言之，在第三十一年後，每年

必須動用一部分前所累積之儲蓄，連同當年之純保費收入，始能支付死亡給付金。至第六十五年，卽當投保人活滿九十九歲後，此一投保人全體所有之儲蓄減至爲零。於此應注意的，投保人全體之儲蓄，雖由遞增而至遞減，但每一年齡由生存者分享之儲蓄部分，則仍隨年齡之增長而增加。此在全體儲蓄遞增時期固無論矣，卽在全體儲蓄遞減時期，由於生存者人數的遞減速率，每快於全體儲蓄的遞減速率，故任何年齡由生存者分享之儲蓄，仍與年俱增。如被保人死亡，其死亡給付金內包含之儲蓄成分，因隨生存年數之增加而增加，故由當年純保費支應之純保險成分，自隨生存年數之增加而減少。如被保人活至百歲，則當年不須繳納任何保費，而可獲得保險金額之給付。換言之，此一給付之保險金額，完全來自被保人過去之儲蓄，而不含有任何純保險成分。究實言之，終身保險或生死合險之保險契約，因保險公司終必給付每一被保人之保險金額，故任何一年之給付總額，如當年所收純保費不够抵充，其餘亦必來自全體被保人過去之儲蓄無疑，故當投保人中途解除契約時，對其自己分享的儲蓄部分，保險公司自有退還之義務。此與定期保險不同。在定期保險之下，原祇假定一部分人遭致死亡，故全體投保人繳納之純保費，只以給付此一部分死亡者之保險金額爲已足，保險公司雖亦按平準保費征收，故初期所收之純保費，亦可有部分剩餘以補後期保費收入之不足，但此項儲蓄，祇爲備付部分死亡者之給付，而不能爲每一生存者所分享，因保險期屆滿而仍生存之被保人，並不能獲得任何金額之給付也。加以定期保險，多在年齡較輕時購買，故其死亡率並不太高，尤以期間較短的定期保險，各年死亡率的差異更小，其平準保費與自然保費之差額，實已小到不足重視，縱有儲蓄，亦屬無幾。短期保險之所以不給解約價值者，其故在此。但就十五年以上之長期保險而言，因平準保費與自然保費之差額較大，全體投保人之初期儲蓄，自遠較短期壽險爲

大，投保人中途解約，自使保險公司給付保險金額之機會減少，故在此一儲蓄內提出部分作爲解約價值，自亦有其理論上之依據。但從另一角度觀察，中途解約之被保人，多爲健康情況較佳者，此一部分人士解約，並不足以減少死亡人數，且反增加了續保被保人之死亡率，如再給予中途解約者以解約價值，豈不削弱了保險公司的給付能力？因之，長期壽險應否給予解約價值，在理論上仍有討論之餘地，此地不擬再加申論。

其次，再從被保人個人來看，亦可瞭解解約價值之儲蓄性質。玆假定某甲於三十五歲時購買終身壽險保單一千元，依美國 *C S O* 生命表計算，每年須繳納純平準保費一七‧六七元（以美元計，下同）。按百分之二‧五元年息運用，第一年終了，可有一八‧一一元。在該年內，死亡率爲千分之二‧五一，被保人應分攤保險成本（*Cost of Insurance*）二‧四七元（如何計算，容後說明），從一八‧一一元減掉此項成本後之餘額一五‧六四元，卽爲被保人第一年終了時之儲蓄。加上第二年年初繳納之純保費一七‧六七元，共爲三三‧三一元，再按百分之二‧五之年息生息，第二年終了可得三四‧一四元。從此數額減去第二年之保險成本二‧五六元，而使第二年末之儲蓄增爲三一‧五九元。如此繼續下去，在購買保單後之第十年終了，可產生儲蓄一六七‧九〇元。所謂保險成本，是指某一年齡內，給付死亡者之保險金額扣除他們自己前所累積的儲蓄後，應由年初生存者（包括當年死亡者在內）分攤之數額。前例第一年終了時每一被保人之儲蓄旣爲一五‧六四元，則死亡者之保險金額一千元減除此一儲蓄後之餘額爲九八四‧三六元，以此乘第一年之死亡率千分之二‧五一，卽得每一被保人（包括死亡者本人）應該分擔之保險成本二‧四七元（$=\$984.36 \times \dfrac{2.51}{1000}$）。同理，第二年終了時每一被保人之儲蓄旣爲三一‧五九元，則該年內死亡者之保險金額一千元減去此一儲蓄後之餘額爲九六八‧四一元，以此乘第二年之死亡率千分之二‧

六四，即得每一被保人（包括死亡者本人）應該分攤之保險成本二‧五六元（＝$968.41×$\frac{2.64}{1000}$）。

從被保人個人着眼計算之每年儲蓄，應與從被保人全體着眼計算之每年每人儲蓄完全相同。依美國一九五八年ＣＳＯ生命表，在三十五歲時，生存者人數爲九、三七三、八〇七人，每人繳納純平準保費一七‧六七元，共得一六五、六四五、八〇一元，按百分之二‧五年息計算，第一年終了可賺利息四、一四一、一四五元，本息共爲一六九、七八六、九四六元。第一年死亡二三、五二八人，共須給付二三、五二八、〇〇〇元，相減後尚餘一四六、二五八、九四六元，此數除以年末生存者九、三五〇、二七九人，每人應有儲蓄一五‧六四元。同理，第二年年初生存者每人繳納純平準保費一七‧六七元，共得一六五、二三〇、〇三五元，連同第一年末之儲蓄額一四六、二五八、九四六元，共爲三一一、四八八、九八一元。此數按百分之二‧五年息計算，可賺利息七、七八七、二二五元，本息共爲三一九、二七六、二〇六元。第二年內死亡二四、六八五人，共須給付二四、六八五、〇〇〇元，相減後尚餘二九四、五九一、二〇六元，除以年末生存者九、三二五、五九四人，每人應有儲蓄三一‧五九元。此與前述從被保人個人計算之儲蓄數額，完全相同。

被保人全體之儲蓄，雖爲解約價值之唯一來源，但並不意謂儲蓄的數額即與解約價值相等。此點容後申論。

二、投保人解約時對其儲蓄處理的三種觀念

今日任何人壽保險公司對於中途解約的投保人，除短期壽險外，雖均規定在投保一定期間後，可以獲得一定數額的解約價值，但理論上對

此投保人全體之儲蓄，仍可有三種不同的處理意見：

第一種意見，主張中途解約的投保人，不應給予任何解約價值。他
們認爲人壽保險的唯一功能，是在被保人於契約期內死亡（指死亡保
險）或於契約期滿而仍生存（指生存保險）時，保險公司能够給予一定
之給付或利益。投保人如在契約規定之保險事故發生前解除契約，自應
使其喪失保險契約所能給予之任何利益。當然，投保人喪失此項利益，
將減輕保險公司之保險成本。如爲非分紅保險，自須根據預期解約者喪
失之利益而減收保費；如爲分紅保險，則將在減收保費及增加紅利二者
中擇一實施。此一觀念着重保險的集體功能，曾在人壽保險的初期廣被
接受。但今日保險公司之所以放棄此一觀念，則出於二項理由：第一，
使解約者喪失其分享的儲蓄，勢將減低一般人們購買保單的興趣，如因
投保人減少而致增加保險成本，則由解約者喪失的利益，亦不能發生減
收保費或增配紅利的效果。第二，根據預期解約人數而調整之純保費，
其可靠性亦有問題，因爲解約利益的喪失，必將對解約人數發生影響，
而使預測之解約利益失其正確性和穩定性。

第二種意見，主張中途解約的投保人，應有權利退還其自己的全部
儲蓄。其數額的計算，應爲已付之總保費，加上按契約利率計算之利息，
減去其應比例分攤之死亡給付及保險公司經營費用後之餘額。他們同時
認爲一切費用均應在繳納保費之時期內平均分配，故總保費內之附加保
費部分，足以抵補每年發生之各項費用，因之投保人於解約時所將接受
之解約價值，應恰與此一契約下之全部準備金相等。至於解約保單尚未
完全攤負之招攬費用，應由繼續契約之投保人負擔。揆其理由，認爲保
險公司的健全發展，對一切投保人均屬有利，因之保險公司爲繼續發展
所須獲得新業務之成本，自應由全體投保人共同分攤，而不能責由新契
約單獨負擔。較爲折衷的意見，主張繼續契約之投保人僅可負擔新契約

招攬費用的一部分，因之解約價值應較解約時之全部準備金爲小，但將大於保險公司保費收入扣除一切成本後每一投保人之資產分享額（asset share），直至新契約的招攬費全部分期攤還爲止，此後解約價值才可與解約時之全部準備金相等。自然，保險公司爲實現這一觀念，必須事先估計可能中途解約者尙未分攤完畢之招攬費用，以之分攤於繼續投保者之附加保費內。換言之，投保人每年繳納之總保費，當較解約者自行負擔其全部招攬費用下所需要者爲大。

第三種意見，認爲解約者所應接受之利益，勿論其爲現金或某種「繳清保險」（paid-up insurance），均應儘可能地使其等於他所繳納之總保費，減去他應分攤之保險成本，再減去保險公司爲獲得及維持此一契約所曾花去的任何費用後之餘額。理想上，投保人之解約，應使其既不有利亦不有害於繼續投保人，但若在兩種利益的平衡過程中發生衝突，則應從有利於繼續投保人的觀點予以解決。這是因爲契約法的一般原則是：在契約原定條件下願意繼續契約的一方，不應使其由於契約之他方無能或不願遵守契約條件而受到損害。基於此一觀念，解約者所能享受的最大利益，應以保險公司從全體投保人所累積的資產中，他所比例分配的部分亦卽前述之「資產分享額」爲限。但仍由於下列幾項理由，而使解約者的實際利益較此爲少：

1. **死亡逆選擇**（Adverse mortality selection）　許多精算師認爲：健康情況太差之人，中途解約的可能性很少，必要時寧願借款繳納保費，以維持其保險契約。而中途解約的人，一般有著較好的健康情況，較之不解約者活得更爲長久。果眞如此，則繼續投保人將來給付的現在價值，必較他們在爲死亡給付而累積的資產（包括未來純保費收入的現在價值在內）中比例分享的部分爲大。同樣的理由，亦使解約者在解約時將來給付的現在價值，要比他們分享上述資產的部分爲小。倘若在一

群保單發出若干年後，將尚在生存與繼續投保的人分成兩類：一類的健康情況較全體的平均情況爲好，另一類的健康情況則較平均情況爲壞，然後假定健康情況較好的一類全部中途解約，並領回他們在累積資產中比例分享的數額，那麼剩餘的資產必將不够支付繼續投保者的死亡給付金。雖然投保人之中途解約，多半另有原因，而很少考慮到自己的健康情況；但另一方面，一個需要資金但知自己健康情況很差之投保人，必會向保險公司磋商保單貸款，而不致以解約方式獲取解約金。美國某大相互保險公司曾在一九三〇年對有保單貸款之五千保單的死亡率進行調查，發覺這些保單的死亡率，要比全體保單的死亡率高出百分之三十。不過同一調查也顯示出，這些貸款保單的解約率也遠較全部保單的平均解約率爲高，因而可以部分抵消這些保單的高度死亡率。雖然如此，一般保險公司在投保人解約時，必須從解約者的「資產分享額」中扣留一小部分，藉以抵消可能發生的任何逆選擇。

2. **財務逆選擇**（*Adverse financial selection*）　經驗顯示：解約案件，特別是現金解約者，多在經濟恐慌與蕭條時期發生，爲準備解約金的支付，對於保險公司的財務必有下列兩項不利的影響：(1) 減少了此一時期內可作有利投資的資金。(2)有時候，須在不利的條件下，變賣一部分資產。卽使在平常時期，投保人於解約時要求現金價值的權利，也會迫使保險公司保持一種較多的流動資產，從而減少了全部資產的收益，因之在計算解約金時，自須扣減一部分金額以圖補償。

3. **意外準備金**　健全的人壽保險公司必使每類保單在長期內得以做到收支平衡的地步，因之對於戰爭、疫癘、資產損失等意外事故造成之支出或損失，須有準備金以支應之，謂之意外準備金（*Contingency reserve*）。顯然地，新保險契約爲求獲得意外事件的保護，在初期內必須依靠保險公司已有的儲蓄或準備，因之相對地給予早期解約者以較實

際儲蓄爲少的解約價值，實屬合理。卽使在保險後期，爲免削弱繼續投保人的安全，從解約者扣減其一部分的實際儲蓄，仍有必要。而且，爲使保險公司對支付招攬費用提供某種安全準備，每一保單亦應幫助建立保險公司的永久盈餘。凡此均使解約者實際接受的解約價值，應較其在總儲蓄中**所應分享**的部分爲小。

4. **解約的費用**　保險公司在處理解約案件時，必將發生若干費用。有些保險公司估計此項費用總額，列爲附加保費的一部分，而由全體投保人共同分擔。有些保險公司則祇要求解約的投保人負擔此項費用，事實上，卽是減少解約價值，使其少於解約者的「資產分享額」。

三、舊有的解約金制度

早期的人壽保單並無解約價值的規定。後隨時間的演進，有些保險公司開始瞭解中途解約的投保人，在其平準保費所累積的保險資金中，實有其一部分的利益存在，但仍不認爲解約者對此有其不可喪失的權利。玆以美國爲例說明之。美國在一八五〇年代伊利玆·賴特 (*Elizur Wright*) 就任麻塞諸塞州保險監理官之前，所有人壽保單均無解約價值的規定。賴特爲改正此一不公平的現象，透過議會於一八六一年首先制定法律，規定保險公司對於中途解約之投保人，應依當時之聯合經驗或精算表 (*Combined Experience or Actuaries Table*) 及百分之四的利息，計算其年終準備金 (*Terminal reserve*)，於扣減百分之二十「解約費用」(*Surender charges*) 後，以其餘額作爲一次躉繳純保費 (*Net single premium*)，購買與原保單保額相同之定期保險。此後其他各州相繼仿效，或用法律或以行政命令規定，對於中途解約的投保人，必須給予某種形式及某一數額的解約價值，又稱之爲不喪失價值 (*Non-*

forfeiture Value)。這些立法是基於下列三項基本假定：(1)依據死亡率及利息因素計算而得之保單準備金 (*Policy reserve*) 或責任準備金 (*Liability reserve*)，乃爲投保人對於保險公司的保險資金所擁有的一項權益。(2)在投保人中途解約時，保險公司有權利收取相當的「解約費用」，用以抵消對於死亡率的不利影響及抵補對新投保人另發新保單的費用。(3)保險公司的經營費用大體上可由一般投保人共同分擔，而不必按照這些費用的歸着性予以分配。

以後七十五年間雖於計算的方法有所修正，但上述理論基礎並無變更。其最重要的修正，莫如採用了第一年定期估價制 (*Preliminary Term Valuation*)（按即第一年不提準備金，而以短少部分從第二年起平均攤還），而使法定準備金的水準大爲降低——間接地亦大爲減少了解約價值，並承認費用的歸着性。對於解約價值的計算，仍是以保單準備金作基礎，減去一定的解約費用。大多數州法將解約費用限制爲保險金額的百分之二‧五，或每千元保額收取二十五元，且不論解約保單存續時間之長短，可按同一標準征收。任何保單須在繳付保費三年後，始有解約價值；二十年以下之定期保單，不論存續時間長短，均無解約價值。實際上，保險公司對於解約價值的規定，多較上述法律規定者爲寬：第一、許多公司在第一年收取之解約費用，要比法律允許之最大數額爲少，例如有些保單的最大費用祇定爲每千元保額收取十元。第二、解約費用隨保單存續時間逐年遞減。而解約價值所依據之保單準備金，在投保二十年後，可十足計算（即前述第一年定期估價制下第一年不提準備金之短少部分，分由第二年起十九年內平均攤還，故二十年後之準備金不再扣減）。許多保險公司征收解約費用的期限較此更短。第三、有些保險公司對於短期的生死合險及短期付清保費的終身保險，均在短於三年的期間內即有解約價值。

舊制下的解約金制度，值得批評之處頗多，歸納言之，可有下述二點：

第一，解約價值與準備金連繫之不當。舊制的主要缺點，是以保單準備金作爲計算解約價值的基礎。兩者雖同爲平準保費的產物，但並無其他關連，並各有其不同之目的。解約價值代表投保人在任何一年解約時，對其「資產分享額」的一種估計。一旦決定並載之於保險契約內，卽成爲保險公司所將負擔的義務，因之在計算其價值時，應採保守政策，並以保障繼續投保人的利益爲優先。在任何保單解約前，均應假定死亡給付可較預期者爲大，利息收入可較預期者爲低，費用支出可較預期者爲高。換言之，解約價值的大小，應以代表解約者對於保險資金的眞實貢獻而又不致損及繼續投保人的利益爲條件。

另一方面，保單準備金則是代表未來給付金額與預期保費收入的差額。爲求公司的健全發展，任何時候的準備金，總應超過基於預期死亡率及假定利率計算所需履行將來給付義務之金額。顯然地，對於準備金的計算，不能像計算解約價值一樣採取保守的政策。

玆舉一例說明兩者按照同一基礎計算的不當。例如一類保單由於精算錯誤而收了較低的總保費。在任何一年終了，這些保單的保費收入在支付死亡給付與各項費用後，祇有較少的積餘，故所需支付的解約價值可較少。但另一方面，保險公司爲履行未來給付義務實際所需的準備金，必須大於在正確保費下所將累積的數額，如此才能抵補由於未來保費收入較少而發生的短絀。換言之，以保費較低的同一缺點，而使保險公司祇需較小的解約價值，但所需的準備金則較大。此一例證顯示，一個保險公司如爲加強其財務地位而提存較多的準備金，則必同時增加解約價值而致損傷其未來的給付能力。故以準備金作爲計算解約價值的基礎，將使兩者的目的發生背道而馳的效果。

第二，舊制下的解約價值，尚因下列幾項原因產生不公平的結果：
(1)一般認爲保單準備金並非衡量投保人比例分享保險公司累積資產的適當方法，因之根據此一標準而設計的任何解約金制度，自始也是不公平的。而且，這種計算解約價值的方法，是以解約者之利益較之繼續投保人的利益更受到優先處理。(2)解約費用的主要目的，是從解約保單的準備中扣減其所發生的招攬費用；或依其原始觀念扣減代以另一同種保單所將發生的費用，而這些費用應隨保單的種類及投保的年齡而不同。同時，招攬費用是逐年攤還的，則解約費用亦隨著保單的存續期間而有差別，經過一定年限攤還完畢後，卽不應再行扣收。可是舊制下的解約價值，不管保單種類、投保年齡及存續期間，均可扣取相同之最大解約費用，顯非合理。(3)準備金計算方式，原有平準保費準備金（*full level premium reserves*）及一年定期準備金（*full preliminary term reserves*）等差別。依後一制度計算的準備金，已對第一年的鉅額費用有所扣減，因之解約費用之扣收金額，應較前一制度下所當扣收者爲少。而舊制下的解約價值，對其依據之準備金制度未加區別，而可扣收相同的解約費用，自不公平。(4)依舊制規定，任何保單須在繳納三年保費後，始能給予解約價值。事實上，凡有高額保費的保單，第一年卽能產生解約價值，其他保單亦多在第二年終了產生解約價值，自應發還給解約之投保人。而且，舊制對二十年以下之定期保單不給解約價值，亦不合理。任何保單如有累積價值，除非小到不足計較，均應以某種形式，給予中途解約之投保人。

四、進步的解約金制度──以美國為例

美國保險業為改進舊制的缺點，全國保險監理官協會 (*National Association of Insurance Commissioners*) 曾於一九三六年成立委員會從事研究，委員會由精算師七人所組成，以新澤西州保險管理處之精算師格汀 (*Alfred N. Guertin*) 為主席，故又稱為格汀委員會。迨研究報告提出後，美國各州相繼採納委員會之建議，建立標準不喪失價值法 (*Standard Nonforfeiture Law*)，除少數例外，自一九四八年元月一日起實施。兹分下列數項加以敍述：

1.新法的理念　新法規定之最低解約價值，是以格汀委員會的兩項基本結論作基礎：⑴解約價值應依其獨立之方法計算，而與保單準備金無關。⑵解約價值的數額，應能合理地反映有關保單下累積的「資產分享額」。為實現此二項目標，在技術上採用所謂「調整保費」(*adjusted premium*)，以為計算解約價值的工具。

2.調整保費法　調整保費法的基本觀念，認為任一新契約的招攬費用，不應由全體投保人共同分擔，而是在同一年齡發出之保單，應單獨負擔其一切費用，包括招攬費用在內。為實現這一原則，調整保費法也採用了一年定期準備制所依據的基本假設與技術。換言之，它承認保單費用不是在保險期內平均發生的，而是以第一年費用最多。它也認為第一年的附加保費不夠抵補第一年的特別費用，但保險期內的附加保費總額，則夠抵補任何時候（包括第一年的）所發生的費用，因之超過第一年附加保費的招攬費用，能從保險期內續年的附加保費中分期攤還。在一年定期準備制之下，第一年的超額費用，是從第一年準備金「借用」，然後再由續年附加保費平均攤還。而在調整保費制之下，第一年的超額

費用，也是從續年附加保費中分期攤還。如投保人中途解約，則其尚未攤還的費用應從他的解約價值內扣還。一年定期準備制與調整保費法二者在基本觀念上並無不同，但前者是以投保人第一年的準備金借充第一年的超額費用，而後者則由解約的投保人負擔第一年的超額費用，從而減少其獲得解約價值的數額。

　　3.調整保費的計算　在以調整保費法計算解約價值之前，須先知道調整保費的意義及其計算方法。所謂調整保費，是將第一年的特別或超額費用（即第一年全部費用超過正常及續年發生的部分）計算其保險期內應予每年攤還的數額（第一年的超額費用除以同一年齡的一元終身即期年金的現值即得），以此數額加上原有的純平準保費，即為調整保費。

　　美國法律為保障解約者的利益，對於決定調整保費所依據的第一年特別費用，規定其最大數額為下列三項金額之總和：(1)本保單調整保費的百分之四十，(2)本保單調整保費的百分之二五或同一年齡終身保險的調整保費的百分之二五，以較小者為準。(3)每千元保額二○元。在任何情況下，如調整保費超過四○元，則以四○元而不以實際調整保費為計算上述百分數的基礎。換言之，任何保單所能允許的第一年費用，最大為每千元保額四六元〔$20＋(40％×$40)＋(25％×$40)〕。如果某一保單的調整保費小於每千元保額四○元之數，則所允許之最大第一年特別費用，顯然地將較每千元保額四十六元之數為少。於此應注意的，上述費用限制公式中的百分數，是為那些隨着保費數額與保單種類的不同而變動的費用而設計的。每千元二○元的常數，則與那些隨著保險金額而變動的費用有關。這一水準的數額，對於任何經營良好的保險公司而言，應可足夠地抵補一切費用，其中包括一般意外、死亡逆選擇、財務逆選擇及對永久盈餘的貢獻等。因此，利用預期準備金（*prospective reserve*）計算公式，以調整保費代替純平準保費所求得的價值，即可代表充分的

解約價值，而不須再作特別扣減，以抵補上述各項費用因素。

　　由於最大費用的計算，須以調整保費爲基礎，而最大費用又爲決定調整保費的主要因素，因之須建立一代數公式始能求出調整保費的數額。茲以三十五歲購買終身保單爲例，假定其一次躉繳純保費爲四二〇·三〇元，同年齡一元終身即期（期初）年金之現值爲二三·七八元，則調整保費 X 可用下列公式求得之：

$$\$420.30 + (\$20 + 0.65X) = X(\$23.78)$$
$$23.78X - 0.65X = \$420.30 + \$20$$
$$23.13X = \$440.30$$
$$X = \$19.03$$

　　4. 解約價值的計算　計算解約價值，須採用預期準備金之計算公式，但以調整保費代替純平準保費而已。預期準備金之計算，是以未來死亡給付之現在價值（即一次躉繳純保費）減去未來純保費收入之現在價值即得。而未來純保費收入之現值，是爲純平準保費乘以一元終身即期（期初）年金現值的乘積。茲假定三十五歲購買一千元之終身保單，於十年後解約，則因四十五歲解約時之一次躉繳純保費爲五一七·四九元，一元終身即期年金現值爲一九·七八元，按前述調整保費一九·〇三元計算，其解約價值應爲：

$$517.49 - (19.03 \times 19.78) = 140.96$$

如將上式中之調整保費換爲同一保單下之純平準保費一七·六七元，則得四十五歲時之責任準備金爲 $517.49 - (17.67 \times 19.78) = 167.90$ 元。兩相比較，可知解約價值較責任準備金短少二六·九四元，即爲此一保單所應負擔之解約費用，或爲第一年超額費用尚未攤還之金額。

　　以調整保費法計算解約價值也可以追溯法行之。即是將解約前每年的調整保費累加，減去每年攤還的第一年超額費用，再減去依死亡率攤

負的死亡給付金額（每項均應按假設利率求算其解約時之價值）。此對
瞭解下述各項調整保費法之修正意見，甚有幫助。

5.調整保費法的修正　前述方法求算的解約價值，乃為美國法律規
定之最低標準。許多保險公司給予的解約價值，均在法定最低額之上。
它們是在標準不喪失價值法的規定範圍內，採用下列幾種修正的方法：

甲、規定第一年的超額費用較法定最大數額為小，但仍採取相同的
分攤期間。在此一方法下，每年分攤第一年費用的數額較少，故純平準
保費加上此一分攤數額後所得的調整保費，亦較產生法定最低解約價值
所需的調整保費為少。以預期法求之，較小的調整保費，可使未來調整
保費的現在價值亦較小，故能產生較大的解約價值。以追溯法求之，較
少的費用假定，即使同時產生較小的調整保費，仍能獲得較大的資金累
積，從而可有較大的資金分配與解約的投保人。

乙、採取法定最大的第一年超額費用，但在較繳費期間為短的時期
內分年攤還。例如以預期法求解約價值，假定攤還期間為二十年，以純平
準保費加上此一分年攤還數額所得之較大調整保費，祇在二十年期內用
以計算調整保費的現在價值，此後則求算純平準保費的現在價值。故投
保二十年後之解約價值，即可等於當時按純平準保費計算的準備金。但
二十年內之解約價值，則略較不限期攤還者為少。如以追溯法求解約價
值，則二十年內以較大調整保費的累積價值，減去每年攤還較多的超額
費用，再扣去依死亡率攤負的死亡給付金額後，祇有較小的解約價值；
但二十年期滿後，因不須再扣減超額費用的攤還金額，故其解約價值即
可完全等於解約時之責任準備金。

丙、有時候，保險公司要在任何時候給予較法定最低額為多的解約
價值，但在繳費期間終了之前，解約價值仍較依純平準保費計算的責任
準備金為小。為達到此一目的，可在契約初期，採用較大的調整保費，而

在契約後期，採用較小的調整保費（兩者均以產生法定最低解約價值所需的調整保費爲準）。

五、解約價值的選擇

投保人於中途解約時，對其不喪失之解約價值通常可作三項不同的選擇: (1)領取現金，(2)改爲保費繳清保額較少的原種保險，(3)改爲保費繳清保額不變的定期保險。通常稱此爲「解約利益」(*surrender benefits*)，又稱「解約選擇」(*surrender options*)。

在舊的立法下，投保人須在繳納三年保費或其等值之保費後，始有解約利益。而進步的解約立法，祇要依照規定的計算公式而有解約價值時，卽須賦予解約人以解約利益。有些高保費的保單可以早在第一年終了卽有解約價值，有些保單則須在三年以後。就大多數保單而言，在第二年終了卽有解約價值。其次，舊制對二十年以下的定期保險，不給現金或其他解約利益；而新的立法，對十五年以上的定期保險（美國仍有若干州規定爲二十年以上），或在六十五歲以後解約之任何定期保險，均須提供解約利益。一般言之，保險公司提供之解約利益，並不以前述三種爲限。例如在解約者的要求下，亦可給予較原保險金額爲小的定期保險。其唯一的限制，是依法定死亡率及利率計算的保費繳清的各種保險的現在價值，至少須與依調整保費法計算的解約價值相等。以下再就各項解約選擇分別說明。

1 現金　以現金給予解約價值時，二者必須相等。通常稱此爲解約金或現金價值（*Cash surrender value or Cash value*）。新制雖將現金價值列爲解約選擇之一，但普通保險（*ordinary insurance*）可延至三年以後，簡易保險（*indutrial insurance*）可延至五年以後給予現金。

此一規定之目的，是使保險公司節省此一期間內爲小額現金價值開付支票的費用。但一般公司多不援引此一法律規定，而在有解約價值時隨時提供現金給付。

其次，新法允許保險公司在保單內增加延付條款 (*delay clause*)，卽是在投保人解約並要求現金給付時，保險公司保有六個月之延付期限。此一規定之目的，是使保險公司在經濟困難時期，不致由於過多的現金給付而遭受損失。事實上，保險公司多將延付期限定爲三個月或六個月，非有必要，亦不援用。投保人如在解約時對保險公司負有債務，自可從其應得之現金價值予以扣除。

有解約價值的人壽保單，在其保險金額的範圍內，隨其投資或儲蓄金額的逐年增加，而相對地使其純保險成分愈來愈小，故當投保人中途解約而領取現金時，卽因取得投資成分而喪失其保險成分，双方關係，卽告終了。

2　保額減少的繳清保險 (*Reduced paid-up insurance*)　倘如原有保單爲一終身繳費或限期繳費的終身保險，則所選擇者當爲保費繳清而保額較少之終身保險；如原有保單爲一生死合險保單，則所選擇者必爲到期日相同保費繳清而保額較少之生死合險。有些保險公司於定期保單解約而有解約價值時，亦允許改爲到期日相同保費繳清而保額較少之定期保險。在此一選擇下所提供之繳清保險之保額，是以純解約價值（卽爲現金價值減去保單的負債額，再加上任何紅利加保或存款之現在價值）爲一次蠆繳純保費，依投保人解約時之年齡及原契約所適用之死亡率及利率所能購買的金額。就解約較早的保單而言，改爲繳清保險之保額，必遠較原保單爲少；卽使爲存續較長之保單，其所能得到之繳清保險之保額，似亦較已繳保費爲少。但就限期繳費之終身保險及生死合險而言，此一選擇較具吸引力，因爲已繳保費次數佔總繳費次數之比例

愈大，則繳清保險之保額佔原有保單保額之比例亦愈多也。

此一選擇下之繳清保險，不管其所發生之各項費用，仍是按純保險費率計算保額。其所以不另計算費用之原因，是因純保險費所依據之死亡率及利率均有差益（卽是實際死亡率較預期死亡率爲低，而實際利率則較預定利率爲高），足以抵補其所發生之任何費用。保險公司對於此一選擇的看法，就其有利的方面而言：(1)不發生提取現金問題，因之在金融緊急時期，不致有在不利的條件下出賣資產的威脅。(2)不致發生死亡逆選擇（如爲下述之繳清定期保險，則有此一現象發生）。事實上，經驗顯示，此一選擇下的繳清保險，除最初幾年外，其死亡率且較未解約之同類保單略低。就其不利的方面而言：(1)繳清保險的保額通常很小，維持此一選擇的費用甚不合算。(2)由於保額太小，常使投保人及其受益人不感興趣。(3)如被保人在作此一選擇後不久死亡，則常因死亡給付遠較下述繳清定期保險下之給付爲小，致易使被保人之家屬及親友對保險公司產生惡劣印象。

3 展延的定期保險（*Extended term insurance*）此一選擇下的繳清定期保險，是以解約價值作爲一次躉繳純保費，依投保人解約時之年齡及原契約適用之死亡率及利率，購買與原保單保額相同之定期保險，其期間長短，則視投保人達到之年齡及解約價值之多寡而定。

如原保單爲一生死合險之保單，則繳清定期保險之期間不能超過原保單之到期日。設使解約價值超過以原保單到期日爲終期的定期保單所需之保費，則以超過部分之解約價值購買以原保單到期日爲終期的生存保險。

此一選擇下的定期保險，不管其所發生之費用，亦按純保險費率計算，可是由於死亡逆選擇的結果，其死亡差益甚薄或根本消失，因之美國法律允許保險公司可按一九五八年展延定期保險生命表（*Commissio-*

ners 1958 *Extended Term Insurance Table*）計算一次躉繳純保費。
此表是就前述一九五八年ＣＳＯ生命表的死亡率，每千人增加〇‧七五
人或增加百分之三〇，以較大者爲準。大多數保險公司運用此一特權，
將展延定期保險的期間大爲縮短，從而抵消了由於死亡逆選擇而增加的
保險成本。

　　從保險公司來看，繳清定期保險要比繳清終身保險或生死合險具有
較大的吸引力，因爲：⑴保額較大，可相應地降低其費用率。⑵有確定
的終止日期，可使維持費用受到限制。⑶因爲保險公司規定作此選擇的
投保人，將來仍可請求恢復原保單之效力，展延的定期保險因仍繼續原
保單之保額，甚易適應投保人的此一需要。此一選擇對保險公司的唯一
不利之處，是其發生的死亡逆選擇。但此一缺點，可以使用法律允許之
較高死亡率予以抵消，或將此一選擇改爲自動的解約利益，而使其不利
影響減至最少。由於這些有利的因素，多數保險公司規定：如投保人在
逾期不繳保費後六十日內不作其他解約利益的選擇，其解約價值卽自動
成爲展延定期保險。

書名	作者		學校
勞工問題	陳國鈞	著	中興大學
少年犯罪心理學	張華葆	著	東海大學
少年犯罪預防及矯治	張華葆	著	東海大學

教 育

書名	作者		學校
教育哲學	賈馥茗	著	臺灣師大
教育哲學	葉學志	著	彰化教院
普通教學法	方炳林	著	前臺灣師大
各國教育制度	雷國鼎	著	臺灣師大
教育心理學	溫世頌	著	傑克遜州立大學
教育心理學	胡秉正	著	政治大學
教育社會學	陳奎憙	著	臺灣師大
教育行政學	林文達	著	政治大學
教育行政原理	黃文輝	主譯	臺灣師大
教育經濟學	蓋浙生	著	臺灣師大
教育經濟學	林文達	著	政治大學
工業教育學	袁立錕	著	彰化教院
技術職業教育行政與視導	張天津	著	臺灣師大
技職教育測量與評鑑	李大偉	著	臺灣師大
高科技與技職教育	楊啟棟	著	臺灣師大
工業職業技術教育	陳昭雄	著	臺灣師大
技術職業教育教學法	陳昭雄	著	臺灣師大
技術職業教育辭典	楊朝祥	編著	臺灣師大
技術職業教育理論與實務	楊朝祥	著	臺灣師大
工業安全衛生	羅文基	著	
人力發展理論與實施	彭台臨	著	臺灣師大
職業教育師資培育	周談輝	著	臺灣師大
家庭教育	張振宇	著	淡江大學
教育與人生	李建興	著	臺灣師大
當代教育思潮	徐南號	著	臺灣師大
比較國民教育	雷國鼎	著	臺灣師大
中等教育	司琦	著	政治大學
中國教育史	胡美琦	著	文化大學

行政管理學	傅	良賢	著	中興大學
行政生態學	彭文蕭	賢	著	中興大學
各國人事制度	傅蕭	良	著	中興大學
考詮制度	傅蕭	良	著	中興大學
交通行政	劉承漢		著	成功大學
組織行為管理	龔龔	平邦	著	前逢甲大學
行為科學概論	龔平	平邦	著	前逢甲大學
行為科學與管理	徐木蘭		著	臺灣大學
組織行為學	高尚仁	等	著	香港大學
組織原理	彭文	賢	著	中興大學
實用企業管理學	解宏賓		著	中興大學
企業管理	蔣靜一	國	著	逢甲大學
企業管理	陳定	國	著	臺灣大學
國際企業論	李蘭甫		著	中文大學
企業政策	陳光華		著	交通大學
企業概論	陳定國		著	臺灣大學
管理新論	謝長宏		著	交通大學
管理概論	郭崑謨		著	中興大學
管理個案分析	郭崑謨		著	中興大學
企業組織與管理	郭崑謨		著	中興大學
企業組織與管理（工商管理）	盧宗漢		著	中興大學
現代企業管理	龔平邦		著	前逢甲大學
現代管理學	龔平邦		著	前逢甲大學
事務管理手冊	新聞局		著	
生產管理	劉漢容		著	成功大學
管理心理學	湯淑貞		著	成功大學
管理數學	謝志雄		著	東吳大學
品質管理	戴久永		著	交通大學
可靠度導論	戴久永		著	交通大學
人事管理（修訂版）	傅肅良		著	中興大學
作業研究	林照雄		著	輔仁大學
作業研究	楊超然		著	臺灣大學
作業研究	劉一忠		著	舊金山州立大學

強制執行法	陳　榮　宗	著	臺　灣　大　學
法院組織法論	管　　　歐	著	東　吳　大　學

政治・外交

政治學	薩　孟　武	著	前臺　灣大　學
政治學	鄒　文　海	著	前政　治大　學
政治學	曹　伯　森	著	陸　軍　官　校
政治學	呂　亞　力	著	臺　灣　大　學
政治學概要	張　金　鑑	著	政　治　大　學
政治學方法論	呂　亞　力	著	臺　灣　大　學
政治理論與研究方法	易　君　博	著	政　治　大　學
公共政策概論	朱　志　宏	著	臺　灣　大　學
公共政策	曹　俊　漢	著	臺　灣　大　學
公共政策	朱　志　宏	著	臺　灣　大　學
公共關係	王　德　馨　等	著	交　通　大　學
中國社會政治史㈠～㈣	薩　孟　武	著	前臺　灣大　學
中國政治思想史	薩　孟　武	著	前臺　灣大　學
中國政治思想史（上）（中）（下）	張　金　鑑	著	政　治　大　學
西洋政治思想史	張　金　鑑	著	政　治　大　學
西洋政治思想史	薩　孟　武	著	前臺　灣大　學
中國政治制度史	張　金　鑑	著	政　治　大　學
比較主義	張　亞　澐	著	政　治　大　學
比較監察制度	陶　百　川	著	國　策　顧　問
歐洲各國政府	張　金　鑑	著	政　治　大　學
美國政府	張　金　鑑	著	政　治　大　學
地方自治概要	管　　　歐	著	東　吳　大　學
國際關係——理論與實踐	朱張碧珠	著	臺　灣　大　學
中美早期外交史	李　定　一	著	政　治　大　學
現代西洋外交史	楊　逢　泰	著	政　治　大　學

行政・管理

行政學（增訂版）	張　潤　書	著	政　治　大　學
行政學	左　潞　生	著	中　興　大　學
行政學新論	張　金　鑑	著	政　治　大　學